関係性思考がつなぐ
記号・認知・文化

やりとりの言語学

Relationship Thinking :
Agency, Enchrony, and
Human Sociality
by N.J.Enfield

N.J.エンフィールド［著］

井出祥子［監修］

横森大輔・梶丸 岳・木本幸憲・遠藤智子［訳］

大修館書店

Relationship Thinking: Agency, Enchrony, and Human Sociality
by N. J. Enfield

Copyright @ Oxford University Press 2013
Relationship Thinking was originally published in English in 2013. This translation is published by arrangement with Oxford University Press. Taishukan Publishing Company is solely responsible for this translation from the original work and Oxford University Press shall have no liability for any errors, omissions or inaccuracies or ambiguities in such translation or for any losses caused by reliance thereon.

ニッサに

監修者まえがき

　21世紀の言語学を語るとき，チョムスキーの偉業の存在抜きにして語ることは難しいと言わねばならないだろう。N. J. エンフィールドによる『やりとりの言語学』は，誤解を恐れずひとことで言えば，科学者と政治社会学者としてのチョムスキーの追求する課題の2つの側面の中間に存在するヒトの社会性の側面から「我々はどのような生き物なのか」（同名のチョムスキー講演の訳編書が岩波書店から出ている）について，言語研究を通して探求している一冊である。本書を日本の読者のために翻訳する意義を私が感じるのは以下のような背景があってのことである。

　1990年代の終わり頃のある学会でのこと。言語類型論の第一人者であるバーナード・コムリーは「文法化には文化的ターゲットがある」と繰り返して講演を締めくくった。この考えに心躍らせた私は，講演直後にそのことをもっと知りたくて彼のもとに走り寄った。「もっと聞かせてください」という問いに「僕もよくわかっていないんだ，ただ，そのような直感を持っているんだ」というのが答えだった。世界の言語を最も広く知っているコムリーの直感は，放っておくわけにはいかない。そう思って，コムリーの愛弟子堀江薫氏と共に「東アジアの文化と言語の文法化」に関する研究プロジェクトを立ち上げた。その頃だった。N. J. エンフィールド編による *Ethnosyntax: Explorations in Grammar and Culture*（Oxford University Press, 2002）の存在を知った。ペーパーバックの薄紫色の本の中央に東南アジアの民族衣装を着た女性たちが寺院で祈っている後ろ姿の写真，またsyntax（統語）の前にethno（民族）がついているタイトルが魅力的だった。研究プロジェクトで日本に招聘したのが彼との付き合いの始まりだった。

　その後，多くの時間を共に過ごすことになり，ファーストネーム（ニック，サチコ）で呼び合う志をシェアする仲間となったが，最も濃い時間を共にしたのは，2007年 Wenner Gren Symposium という十数人の言語人類学者が世界からポルトガルの古城に集い「儀礼のコミュニケーション」というテーマの下，6日間寝食を共にして議論した時だった。欧米の名だたる学者たちの雄弁な議論に口を挟む

こともままならないなか，私は日本語では英語の be 動詞に相当する語の中立の形がなく，場面に応じて「です」や「だ」の選択が義務的であることや，話し言葉では終助詞が義務的であることを例に，相手や場面を思いやる日本語会話の特徴について話した。大勢を占める欧米人参加者は「あなたは audience design（話者がスタイルシフトなどで聞き手に応じた言い方をすること）を知らないからそのようなことを言うのだ」と応じ，日本語では義務的だが欧米言語では義務的ではない語用論現象の特徴に耳を傾けようとはしなかった。たまたま，次週に別のワークショップでニックと一緒になった。彼は「Wenner Gren Symposium はひどかったね。僕は主催者に，あれは失敗だった，まず人選が間違っていた，とクレームの手紙を書いたよ。サチコ，あなたの言いたいことを *Current Anthropology* に書きなさい。僕もビル（ウィリアム・F・ハンクス）も助けるから…」と言ってくれた。*Current Anthropology* とは，人類学の最先端の課題に関する理論的考察を掲載するシカゴ大学出版によるアカデミック・ジャーナルである。そのジャーナルに非西欧の言語現象の背後にある論理の考察を書くように，というニックの勧めの奥にあるものを知るのには少々の時間を要した。

2000 年代中頃から始まった「解放的語用論（Emancipatory Pragmatics）」のプロジェクトは，オーソドックスな研究方法から解放された学問を切り拓かなくてはならない，というミッションのもとに始まった日本を拠点とする国際的な学術ネットワークである。その設立メンバーにニックがいる。そのキックオフ・ワークショップで「このプロジェクトは，いわば学問分野でのアファーマティブ・アクションだ。（非西欧の）ネイティブの人々は，書き残された文献はなくても彼らなりのメタの考えはきちんと持っているのだ。これまで世界に馴染みのなかった考え方への学問的関心を惹きつけていこう」と言ったのはニックだった。（アファーマティブ・アクションとは黒人，女性，少数民族など不利な立場に置かれてきた人々の現状を是正すること。ニックの主張は，これに倣った是正を学問にも導入しようというもの。）

オーストラリアの大学で言語学トレーニングを受けたオーストラリア人のニックが学問のアファーマティブ・アクションに身を入れる背景には，彼の個人的事情があることが彼との付き合いの過程でわかってきた。彼がラオスの農村をフィールドワークの地として研究を進めていることは周知のことであるが，彼には特別の研究のスタンスがある。それは，ラオス人の夫人を通して彼を家族として温かく受け入れてくれているラオスの農村の人々に対する深い思い入れである。あ

監修者まえがき　*v*

る時，ラオスの女性と結婚するオーストラリア人の親友の結婚式に出席したニックは，ラオスの民族衣装を着た花嫁の妹ナーさんに一目惚れした。その後，毎日ラオ語でラブレターを送り続けたことをナーさんが語ってくれた時，ニックがラオスの農村文化とナーさんを深く愛していることを知るに至った。

　日本の読者へのメッセージの中で能鑑賞の経験を語っている。彼は，能という日本の伝統文化の粋に触れたとき，それをエキゾチックなものとして鑑賞したのではなかった。能舞台に登場する役者の超スロー・スピードの動きを「何かが変だ」と感じるのは，私たち日本人でも普通のことだろう。しかし，ニックはその世界に身体的感覚で入り込み，能の動きがノーマルだと思えるまで「体内時計」を近代的なものから能の世界のものへと切り変えたのだった。このように異文化受容の感受性が身体的に敏感である一方で，認知的には西欧の理論的枠組みで理性を使って巧みな筆致で論理的考察を展開する。異文化に対する尊重・尊敬に支えられた感受性をもって，彼は異文化・言語の奥に潜むヒトの「共通性（commonalities）」を探求している。理性を基にヒトの「普遍性」を探求するのではなく…。

　能が始まると隣席に座っていたニックは「これは，ビルが観るべきだ」とつぶやいていた。ビルとはカリフォルニア大学バークレー校言語人類学のウィリアム・F・ハンクスのことだ。解放的語用論プロジェクトのリーダー的存在のビルは，メキシコのマヤのフィールドワーク以来マヤの人々，とりわけ息子のように可愛がられたシャーマンに深い尊敬と憧憬の念を持ち，彼らの世界を捉えるには西欧の理論では不十分だと考えている。ニックがプロジェクトの同志としてビルと共に認識しているのは西欧学問の枠組みの限界である。この限界を越えるため本プロジェクトは *Journal of Pragmatics* に 'Emancipatory pragmatics' のテーマで特集号を編纂している。ニックは，その第 1 号（2009 年）に 'Relationship thinking and human pragmatics' という本書の基となっている論文を出している。原著の特徴と評価は，裏表紙にあるハンクスの言葉「これは人間の社会性を言語と文化の面から追求している素晴らしい本だ。言語学，人類学，心理学，記号学等を継ぎ目なく統合して新しい研究方法を示している」が如実に語っている。

　本書の中に出てくる「エンクロニー」という用語は，ニックの造語である。第 1 章の冒頭に出てくるラオス人 3 人による 6 行の会話は「昨日の夜，彼女が電話してきたの，ダオおばさんが」「あの人はなんて言ったの？」というだけの内容の情報だが，この会話を理解するには，コンテクストに埋め込まれているさまざ

まな人間関係，出来事の背後にある文化的意味の把握が不可欠である。この一続きの会話の理解にはエンクロニー的な見方，つまり，ヒトは個人として独立した行為者というより，お互いに関わり合ってやりとりしていると捉える見方が必要である。本書は主として西欧の理論的な枠組みでのラオスの人々の生き様の解釈の試みであるが，彼が日本の読者に求めているのは，その先にある地平への誘いであろう。

訳者のお一人は「そのような視点で言語を観察し，言語理論を再考していくことは今や必須であるように思う。音波・身体によるやりとりによって人々が共鳴し，共生するという事実から，統語論，音韻論などの〈見かけ上の安定性〉をもう一度考えなくてはならない。*Relationship Thinking* の訳書名『やりとりの言語学』に「言語学」と入っているのは，非常に示唆的であると思う。本書がコミュニケーション研究にとって価値があることはいうまでもないが，本書の射程はそれに留まるものではなく，もう一度，言語に帰って考えていくときに，このタイトルは言語学全体にとって示唆的であると感じる」と語っている。「そのような視点」とは，ヒトは独立した行為者であることを前提とする西欧の言語論に対し，ヒトは相互に作用しやりとりする存在であるという日本人をはじめとする非西欧の人々の感性にマッチした視点である。

ニックは，この考えに共感することだろう。そして，言語学を席捲する言語理論の源となっている西欧語とは異なる母語話者感覚を持つ日本の研究者たちと手を携えて協働することを求めているに違いない。いつの日か *Current Anthropology* に非西欧からの論理で西欧理論にチャレンジし，その限界を補完する論文が掲載されるようにならなければならない。それがニックの唱える「学問のアファーマティブ・アクション」への正統な道であろう。2015年1月に48歳という若さでシドニー大学言語学科主任教授となったニック。彼のミッションの本格的歩みは始まったばかりである。

2015年9月

井出祥子

日本の読者の皆様へ

　たいへん幸運なことに，私はこれまで何度も日本を訪れる機会を得てきました。そのたびに私は本当にたくさんのことを学び，人間の社会性の背景にある文化的多様性の素晴らしさに触れることができています。
　私が最初に日本を訪れた際，だれか大学院生に空港まで来てもらい，成田空港から都内の滞在先までの入り組んだ道のりを案内してほしいかと尋ねられました。私は，負担をかけたくなかったので，やんわり断りました。しかし驚いたことに，成田空港に着いてみると1人の大学院生が私の出迎えに来ていたのです。最初は，空港への出迎えはしないでほしいという私の希望がきいてもらえなかったのかと思いました。しかし後になってみれば，出迎えに来てもらえたことは本当にありがたいことでした。その大学院生は，私の移動がスムーズで快適なものになるよう貴重な時間を割いてくれるほど親切であっただけではなく，ご自身の研究と私の研究の接点について熱心に語り，学問的な議論に私を引き込んでいってくれたのです。その方との議論で，私はかなり考えさせられましたし，また新しい発想を得るきっかけにもなりました。私が多くを学んだその邂逅は，日本の皆さんが持っている素晴らしい学問的姿勢と豊かな知性への印象を私の心に深く刻んでくれました。そうした印象は，その後何度も日本を訪問し，言語・文化・社会の各分野における研究者の方々と交流を重ねるたびに，ますます強まっていきました。
　日本人の研究仲間や友人とやりとりをしていると，私たちの間の文化的差異に気づかされることがしばしばあります。文化的差異は常に良いことをもたらすとは限りません。例えばある夕食の席で，私がこっそりテーブルを抜けて全員分の支払いを済ませたのは失礼だったかもしれません。しかし良いことをもたらしてくれることもあります。日本人の研究仲間たちは，私のメールの文章が驚くほど短く（私自身は普通の長さだと思うのですが），そのおかげで私に対しては簡潔かつ気軽に返事をすることができるので安心すると言ってくれました。日本ではそのような返事が不適切とされる可能性がありますから。
　こういった経験から私が学んだ大切なことは，この本に通底するテーマの1つ

となっています。つまり，さまざまな文化的な違いの根底には，人間全体に根源的に通じる共通性があるのだ，という考えです。文化の違いを超えたところにある共通性を理解しようとするのであれば，人と人とのやりとりの場面で起きていることから受ける印象を，**精確なものに調整**できなければなりません。このことを最もはっきりとさせてくれたのは，私が千駄ヶ谷の国立能楽堂で初めて能を鑑賞した時の体験でした。能楽師たちが舞台上で舞うのを見たとき，私は何かが変だと感じました。いったいどうして彼らはこんなにゆっくりと動いているのだろうか，と。私は，この大変ゆっくりした動きに注意を集中するのにしばらく必死でしたが，ある時急に，何かがわかったのです。能楽師たちの動きを観測して解釈するときの見方の枠を変えたところ，途端に彼らの動きが全く自然なものに映り始めました。1時間後，私はすっかり能の世界に入り込んでいました。はじめ変に思われたことも全くノーマルなものであるように思えました。私の「体内時計」は能によってリセットされ，能楽堂から一歩出てみると，外の世界はすべてが速すぎるように思われるほどでした。私はそこで視点について改めて学んだのです。外側から見れば，ある社会的な場面が奇妙に映ることもあるでしょう。しかし，そこで起きていることの本質を理解できるように，自分の印象を精確なものに調整できる方法はあるのです。その場で起きていることを精確に捉えるうえで鍵になるのは，やりとり，つまり行為とそれに対する反応です。私たちの社会生活を規定するのは社会的な関係性ですが，その社会的な関係性を規定するのは行為と反応なのです。また，行為と反応は，言語的・文化的な資源を発達させ，利用するための枠組みを提供してくれるものでもあります。

　今回，本書が日本の皆さんに向けて翻訳されることを本当に名誉に，そして誇らしく思います。本書で論じられている内容が，日本の読者の共感を得ることができれば幸いです。そして，皆さんがこの本への反応を寄せてくださり，そこからまた新たな学びを得られるのを楽しみしております。最後に，これまでずっと私の研究を後押ししてくださっている日本の研究仲間の皆様に，そして特に本書を日本語に翻訳するという仕事に対して熱心にそして丹念に取り組んでくださった訳者の皆様と大修館書店の編集者に，心からの感謝を申し上げます。

　　2015年9月　シドニーにて

N. J. E.

謝辞

　私がこの本を書くことができたのは，数多くの友人や研究者仲間のおかげである。特に，ポール・コックルマン，ジャック・シドネル，ターニャ・スタイヴァース，ポール・ドリュー，マーク・ディンゲマンス，ペニー・ブラウン，スティーヴ・レヴィンソン，ハーブ・クラーク，ビル・ハンクスという面々には負うところが大きい。こういった人々の考えは，本書のいたるところに見出すことができるだろう。また，ミーティング，ワークショップおよび研究集会などの機会を通じて，本書の内容の一部への意見，フィードバック，コメントをくれた方々にも感謝したい。上記の方々に加え，ボブ・アランデール，エレン・バッソ，レベッカ・クリフト，グラント・エヴァンズ，ニック・エヴァンズ，藤井洋子，スーザン・ガル，チャック・グッドウィン，ジョン・ハヴィランド，早野薫，ジョン・ヘリテッジ，井出祥子，片桐恭弘，シリア・キッチンガー，オリヴィエ・ル・グエン，ジョン・ルーシー，アシファ・マジッド，ロレンザ・モンダダ，デイビッド・ナッシュ，フェデリコ・ロッサーノ，ジョバンニ・ロッシ，J. P. デ・ライター，アラン・ラムゼイ，マニー・シェグロフ，グンター・ゼンフト，マーク・シコーリ，マイケル・シルヴァスティン，菅原和孝，マイク・トマセロ，そして匿名の査読者たちである。さらに，次に名前を挙げる方々は，本書の原稿の一部もしくは全体に目を通して，非常に貴重なコメントをくれた。ボブ・アランデール，ジョー・ブライス，サラ・カットフィールド，マーク・ディンゲマンス，ポール・コックルマン，ユーゴー・メルシエ，フェリシア・ロバーツ，ジョバンニ・ロッシ，ジャック・シドネル，ターニャ・スタイヴァース，チップ・ザッカーマン。なお，私は彼らの助言に常に従ったわけではなく，本書に残る問題の責任はすべて筆者にある。ルディー・シルスン，アナリース・ファン・ヴァインハーデン，ユリヤ・バラノーヴァ，パウル・ホムケは，図表を含め，本書の体裁を整える作業において専門的かつ忍耐強い支援をしてくれた。

　本書を執筆する期間中，幸運にもフランス極東学院ヴィエンチャン支部ならびにヴェナー・グレン財団から助成を受けることができた。フランス極東学院ヴィ

エンチャン支部のミシェル・ロリヤール，ヴェナー・グレン財団のディック・フォックス，ローリー・オビンク，レスリー・アイエロの各氏には大変お世話になった。また，本書のための研究と執筆は，マックス・プランク協会ならびに欧州研究評議会からの援助を受けており，マックス・プランク心理言語研究所の言語と認知部門におけるマルチモーダルインタラクション・プロジェクトおよび言語の相互行為的基盤プロジェクト，そして「人間の社会性と言語使用の諸体系」プロジェクト（欧州研究評議会・若手助成金 no. 240853, 2010–2014）の一環として行われた。

ラオ語話者およびクリ語話者の人々には，心よりお礼申し上げる。彼らは私を彼らの世界に受け入れてくれ，彼らの世界について広く世に発信することを許してくれた。

最後になるが，妻のナーに感謝したい。彼女は私が本書を仕上げるまでずっと辛抱強く支えてくれた。本書は，私たちの娘であるニッサに，そしてラオ語で *saam3 phòò1-mèè1-luuk4*「父・母・子の三人組」と呼ばれる素晴らしき社会的ユニットに捧げる。

2013年2月　ナイメーヘンにて

N.J.E.

目次

監修者まえがき　*iii*
日本の読者の皆様へ　*vii*
謝辞　*ix*

序章　*3*

第1章　関係性のありかた　*11*

1.1　関係性の具体例　*11*
1.2　コンテクスト　*14*
1.3　関係性思考　*18*
1.4　関係性の具現化　*24*
1.5　関係性に根ざした社会　*29*

第2章　社会性　*33*

2.1　人間の社会的知性　*33*
2.2　社会的な動機付け　*35*
2.3　査定と管理のための道具　*36*
2.4　記号過程　*38*
2.5　規範とヒューリスティクス　*46*
2.6　道具使用としてのコミュニケーション　*50*
2.7　コミュニケーションにおける2つの基本的要請　*53*

第3章　エンクロニー　*55*

3.1　エンクロニーとその射程　*57*
3.2　意味理解のための因果的枠組み　*59*
3.3　規範による組織化　*65*

第4章 記号現象 *69*

4.1 記号過程の解剖 *70*
4.2 記号過程の柔軟性 *81*
4.3 記号過程としての推論 *82*
4.4 記号過程としての文化の疫学 *85*
4.5 記号過程の諸要素とそのタイプ *87*
4.6 この枠組みの利点 *91*
 4.6.1 一般性 *91*
 4.6.2 包括性 *92*
 4.6.3 学習可能性 *93*
4.7 ソシュール派における記号：有用だが真実でないもの *94*
4.8 型枠 – 内容物のダイナミクス *95*
4.9 意味は公的なプロセスである *96*

第5章 地位 *99*

5.1 地位は行動を予測し説明する *100*
5.2 権限と能力 *101*
5.3 地位としての関係性 *104*

第6章 ムーブ *109*

6.1 ムーブは複合的な記号である *111*
6.2 複合体としての発話は総体として解釈される *112*
6.3 ターン交替システム：言葉をまとったムーブ *116*
6.4 特権的な記号現象としてのムーブ *124*

第7章 認知 *127*

7.1 行動を読み取る *128*
7.2 認知と言語 *131*
7.3 解釈ヒューリスティックとしての心 *132*
7.4 認知が怖い？ *136*

第8章 行為 *141*

8.1 自然的行為と社会的行為 *142*
8.2 行為の展開 *146*

8.3　言語行為と《行為》　*147*
8.4　《行為》は分類できるか？　*150*
8.5　《行為》を複合体として捉える　*153*
　8.5.1　複合体としての《行為》その1：複数の記述レベル　*154*
　8.5.2　実践 vs 行為　*158*
　8.5.3　複合体としての《行為》その2：発話のマルチモーダル性　*170*
8.6　《行為》のオントロジー　*170*
8.7　《行為》の生成モデル　*172*

第9章　行為主体性　*175*

9.1　柔軟性と説明責任　*178*
9.2　行為主体の統合というヒューリスティック　*187*
9.3　行為主体性の融合　*190*
9.4　行為主体性の分散　*193*

第10章　非対称性　*197*

10.1　命題，および知識の相対性　*198*
10.2　認識的権威　*203*
10.3　実践における行為主体性の分散　*208*
10.4　非対称性の源　*214*
10.5　コミュニケーションシステムの不完全性　*217*

第11章　文化　*219*

11.1　文化システム　*220*
11.2　社会関係におけるシステム的なコンテクストとしてのクリの家屋　*224*
11.3　コミュニケーションにおける儀礼　*226*
　11.3.1　やり方：認識可能性と評価のための形式的制約　*228*
　11.3.2　作法：儀礼・協力・道徳的秩序　*230*
　11.3.3　まとめ：日常的儀礼はやり方と作法が出会う場所である　*234*
11.4　クリの住宅　*235*
　11.4.1　クリ家屋の間取り　*235*
　11.4.2　クリ家屋の社会的側面　*240*
11.5　クリ住宅の実践的解釈：規範に従うということ　*243*
11.6　空間配置と図式的類像性　*252*
11.7　規範による制裁：暗黙のものを明示化する　*253*

11.8　日常的儀礼と社会関係　*259*

第12章　文法　*263*

　12.1　システムとしての言語　*263*
　12.2　連辞関係：ターンのための文法　*264*
　12.3　諸言語の文法にみられる範列関係　*269*
　12.4　有標性：システム内部の特別な選択とその効果　*272*
　12.5　ラオ語の人物指示システム　*274*
　　12.5.1　ラオの社会組織におけるヒエラルキー意識　*275*
　　12.5.2　代名詞　*278*
　　12.5.3　ラオ語の名前と名前につく接頭辞　*280*
　12.6　ラオ語におけるデフォルトの人物指示形式　*282*
　　12.6.1　会話におけるヒエラルキー意識の維持　*284*
　12.7　語用論的に有標な最初の言及　*287*
　　12.7.1　語用論的に有標な接頭辞　*287*
　　12.7.2　接頭辞の省略　*290*
　　12.7.3　まとめ　*291*
　12.8　文法はひそかに社会関係を表す　*292*

第13章　知識　*303*

　13.1　共通基盤　*303*
　13.2　共通基盤の源　*304*
　13.3　共通基盤によって促進される拡張的推論　*306*
　13.4　推論するための基盤化　*312*
　13.5　聞き手に配慮したデザイン　*315*
　13.6　協調関係と情報　*319*
　13.7　情報から社会関係へ　*329*

終章　*331*

参考文献　*349*
索引　*379*
訳者あとがき　*383*

やりとりの言語学

関係性思考がつなぐ記号・認知・文化

序章

　この本のタイトル [Relationship Thinking, 直訳すると『関係性思考』] は，20年ほど前に社会人類学者のティム・インゴルドと動物行動学者のロバート・ハインドの間で交わされたやりとりに触発されたものである[1]。インゴルドは，ネオダーウィニズム生物学への批判を展開するなかで，生物個体というものが，個体群や遺伝子といった分析単位の影に隠れて，「実体のある存在としては実質的に消去され」つつあると述べた。そして，ダーウィン進化論の軸にある「個体群思考（population thinking）」の概念は，彼が「関係性思考」と呼ぶ概念によって取って代わられるべきだと主張した。「関係性思考」とは，インゴルドによれば「関係性の変化こそが進化のプロセスを示すものであり，生物や人は，関係性という枠組みのなかで創造性を発揮する行為主体（agent）として捉えられる」という考え方である[2]。私は少なくとも部分的にはインゴルドの議論に賛成である（部分的に，というのは，本書で後ほど触れるように，個体だけが行為主体性（agency）の唯一のありかではないからだ）。ただ，インゴルドの批判は，個体群思考についての誤った理解によって導かれたものだった[3]。ハインドはきわめて物腰柔らかに「個人と関係性との間の弁証法」を研究することの妥当性を認めつつ[4]，「人間の社会行動をきちんと理解するためには，さまざまな社会的複雑性のレベルを行ったり来たりしながら検討する必要がある」ことにも言及している[5]。私がここで提唱したい「関係性思考」はハインドの考えに近い。この考えは「出来事よりプロセスが，存在物よ

---

1) Ingold (1990); Hinde (1991)。
2) Ingold (1990: 208)。なお，インゴルドは別稿で「関係的思考（relational thinking）」とも呼んでいる (Ingold 2000: 3-4)。
3) Mayr (1982: 45-47) 参照。
4) Hinde (1991: 586)。
5) Hinde (1991: 604)。Hinde (1997); Enfield and Levinson (2006a) も参照。

り関係性が，構造より発達が，重要であるとみなす」[6]ことが理想的なモデルであるとするインゴルドの主張からは距離を置く。なぜならこの立場では，あたかもどちらかを選ばなければならないかのように想定しているからだ。実際には，プロセスと出来事，関係性と存在物，発達と構造のいずれもが私たちには必要である。私たちには両者とも必要であるし，私たちは両者を研究することも両者の関係性を研究することもできるのである。

関係性思考は，存在物**の間の諸関係**というものが，存在物の性質について理解するうえで特別な地位を持っていることを認めるものである。なお，この言葉はあえて両義的になっている。一つには，「関係性思考」は，人間行動の意味を研究する分析者の立場を規定するものとして捉えられる。二つには関係性思考を，研究対象である相互行為に参与する人々の立場を規定するものとして見ることもできる。どちらの解釈であれ関係性思考は，社会的な関係性というものが，言語の文法構造のようなコミュニケーション行動の産物を含めて，人間のコミュニケーション行動の原因・条件・帰結が生じる領分と捉えている。加えて，また別の意味でも**関係性思考**という用語は両義的である。すなわち，ここで扱う関係性とは，人と人との関係であることもあれば，より一般的なレベルの記号関係であることもある。本書では，社会生活のなかで公に見られる振る舞いを解釈し，うまくやりくりしていくために人々が採用する，ヒューリスティックな［2.5で詳述する，問題解決のために，経験則のような簡略化されたプロセスを経て結論を得る方法としての］スタンスとして関係性思考を描き出していく。それと同時に，人間の社会的な行為と認知を理解するうえでの研究ストラテジーとしての意義が関係性思考にあることを示したい。

本書は私がここ10年ほどの間に，社会的相互行為を比較研究する文脈から人間の社会性について論じるなかで考えたいくつかの事柄をまとめている。相互行為と人間の社会性に対する私の関心に最初に火がついたのは，エスター・グディが1995年に発表した名著『社会的知性と相互行為』[7]を読んだときだった。しかしスティーヴ・レヴィンソンによる助け——と共同研究——もあり，2002年ごろになってやっと，私はこの研究トピックに自分の関心を向けることができた。本書で論じられる経験的・分析的な仕事の多くはナイメーヘンのマックス・プラ

---

6) Ingold (1990: 224)。
7) 私にこの本〔Goody, 1995b〕の存在を教えてくれ，本の内容についてメルボルン大の院生セミナーで発表するように言ってくれたニック・エヴァンズ (Nick Evans) 教授には心から感謝している。

ンク心理言語研究所の言語と認知部門の同僚たちと共に，人類の多様性と言語をテーマに人間の相互行為を研究する大規模な共同プロジェクトの一部として行われたものである。本書の元となった研究は，マルチモーダルインタラクション・プロジェクト，およびそれに続く言語の相互行為的基盤プロジェクトにおいて行われた。また，最近の私の研究は，欧州研究評議会より2010年から2014年までの期間で助成を受けている「人間の社会性と言語使用の諸体系」プロジェクトのなかで行われている。こういったプロジェクトでの実証的・概念的な仕事の大部分は，各プロジェクトに基づく出版物のなかで報告・議論されてきている[8]。私はこの本を通じて，それらの成果のなかでもとりわけ示唆的だと思われる事柄を抽出し，共同研究のなかで立ち上がってきた現在構築中の研究枠組みの各要素を明らかにしたい。その構築中の研究枠組みは，社会的相互行為という人間生活の中心的事象について分析するうえでの概念的道具立てとして，必須とは限らないまでも有用なものであると私は考える。

　本書はまた，通常の議論に反駁する糸によって全体が貫かれている。つまり，個体主義か集団主義か，認知主義か相互行為主義か，理論かデータかといった，よくある二分法から脱却しなければならないということだ。私たちにはこれらの両極が必要なのだ。本書において私は，一見すると矛盾するようなこれらの観点が，実際のところは容易に切り離せない関係にあることを示したい。もちろん，物質的には私たちはそれぞれ別々の身体を持つ別々の個人である。とはいえ，個人というものは，社会的な行為主体性および説明責任（accountability）を担う単位になるばかりでなく，他者と共有されるより大きな単位の一要素となることもあるだろう。このような場合にみられる共有志向性（shared intentionality）は，他者と一体になって目標を目指して行動する単位を共有すること，そして説明責任を他者と連帯して引き受けることを意味する。相互行為の大部分は，他の人々と共に社会的な行為の主体となる単位から出たり入ったりすることで，実際に経験される時間のなかで繰り広げられる分離と融合を舵取りし，私－私たち問題（me-us problem）［自分本位で行動するべきか，それとも他者と歩調を合わせるべきかという問題］を解決していくことに関わっている。私たちの身体同士がずっと互いに独立しているということと，私たちが構成する行為主体性の単位が刻一刻変化する柔軟なものであるということとの間の

---

8) たとえば，Enfield and Levinson (2006b); Ruiter, Mitterer, and Enfield (2006); Enfield and Stivers (2007); Stivers et al. (2009); Enfield (2009) が含まれる。

ミスマッチはなくならないものなのだ。私は，自分自身のために行動しているのだろうか？　それとも，私の今現在の目標や行為の理由は，他のだれかにも帰することができるのだろうか？　この振る舞いは，私によるものだろうか，それとも私たちによるものだろうか？　相互行為とは，人と人とが離れたりくっついたり，提携を行ったり解消したり，社会的単位への帰属を次々に変更したり，といったことを絶えずやりくりするような，分離・融合（fission-fusion）〔＝離合集散〕の事象なのである。それは，一時的なものであれ永続的なものであれ，社会的な関係性に対して，そして権利と義務，さらにはこうした関係性を規定する互いに対する傾向性（dispositions）〔ギルバート・ライルが『心の概念』において提唱した，人がある特定の状況においてある行動をしがちである，といった事態を指す用語〕に対して，常に影響を与えている。

　それでは，本書がとるスタンスについて簡単に述べておこう。本書のアプローチは以下のようなものである。

相互行為の重視——実際に経験される時間の流れに沿って対面形式で行われる社会的相互行為は，社会関係を研究するにあたって特権的な地位を持つ領域である。相互行為は，社会性が展開されるなかで，私たちにとって最も経験に近い（experience-near）〔人類学の概念で，直接経験からの相対的な距離が近いということ〕ところにあり，言語やその他の文化的事象における学習・産出・理解・伝播・変化・収斂・多様化のプロセスを直接的に観察できる機会である。

新パース派の記号論[9]——意味はプロセスのなかで生まれるものであり，意味を生成するプロセスにとって，解釈主体の関与が必要（そして実際のところ決定的）である。

新グライス派の語用論——慣習的な記号がタイプとして持つ有効で安定的な意味と，それらのタイプのトークンが社会的コンテクストのなかで付与される豊かな解釈とが区別される。

文化の重視——コンテクストは歴史的に進化し，そして学習されるものである。そうしてできた文化は豊富に〔振る舞いを決定する手がかりとなる〕仮定や経験則をもたらすものである。また，歴史のなかで進化してきた結果，人類の集団の間に

---

[9] 「新」という接頭辞からわかるように，私は，グライスやパース自身の考えそのものを代弁したり説明したりするつもりはない。私にとって彼らの考えは，あくまで出発点として意味を持っているのだ。

は大きな文化的多様性が存在している。

動物行動学的視点——ヒトは系統発生的に進化してきた種であり，ヒトを研究することはヒトを単一の種として研究することである。したがって，さまざまな人間集団の間に，系統発生やさまざまな自然要因によってもたらされた共通点を見出すことができるだろう。

文法的な捉え方——儀礼や語彙，人工物といった，学習され歴史的に進化してきた文化の諸要素は，類似のタイプと体系的な関係を有し，場合によっては高度に複雑な構造を持つシステムを作り出している。このスタンスのことを新ソシュール派とみなすこともできるだろう。

社会的認知への注目——人間の知性は，人間に特徴的な社会的相互行為，社会関係，そして社会制度（ひいては，協調，信頼，規範に基づく罰，そして向社会性〔反社会性の対義語。他人を助けることや他人に対して積極的な態度を示すこと〕の諸側面）を運用するのに必要な特性を備えていなければならない。したがってヒト以外の類人猿を含む，哺乳類一般が持つ認知能力からは部分的に区別されるような，社会的認知の存在が示唆される。

　さらに言えば，本書のスタンスは，社会生活を研究するということは単に事物の間の関係（たとえば儀礼的につけられた傷と社会的地位など，シニフィアン（能記）とシニフィエ（所記）の関係にある事柄）を見るだけではなく，関係の間の関係を見ることでもある，というまさにコックルマンが主張するような考えに与するものである[10]。

　これまでに述べたことからわかるように，本書はきわめて幅広い読者に向けられている。さまざまな専門分野の読者が，本書のなかに親しみと奇抜さの両方を見出してくれれば幸いである。本書が援用するさまざまなアプローチはいずれも不可欠なもので，また実際にやってみれば相互に組み合わせることができるものだ。このようなロドニー・キング的な理想〔下記訳注参照〕を追求するやり方に共感を覚えない読者もいることだろう。上記のようなさまざまな分野の視点を組み合わせ

---

10) Kockelman (2005, 2013)。
　〔訳注〕ロドニー・キングとは，1990年代初頭，人種差別を背景にロサンゼルスで発生した暴動に関連する主要人物で，テレビ番組からの取材に答えるなかで「みんな仲良くできないのか？」と発言したことで知られる。ここでは研究分野の間にある壁を乗り超えていこうという理想のことを指している。

ようとすることに違和感を覚える読者もいるだろうが，そのような懸念は単に学問制度のなかでそう感じるように躾けられてきただけという問題であるように私には思われる。私はただ，この本を有用なものにしたいのだ。

　関係性思考における中心的な問いは，社会的な振る舞いのサンプルに目を向けつつ，次のように立てられる。この振る舞いは，なぜ，そしてどのような社会的関係性を反映し，またそれを創り出しているのか？　これは，**個人**や**発話**といった単位を見ることから始めるのではなく，相互行為のなかで働いている関係性を見ることから始め，そこから個人や発話といった概念を抽出する，という考えに即している。あなたは，単に１人の個人なのではない。あなたは，関係性の網のなかに存在することによって，１人の個人になっているのだ。このような考えは，次のような多くの学者によって支持されている。それは，ミード（Mead）などのアメリカのプラグマティスト，ヴィゴツキー（Vygotsky）やヴォロシノフ（Vološinov）やレオンチェフ（Leont'ev）といった20世紀初頭のロシア言語学者や心理学者，西田幾多郎や鈴木大拙のような禅の哲学者，井出祥子や藤井洋子をはじめとする東京の「場」の理論家たち，ガンパーツ（Gumperz）やブラウン（Brown），レヴィンソン（Levinson）のような相互行為の社会言語学者，そしてビル・ハンクス（Bill Hanks），ジョン・ルーシー（John Lucy），ジャック・シドネル（Jack Sidnell），ポール・コックルマン（Paul Kockelman）といった当代の数多くの言語人類学者，といった人々である。私の本書での目的は，社会的な相互行為において観察される種々の構造，およびそういった構造を適切に分析し，明示できるような枠組みを探ることである。〔こういった問題に対する〕よい説明とは，人間行動の研究における，より幅広く学際的な問いに取り組むのに十分なくらい一般的でなければならない。そして，包括的でなければならない。それらをふまえ，人間の社会性を理解・分析するのに，行動主義と認知主義のどちらか１つを選ぶ必要はないことを，本書は主張として掲げる。これらは１つの動的な現象が持つ２つの相補的な側面である。確かに周りの人間から観察可能な身体行動は，他の人々の行為を解釈するための，そして他者が私たち自身の行為を解釈するのを助けたり管理したりするための，唯一の手段である。だがその一方で，身体行動だけでは私たちが相互行為のなかで行う解釈を説明することはできない。他者による行為に対する私たちの応答は，信念や目的（言い換えれば，そこで何が起きていると人々が把握しているか，人々が何をしようとしているか，何を指向しているか）のような，直接には観察されない物事を手がかりとすることによって

理解可能になる[11]。したがって，次の2点を一般原理として立てることができる。(1) 知覚可能な振る舞いが意味のあるコミュニケーションを可能にする。(2) 知覚可能な振る舞いを**注視する**ことが，意味のあるコミュニケーションを**実現させる**。たったこれだけの原理から，本書のほぼすべてが導き出される。人々が相互行為を行っているとき，彼らは互いに相手のシグナルやジェスチャーやサインを絶えず解釈し合っている。したがって，人の相互行為を研究しているとき，私たちは人の心（mind），すなわちさまざまな人・場所・時間にまたがって分散している解釈システムについて研究しているのである。

---

[11] Levinson(1995)。

第1章
関係性のありかた

　本書は人間の社会的関係性が何からできているのかについての本である。この本では、パース的な記号過程、人間の社会性、そして行為主体性（agency）の分散などの観念、そしてエンクロニー（enchrony）と呼ばれる因果的・時間的枠組みといった要素からなるフレームワークの輪郭を述べる。これらの概念を詳しく解説すること、それが本書の仕事である。ただ、まずは経験的なことから話を始めよう。

1.1　関係性の具体例

　人間に見られるさまざまな関係性を研究することはすなわち、人間のやりとり（interaction）を見ることである。私たちはやりとりというものがどういうものなのかを単に想像することはできない。社会学者ハーヴィー・サックスが警告したように、私たちはやりとりを思い浮かべようとするとしばしば、めったに起こらないことを想像してしまったり、反対に実際にはいつでも起こっているようなことは想像しなかったりする、という過ちを犯しがちである[1]。そこで、まずは実際に起こったことであり、かつ、いつでも起こっていることの代表例の1つと言えそうなことのデータの断片から始めることにする。次の（1）に示した事例は2002年7月にラオスでのフィールドワーク中に撮ったビデオ録画の一場面である。図1.1はこのビデオ録画から採られた画像である[2]。

---

1) Sacks (1992)。
2) 画像の角はレンズフードによって覆われている。ラオ語に関するより詳細な情報については Enfield (2007) を参照。

図 1.1 低地ラオス(ヴィエンチャン県)におけるとある訪問場面のビデオ画像。タンクトップを着た左端の男性がタワン(*Tavan*)。後方の女性がドゥアン(*Deuan*),前方の女性がケート(*Kêet*),中央の男性がカープ(*Kaap*)。

(1) データ断片

　図 1.1 にいる 4 人の人物による会話が始まってから 8 分後,会話の進行が途切れそうになったときに。

```
1  Tavan:    qoo4 veej5
             間投　現実相
   タワン：   ああ,そう…。((ため息))

2            (1.5)

3  Kêet:    mùø-khùùn2 phen1    kaø    thoo2    maa2,  saaw3 daaw3 hanø
            昨夜       三単.丁寧 題目繋辞 電話する　来る,　母の妹　ダオ　題目
```

ケート： で，昨日の夜，彼女が電話してきたの，ダオおばさんが。

4 Tavan: mbòq5
   間投
   タワン： ほんとかい？

5 Kêêt: mm5
   ケート： ええ。

6 Deuan: phen1　vaa1　ñang3
   三単.丁寧　言う　何
   ドゥアン：あの人はなんて言ったの？

ドゥアンの 6 行目の質問はケートに向けられたものであり，ケートはダオの言ったことに関する長い語りを始め，この日の用事についての議論をしてから建物の建築の進み具合を見に寺へと歩いて行った。

事例（1）はごく普通の，日常的な社会的やりとりの一場面である。ここに関与している人々にとってはすべて意味をなしている。しかし私たち観察者にとっては，よく見てみると，謎だらけである。この人たちは何をしており，どうやってそれをしているのだろうか。こうした疑問に答える方法の1つは，言語に注目することである。図1.1に登場する人々は全員ラオ語の，共有された慣習的コードを利用できるだけの能力を備えている。彼らはみな，幼年期から青年期に至るまで，身の回りの年長者たちや仲間たちから何千時間もかけて受けたインプットによる，長い社会化（socialization）〔しかるべき慣習・知識・技能などを身につけてその社会の有能な成員になること〕のプロセスを経てこれを身につけている。ここで「コード」という用語は，象徴的ユニットの体系——語，〔語同士の〕文法的組み合わせに関する規則，特定の種類のジェスチャーやその他の身体動作等々が含まれる——を指している。こうした象徴的ユニットの体系は，コミュニティの歴史のなかで慣習化され，そのコミュニティで生まれ育った子どもたちによって学ばれる。この学習は，言語獲得をはじめとする社会化のプロセスを通して構築した言語の形式と意味の対応付けが，おおむね各人同じになるように進められる。これはコミュニティにおけるすべての個々人が持つコードの諸表象が完全に重複しているとか，その内実が実際に同一である，ということではない[3]。もし一連のやりとりを分析する際に，参与者たちが前提としているコードを知らないとしても，参考資料を利用して済ませることはでき

る[4]。しかし語彙や言語の規則を知っているだけでは十分ではない。ここで示したような日々の社会的やりとりを理解するためには，コードだけではなくコンテクストも知る必要があるのであり，「コンテクストのなかのコード」として2つを結びつけることでもたらされる効果を解釈するための経験則が必要になる。

1.2 コンテクスト

事例（1）における言語要素のようなコードの具体例によって何が伝達されているのかを理解するには，コンテクストが非常に重要である[5]。これから見ていくように，場面に関係する個人史的・民族誌的・歴史的背景を加えると，このデータは新しい意味合いを帯びてくるのだ。

事例（1）の舞台となっている場所は，ハートパッイン（*Haat Pha-In*，「インドラ神の砂州」という意味）と呼ばれる郊外の村にある，タワンとドゥアンの家である。この日は日曜日で，国際的に使われている暦では休日になっている。ラオスで用いられている陰暦では休日となる日が異なっており，地元の村人にとってこの日は休日ではないが，町で仕事をしている人にとっては休日である［ラオスでは政府や企業はグレゴリオ暦を使っているが，農村では昔ながらのラオス暦（陰暦，農事暦）が使われている］。これがなぜ場面に関係するかというと，タワンとドゥアンはこの日，町に住んでいて町の職場に勤めている人を客として迎えているからである。この訪問は第一に用事があってのものなのだが，その用事は個人的なものなので，訪問者は町の仕事が休みの日に来る必要があったのだ。

タワンとドゥアンの息子はヴィエンチャン市近郊出身の女性と結婚している。この若い夫婦は革命後初期[6]にラオスから逃亡し，最終的にアメリカ合衆国に定住した。この夫婦の収入はアメリカでは中の下ほどであるが，ラオスの基準では高収入に当たる。上座部仏教の信徒として，彼らは *baap*「バープ」（＝罪）および不運の効果を打ち消すと考えられている *boun*「ブン」（＝功徳）を積むために布施をしたいという気持ちを持っている[7]。徳を積むことは建前上，来世の良き

---

3) Enfield (2014a, 2014b)。
4) ラオ語の事例（1）について調べる場合，辞書ならたとえば Kerr (1977)，文法ならたとえば Enfield (2007) といった文献に当たることになるだろう。
5) Jakobson (1960); Austin (1962); Hymes (1964); Silverstein (1976); Hanks (1990, 1996a, 2005a); Duranti and Goodwin (1992)。
6) 1970年代から1980年代にかけての時期のこと (Stuart-Fox 1986, 1997; G. Evans 1990, 1997, 1999, 2002)。

第 1 章　関係性のありかた　　15

図 1.2　ヴィエンチャンから北東に 35 km の距離にあるドゥーンイアン（Doune Ian）村の寺院内装。装飾は功徳を積む人によって資金が賄われている（飾られた柱の根元にある菱形の部分に注目。これらは新品で，じきにこれらの柱を建てる資金を出した人物の名前がここに入れられることになる）。

運命のための投資とされている。功徳は通常，たとえば村の僧に施しをしたり，入安居〔僧が雨季に寺に籠もる時期のはじめのこと〕やラオス新年といった祭日のさまざまなイベントの際に寺へ参拝するといった，共同体の儀礼に参加することを通して積まれる。また時として地元の寺に寄付を行うこともあり，とりわけ僧が生活し，学問し，勤行する場所であり，かつ村の儀礼的生活のほとんどが営まれる場所でもある寺の建物を修築・増築することは大きな積徳行であるとされる[8]。たとえば飾り立てられた柱やヴェッサンタラ物語〔布施太子本生経〕の一場面が描かれた寺院内壁の壁画といった，公に開放された寺の部分の建築費用を出す，といったことがその例として挙げられる。こうして描かれた情景はキリスト教における「十字架の道行き」のように寺の壁に巡らされているが，その内容は死と復活ではなく啓蒙の旅である。

---

7) Tambiah (1970)。
8) 東北タイのラオ語地域における同様の伝統については Tambiah (1970) および Sparkes (2005) 参照。

そうした布施によって，布施をした者は金額と共に自分の名前を寺の壁に書いてもらう特権を買うこととなり，これによってその人の功徳は広く長く示されることとなる（図1.2）。当然ながら，多く布施をすればするほど，より多くの功徳を積むことができる。

　事例（1）を解釈するうえで鍵となる背景情報は，タワンとドゥアンにとっての息子と義理の娘——つまりアメリカに住んでいる夫婦——がハートパッイン村にある寺の僧坊を新築するために出資している，ということである。この計画はすでに始まっているが未完で，水道管の資材をどうするかについて問題を抱えている。アメリカの息子と義理の娘は出資者なので，この計画に関するあらゆる決定は彼らによって承認されなくてはならない。より正確には，ラオ〔ラオスの人口の過半数を占める言語集団。タイにも多く居住している〕の家計については伝統的に女性が「家族の財布のひもを握っている」[9]ので，タワンとドゥアンにとっての義理の娘がここでの鍵を握る人物となっている（彼女の名前がダオであり，事例（1）の3行目と6行目における人物指示表現の指示対象となっている当の人物である〔ダオにとって姉であるケートがダオのことを「ダオおばさん」と呼んでいる理由については第12章で論じられる〕）。このことだけでもタワンとドゥアンは弱い立場に置かれている。まず，彼らはこの積徳行の行為主体（agent）として村の人々から目に見える立場にあるので，霊的とは言わないまでも，地元における社会的立場という点で，この計画によって生まれる功徳の恩恵に最も浴する立ち位置にある。そのいっぽう，彼らは肝心の資金を直接的にコントロールしているわけではない。なぜなら資金についての決定権を握っているのは彼らの息子ではなくその妻，つまり2人にとっての義理の娘だからである。さらに悪いことに，この計画の進行，とりわけ送金に関して，タワンとドゥアンは直接義理の娘と接触して交渉しているわけではない。代わりに，ヴィエンチャン市に住んでいて家に電話があるこの義理の娘の姉（図1.1のケート）が間に入っているのだ。この姉が家の電話機を使って，アメリカとの間で電話をやりとりし，計画の進捗を議論して送金のとりまとめをしているのである。ケートは図1.1において，陰の実力者なのだ。彼女が村を訪れた理由は，この建設作業を検分してタワンとドゥアンの義理の娘（つまり彼女の実の妹）に報告し，お金が適切に使われていることを確認しているという体裁をとるためである。2人の義理の娘の姉〔すなわちケート〕は霊的にも社会的立場においても大きな功徳を積むという点で一挙両得の立ち位置にあり，しかもこの功徳

---

9) Ireson（1996: 60 ほか）。

を積む過程において自身の資産は犠牲にしなくて済んでいる。

　今回の訪問でケートと一緒に来ているのは，彼女の夫〔カープ〕と姪，友人1人，ヴィエンチャン市に住んでいて今回の移動手段を提供したタワンとドゥアンの義理の息子である。さらに，1人の民族誌家がビデオカメラを構えてこの場にいるが，この部分のやりとりには直接関与していない。ビデオはこの訪問の最初，つまりケートたちが最初に家に着いたときからずっと回っている。

　この場面の冒頭8分間は挨拶と近況報告が続く。近況報告のほとんどはタワンとドゥアンが最近経験したトラブル[10]についてである。タワンははしごから落ちて怪我をしたため療養中である。妻のドゥアンはタワンの怪我が治るよう世話をしている。この部分ではずっと事故の状況や伝統的な理学療法や薬草を用いた植物薬など怪我の処置について話をしている[11]。木の皮や根からなるこの薬は一部カープとシェアしていて，カープはそれをすりつぶして溶かして使うための準備をしている。図1.1では彼がこの準備に忙しくしていることがわかる。そしていつもの習慣として，女性たちはビンロウ〔ヤシ科の植物の一種で，その実を噛みタバコのように嗜好する風習が東南アジアを中心にみられる〕を包んで噛み始めている（これも図1.1に写っている）。

　8分後，会話の進行が落ち着いてきてひと段落する兆しが現れる。このひと段落は，すでにお互いが了解していた訪問の理由がこれから表面化するということを示唆している。これが事例(1)の開始点である。ここがケートにとって妹でありタワンとドゥアンにとって義理の娘であるダオが明示的に言及される最初の箇所であり，ここからこの日の用事に焦点が当てられる。

　以上のことを知ることは，私たちが事例(1)で起こっていることを理解するうえで，そしてこれが最も大切なことであるが，事例(1)の参与者自身がこのやりとりを理解するうえでも，重要な帰結をもたらす。そして以上の説明に登場する人々の間の互いの社会的な関係性を定義付けているそれぞれの地位も，ここまで説明したことと同じぐらい，この場面において決定的に重要な関わりを持っている。では事例(1)をさらに解剖していくこととしよう。

---

[10] 社会的相互行為実践としてのトラブル語りについてはJefferson and Lee(1980); D. Cohen(1999); Pomerantz and Mandelbaum(2005); Jefferson(2015)参照。
[11] この出会い部分についてのさらなる議論については第13章および終章を参照。

1.3　関係性思考

　私たちの社会の核にあるのは，ある特別な社会システムのなかで生きるうえで必然的に伴われる関係性を維持することである[12]。人類学者ラルフ・リントンが提起したように，社会的地位とは極性的（polar）なもの［一方によって他方が規定されるもの］だ。というのも，社会的地位は人々の間の関係を規定する（第5章で後述）からだ。人間や他の高等霊長類は関係性を実際に生み出したり，それについて考えたりするという特別な能力を持っている。私たちは，自分と他者の間にある関係性だけでなく他者と他者の**間にある**関係性をも，そしてさらには，そのような他者同士の間にある関係性が自分と他者の間にある関係性に対してどう位置付けられるのかをも，うまく認知できるのだ。簡単な例として，たとえば夫婦が最初の子どもを持ったときに何が起こるかを考えてみよう。夫婦のそれぞれが子どもとの間に築きあげる関係性のあり方が，夫婦間の関係性に影響を及ぼすのは明らかだ。人々は関係性そのものに関して取り組むだけではなく，関係性の間の関係性，つまりある関係性が他の関係性とどのように関連しており，それが何を教えてくれるのかという問題に取り組むことができるのである。このことを認識しさえすれば，私たちは意味について考えるうえで強力な方法を導き出すことができる[13]。

　人間のコミュニケーションに対する関係性思考のアプローチとは，分析者が人間のやりとりを理解しようとするときに適用すべき考え方であると同時に，人々の間にやりとりと文化と言語を育むような，人々が持つ認知のやり方でもある[14]。人類学者ティム・インゴルドの示唆に反して，彼の「関係性の論理」としての文化[15]という視点は，リントンのような比較人類学者はもちろん，ロバート・ハインドやロビン・ダンバーといった生物学者［動物行動学者・行動生態学者］の視点にも連なるものである[16]。関係性思考にとって，コミュニケーションのやりとりこそが経験的データを得る場であり，分析が行われる場である[17]。おのおのやりとりは，トー

---

12) Linton (1936: 113); Dunbar (1988); de Waal and Tyack (2003) および以下本文参照。
13) Kockelman (2005, 2013)。
14) Hinde (1997)。Ingold (1990) も参照。
15) Ingold (1990: 225)。インゴルドと異なり，私はこれがダーウィンに由来する概念とされる個体群思考 (Mayr 1964: xix–xx, 1970, 1982: 45–47; Hinde 1991: 585–586) と両立不可能であるとは考えない。
16) Dunbar (1988: 2); Hinde (1976, 1982, 1991); Linton (1936)。
17) Hinde (1976); Dunbar (1988: 12 ほか)。

クンレベルの関係性（たとえば図 1.1 に登場する 2 人の女性の間の関係性）とともに，関係性のさまざまな**タイプ**（たとえばラオの村落における 2 人の中年の姻族の間の関係性）をも具現する。そして関係性のタイプは，社会的地位とアイデンティティを定義付け，そしてそれらはまたより高位の社会構造の構成要素，そして究極的には私たちが社会と呼ぶかもしれないものを決定付ける[18]。

かくしてここで主張したいのは，最も複雑な社会システムの構造でさえも究極的には二者間の社会的関係のトークンとタイプに基づいている，ということだ。人間社会は高度に複雑であり，無限ではないにしろきわめて多様な関係性のタイプが存在している[19]。このような関係性のタイプこそが，リントンがある特定の他の人々に対する権利と義務の束として初めて定義した「地位」である[20]。社会生活で常に求められているのは，地位の**変化**に対応することである。会話において話し手となったり聞き手となったり，チェスで次の番がまわってくるなどしたときのように，地位の変化は非常に短い時間的スケールで起こることもある。また私たちが独身から既婚者になるときや未成人から成人となるときのように，人生でさほど頻繁には訪れず，典型的には大きな儀式を伴って現れるような，より長い時間的スケールで起こる地位の変化もある。本書の後の部分でも論じるが，たとえば賭け事をしたり家具を動かしたりするためにだれかと共同行為（joint action）を始めるときのように，地位の運営にはしばしば行為主体性を構成するユニットの一員になったり，そこから脱退したりすることが関わる[21]。社会生活には，大きな集団のなかにありながらも個別の存在として生きている個々人が生み出す，離合集散（fission-fusion）のダイナミクスを切り抜けていくことが常に必要となる。離合集散を行う生物種というものは「どのような活動が行われているのか，そしてどれだけの資源が利用可能でそれがどのように配分されるかといったことに応じて，……下位集団の離合集散を行い，集団のサイズを変えていく」[22]。離合集散のダイナミクスは，「集団への所属が安定していてきわめて固定

---

18) Linton(1936: 113ff.); Radcliffe-Brown(1952); Lévi-Strauss(1953); Nadel(1957); Hinde(1976); Sacks(1992); Dunbar and Spoors(1995); Hill and Dunbar(2003); Pomerantz and Mandelbaum(2005); Enfield and Levinson(2006b)。
19) Evans-Pritchard(1954)。
20) Linton(1936)。本章以下および第 5 章なども参照。
21) H. H. Clark(1996); Tomasello(2008); Searle(2010)。
22) Aureli et al.(2008: 627)。

的な場合から，下位集団への所属が安定的であれ柔軟であれ，きわめて流動的な場合までさまざまである」[23]。人間集団における離合集散の動きは，ある1日のなかで，さまざまに異なるペアや3人組，あるいはそれ以上の集団のメンバーになったり脱退するという一連の流れ，つまり車からお店に向かったり畑から村に行ったり家のなかの部屋から部屋へ行ったりするところで観察されるだろう。あるいはそれは，新しい村や民族集団に婚入するとか，新しい土地に移住するときのように，私たちがある社会的身分のメンバーシップを失って新しく長期的なメンバーになるような，一生というスパンのなかで見られるような動きかもしれない。

　こうした関係性に根ざした社会的行動のパターンのなかでは，協調的な力と競争的な力の間の相互作用が見られる。まず，信頼や共感，共通のアイデンティティをもたらす，ポジティブで向社会的（prosocial）な傾向が存在する[24]。その一方で，競争や欺瞞，社会階級の区分けをもたらす，マキャヴェリ的傾向も存在する[25]。社会的やりとりにおいて，人々は儀礼やその他の手段によって社会的な損傷を減らし結束を強めようとするだけではない。それと同じくらい，人々は境界線を引いたり社会的差異を打ち立てようともするものである[26]。この一見すると対照的な力は，いつでも容易に区別できるわけではない。ある利他的行為が別の見方では利己的だと思われることもある。見知らぬ人を助けるのに時間とお金を費やすということは，〔別の角度からは〕あなたの家族や友人から価値ある資源が奪われることに見えるかもしれない。ある行為がどのように見えるかは，どの社会的単位によって分析を行うかに依存する。個人か？　2人か？　3人か？　家族か？　民族集団か？　それぞれが異なる文脈においては意味のあるものとなるだろうし，どの分析単位を採用するかは決して客観的にすることではないのだ。

　どのような文化的な文脈であれ，社会構造の発展と維持のありさまは，第一義的には人々の共在（co-present）〔ゴフマンの用語で，複数の人間が同じ時空間に存在すること〕する状況での社会的やりとりのなかに現れるものである。社会的やりとりにおいて，私たちは個人としてある特定の関係性を演じながら（たとえばジョンとその息子ビル），同時に関

---

23) Aureli et al.(2008：628)。
24) Henrich et al.(2004)；Boyd and Richerson(2006a)。
25) Byrne and Whiten(1988)；Whiten and Byrne(1997)。
26) Huxley(1966：258)；M. H. Goodwin(1990：141ff.)；M. H. Goodwin(2006)。Goffman(1959, 1967)も参照。

係性の一般的タイプ（たとえば父と子）を演じる。関係性を構成する社会的地位は権利と義務の集合によって定義される。これらの権利と義務は典型的には法律で定められたものではない。それらはほとんどの場合に柔軟，暗黙的，規範的，そして創発的という性格を持つものである。またそれらは自然法則ではなく，社会規範によってもたらされる説明責任に司られている。詳細な議論は後に譲るが，ここで最低限，本書において権利と義務という言葉で意味するところを定義しておこう[27]。もしあなたが何かをするとして，それがあなたの権利であるならば，あなたはそれをすることについて説明する必要はなく，あなたがそれをしたとしても，人々が驚いたり制裁（sanction）しようと思ったりするのが当然とはならないだろう。もしそれがあなたの義務ならば，それを**しない**ことに対して説明が求められ，人々はあなたがそれを**しない**ときに驚いたり制裁しようと思うのが当然ということに**なる**だろう。ここで「驚いたり制裁しようと思ったりするのが当然となる」という言葉で私が意味しているのは，権利や義務に対して整合的で，それゆえ逆にそれが正当なものだとはわざわざ明示されないような驚きや制裁を見せることである。社会的相互行為において実現される多くの関係性と，役割やアイデンティティは互いを定義し合っており，これらが究極的にはあるコミュニティにおける社会の全体像と民族誌の全体像を規定する。

　人間の関係性はとてつもなく複雑ではあるが，私はこれに2つの大きなタイプがあることを示そうと思う。つまり，関係性の外部に基盤があるものと関係性のなかにある者同士がお互いに基盤となっているものの2つである。これらは互いに排他的ではない。AとBが外部に基盤のある関係性のなかにいるとすると，彼らの関係性は，彼らがそれぞれ，さまざまな権利・義務・傾向性（disposition）の集合の違いによって，外部のとある参照点に対してどのような立ち位置を取っているかによって定義される。これは図1.3に示される。

---

27) Kockelman（2006b）による。権利（rights）・責務（duties）・権限（entitlements）・義務（obligation）等の用語を使ったり理解したりする際には注意が必要である。なぜなら，これらの用語が一般的に使われる場合には，アングロ的な文化的付帯物（cultural baggage）がその意味に含まれているからである（Wierzbicka 2006）。ここではこれらの用語は専門用語として使われている。

図 1.3 AとBが外部に基盤のある関係にある場合。それぞれが第3項に対してどのような立場にあるかによって関係性が規定される。

たとえば、もしジョンとビルが同じ地元のラグビークラブであるファルコンズのサポーターだとすると、彼らの間の関係性は外部にある基盤によって規定されていることになる。彼らは少なくともある一点、すなわちそのクラブに対する立ち位置において同じである。また、ジョンとビルが外部の参照点に対して異なる立ち位置にある場合、両者の関係がネガティブに規定されることもありうる。たとえばジョンがファルコンズを応援しているのに対してビルがマグパイズを応援しているような場合である。こういった関係性のタイプは人類学者 E. E. エヴァンズ＝プリチャードが命名したように[28]、分節的なもの（segmentary）［ある社会のなかにおいて、系譜や政治的単位などによってそれぞれ集団が分かれていること］として記述することもできるだろう。こうした関係性において2人の人物が互いに関わっているのは、一方の地位が相手の地位によって規定されるからではなく、2人が――偶然かもしれないにせよ――ある共通の存在と何らかの関係にあるからである。

これとは対照的に、AとBが私の言うところの「互いに基盤となっている関係」にある場合、その関係性のなかでAとBの責務に関連付けられている権利・義務・傾向性は、相互に規定し合っている。一方の地位は他の一方によって規定されるのだ（図 1.4）。たとえば、ジョンはビルの父親であり、そうであれば必然的に（あるいはこの理由により）ビルはジョンの子となる。

図 1.4 AとBが互いに基盤となっている関係性にある場合。この関係は、彼らが互いを規定し合う関係に対してどのような立ち位置にあるかによって規定される。

---

28) Evans-Pritchard (1940)。

これら2種類のシンプルな二項的関係性のタイプは，人間集団における本質的に無限にある社会関係の個別のタイプによって，より特定的な形で具現化する（例として第11～13章を参照）。外部に基盤がある関係性，あるいは分節的な関係性としては，同い年であるとか，その他儀礼的に決められている集団のメンバー，同じスポーツチームや政党の支持者，あるいは同じ仲間集団（パンク，ゴス，ジョック［アメリカの高校の中で序列の頂点に立つ人気者。主にスポーツマン］）のメンバーなどが挙げられる。互いに基盤となっている関係としては，多くの親族関係（母−子やおじ−おいのような血縁関係があるものであれ，夫−妻や義理の息子−義理の母のような姻族関係であれ），サービス関係（ウェイター−客，運転手−乗客），それにその他制度的な関係（教師−生徒，演者−観客）が含まれる。これらの基本的な二項的関係性の数々のタイプから，社会システムが築きあげられるのだ。

　こうした考えは本質的に，社会的やりとりはまさに最も高次の社会構造を理解するうえで鍵となるデータであるという，ロバート・ハインドの提起に連なるものである[29]。ハインドとの違いは，関係性が存在しうる以前に一連のやりとりの履歴が必ず存在する，と彼が考えている点にある。私は人間の社会生活において，やりとりが関係性を**構成する**，と主張したい。関係性とは組になった2人の間のやりとりに適用される権利と義務の集合である。こう考えると，ある時点での私たちの焦点に応じてある特定の枠組みのなかで焦点が当てられている関係性（たとえば話し手と聞き手，あるいは母と子といったAとBの関係性）と，そうした関係からなる固有の集合によって定義付けられるような2人の間の持続的な関係性とを区別してもよいかもしれない。ハインドが言うように「やりとりのいくつかのタイプはとりわけ共起しがちであり，これに対してある別のいくつかのタイプは互いに両立しない」[30]。このことは，当人の社会的地位を構成し，そしてそれゆえに当人の未来の振る舞いを予測可能にし，また当人が自分の振る舞いに対してどのような説明責任を負うかを決定するような，大規模な振る舞いの集合の存在を示している（ここでの「地位」の厳密な意味については第5章参照）。そしてあるタイプのやりとり，つまりある種の権利と義務の現れは，全体としての関係性に影響を及ぼしうる。一回一回のやりとりはある特定の権利と義務の具現化（actualization）なのだ。端的に言えばつまり，やりとりが関係性を構成す

---

29) Hinde(1976)。
30) Hinde(1976:6)。

るのである。

1.4 関係性の具現化

　人が社会的やりとりに関与するときはいつでも，その人の行為は，そのとき行使されている社会的関係性に対して帰結をもたらす。もしあなたの行動があまりにもよそよそしかったり，あるいはあまりにも親密すぎれば，そのことは他者から気づかれるだろうし，あなたは他者に対して説明を求められる立場となるだろう。社会学者ジョン・ヘリテッジとマックス・アトキンソンは，やりとりの連鎖やコンテクストからの要求には「逃げ道も時間切れもない」と書いている[31]。好むと好まざるとに関わらず，あなたが次に言うことは，たった今言われたことへの何らかの水準での応答として解釈されるだろう。同様に，やりとりの社会的・関係的な帰結にもそこからの逃げ道や時間切れはない[32]。コミュニケーションのやりとりにおける個々のちょっとした選択は，情報交換のうえでの最適性に照らして査定されうるが，それと同様に，その時点での社会的関係性の強さや近さを適切なレベルと質で維持したり偽装したりするうえでの最適性に照らして査定されうる。他者との間の共通基盤（common ground）を管理することは，社会のネットワークにおける個人的な関係性の管理に絶え間なく参与するなかで行われている。本書では，これが達成されるいくつかのメカニズムを詳細に説明する。ここではまず社会的関係性における強さや近さの程度とは何を意味するかについて導入するところから始めよう。

　社会生活を営むにあたって鍵となるタスクは，個人間の関係性が長時間，しばしば何年にもわたって続いていく社会的ネットワークにおいて個々の立場を維持管理することである。個人1人あたりとやりとりするために費やされる時間と，人がやりとりする個人の数は反比例するため，ある個人が持つ関係性のネットワークには現実的な制約がある。私たちは1日のうちに限られた時間しか持たず，持続的な関係性はある閾値を超えて増やすことができない。霊長類の毛づくろい

---

31) Atkinson and Heritage（1984: 6）。
32) チップ・ザッカーマンが私に指摘したところによれば，説明責任が削減されたり変更されたりするような状況が存在する。たとえば春期休暇にカンクン〔メキシコのリゾート〕でパーティーに参加するときや，儀礼的なトランスに入るときなどである。これらの明らかな例外において重要なのは，そこでの参加者の地位が変化するために，それに従って彼らの説明責任も変化するということである。

にも同じ制約がある[33]。特定の個人とより多くの時間やりとりするのに費やすと，たとえば会話のような，共に同じ対象に注意を向けたり相互に情報を与え合う活動に従事する機会をより多く持つことになり，そのためにその相手との間の共通基盤を増大させる機会がより多くなる，ということになる。この結果，コミュニケーションにおいて拡張的推論（amplicative inference）がより行われやすくなる。つまり，人が言ったことに対して明示されたことよりもはるかに詳細な情報を付与することによって，内容の豊かな理解を得ることができる。特定の個人とより長くやりとりを行えば，必然的な結果として他の人とのやりとりに費やす時間が減ることになり，それによって個人的な交流を通じて共通基盤を増大させる機会も減り，その結果として彼らとのコミュニケーションにおいて拡張的推論が用いられにくくなる（第13章参照）。

時間と社会集団のサイズにおける現実的な動態についてのこうした考察は，社会ネットワーク構造の組織化に内在する偏りを示してくれる[34]。進化心理学者のヒルとダンバーは，社会的ネットワークは「階層的に差異化されており，上位のレベルでは，強度の弱い関係性が増える」ことを示している[35]。そのうえで彼らは次のように包含関係にある複数のレベルのモデルを提案している[36]。

(2)

関係性の強度のレベル	集団のおおむねのサイズ
助け合う仲間集団	7
共感し合う集団	21
バンド［狩猟採集民族において，移動や生活を共にする集団］	35
社会集団［個人がやりとりする相手。その数は「ダンバー数」として知られる］	150

これらのレベルのメンバーシップは何によって決まるのだろうか？　霊長類における体の毛づくろいの場合と同じく，人は関わりの深い時間をより多く過ごした人を何か問題が起こったときに頼りがちであるし，同じようにもしその人に必

---

33) Dunbar(1993, 1996)。
34) Dunbar(1998); Dunbar and Spoors(1995); Hill and Dunbar(2003)。
35) Hill and Dunbar(2003: 67)。Dunbar(1998)も参照。
36) Hill and Dunbar(2003: 68)。彼らがこれよりさらに上位のレベルの集団化についても議論していることにも注意。

要があれば助けの手をさしのべなくてはならないだろう。ある社会では，たとえば親族関係によって，助け合う相手がある程度あらかじめ定められているだろう。また現代の多くの都市のような，これと別のタイプの社会では，人々はより自由に〔人間関係を〕選ぶだろう。霊長類における体の毛づくろいと違って，人間のやりとりへの参加には，繊細で洗練された象徴構造の利用が織り込まれており，それはほとんどの場合に言語という形をとる。人類学者ブロニスワフ・マリノフスキが書いたように，「言葉は交わり（communion）のために必要な手段である。話すことは，その状況でのつながりを生み出すのに欠かせない道具であり，そのようなつながりなしではまとまった社会的行為を行うことは不可能である」[37]。よって，単にだれとどれほど長くやりとりするかだけではなく，どういった種類の情報が交換され，共通基盤に投入されたかが問題となるのである。日々会っている仕事の同僚よりも短い時間しか会っていなかったとしても，情報の戦略的な管理によって，私は私の親友とより緊密で近しい関係性を持つことができる。量よりも質が重要なのだ。この原理は社会学者たちがコネクターと呼ぶ人々によって活用されている。この種の人々は通常ではありえないほどの多数の相手と質が高く長期的な関係性を維持することができているが，これはどの人に対しても，限られた時間しか一緒にいなくてもまるでよく知った間柄であるかのように常時振る舞うことができるためである。

　文化は質的および量的に規定される関係性の強さと，そうした強さを維持したり強さを知らしめたりするための実践においてさまざまに異なっている。ヒルとダンバーは上記（2）のような社会的なつながりのあり方における階層構造はあらゆる文化的な環境において維持されているが，ある文化においてこれらのレベルを区別するための質的基盤は「全面的に交渉の余地がある」，つまりその文化における伝統によって変わるものであるとしている[38]。彼らは関係性の妥当なレベルを個々の状況において決める社会的実践のタイプをいくつか挙げている。たとえば髪の世話〔ここではクン・サン（ボツワナに住むブッシュマンの一言語集団）におけるシラミ取りのこと〕をしてくれる人[39]とか，「もし亡くなってしまったら個人的にとてもつらく思う人」[40]とか，「感情的または金銭的につらいストレスを受けたときにアドバイスやサポートや助けを求める相

---

37) Malinowski (1926: 310)。
38) Hill and Dunbar (2003: 69)。
39) クン・サンについては Sugawara (1984)。
40) Buys and Larson (1979)。

手」[41]とか,クリスマスカードを送る相手[42]とかだ。しかし驚くべきことに,多くの文化における社会的関係のレベルやタイプについてはほとんど知られていない。やりとり上の実践を通して人々が社会的な区別を示す方法の文化間の共通性と差異を調査することは,今後の研究の重要なトピックである。

やりとりの戦略的な目的のために共通基盤を管理するためのもろもろの実践は,ヒルとダンバーの提案の妥当性を評価する重要なデータとなる（第12・13章参照）。もし日々のやりとりに時間切れがないとすれば,たとえば欧米のクリスマスカードのような年に一度の行動よりも,常日頃やりとりしている個々人の間でもっとありふれていて何度も行われるような実践について調べるほうがいいだろう。この目標のために,ヒルとダンバーが例示した考え方[43]と,社会学者ハーヴィー・サックスとその仲間たちが行った「社会的メンバーシップのカテゴリー化」についての研究[43]との間に,従来の研究では暗示的にすぎなかったような重要な結びつきを示す線を引いてみたい。会話分析研究者のアニータ・ポメランツとジェニー・マンデルバウムは,メンバーシップのカテゴリー化についてのサックスらの研究をまとめるなかで,人々が「友人－友人,親友－親友,父－息子といった相補的な関係のカテゴリーにおいてある地位を占める者として適切とみなされる振る舞いに従事し,またやりとりの相手による適切な振る舞いを承認することにより,その関係のカテゴリーにおける地位を保つ」のに用いている実践として,アメリカ英語の会話に見られる4つのタイプを概説した[44]。

(3) 強い／近い社会的関係性のなかの地位を維持するための4種類の実践[45]：

「進展を見守っている出来事について尋ねたり,自身の活動について詳細を提供したりする」：以前の会話において言及された出来事や活動の報告をしたり,その近況を伝えたりする。それらについての詳細な説明を引き出したり,詳しい部分について格別の関心を示したりする。お互いの予定や計画を注意深く聞く,など[46]。

---

41) Dunbar and Spoors (1995); Sacks (1992)。
42) Hill and Dunbar (2003)。この文に含まれる引用はいずれも Hill and Dunbar (2003: 67) に基づく。
43) Sacks (1992) 参照。また Garfnkel and Sacks (1970); Schegloff (2007c) も参照のこと。
44) Pomerantz and Mandelbaum (2005: 160)。
45) Pomerantz and Mandelbaum (2005) より。

「自身が抱える問題について議論したり，他者が抱える問題について関心を示したりする」：互いの個人的な問題について，尋ねる権利を主張したり（また尋ねる義務を持っていたり），関心を示したりする。そうした議論を受け入れる用意があることを示す，など[47]。

「共に経験したことについて間接的に言及し，その経験についての話を進める」：ある人が過去の共有経験について最小限の表現だけで言及をして（たとえばジョンが「メアリーのお兄さんを覚えているかい？」と言い），別の人がそれが何のことか理解したことを示し，そのことを取り上げたうえで会話のなかでその話題について進め（たとえば，〔ジョンの発話の後〕フレッドが「ああそうだ，彼はほんと変な人だよ，彼が…したときなんて…」と続ける），それによって共通基盤が共有されていることを示す[48]。

「下品な言葉を使い，さらにその言葉に下品な言葉を重ねたり（時には同時に）笑ったりして相手の不作法を取り上げる」：罵ったり猥褻なことを言ったりする。そうした不作法に対して笑いを返す。または「丁寧な態度をとらねばならない」という規範によって普段は抑圧されている制約を相手と共に棚上げする[49]。

これらのケースのうち少なくとも最初の3つは，共通基盤を増強したり，維持したり，あるいは前提とするといった情報の戦略的操作に直接関わっている。その結果として関係性が打ち立てられ維持される[50]。これらはいろいろなレベルにおける社会的メンバーシップを維持するための，局所的で文化ごとにさまざまに異なる実践の重要な候補である（(3) の各例はすべて近しい関係性を決めるもの

---

46) Drew and Chilton (2000); Morrison (1997)。
47) D. Cohen (1999); Jefferson and Lee (1980)。
48) Lerner (1992); Mandelbaum (1987); Maynard and Zimmerman (1984)。Enfield (2003a) も参照。
49) Jefferson (1974)。
50) 不敬でばちあたりな言葉の使用が，親密な社会関係をどのように示したり構成したりするのか，ということを理解するためにはさらなる研究が必要である。おそらく，そのメカニズムは「私たちはだれにでもこのように話すというわけにはいかない」といったものであろう。だからこれはやりとりされる情報の象徴的内容の問題ではなく，そのレジスター（言語使用域）や形式の問題なのだ。たとえば最近群れに加わったバンドウイルカが仲間であることを示すためにシンクロさせた泳ぎをしたりそこから離れたりする，といった動物の世界における社会への加入を提示する，もっと洗練されたやり方と比べてみよ。Connor et al. (2000: 104)。また第2章や第4章も参照。

だ)。これらが普遍的なものなのかどうかは答えの出ていない問いである。

1.5 関係性に根ざした社会

人間の社会生活を見ていると，時として私たちの生物学的基礎について忘れがちになる。だが生物学者のライオネル・タイガーとロビン・フォックスという実にぴったりな名前[日本語にすると「若ライオン・トラ」と「コマドリ・キツネ」になる]の2人が提起したように，本当のところ私たちは「動物であるということからも，そのようなものとして研究されることからも免除されてはいない」[51]。人間は，フランス・ドゥ・ヴァールとピーター・タイヤックが個体化された長期的な社会として記述したような形で行動が組織されている多くの種の1つである[52]。人間社会を「個体化された」と呼ぶことで彼らが意味しているのは，「成員たちが互いを個別の存在として認識しており，やりとりの履歴に基づいて変動する関係性を築きあげる」[53]ということである。これは文化的価値やイデオロギーとしての個人主義という考えとは別個のものだ。この個体化という概念は単に，あらゆる文化において，社会は，身体的に別々で物理的に動き回ることができ個体として寿命を持つ存在によって構成されており，それらの存在はテレパシーが使えず，それゆえに互いのやりとりは記号論的手段によって制御されなくてはならない，という生物学的な事実のことを言っているにすぎない。ここで鍵となるポイントは個体それ自体ではなく，2個体の間で生み出される関係性である。社会的な世界で他者と巧みにやりとりするには，比較的予想可能な形で，比較的予想可能な結果に向けて他者の心と身体に影響を与える手段として記号を用いる必要がある。人と社会の間の関係に関する個々のイデオロギーは，この一般的な事実とは別物ではあるが，この事実によって制約されたり条件付けられたりしているかもしれない。ドゥ・ヴァールとタイヤックによると，複雑な構造を持つ社会が持つ第二の特質は，それが長期的である，言い換えれば「長期的に安定」だということである。長期的社会において，「たとえば祖父母と孫の間の関係性や若い頃から大人になるまで続く友人関係のように，長い寿命を持つ種は長期間の，あるいは複数世代にわたる関係性を持つ」[54]。

---

51) Tiger and Fox (1966: 80)。
52) de Waal and Tyack (2003)。
53) de Waal and Tyack (2003: x)。

私はドゥ・ヴァールとタイヤックが提起した見方を取り入れはするが，この考えをより精確に捉えるために，「個体化された（individualized）」という用語より「関係性に根ざした（relationship-grounded）」という用語を使うこととする[55]。関係性に根ざした社会における生活では，あらゆる個々のメンバーは共通して一連の社会生活上の問題に直面することになる。これらの社会的な問題の多く，そしてひょっとするとそれらの最善の解決策は，関係性に根ざした社会を持つ象やバンドウイルカ，ブチハイエナ，ヒヒやオマキザルのような他の生物と共通かもしれない[56]。このことがアリのような他のタイプの複雑さを持つ社会には当てはまらないということには注意しておきたい。なぜならそうした社会ではドゥ・ヴァールやタイヤックの言う意味では「個体化されて」いないからである。もちろん，私たち人間は自身の種に固有の問題や解決策を持っているのだが，だからといって私たちは生物界の一員であるというコンテクストを無視して自身を研究してよいということにはならない[57]。

　私たちの種におけるやりとりに関して特別なのはもちろん，私たちが言語を使うということである。なぜどのようにして私たちの種が言語を進化させたのかははっきりしないが，この問題にアプローチするうえでひとつ最も重要なのは，私たちが言語によって行うまさにそれが何なのかをしっかりと経験的に把握する必要性である。ダンバーは言語の使用は基本的に社会関係を維持するためのものだとしている[58]。この考えは動物行動学的な言い方として非常に理にかなっており，言語人類学における多くの知見（たとえばアシフ・アーガやサンドロ・デュランティ，ポール・コックルマン，ジャック・シドネル，チャック・グッドウィン，クリスティーン・フィッチなどの著作）[59]や，言語学の語用論における最近の発展（たとえばロバート・アルンデール，ジョナサン・カルペパー，井出祥子，ヘレン・スペンサー＝オーティーなどの著作）[60]ときわめて整合的である。

　事例（1）に戻ってみると，このラオ語話者間における社会的やりとりの断片

---

54) de Waal and Tyack (2003 : x)。Dunbar (1988) も参照。
55) Hinde (1976) 参照。
56) Dunbar (1988); Sussman and Chapman (2004); de Waal and Tyack (2003)。
57) Tiger and Fox (1966); Hinde (1982, 1991); Boesch (2007) など。
58) Dunbar (1993, 1996)。Dor, Knight, and Lewis (2014) も参照。
59) Agha (2007); Duranti (1981, 1996); Kockelman (2010, 2013); Sidnell (2007); C. Goodwin (2000); Fitch (1998)。
60) Spencer-Oatey (2011) 参照。Arundale (2006, 2010); Culpeper (2011); Culpeper et al. (2010); Fujii (2011); Hanks, Ide, and Katagiri (2009); Holmes and Schnurr (2005); Locher and Watts

はかなりの豊かさを帯びてくる。この束の間のやりとりは分厚い民族誌的なコンテクストに埋め込まれて行われている。ここに出てくる参与者はみな，他の人に対して長期的な社会関係を持っている。そのなかにはこの場にいない人々や場所もが含まれており，そこにあるさまざまな二項的な社会関係は全く別個のタイプに分けられ，実際細かいところを見てみるとそれぞれ独特である。こうして，私たちは社会生活の典型的な断片を参照しながら，基本的な論点と関心のありかを紹介してきた。では関係性思考を構成する要素についてより詳しく考察を始めることにしよう。本書の最後に，私たちはこの事例に戻ることになる。

＊　＊　＊

　人間のやりとりを見るとき，私たちは人間の関係性の本質を見ている。私たちは密度の高い社会生活を営むにあたって，さまざまな程度の〔時間や労力の〕投資をしながら，繊細微妙なやり方で差異化された数多くの関係性を維持している。この本の後半の章では，人間のやりとりの基本的なしくみと，やりとりの関係性を構成するという性質について論じることになる。だが最初に，私たちの社会生活が持つ特殊な様式を可能にし動機付ける基礎となっている認知的傾向の問題にとりかかることにする。

　(2005, 2008); Spencer-Oatey (2005); Spencer-Oatey and Franklin (2009); Sugawara (2012) も参照。

第 2 章
社会性

　第 1 章では，断片（1）の参与者たちが——ちょうど私たちがみなやっているように——特定の文化的・歴史的な文脈のなかに，そして特定の種類の社会的世界の中に，自分がいることを理解しているという点を指摘した。ここでいう社会的世界とは，部分的には，人間という種に固有の因子である，向社会的（prosocial）な傾向や社会的知性，そして社会集団サイズや人間関係の強さに関する構造上の制約などから定義される[1]。しかしそれと同時に，相互行為の参与者は，それぞれが個別の身体と意志を持ち，自由に動くことができる個人でもある。第 1 章で紹介した文脈的背景に関するケーススタディから，文化的・歴史的・個人史的な文脈に支えられて，参与者たちに何が見えているかを理解することができる。本章では，参与者の心理がどのような貢献を果たしているかについて考えていこう。

2.1　人間の社会的知性

　社会生活が複雑になれば，社会的認知も複雑になる[2]。人々が持っている豊かな認知能力は社会的知性と呼んでいいものだろう。この社会的知性という用語は，単一の能力ではなく，何らかの形で相互に関連している多様な認知能力の一群を指している。さまざまな研究分野において注目されてきた社会的知性に関わる能

---

1) Boyd and Richerson (2005); Whiten and Byrne (1997); Hill and Dunbar (2003); Goody (1995a); Levinson (1995) 参照。
2) Jolly (1966); Humphrey (1976); Byrne and Whiten (1988); Tomasello (1999); de Waal and Tyack (2003); Carpendale and Lewis (2006) など。

力のいくつかについて見てみよう。ここから，人間の相互行為のモデルを打ち立てるならばどのような社会的知性をそこに含める必要があるのかを考えることができるだろう[3]。

・異なる視点をとること（他者の知覚状態を意識すること）
・誤信念の理解（真実そのものと他者による真実の表象を区別すること）
・向社会的な性向（利他性，信頼，集団生活，同じ民族の成員としての意識）
・協力的な性向（同じ目標に向かって柔軟に共同行為を行う能力）
・マキャベリ的な性向（支配，連合の形成，操作，民族の区別）
・意図の認識（知識・信念・願望を特定の人に帰属させること）
・志向的スタンス（それ自体は心的でないものに意図を帰属させること）
・相互知識の管理と利用（シェリング的思考）
・柔軟な象徴能力（社会的慣習に敏感であること）
・従順な文化的性向（所属する集団の規範を身につける傾向）
・社会性に支えられた感情的・道徳的性向（社会規範に従い，それを強化することへの動機）

　これらは質的に異なる能力であるとは限らない。上に挙げたリストは，さまざまな学問分野がそれぞれどのように社会的知性を捉えているかという広がりを表している。仮に，これらが人類に普遍的な能力で，その認知と感情のスタイルを決定しているものであるとしよう。このような考えはもっともな仮説に思えるが，これまでに多文化間での普遍性を本格的に検証する試みはごく限られたものしかなかった。ここに挙げたような能力は，おそらく人間に普遍的なものだが，多かれ少なかれ，文化からの影響を受けている。文化の違いは，子どもの社会的知性の発達に影響を与えるだろうか？　本書では，社会的知性に対して文化が及ぼす影響については焦点を当てないが，いくつかのセクションでは特定の文化に固有の共通基盤と通文化的な推論プロセスがいかに相互作用するかを描いていく。

---

3) Carruthers and Smith (1996); Carpendale and Lewis (2006); Enfield and Levinson (2006b); Tomasello et al. (2005); Schelling (1960, 1978); Axelrod (1984); Tomasello (2008); Hrdy (2009); Goody (1995b); Levinson (1995) など。

2.2 社会的な動機付け

　発達心理学者のマイケル・トマセロは最近の研究で，人間の社会的認知は，次の3つの基本的な動機付けに由来していることを論じている。すなわち，獲得（getting）・授与（giving）・共有（sharing）である[4]。これらはいずれも，特定のタイプのやりとりや社会的関係があって存在している。獲得は，定義上，自分に利益があるものだが，授与と共有は（少なくとも短期的に見れば）向社会的なもの，すなわち他者に利益をもたらすものである。これらは協力行動や協調行動と関係している。他者に物を授与するためには，相手を助けたいと思うだけでなく，相手が何を求めているか認識ないし予測できなければならない。共有とは，共通体験を構築することであり，相手との関係における一種の投資として，共通知識や共通の視点を蓄えることである（第13章参照）。これらのシンプルな社会的動機付けを通じて，私たちは高次の社会的なダイナミクスとそこにみられる構造の基礎を形成するような社会的提携関係の舵取りをしていくことができる[5]。

　社会性を持つ生物種における連帯形成は，共有が前提とする3項関係の操作を伴うものである。たとえばオマキザルは，複雑な社会を持つ多くの種と同様，社会的連帯関係を操作するようなさまざまな行動をする。動物の世界において，連帯は「同種の別個体に対抗するために同じグループの成員が積極的に連携すること」と定義される[6]。ここではある1つのターゲットに向けて共同で行為をする際の連携について論じる。実際のところ，オマキザルは真の連帯よりも擬似的な連帯を行うことのほうが多い。オマキザルの群れの成員たちは，卵や土の塊といった全く無害なものへの敵意を誇示することによって団結する[7]。これは，人々が芸能人についてゴシップを語り合うのと同じようなことである。オマキザルにおける無害な物質と同様，有名人は「手ごろ」な存在であり，社会的にほぼリスクを冒さずに連帯感を高める機会を私たちに与えてくれる[8]。オマキザルの場合と異なるのは，芸能ゴシップに触れる際，人々は自分の**道徳的**スタンス［たとえば自分がどのような基準で価値判断を行うかなど］を明らかにするということだ。これは，こうした絆から直接もた

---

4) Tomasello (2008)。本書第8章も参照。
5) Dunbar (1988, 1993); Goodwin (2006)。
6) Perry (2003: 113)。
7) Perry (2003: 113)。
8) Barkow (1992) 参照。

らされる成果とは別に，連帯行動によって絆を深めることそれ自体が目的になりうるということを示している。人間のコミュニケーション行動のかなりの部分がこのようなものである。

　関係性を基盤とする社会に生きる生物種が行う社会的振る舞いのもう1つの事例としては，オスのバンドウイルカの多くが，交尾を受容する期間にあるメスを守るために協力し合うことを主な目的として，他のオス個体と生涯にわたる連帯関係を築くことが挙げられる[9]。同盟関係にあるオスたちは，他のオスから守るような陣形を組んでメスの周りを泳ぐ。同一のグループに属するイルカ同士が共に泳いだり餌を食べたりすることは珍しくないが，同盟仲間が特殊なのは，個体同士の泳ぎや食事が高度に同期して行われるという点にある[10]。この事例に関しても，人間のコミュニケーションとの同一性が見出せる。たとえば，ある参与者が，他の参与者が産出し始めた文を代わりに完結させたり，2人の参与者がユニゾンで1つの文を産出したり，ある参与者が限られた一部の参与者にしか理解を示せないような遠回しの表現を選んだり，といったようなやり方で，参与者間で共通基盤を共有していることを示すような場合がある[11]。

2.3　査定と管理のための道具

　文化における社会的知性の重要性は，他者のコミュニケーション的行為を解釈するうえで果たす役割にある。コミュニケーションは，査定（assessment）と管理（management）という相互依存的なプロセスを含む社会的行為の一種である[12]。人間の個体はだれしも自分の環境を査定する方法を持っている。すなわち，自分の身の回りを知覚的に探索することにより，自分が何を求め，何を避ければよいかといったことを新たに知ることができる。そして人間の個体はだれしも自分の環境を管理するような働きかけもする。すなわち，自分が何らかの利益を得られるよう自分の身の回りのものを活用しようとする。環境を管理する1つの方法は，物理的な対象に力ずくで働きかけること，たとえば，火にくべるために木

---

9) Tyack(2003:343)。
10) Wells(2003:49)。
11) Lerner(1992, 1996); Pomerantz and Mandelbaum(2005)。ラオ語の事例についての議論は本書第13章を参照。
12) Krebs and Dawkins(1984); Owings and Morton(1998)。

を切るようなことだ。しかし社会生活においては，環境のなかの最も重要な資源は他の人々である。

社会生活において目的を追求するうえで重要になるのは，発話やそれに相当するものを利用することである。マリノフスキが記した通り，多くの場面において「言語は人間の共同活動において人を結びつけるものとして，そして，人間による振る舞いの1つとして働く。言語は行為の1つのモードであって，思考の道具ではない」のである[13]。まず，通過儀礼のように，人々の持続的な社会的地位を変えるものとしてよく知られるやり方がある[14]。結婚や割礼およびその他の通過儀礼は，ある社会的地位から別の社会的地位への移行である。これらの儀礼は，すでにある権利と責任を破壊し，新しい権利と責任を創り出す。またその一方で，よりありふれたタイプの記号を用いて人々の心的状態を刻一刻と変更させる，より日常的なプロセスも存在する[15]。いま何時であるかを伝えることで，私はあなたの知識状態に変化を生じさせ，それによってあなたの振る舞いとあなたが世界や他の人々に与える影響に一連の変化を引き起こすことができる。これこそがコミュニケーションの相互行為の本質である。人々は，記号行動を用いて社会における周りの人々に影響を与えることで社会的環境を管理し，志向的状態（intentional state）・感情・ハビトゥス［ブルデューの用語で，人が身につけている行為や思考の性向のこと］などに変化をもたらす[16]。言語学者のジョージ・ジップは，人間の振る舞いを道具と仕事（あるいは手段と目的）の二重経済として記述した。ジップは，私たちが仕事があってそのための道具を探すことがあるのと同様に，持っている道具が使えそうな仕事を探すこともあると論じ，人間の関係性についてもこのような観点から記述した。ジップは，ジョンとメアリーという恋愛中のカップルを仮定し「どちらも互いにとっての道具であり仕事であるものとみなされうる」と論じた[17]。このように社会的環境を管理するなかで，メッセージを「送る」ということは，他の個体が習慣として社会的環境を査定することを前提とし，それを利用することである（下記を参照）。意識的かどうかはともかく，これこそが第1章冒頭の事例において参与者たちがしていたことだ。

---

13) Malinowski (1926 : 312)。
14) Van Gennep (1960); Austin (1962) など。
15) Kockelman (2005, 2006a, 2006b, 2013)。
16) Byrne and Whiten (1988); Baron-Cohen (1995); Enfield and Levinson (2006b) など。
17) Zipf (1949 : 10)。

コミュニケーションを行うことが他者の査定の方略を利用して他者に影響を与えることなのであれば、どのような査定の方略が利用できるかが明確にわかっていなければならない。そのなかには、上で言及したさまざまな社会的知性に関わる能力も間違いなく含まれるだろう。これらの能力は、社会を査定するための強力な手段であり、他者の心を「読む」ための道具である[18]。人間において、査定の能力として前提とされるもののなかには、私たちが文化と呼ぶ、構造化された記号システム群についての莫大な二次的知識も含まれるだろう（第11章および第12章を参照）。しかしそこに至る前に、査定の最も基本的な力についてまず理解しなければならない。それは、知覚・行為・解釈を通じて適用され、世界から意味を抽出するための豊かな記号的道具を生み出すものである[19]。人間のコミュニケーションについて比較の観点から理解しようとするなら、必要なのは、人々にとって利用可能なこうした意味のテクノロジーの枠組みであり、それは冒頭の事例（1）において実際に豊かに活用されているものである。

コミュニケーションの分析枠組みが適切なものであるためには、公的で身体的な実践と私的で心的なプロセスに同じだけ注意できるものである必要がある。身体的／公的と心的／私的は別個の事象ではなく1つの事象だからである。どちらも他方から取り去ることはできない。分析者として、私たちは両者を概念として分離することはできるが、どちらかの一方について研究していると考えているときはいつも、実際には必ず他方との関係性を研究しているのである。

2.4　記号過程

記号過程なくして意味は存在しえない。これは第4章で詳細に論じられるが、ここでその考えについて概略しておくことは有益だろう。

世界には、記号（あるいは記号になりうるもの）すなわち他の何かを表すものとしてだれかから解釈される（あるいは解釈される可能性がある）ものが密集している。本書では、**対象**（object）という語を、ある記号が表すと捉えられる「他の何か」を指す専門用語として用いる[20]。事例（1）は、記号－対象関係が持

---

[18] これらは、社会以外の世界における出来事に関して、その背後の力に志向的状態を付与することにも応用されている。Lévi-Strauss (1966); Goody (1995 b); Atran (2002)を参照。
[19] Kockelman (2005, 2006a, 2006b)に基づく。Peirce (1965)も参照。
[20] このように「対象」という語を専門用語として使用する際、「物体」ということは意

ちうるさまざまな記号的な機能——類像的・指標的・象徴的——の例として見ることができる。

3　Kêêt:　　　mùǝ-khùùn2 phen1　kaø　　thoo2　　maa2, saaw3 daaw3 hanø
　　　　　　　　　昨夜　　　　三単.丁寧　題目繋辞　電話する　来る，　母の妹　　ダオ　　題目
　　ケート:　　で，昨日の夜，彼女が電話してきたの，ダオおばさんが。

　手始めに，ここで用いられている語彙や文法における，形式と意味の**象徴記号**としての組み合わせについて考えよう。この3行目の発話では，thoo2「（だれかに）電話する」およびsaaw3「母親の妹」といった語を使うことを通じて，ケートは，これらの語を使うことで人々[ラオ語話者]が何を意味するのかを聞き手は知っているという仮定を示している。すなわち，ケートは聞き手の査定の能力にはラオ語の話し言葉を理解できる能力が含まれることを仮定し，それを利用している。この発話に見られる別の特徴は，**指標**（indexical）としての側面である。たとえば，mùǝ-khùùn2「昨日の夜」という語は，その形式と意味が象徴的／慣習的に結びついているという側面もあるが，同時に直示表現でもあり，適切な解釈をするためには，スピーチイベント（speech event）においてであれ語られるイベント（narrated event）においてであれ，オリゴ（origo）すなわち直示の中心との関係を知る必要がある[21]。この例（mùǝ-khùùn2「昨日の夜」）においては，直示の中心は発話事象である。それによって，語られる事態（ダオがケートに電話したこと）の起きた時が発話時の前の晩であると理解される。同様に，maa2「（直示の中心に向かって）来る」という動詞には，形式から意味への象徴的対応付けという側面もあるが，直示動詞であるため，その適切な解釈のためにオリゴが理解されていることが必要となる。ケートがそう明示的に言っているわけではないが，彼女の話し相手はこの直示動詞によって指標されるオリゴが街にあるケートの自宅である[ケートの自宅から見た視点によって直示表現が選ばれている]ことを理解するだろう。記号が象徴として表す意味の領域からは完全に外れるが，このようにオリゴを自宅として指示することによって，ケートの家には電話があるという，彼女の社会的立場を示す事実が指標的に表される。重要なのは，ケートがこういった指標的な連想を伝達したい

　　味しておらず，記号によって表された考えや概念を指している。そのような考えや概念
　　が物体と対応するということはありうる。第4章を参照のこと。
21) Bühler(1982); Jakobson(1971); Hanks(1989, 1990)。

と意図していたかどうかということではなく,能動的に自分の社会環境を査定する解釈者にとって,こういった指標的な連想が利用可能であるということである。実際,この直後にケートは自宅に電話があるということに言及する。

事例(1)の3行目におけるきわめて指標的な発話には,さらにさまざまな方向から推論を行うことができる。話し手が何を着ているのか,彼女の訛り,彼女がビンロウの実を嚙んでいるという事実,そのことが言葉の産出にどう影響を与えているか,多すぎるビンロウの実が口からこぼれないように努力していること,等々。これらはすべて当該の場面の分析に関与する可能性がある。

本書ではここまで,記号とその記号が表す対象すなわちその記号が表す概念との関係について論じてきた。ここで,記号過程における第三の要素を導入しよう。それは,パースの意味の概念における第三の部分である,**解釈項**(interpretant)という概念である。解釈項の概念は,ソシュールのモデルにおいても,言語学や心理学そしてその他の認知科学において想定される多くの意味のモデルにおいても,明示的には取り上げられていない。解釈項とは,ある記号が何らかの対象を表す場合に,その記号によって創り出されるあらゆるもののことである[22]。別の言い方をすれば,ある記号がある対象を表すものとしてだれかに理解されるとき,その記号がその対象を表すものとして理解したからこそ行われるような,その人物が行うないし経験するあらゆるものが解釈項である。交差点で信号が赤のときに止まるのは,それが赤信号を「運転者は今ここで止まること」という指令を表すものとして理解したということを意味するという点で,赤信号の解釈項である。トークンのレベルでは,情動的解釈項(それを受けて感じること),力動的解釈項(それを受けて行うこと),表象的解釈項(それを受けて述べること),最終的解釈項(それを受けて考えること)など,異なるタイプの解釈項が存在する[23]。タイプのレベルでは,解釈項は特定の仕方で振る舞う(感じる・行う・述べる・考える)一般的傾向として考えることができる[24]。ここから先では,「解釈項」という用語は,より特定的な意味を有する「反応」や「応答」とは異なる意味で用いることにする。解釈項とは,目に見える,物理的な反応とは限らない。

観察者にとって最も直接的にアクセスできる解釈項は,力動的解釈項と表象的

---

22) Peirce(1965); Colapietro(1989); Parmentier(1994); Kockelman(2005)。
23) パースはこういった区別を行っているが,やや異なる用語の使い方をしている。本書での用語法は Kockelman(2005)による。
24) ブルデューのハビトゥス概念(Bourdieu 1977, 1990); Hanks(2005 b)も参照のこと。

第 2 章　社会性　　41

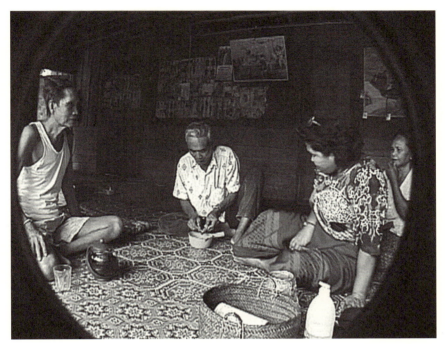

図 2.1　ケートはビンロウ嚙みの道具一式の入ったかご（写真手前）を置くと体を後ろにずらす

解釈項である[25]。その違いは，図 1.1 および事例（1）で紹介したのと同じやりとりの別の箇所を見るとよくわかるだろう[26]。ケートは，ビンロウを嚙めるように準備し終えると，その一式が入ったかごを床に置き，体を後ろにずらし始める（図 2.1）。

すると，ケートの後ろに見えるドゥアンが身を乗り出し，かごに手を伸ばす（図 2.2）。

ドゥアンの手を伸ばすという行為（図 2.2）は，本書で用いる厳密な意味で，1 つの記号である。この行為は，何かを表すものとして捉えられるような，知覚可能なひとまとまりの振る舞いという意味で記号なのである。この行為が表すも

---

25) 記号産出者と解釈者が同一人物である場合などは，当然，私たちは自分の情動的解釈項や最終的解釈項にアクセスできる。
26) この事例についてのより立ち入った議論は第 13 章を参照のこと。

図 2.2　ドゥアンは身を乗り出してかごに手を伸ばす

のとして捉えられうるのは，ドゥアンの願望と目的である。彼女は，ビンロウを準備しそれを嚙むためにかごに手を届かせようと考えている。それを通じてドゥアンは，ケートがすでにやっているように，社交の場におけるラオの年配女性としての役割を実演しようとしているのだ。ケートはドゥアンの行為に対して2種類の解釈項を産出していることが観察できる（図 2.3）。1つは，かごを手に取るというドゥアンの望みに向けられた力動的解釈項である。これは，ドゥアンの直前の行為が，かごを手に取りたいというドゥアンの望みを表すものである，とケートが分析したことを示している。この力動的解釈項はケートがかごを摑んでドゥアンに渡したこと（図 2.3）である。

　ケートによって産出された第二の解釈項は，第一の解釈項と同時に起きた，表象的解釈項すなわち言語的応答である。かごを渡すという行為と同様，この言語的応答もドゥアンの手を伸ばすという直前の行為の解釈項であるが，手を伸ばすという行為のなかの別の対象に差し向けられている。ここでケートの言語的応答

第 2 章　社会性　　43

図2.3　ケートは「嚙むでしょ？」と言いながらドゥアンにかごを渡す

は，ドゥアンの直前の行為がビンロウを嚙みたいというドゥアンの願望を表しているとケートが分析したことを示している。ケートはドゥアンに次のように言う。

(4)　Kêêt:　　*caw4 khiaw4 vaa3*
　　　　　　　二単　嚙む　　極性疑問
　　　ケート：嚙むでしょ？

　ドゥアンは，*mm5*「ええ」という応答を即座に返すことでこれを肯定してかごを受け取り，すでに投射（project）［会話分析の用語で，やりとりのなかのある要素がその時点より後に起きることを予測可能にすること］されている通り，ビンロウの準備をする。そして，(4) の発話のような解釈項も，次の新しいフレームではそれ自体が記号としての役割を帯びており，新しい解釈項を呼び起こすこととなる。このようにして，基本的な対をなす構造[27]は，記号

---

27) Schegloff and Sacks (1973); Schegloff (2007b)。

−解釈項関係の連鎖として新パース派的な記号過程から無理なく説明できる。記号1は「かごに手を伸ばしている」と記述されうるひとまとまりの知覚可能な行為である。この行為は「かごを渡す」という行為を誘発するが、それは記号1が何かを表す（すなわちこの人物がかごを欲しがっているということ）ものとして捉えられる限りにおいて、そして記号1との関係において意味をなすものである。記号1はまた、「「嚙むでしょ？」と言う」と記述できるような解釈項をも生じさせる。記号1がこの人物はビンロウを嚙みたがっているということを表す限りにおいて、この「「嚙むでしょ？」と言う」という振る舞いは意味が通るものとなる。もちろん、かごを手に取りたがっているということとビンロウを嚙みたがっているという2つのことは、独立ではあるが関係している。ここで簡単に導入した概念群、すなわち記号（人が知覚できること）、対象（記号が表すこと）、解釈項（記号が生み出す応答）については、第4章で詳しく考察する。

　解釈項を意味における欠かせない一部として認識することは次の2点において重要である。第一に、意味に関する記号産出者と解釈者の間の相補性をはっきりさせるという点だ。物事の意味とは、人々がその物事が何を意味すると捉えるかであるが、だからといって物事がどんな意味にもなりうるということではない。どのような応答がより期待されるか、あるいはどのような応答が驚きや制裁を受けるかは、社会規範により規定され、それにより可能な解釈は制約される。しかしもっと重要なこととして、意図を持ってだれかに向けてメッセージを送信する「送信者」は、コミュニケーション行為を行う際、アクセス可能な記号資源に対して人々がどのように慣習的に解釈と応答を行うかということについて想定し、それを参照しながらそのメッセージの形を決めている。記号産出者はある程度、自身の振る舞いという記号が引き出す解釈項を予測することができる——あるいは本書で後に言うように、**暗黙のうちに予期する**（subprehend）[28]ことができる〔暗黙の予期、コミットメントについては2.5を参照〕。さらに、ある記号が予測されたあるいは暗黙のうちに予期された通りに応答されたならば、そのこと自体が、最初の記号の形が適切であ

---

28) この用語については以下で詳細に議論されるが、意味するところは次のようなものである。もしあなたが何かを暗黙のうちに予期したとすると、それが生じることを能動的に予測したわけではなく、むしろそれが生じた時に、それを予測していなかったとは言えないような状況となる。この用語はコックルマンによる「コミットメント」という用語が持つ意味の1つに対応している。具体的には、主体性を構成する要素によって、私たちは多かれ少なかれ記号の解釈項に対して「コミット」することができるのである（Kockelman 2007）。

ったことを承認する記号となる。

　意味の重要な構成要素として解釈項を認めることの第二の効果は，動的な視点を導入できるということである。ソシュール的な，二極からなる記号というものは，表象という営みを記号と対象の関係性という形で静的にモデル化したものである。そのような側面も確かにあるが，意味とは解釈すなわち推論による明晰化（inferential articulation）の問題でもあり，記号と解釈項の関係性も考えなくてはならない[29]。解釈項は知覚可能な応答である場合が多いため，それ自身が記号になり，そこからさらに新しい解釈項を生み，それが連鎖していくということがありうる。この次々に展開していく連鎖について考えるとき，私たちはエンクロニーの視点を取っている（詳しくは第3章で述べられる）。

　記号－解釈項の関係のつながりは，言語学において記号関係の定義のすべてである形式－意味の対応付けと同じくらい，意味にとって基本的なものである[30]。記号－解釈項の意味のつながりがどのように働きうるのか，1つ例を見てみよう。

(5)　1　A:　Hand me my notebook.
　　　　　　　ちょっとノート取って。
　　　2　B:　((Aに紙のノートを手渡す))
　　　3　A:　No, I mean my laptop.
　　　　　　　いや，そうじゃなくてノートパソコン。

　(5)において1行目の発話は，複数の意味に解釈されうる複雑な記号である。その理由の1つは，*notebook* という記号が，「筆記用紙がひとつづりになったもの」と「ノートパソコン」のような，2つ以上の慣習的な対象を持つからである。先ほどした定義に従えば，2行目は1行目によって作り出されたものであり，1行目の発話が何かを表しているという限りにおいて意味が通じるものであるため，2行目の振る舞いは1行目の発話の解釈項である。この解釈項――紙のノートを手渡すという行為――はそれ自体が1行目における記号に対するBの解釈を外的に示す新しい記号である。したがって2行目は，1行目の記号が，可能な対象のうちのどのような対象を表すとBが理解しているかを明らかにする。話し手Aは *notebook* という語によって筆記用紙がひとつづりになったものではなくノー

---

29) 推論による明晰化に関しては，Brandom (1994, 2000) および Kockelman (2005) を参照のこと。
30) Saussure (1959)。

トパソコンを指そうとしていたため，3行目でこの理解の問題を修復する。そしてちょうど2行目について見たのと同じように，3行目は2行目の解釈項である（その前に起きたことに結びつけられている）と同時に，それ自身が1つの記号である（次に起こるであろうことに結びついている）。

このようにして考えると，社会的相互行為とは，記号と応答のエンクロニー的な軌道の連鎖であり，すべての応答は次に新しい記号となってさらなる応答を生み出している[31]。記号を社会的な目的を持って利用することには，他者からのありそうなあるいは可能な応答を予測するあるいは暗黙のうちに予期することによって形作られるような，方略に基づいた記号の運用が含まれる。人間の社会性の大部分は，ここで記述され，そして第4章で詳述される，基本的な記号過程の基盤であると同時にそのような記号過程から生まれる諸原理によって定義され，生み出され，制約されるものである。

2.5 規範とヒューリスティクス

上記の議論に現れる規範という概念に関して，それが何を意味しているかを明らかにし，ヒューリスティクスという概念と比較することは有益である。ヒューリスティクスとは，解釈の過程において規範を参照して用いられるものである。

規範とは，ある共同体の中で一貫して見られる，習得された振る舞いのパターンである。規範が共同体の中で一貫しているのは，規則のようにそれに従うよう明示的に掲げられているからではなく，そのパターンと一致**しない**行動をとった場合，驚きや制裁などの形で特別な注意を集めるからである[32]。社会的な行為主体性は，規範によって制御されたこの種の記号的コミットメントを土台としている。コックルマンは，このような記号的コミットメントを「人が解釈項を**予測する（anticipate）度合い**」と定義し，「その予測は，予測されていなかった解釈項に対して驚きなり制裁なりが発生することで明らかになる」としている[33]。「予測する」という言葉を用いると，ある解釈項が起きる可能性をそれが実際に生起する前から考えていたという意味に取られるかもしれない。ここで考えたいのは，

---

31) Mead(1934); Sacks, Schegloff, and Jefferson(1974)など．

32) Wittgenstein(1953); Garfinkel(1967); Brandom(1979); Sacks(1992); Kockelman(2006b)など．

33) Kockelman(2007: 380)．

むしろ，私たちを驚かせない解釈項が存在するということである。そのような類の解釈項は，実際にその形で生じるとは予測していなかったとしても，そういう解釈項が起きた後で，それが起きるとは全く予測していなかった，とは言えないだろう。このような意味を表すため，本書では**「暗黙のうちに予期する」**という表現を用いよう。ウィトゲンシュタインは信念と期待についての議論のなかで，類似した考えを述べている。「私がこの椅子に座るとき，もちろん私はこの椅子が私の体を支えると信じている。この椅子が壊れる可能性など考えもしない」とウィトゲンシュタインは記している[34]。意味論と文法の大部分をはじめとして，言語の構造と使用におけるパターンの多くにも似たところがある。ある発話のなかで用いられた語や構文が不適切だった場合，通常なら何もなく先へ進むはずのところで，他者が困惑したり誤解したり全く理解できなかったりする様子を露わにし，波風が立ってしまう結果となる。

　規範とはそこかしこに存在するものであり，何が「通常」かを規定して，私たちの社会生活における解釈の営みをその都度導いてくれるものである[35]。わかりやすい事例として，アングロサクソンの社会では，ドアを開けてくれたり，何か落とし物をしたことを教えてくれたり，道を教えてくれたりというような形で見知らぬ人が自分のことを助けてくれたら，*Thank you*（ありがとう）と言うという規範が存在する。*Thank you* と強制的に言わせるような法律は存在しない。しかし，もし上記のような場合にあなたが *Thank you* と言わなかったら，それは有標な事態である。周りの人々は，あなたが *Thank you* と言うことを期待したり，あるいは少なくとも暗黙のうちに予期したりしている。そう言わないという行動に対しあなたには説明責任が発生するのだ。そのような状況で *Thank you* と言い損なうことは，驚かれるようなことであり，批判や制裁を受けてもしかたのないことである。別の共同体における諸規範を知らないということは，異文化間コミュニケーションにおけるトラブルの中心的なものである[36]。*Thank you* の例についてさらに考えるなら，英語以外の文化にも *Thank you* と翻訳できるように思える表現があるだろうが（多くの言語にはそれ［感謝を伝える言語表現］すらないが），その表現の

---

34) Wittgenstein（1953, §575）を参照。ウィトゲンシュタインは「『私は彼が来るものと期待している』というのは『彼が来なかったら驚く』ということを意味しており，それは心の状態の記述とは呼べないだろう」と記している。
35) ヴィエルツビッカやゴダードたちは，文化的スクリプトという形で共同体における規範を説明している。Wierzbicka（1994）; Goddard（1997, 2006）を参照のこと。
36) Tannen（1986）; Wierzbicka（1991, 2003）。

使用に関わる規範は英語の場合とは違うかもしれない。たとえば，相手がかなりのコストを払って何かをしてくれた場合のみ，*Thank you* と言うというような規範である[37]。そのような場合，ドアを開けてくれることのような些細なことに対して感謝を述べたら，馬鹿げている（すなわち，期待されておらず，驚くべきことであり，批判や制裁を受けてもしかたがない）ように聞こえるだろう。

特定の場所で慣習化されている規範とは対照的に，ヒューリスティクスは解釈のための合理的な原理であり，個々のコミュニケーション行動に意味を付与する際に広く適用される。より一般的には，ヒューリスティクスとは，おおざっぱな経験則を適用することで，ともすれば複雑になってしまう意思決定のプロセスを単純化する解釈のストラテジーである[38]。良いヒューリスティクスは，最小のコストで適切な結果をもたらすことができる。たとえば，どのブランドの粉石鹸を買おうか決める場合，それがより優れているのか劣っているのかを決めるために新しいブランドをすべて試すわけではなく，単に前に使っていたものと同じものを買う。合理的な解釈と意思決定についての研究においては，どう作用し，どのタイプの状況に適しているかという点から，ヒューリスティクスに関する分類が行われている[39]。今記したようなヒューリスティクス——可能であれば単に前にやったことと同じことをせよ——のように，多くのヒューリスティクスには，満足化（satisficing）が関与している。この用語は，すべての可能性を検討することなく，ある選択肢に絞ってしまうという決定のストラテジーを指すものとして，経済学者のハーバート・サイモンによって作られたものである[40]。

他にはかなり特定的なヒューリスティクスもある。ゲルト・ギーゲレンツァーは，リチャード・ドーキンスを引用して，ボールを捕ることについて論じている[41]。

人がボールを高く投げ上げて，それをまた捕るとき，あたかもボールの軌道

---

37) Apte (1974)。
38) Gigerenzer (2007); Gigerenzer et al. (2011)。
39) Gigerenzer (2007); Gigerenzer et al. (2011)。
40)「最良を取る (take the best)」と呼ばれるヒューリスティクスは，選択肢を区別するための基準を検討し，ある選択肢を残りから区別するような基準を最初に見つけた時点で止めることによって，1つの選択肢に絞る方法を与えてくれる (Gigerenzer, Hertwig, and Pachur 2011)。発話の語用論的解釈におけるヒューリスティクスと「絞る」という概念のより詳細な議論については Enfield (2009) を参照のこと。
41) Dawkins (1976: 96)。

第2章　社会性　49

を予測するためにたくさんの微分方程式を解いているかのように振る舞っている。彼は微分方程式のことなど全く知らないし気にしてもいないかもしれないが，そのことはボールを操る技能には影響を与えない。何らかの無意識のレベルで，そのような数学的な計算と機能的に等価なことが進行しているのである。

　ギーゲレンツァーは，心の中で方程式を走らせることはすべて不必要にコストがかかるものであると述べている。もっと単純で，同じくらいの効果があり（それ以上の効果はないにせよ），きわめて直感的なストラテジーは次のようなものである。「ボールに目線を固定し，走り始め，視線の角度が一定になるように走る速さを調整せよ」[42]。この単純な経験則は，低コストで優れた結果をもたらすのである。

　これと対応する人間の相互行為を考えてみよう。意思決定のための合理的な経験則としてのヒューリスティクスという概念は，哲学者ポール・グライスの意味と会話の含意に関する仕事の背後にある基本的な考えである[43]。1つ例を挙げよう。ジェーンとビルはある街に観光に来ており，美術館に行くためにホテルを出ようとしている。ジェーンが *Are you really going to take that bag?*（その大きなバッグを本当に持っていくの？）と言うと，ビルは *Hmmm, yeah, maybe not.*（うーん，そうだね，やめとこう）と言う。ビルはジェーンの発話——表面上は単純な質問——を，そのバッグを持っていくのをやめようという提案のようなもの，あるいはそのバッグを持っていくとクロークに預ける必要が生じたりして不便であるという警告のようなものとして理解した。ジェーンの発話について，字義通りの意味の観点から言うと，ジェーンは当該のバッグのサイズに言及しつつ，ビルにバッグを持っていくつもりかどうかを尋ねただけである[44]。どのようにしてビルは拡充（enrich）された理解に到達したのだろうか。1つのやり方は，ジェーンが用いた具体的な言葉づかいなど，明示的な手がかりを見つけることだ（たとえば，

---

42) Gigerenzer et al. (2011)。
43) Grice (1957, 1975)。Goffman (1974, 1981) も参照。
44) 複数の行為を同時に組み立てるということに関して鍵になることはおそらく，異なるタイプの解釈項を同時に産出するということである。すなわち，用いられた語の理解を構成する最終的解釈項を産出しなかったら，私がその発話を示唆として受け取ったという力動的／表象的解釈項を産出することはできないだろう。ここから，検証可能な仮説が立ち上がる。たとえば，字義通りの解釈を処理する場合と「補強された」解釈を処理する場合におけるかかる時間に関する仮説などである (Noveck and Sperber 2007)。

Are you(〜なの？)ではなく *Are you really*(本当に〜なの？)を，*your bag*(あなたのバッグ)ではなく *that big bag*(その大きなバッグ)を用いているといったことなど)。そういった手がかりは，もちろん，解釈者の側にも豊かな文化的知識へのアクセスがなければ機能しない(この例で言えば，都市部の美術館における標準的なセキュリティ上の規制についての知識などである〔都市部の美術館の多くでは、セキュリティ等の理由から一定以上の大きさのバッグを持ったまま入館することが禁止されている〕)。

グライスの考えは，会話の格率の，自民族中心主義としてしばしば非難される側面からは切り離して評価すべきだ。重要な点は，レヴィンソンが言うように，拡張的推論(amplicative inference)は人間のコミュニケーションにおける厄介なボトルネック，すなわち私たちは話すのは遅いが考えるのは速いという問題に対する良い解決策だということである[45]。グライスの(あるいはレヴィンソンの，あるいはスペルベルとウィルソンの)個々の事例に対する分析には問題点もあるかもしれないが[46]，一般的な原理としては有効である。どの文化においても，人は明示的にコード化された以上の意味を伝達する。個々の文脈において他者のコミュニケーションにおける振る舞いを解釈するとき，私たちはその振る舞いの記号的慣習(たとえば語や構文の辞書的意味)に単にコード化されているもの以上のことを読み取ることができる。文化による違いは，推論におけるヒューリスティクスのプロセスそのものよりも，推論の前提として働く個別的な規範の文脈のなかに多く存在する[47]。

2.6 道具使用としてのコミュニケーション

コミュニケーションは社会的な問題解決である。ジップが言ったように，「言語の組織化と振る舞いは，道具 – 仕事の経済性一般を考えるうえで優れた事例である」[48]。前章の議論に沿って言うと，コミュニケーションは，他者の査定の能力を活用することで自分の社会的世界を管理する公的な〔外から観察可能な〕振る舞いの一形態である。この意味するところを理解するために，より一般的な意味での問題

---

45) Levinson(2000)。
46) たとえば，Wierzbicka(1991)はトートロジーに基づく構文は複雑かつ言語固有の意味を持っており，それゆえに(一般に受け入れられているグライス派の分析とは異なり)その意味はオンラインでもたらされるものではないと指摘している。
47) Enfield(2002b: 13); N. Evans(2003)参照。
48) Zipf(1949: 16)。

解決と比較してみよう。私たちにはさまざまな要請（imperative）があり，それらがもたらす諸問題を解決するために，問題解決のストラテジーが必要である[49]。たとえば，毎日食事をしなければ空腹になってしまう。これを解決するため，年間で必要な分の米を収穫できるように複雑な農業の営みのサイクルに従事し，さらに食料を補うために狩猟採集にも従事するかもしれない。別の例を挙げるなら，悪天候から身を守る必要もある。これを解決するために，風雨を避ける住居を建てるかもしれない。

　私たちにとって生活上の要請の多くは，遺伝的に決められていたり，地球で生きるうえで避けられないものであったりする。したがって，それらはどの文化の人々も直面するものである。しかし，文化固有の事情によって引き起こされる要請もある。歴史のなかでの文化の積み重ねによって，問題も解決も入れ子になっていることに注意しよう。ある解決策を取ろうとすると，それは新たな問題を作り出す。マルクスとエンゲルスが述べたように，「最初の必要性が満たされることは…新たな必要性を生み出す」。マルクスとエンゲルスは，これこそが「第一の歴史的行為」であるとした[50]。こういった「新たな必要性」あるいは新しい問題を付随効果（collateral effects）という名で呼ぶことで，語用論上の相対論を導くことができるかもしれない[51]。たとえば，西欧の経済社会の一員として，これまで食料と住居の問題に対して特定の解決策をとってきた私自身は，それをお金なしでやっていくのは不可能である。そのため，お金を得ること自体がもう1つの要請となり，それ自体が解決を必要とする問題となる。解決策やストラテジーは，社会集団ごとに大きく異なる。たとえば，どのように農耕・狩猟・採集を行うかは，文化によってさまざまである。問題解決のための資源には，村の周りにある森で得られる産物のような自然環境にある物や，文化を通じて獲得された諸々の道具や社会の慣習などがある。いっぽう，解決の必要がある問題のなかには，文化を問わず生じるものもある。私たちはだれしも，水を得る，子育てをする，食料を貯蔵する，といったことのための方法を必要としている。それに対して，米を炊く方法や装飾のために顔に傷を入れる方法はすべての社会集団が必要とするものではない。

---

49) 解決を要する問題としての要請と，選択された特定の解決策としてのストラテジーの区別についてはDunbar(1988)を参照。
50) Marx and Engels(1970/1947: 49, sect. 1. A. 3)。Dunbar(1988: 26-28)も参照。
51) Sidnell and Enfield(2012)。

コミュニケーションにおいて，話す・聞く・理解するという問題に対処することはすべての人間に求められることの1つであるが，文の時制を明示することは一部の言語の話者のみに求められることである[52]。コードとコミュニケーションのさまざまな特徴が問題への解決策となり[53]，またそれが新たに解決を必要とする問題を作り出すこともある。ジップが指摘したように，私たちは自分が抱える仕事のためにそれに適した道具を探すだけでなく，自分が持っている道具を活用できる仕事を探すこともするのだ[54]。文化とは常に社会生活における問題解決のためのシステムである。私たちが直面する問題の一部は，私たちがたまたま選んだ（あるいは引き継いだ）解決策によって，そして問題解決の手段の性格によって——すなわち文化そのものによって——引き起こされたものなのである。

社会的領域における問題解決では，最も重要な資源は記号的資源である。特に，周りの人々と彼らの解釈における規範的習慣と，そして歴史を通じて獲得された道具としての言語という資源は重要である[55]。私たちが日常生活において仮定しているのは，他者は自分の周りの世界を査定する方法を持っているということである（第4章を参照）。前章で論じたように，言語やその他の身体行動を用いるとき，私たちはそういった査定の能力を，他者を管理するための手段，私たちが望む結果を引き起こすための手段として活用している。たとえば，夕時の飢えをしのぐために，いくらかの言葉を組み合わせて発話を作り，紙片や硬貨を手渡しながらその発話をしかるべき相手に投げかけるかもしれない。あるいは，損壊した家を直すために，親族や隣人に助けを求めながら，山刀を持って森に入り，木や竹，籐やヤシの葉を持って戻るかもしれない。どちらの場合も，他者を問題解決の資源の1つとみなしている。

こういった分析概念は幅広く応用できるため，コミュニケーション行動の異文化間での比較分析が可能になるだろう。どのような場合であっても，それはその状況においてどのような課題に直面しどういう解決策をとるかを理解するという問題になるのだ。

---

52) Schegloff(2006); Hayashi, Raymond, and Sidnell(2013)。
53) Zipf(1949); Vygotsky(1962)。Dor(2012); Everett(2012)も参照。
54) Zipf(1949: 8)。
55) 言語と道具のアナロジーは，Zipf(1949: 57-73)で美しく展開されている。彼は「言葉は，目的を達するために意味を伝達するのに使われる道具である」と述べた(p. 20)。「私たちの歩む道は，人間の言葉を道具一式として研究するところから始まる」(p. 19)。

2.7 コミュニケーションにおける2つの基本的要請

　社会的相互行為において常に求められる要請には少なくとも2つあり，それは普遍的であると言えそうである。情報に関する要請，そして協調関係に関する要請である（両者の関係についての事例研究については第13章を参照）。これらは，社会学者のアーヴィング・ゴフマン[56]が対面相互行為におけるシステム的制約と儀礼的制約と呼んだのと同じものである[57]。

　情報に関する要請からは，象徴記号を用いた指示行為において他者との間で理解を一致させようという試みがほどほどにうまくいくことが求められる[58]。すなわち，その場のコミュニケーション上の目的にとって十分な程度に，他者が自分の言うことを理解してくれるように努める必要がある。仮に私がジェーンのことであなたに愚痴を言っているとしたら，自分がだれについて話しているのかをあなたがわかっているだろうという確信が必要である。それと同時に，協調関係に関する要請からは，自分が関与することとなった相互行為がどのような社会的帰結をもたらすのか，適切に管理することが求められる[59]。あらゆる相互行為は，共有経験を構築することで対人関係をその都度深化させ，その関係は——意図的にかどうかはともかく——参与者および傍観者から評価されるという性質を持つものである。

　また，協調関係に関する要請を，ミクロ政治学的だとか連合主義的なものと呼ぶこともできるかもしれない。というのは，他者と適切な関係を築きあげることや，だれかを社会的な輪の中に入れたり外したりすることと関わるからである。私たちは，ただ単に社会的な行動の帰結として絶え間なく変わり続ける関係性のなかにいる（そのために面子に関する儀礼的要求に注意を向けなければならない）だけではない。さまざまな距離感の関係性を維持することも余儀なくされているのだ（第1章の議論を思い出してほしい）[60]。この結果としてできあがっている社会構造は，特定の認知的な制約と，人が維持できる関係の数とその関係の

---

56) Goffman (1981)。
57) ポール・コックルマンは私に，これらがローマン・ヤコブソンによる言語機能の6分類のうち指示的機能と交話的機能に結びつけられるのでないかと指摘した (Jacobson 1960)。
58) H. H. Clark (1996); Barr and Keysar (2004)。
59) Goffman (1959, 1967); Heritage and Raymond (2005)。
60) Goffman (1959, 1967); Hinde (1991, 1997); Hill and Dunbar (2003)。

ために割ける時間のトレードオフによってもたらされるものである[61]。人はさまざまなやり方でこのバランスをとっている。浅く広くの関係を構築する人もいれば，深く狭くの関係を構築する人もいる[62]。協調や連合を築くのに，みなが同じストラテジーを選ぶわけでもなく，その巧みさにも個人差があるのである。

＊　＊　＊

　この章では，記号過程と，それに関連した解釈のヒューリスティクスに注目することで，人間の社会性を動的に捉えて論じた。人間は，（第1章でも論じたように）向社会的な動機付けと社会関係についての認知を持っているが，これらの認知的な性向は，人間特有の社会的相互行為を可能にするスキルのなかでも不可欠な要素である。私たちが相互行為のなかでやっていることは，社会的世界を管理するということである。これこそが，コミュニケーションの本質なのである。本章では，査定のための管理（management-for-assessment）は，社会的に動機付けられ，記号現象という根源的メカニズムに基礎付けられた，社会関係に関する問題解決であるということを見てきた。記号現象というものを，その最も広義な概念として検討するならば，それはこの本の射程を大きく超えることになってしまう。ここではむしろ，関係性思考のための適切なレベルに焦点を絞りたい。そのためにまずは私たちが分析を行うための因果的・時間的枠組みを定めなければならない。次の章のトピックは，この枠組みであるエンクロニーという概念である。

---

61) Dunbar（1993, 1996）。本書では，共に過ごした時間の長さが関係性の主要な基準ではなく，相互行為の質が重要であることを指摘している。とはいえ，長い時間を過ごした相手とより社会的に近い関係になる傾向があることは確かである。
62) Granovetter（1973, 1978）; Rogers（1995）; Enfield（2003c, 2005a, 2014a 2014c）．

第3章
エンクロニー

　さまざまな動物のコミュニケーションと同じく，人間のやりとりには，他者が展開をある程度予測できるような，形式的に儀礼化された行動パターンが存在する。やりとりをこのように捉えると，あるコミュニケーション行為とそれが引き起こす応答の間にダイナミックな関係が存在すると考えられる。応答は，それ自体がコミュニケーション行為となり，さらなるコミュニケーション行為による応答を生み出しうる。本書で主張したいのは，コミュニケーション行為とそれに後続する応答の連鎖はすべて，ただ両者が連なっているというだけではなく，本質的に1つのユニットをなす，ということである。つまり，「コミュニケーション行為」と「応答」という概念が個別に存在していて，それらから連鎖が派生されるというわけではない。「コミュニケーション行為」も「応答」も，他方なしでは定義できない相互に依存的な概念であり，いずれも同一のプロセスの一部なのだ。コミュニケーション行為および応答を定義するうえで根本的に重要なのは，両者の間のダイナミックな**関係**である。あるコミュニケーション行為をそれ単独で語ることができるとしても，それは単に応答の概念を見ないことにしているというにすぎない（またその逆もしかりである）。コミュニケーション行為は，そこから予測可能な応答やそれによって動機付けられているような応答をそれが引き出すことを私たちが想像できる場合のみ，コミュニケーション行為として認識されるのである。また，コミュニケーション行為というものは，熱が氷を溶かすかのように，応答を単純に〔物理法則によって〕引き起こすわけではないことにも注意してほしい[1]。応答とは解釈項であり，単にコミュニケーション行為を構成

---

1) Chomsky (1957)。

する知覚可能な記号に差し向けられているというだけでなく，そのような記号の対象，すなわち記号が表す内容に対しても差し向けられているのだ［以下の(6)に挙げられた3つの事例を参照］。ここで意図されている意味での応答とは，第2章での定義と，第4章での解説で示されている通り，ある記号に対する解釈項である。解釈項は，記号が表している内容に差し向けられているときに初めて意味をなすような応答である。

　ここでいう「応答（response）」とは，返答（answer）（たとえば質問に対する返答）のような狭い概念ではなく，より広い射程を捉えるものである。応答とは，先行する何かに後続し，それに契機を与えられ，そしてそれに対して関連性を有している（relevant）ものである。サービス場面で収録された3つの会話事例のそれぞれにおいて，Bの側の発話を見てみよう[2]。

(6)　A：コーヒー持ち帰りできますか？
　　　B：クリームと砂糖はお入れしますか？（コーヒーを注ぎ始める）

　　　A：みなさん，ご注文は？
　　　B：「本日のスープ」は何ですか？

　　　A：キーホルダー売ってますか？
　　　B：え？

　これらのBの発話は，先行する質問発話の表面的な内容に直接対処しているわけではないが，いずれも本書で意味するところの「応答」である。いずれも，直前の発話と関連しており，直前の発話を契機としており，直前の発話を参照することで理解可能になるからである。

　本書では記号の理論を使っていくが，社会的相互行為という，経験に近い（experience-near）領域にその射程を限定する。あらゆるコミュニケーション行動は記号から構築されているのだが，すべての記号がコミュニケーション行動となるわけではない[3]。コミュニケーション行動を知覚した人は，そこにどのように意味を帰属させるのだろうか。逆に，この意味帰属を確かなものとするために，コミュニケーション行動はどのように組み立てられているのだろうか。社会的行動

---

2) 例はMerritt（1976: 325, 333, 331）より（Levinson 1983から引用）。
3) たとえば，家の中で，すきま風が吹いていることに気がついたら，私は，扉や窓が開いていることの記号として取ることができるだろう。すきま風と私たちが呼ぶ一筋の空気の動きは記号であるが，これはコミュニケーション的でも行動でもない。

がどのように認識ないし帰属されるかを説明できる理論は，記号の理論，すなわち，環境から知覚したことを，直接的には観察できない物事（例：他者の振る舞いにおける動機や目的）を推論するための手がかりとして利用できる方法を規定する理論である。コミュニケーションを理解するうえでは，記号とそこに対する応答に関して，その基盤にあるようなダイナミックな記号論的プロセスを包摂できなくてはならない。ある応答が（実際よくあるように）それ自体コミュニケーション行動であるという場合，それが意味することを考えてみよう。どのコミュニケーション行動も，その直前に生起したことへの応答という後方指向的な性格と，次の応答をもたらす前方指向的な性格を同時に有している。この性質は，記号−応答関係が互い違いに続く連鎖を無限に生じさせうる。本書では，このような，後続の行動を生み出す関連性の連鎖で，時間的で因果条件的な軌道のことをエンクロニーと呼ぶ[4]。

3.1 エンクロニーとその射程

いったいなぜ，連鎖（sequence），隣接性（adjacency），近接性（contiguity），次であること（nextness），進行性（progressivity）といった分析概念や用語があるにもかかわらず，エンクロニーという新しい用語を導入するのか[5]。第一の理由は，

---

[4] この用語は Enfield (2009: 10) で導入された用語である〔Enfield (2009: 10) では，「接頭辞 en- は，因果性や条件性，そして状態の増大や変化を表す際に用いられる（例：endear, enfold, enliven, enrich, encage）ものである」と述べられている〕。関連する概念として，Goffman (1981: 5) は「連鎖時間（sequence time）」という概念に触れている。異なっているが無関係ではない概念として，Schegloff, Ochs, and Thompson (1996: 20) による，カイロス的時間（kairotic time）という概念も参照されたい。カイロス的時間とは，ギリシア語の語根 *kairos* から派生した語を用いた用語で，*chronos* すなわち機械的に測定可能な時間概念と異なる概念として規定されている。シェグロフたちは，機械的に測定可能な時間と区別して，カイロス的時間を「意味に関与する」時間としてこの用語を一部で用いている。カイロス的時間は，コンテクスト，すなわち「その場面が持っている構造に対する関連性」によって，時間概念の主観的経験や意味付けを変化させうる。彼らはカイロス的時間が「一方向的」であることを強調するが，ムーブとムーブとの関連性は，エンクロニーにおけるものより強調されない。McNeill (2005: 68) は微視発生（microgenesis）という用語を言語産出の時間スケールとして用い，「秒単位の通時性」として定義しているが，これは応答が関わる因果条件的関係を想起させない。最後に Gérard Diffloth（私信）は「ナノヒストリー」という用語をここで見ようとしているものに対して提案している。しかし区別の基準となる操作的単位は，時間的なものではなく，因果関係のプロセスである (Enfield 2014b 参照)。

[5] Dunbar (1988, 1993); Goodwin (2006).

これら既存の用語はどれも，私が「エンクロニー」という用語で表そうとするものよりも狭い範囲のものを表すからだ。エンクロニーはこれらの用語や概念の代替物にはならない。エンクロニーは，それらが形をとるために必要な，もっと一般的な力を指すものである。第二の理由は，この用語を使うことにより，コミュニケーションの種々の分析枠組み（系統発生的・通時的・個体発生的・微視発生的・共時的といった枠組み。詳しくは次節）をより幅広く学際的に取りそろえた総体のなかに，エンクロニーの考え方を位置付けることができるからである。人間のコミュニケーションに対するエンクロニー的視点が焦点を当てるのは，相互に関連性を持ち，因果条件的に関係しているとされている，コミュニケーションとしてのムーブ［第6章参照］の相互連結性・相互依存性である。エンクロニーという概念は，コミュニケーション研究者が採用するような分析枠組みの特徴となる，特定の時間の粒度――すなわち会話における時間――において作用する因果的プロセス［下記訳注参照］を概念として含んでいる。エンクロニーは，他の分析枠組みとは区別されるものである。他の分析枠組みは，それぞれ別の目的で用いられ，異なる種類の因果条件的プロセスや時間的スケールに焦点を当てている。他の多くの研究者は，古くは前世紀初頭（例：ソシュールやヴィゴツキー）から現代（マイケル・トマセロ，マイケル・コール，ドナルド・マーリン，ヨアンナ・ロンチャシェック＝レオナルディ）に至るまで，多様なスケールをモニターし区別することの必要性を強調してきた[6]。心理学者のブライアン・マクウィニーが述べるように，「その瞬間にいかに多様な力が相互にかみあって働くのかを理解しなければならない」のである[7]。私は，私たちが話している区別は時間的枠組みそのものに関するものではなく，むしろ因果的枠組みに関するものであるということを強調したい。この因果的枠組みこそが，多様な時間枠と相互に関連するものなのである[8]。

---

6) Tomasello(2003); MacWhinney(2005); Rączaszek-Leonardi(2010); Cole(2007); Donald(2007); Larsen-Freeman and Cameron(2008); Uryu, Steffensen, and Kramsch(2014); Lemke(2000, 2002); Merlin(2007)参照。
7) MacWhinney(2005: 192)。
8) Enfield(2014a)，本章の脚注 12)，および Donald(2007); Cowley(2008, 2011); Thibault(2011a, 2011b); Tomasello(2003)参照。
〔訳注〕たとえば，「今日飲みにいかない？」と言われてから返事をするまでの間に一定時間の間が生じたら，応答側には否定的な態度をもっている可能性があると受け取られる，というように，やりとりの構造によって相対的に意味付けられる時間の中で因果的な関係が生じるということ。

3.2 意味理解のための因果的枠組み

人類学とその関連領域（言語学や心理学など）で私たちが検討する現象はじつは生物学的なものである。なぜなら，私たちは生物について知ろうとしているからである。それゆえ，私たちは，いかなる生物を研究するときにも必要な基本的な作業原理から逃れることができない。その原理とは，究明すべきリサーチクエスチョンが異なれば，それに応じた経験的・理論的手法を選択しなければならないということである[9]。動物行動学者のニコ・ティンバーゲンが強調したように，リサーチクエスチョンのなかには，個体の発達に関するものもあれば，種の進化に関するもの，また，行動のパターンの直接的原因との関係に関するものもあり，さらにはこれらの3種類とは全く独立して，あるメカニズムの生存価または適応価に関するものもある。表3.1を見てみよう。

表3.1 人間行動の研究に用いられる4つの因果的・時間的枠組み
（Timbergen 1963などに基づく）

因果的	その行動の直接的な原因は何か
機能的	その行動の生存価や適応価は何か
系統発生的	その行動は進化の過程でどのように現れたのか
個体発生的	その行動は個人の人生のなかでどのように現れるのか

どの枠組みを分析に用いているのかをはっきりと把握しておくことは，以下の2つの理由により，重要である。まず第一に，実際は一部を扱っているにすぎないのに，あたかも自分たちがすべての領域について説明をしていると考えてしまわないようにする必要がある。そして次に，ある枠組みを他の枠組みと混同するというありがちな間違いをしないようにする必要がある。私たちは，ある枠組みを用いて行われた分析に対して，そこで実際に採用されている視点とは別の視点から求められる要請に応えることを望むわけにはいかない。また，ある枠組みから別の枠組みへと無意識のうちに移行したり，明示的に示さずに移行することもしてはならない。

生物科学からとった表3.1の4つの枠組みに，言語研究はさらに2つの方法論

---

9) アリストテレスの『自然学』（Ross 1960）; Tinbergen (1963); Vygotsky (1978)。

的枠組みを加える。ソシュールは，共時・通時という言語研究に関する2つの視点を区別した。生命体をどのように研究すべきかについてティンバーゲンが行った区別と同様，ソシュールはどちらの枠組みを自分が使っているのかをはっきりさせなければいけないと考える。それは，共時的と通時的のどちらの視点をとるかにより，言語に関して私たちが持つ疑問自体も異なり，また疑問への答え方も異なるからである。言語に対する共時的視点は，ある時点においてその言語の話者が頭の中で表象する語，規則，構造の総体というような，システム全体の中における関係の集合としての言語に焦点を当てる。これとは対照的に，言語に対する通時的な視点は，個別の話者の一生を超えて，言語の歴史の展開のなかで，どのようにしてシステムが今あるような状態になったのかを知ろうとする。構造主義言語学に基づくこれらの枠組みは，上述の生物学的次元に文化という高次の次元を新たに加えるものである。言語のような文化的システムにおける変化は，遺伝的進化という形で絶えず起き続ける生物学的変化とは並走する，別の軌道において起きるものである。この，生物学的進化と文化的歴史の共存は，二重継承システムと呼ばれるものを構成する[10]。二重継承システムという呼称は，人間の子どもは同時に2つの大きく異なる性質を受け継ぐことによる。すなわち，子どもの両親からのDNAという形での系統発生的性質の継承と，年長者や同輩からの文化的知識という形での歴史的性質の継承である。

　言語心理学の研究は，微視発生的観点という新たな枠組みを導入してくれる。これは，情報を線形順序に並べたり適切な語彙を検索するといった言語産出における行動や，構文解析や単語認識などの言語理解における行動を，個体が処理する時間枠である[11]。以上で述べたさまざまな枠組みのすべてを統合することにより，私たちは人間の社会的相互行為における振る舞いを研究するための枠組みを遺漏なく得ることができるのだ[12]。

---

10) Durham (1991); Boyd and Richerson (1985, 2005)。
11) Levelt (1989, 2012); Cutler (2012)。
12) MacWhinney (2005: 193ff.) は Lorenz (1958) の系統発生的，エピジェネティクス的〔DNAからの形質発現というレベルでの時間のこと〕，発達的，認知処理的，社会的，相互行為的，通時的という区別に言及しつつ，「創発する過程と構造についての7つの非常に異なる時間的枠組み」というリストを提唱した。マクウィニーは時間的枠組みという用語を利用してはいるが，問題となっている区別は純粋に時間的なものではなく，むしろさまざまな因果関係の力であるのは明らかである。Enfield (2014b) では，"M.O.P.E.D.S."，すなわち微視発生的，個体発生的，系統発生的，エンクロニー的，通時的，共時的という6つの因果的枠組みに焦点を当てた。

表3.2が示すように，エンクロニーは意味を伴う振る舞いを研究する際に採用できる数多くの枠組みの1つである。これらの観点のうち，特定の疑問を解決するうえで特に有用といえるものはあるだろうか？　この本で問われている疑問については，エンクロニーが特に有用であると考える十分な理由があると私は思う。社会的行為は基本的にエンクロニーのなかで起こるものであるからである。エンクロニーは，子どもが言語を使えるようになる場，目的指向の社会的行動を行う場，そして言語変化の歴史的過程においてコミュニケーション上の慣習の創発につながる選択的プロセスの場なのである。

表3.2　人間行動の研究に用いられる8つの方法論的枠組み（因果・時系列の構造によって規定される）

因果的（Causal）	その行動パターンの直接的な原因は何か
機能的（Functional）	その行動パターンの生存価は何か
系統発生的（Phylogenetic）	その行動パターンは進化の過程でどのように現われたのか
個体発生的（Ontogenetic）	その行動パターンは一生のなかでどのように現われるのか
微視発生的（Microgenetic）	その行動が起こるときどのように処理されるのか
通時的（Diachronic）	ある行動パターンは歴史のなかでどのように発達したのか
共時的（Synchronic）	その行動の抽象的な関係の構造はどのようなものか
エンクロニー的（Enchronic）	その行動はムーブの連鎖のなかでどのように位置付けられるか

　エンクロニー的視点は相互に関係する行為の軌道に基盤を持つものであり，シュッツとミードから，ゴフマンとガーフィンケルを経てサックス・シェグロフ・ジェファーソン，そしてハンクス，クラーク，グッドウィン，ヘリテッジ，ドリュー等々の研究者により観察されてきたものである。コミュニケーション行為，すなわちムーブには，シュッツが「原因誘因（because motive）」や「目的誘因（in-order-to motive）」と呼んだものを見出すことができる。原因誘因とはムーブを起こすものである。つまり，**原因誘因が契機となってムーブが生じる。目的要**

因は人がムーブを起こしている目的であり,その次の時点で引き起こしたいと思うものである[13]。お腹が空いているから(原因),そしてそれを食べるために(目的),ベリーを摘む。行動とは,直前に起きたこと(またはそうでなければムーブの文脈のなかですでに真であったこと)と,そしてこれから起きることと関連性および一貫性を持ちながら,連鎖を構成するステップである。この考え方は,意味を本来的に動的な過程として捉えるパースの考え方と合致し,意味を静的なものとするソシュール的考え方とははっきり異なるものである[14]。これは,サックスとシェグロフ以来の,人間の相互行為連鎖の録音・録画データを分析する研究者たち[つまり会話分析の研究者たち]が最も良く理解しているような,意味に対する捉え方である[15]。

エンクロニー的連鎖におけるコミュニケーション行為は特別なやり方で連結し合っている。分析者として,また参与者として,私たちはエンクロニーを有効なものとみなす傾向が根強く存在し,実際にはそのような関係がない場合においても,行為を関連性で結びつけられたものとして解釈しようと努力してしまう[16]。社会学者のハロルド・ガーフィンケルが忠告したように,人々は常にあなたの行為を理解するが,しかし常にあなたが意図したように理解するとは限らない[17]。カリフォルニア大学ロサンゼルス校の精神医学科で1960年代に行われた実験がこのことを鮮明に例証する[18]。被験者は,カウンセラーが「はい」か「いいえ」でしか答えられないような形で,一連の質問をすることにより自分の抱える問題を提示するという新しいセラピーに参加するよう求められた。被験者は知らされていなかったのだが,彼らから見えない位置にいる「カウンセラー」から受け取る「はい」または「いいえ」の応答はランダムに前もって決められていた。答えが「はい」であるか「いいえ」であるかは,提示された質問とは何の関係もなく,「カウンセラー」は単に事前に決定された「はい」「いいえ」の答えのリストを読んでいるだけだったのである。しかし,それにも関わらず,すべての被験者はカウンセラーの応答を彼らの質問に対する答えとして解釈した[19]。ガーフィンケル

---

13) Schutz (1970)。
14) Kockelman (2005); Enfield (2009)。McNeill (2005) も参照。
15) Sacks (1992, 1: 3–11 など) および Schegloff (1968 など)。Sidnell and Stivers (2012) 参照。
16) Grice (1989); Levinson (1983); Sperber and Wilson (1987)。
17) Heritage (1984)。
18) Garfinkel (1967: Ch.3)。
19) Garfinkel (1967: 89)。同書 pp. 89–94 なども参照。

による,根強く関連性を求めてしまうという人間の傾向に関する議論は,日常生活で採用されているエンクロニー的な構えの強靱さを明らかにしている。たとえば,これは世界中で観察される占いという習わしにも見られる[20]。なぜなら,占いでは,本質的にランダムな出来事(たとえば儀礼のなかで巣から放たれた蜘蛛が左に行くか右に行くかというような出来事)が提示されている質問への合理的応答として解釈されるからである。

隣接するムーブをつなぐこの種の連結は,A から B へ向かい,また B から A へと戻る矢印の対として特徴付けることができる(図 3.1)。

図 3.1 ムーブが効果を持つ限りにおいてエンクロニーが前方を指し,ムーブが適切である限りにおいてエンクロニーが後方を指す。

この 2 つの矢印が,関連性における 2 つの側面,すなわち効果(effectiveness)と適切さ(appropriateness)を示している。前方に向かう矢印は A の効果を表す。つまり,記号 A が,解釈項すなわち A に対するしかるべき応答として B を生じさせるということである。後ろ向きの矢印は B の適切さ,すなわち B は A の次に起きる行動としてふさわしいということを表す。ジョン・ヘリテッジはこれら 2 つの軸を,文脈を更新する側面と文脈によって形作られる側面の対比[コミュニケーション行動には,文脈の影響を受けて形作られている側面と,それ自身が文脈を新たに作り出す側面があるという対比]として特徴付けた[21]。ここで,矢印が逆向きにもなりうる二次的意味が存在するということに注意されたい[22]。ムーブは,前のムーブがどのような行為として機能していたのかを遡及的に決定することにより,前のムーブに影響を与えることができる。しかし,それは適切さという後方指向の関係を利用することによって行われることに注意されたい。第一タ

---

20) Evans-Pritchard(1937); Lévi-Strauss(1966); Sacks(1992: 34-35); Goody(1995b); Zeitlyn(1995)など。
21) Heritage(1984: 242)。
22) ポール・ドリューまたはジョン・ヘリテッジがこの点を主張した。

ーンが曖昧だった場合を考えてみよう。たとえば，「ゴミ出ししてないね」という発話は，苦情とも単なる観察とも取ることができる。第二ターンは観察ではなく苦情への応答として適切な形をとることで［たとえば「ごめん」などと謝罪することや，「ちょっと忙しくて」などと弁明することで］，この曖昧性を解消することができるだろう。この意味で，第二ターンは遡及的に第一ターンの「意味を決定する」だろう。しかしここで非常に重要なのは，第二ターンが〔さらに次のターンにおいて〕驚きや制裁（sanction）を引き起こさないで受け入れられる場合にのみこのようなことが言えるということである。人々が申し出や誘いなどに向けた「前置き発話」をする際（たとえば，「この週末何してる？」などの質問によって），それに対する応答は「前置き発話」自体を申し出や誘いを行っているものとして扱う機会にもなれば［たとえば，「うん，一緒に遊びに行けるよ」］，少なくとも先を続けるよう促す（たとえば，「別に何も。なんで？」）機会にもなり，さらに，そのような種類の応答が来ないのであれば（たとえば，「家族とキャンプに行くよ」）そもそも申し出や誘いであったということを言う必要がない[23]。しかしこれは，本章の議論における効果という概念，すなわち，第一ターンが第二ターンを発生させる原因や機会になるという意味と同じ意味での効果ではない。

　連鎖におけるムーブのそれぞれにおいて行為主体は「更新」される。行為主体の知識と経験は絶えず更新されるものであり，そのプロセスに複数の人々が関与している場合は，その人々の間で共有されている共通基盤も同様に，ムーブが累積していくにつれて更新される。エンクロニーの枠組みのなかでは，それぞれのムーブは，相互行為という海において実際の航路や潜在的な航路の先にある，水平線の姿を更新する［下記訳注参照］。これは，聞き手の心的状態を更新したり，変化させたり，互いにとって明らかな事柄を更新したりすることによってなされるが，これらはいずれも，その次のタイミングで一定の解釈の産出を引き起こしたり可能にしたりする。連鎖が進行するごとに，参与者の傾向性（disposition）や権利，義務などの「地位」は変化する（第5章参照）。そのような変化は，多かれ少なかれ予測可能である。もしあなたが勤務中のタクシーの運転手で，私があなたのタクシーに乗り込み「中央駅までお願いします」と言ったならば，次に起きるの

---

23) ポール・ドリューのおかげでこの点が理解できた。
〔訳注〕ここでの水平線とは，この直後の記述にもあるように，相互行為の参与者にとってのある時点で知っていることやできることの総体を意味しており，船が進んだり進路を変えたりするとそのたびに水平線上に見えるものが変わっていくということをふまえた比喩となっている。

はあなたが私を駅まで運転して連れて行ってくれるということだと，私はかなり強く確信することができる。しかし，途中で私が「あっ，家に携帯電話を忘れた」と言った場合，何が起こるのかはそれほど明らかではない。あなたは引き返すべきか？　ただの独り言か？　あなたは私がどうしてほしいのかを聞くかもしれない。ここで更新された水平線には，心理学者ハーブ・クラークが使う意味での共通基盤のあらゆる種類のものや[24]，ある時点で行為主体A〔の脳や身体〕が持っていると理論的に特定可能なこと[知識や身体技能]が含まれる。たとえば彼らが知っているすべての言葉，彼らが持つすべての民族誌的背景，彼らの個人的経験のすべてなどである。また，共時的という用語が私たちがある時点におけるだれかの文化的システムの表象の実際の内容すべてを意味すると想定するのであれば，ムーブは共時的システムが更新される場でもある[25]。

3.3　規範による組織化

　エンクロニーのしくみを理解するために，次の点は決定的に重要である。効果と適切さは規範に基づく概念である。というのも，効果と適切さという関連性の2つのベクトルに私たちの注意が向けられるのは，規範からの違反が起きたときだけであるからである。次のムーブを私たちが暗黙のうちに予期できない程度が高ければ，その分だけ当該ムーブの適切さは低くなる。Bが驚きや制裁を引き出しそうなものであればあるほど，その分だけBはAへの応答として適切ではないということになり，また，その分だけ応答を引き出すためにAが持つ効果が弱かったということにもなる。ここで言う驚きや制裁とは，〔Bにおいて〕伝達される内容自体に対する驚き・制裁ではなく，その伝達内容がその応答対象[すなわちA]に対してどれだけ関連性があるか，あるいはどれだけ適切かという両者の関係性に対する驚き・制裁である。また，「応答対象」とは，返答に先立つ質問などのコミュニケーション行為のみを指すのではなく，他の種類の記号も指すということに注意されたい。たとえば，客がカウンターに近づいて買いたいものを告げることを妥当な振る舞いたらしめるような，店の物理的構造や店主の客を待ち受ける態度といった，その場の状況という記号も応答対象に含まれるのだ[26]。

---

24)　H. H. Clark (1992, 1996)。
25)　より抽象的なフレーゲ的「意味」での共時性の解釈，すなわち変種，共時と通時の関係を無視するものとは異なる。

アメリカ合衆国の〔10代の少年たちが参加する〕グループセラピーのセッションで録音された次の例を考えてみよう[27]。

(7)〔下記訳注参照〕

1	Roger:	It's always this uhm image of who I am
	ロジャー：	それがずっと俺に対するイメージだし
2		'n what I want people to *think* I am.
		みんなに俺のことそう思ってほしいってことでもあるんだ
3		(0.2)
4	Dan:	And somehow it's unrelated to what's going on
5		at the moment?
	ダン：	で，今の現実の状況とはちょっと違う，って？
6	Roger:	Yeah. But tell me is everybody like that or
	ロジャー：	そう。でも教えてよ，みんなそんな感じ？　それとも
7		am I just out of [it.
		俺だけが外れてるの？
8	Ken:	[I- Not to change the subject
9		but-
	ケン：	話題を変えるわけじゃないけど
10	Roger:	Well *don't* change [the subject. *An*swer me.
	ロジャー：	いや，話題変えるなよ，俺の質問に答えろよ。
11	Ken:	[No I mea- I'm on the subject.
	ケン：	いや，あの同じ話題なんだよ。
12		I'm on the subject. But- I- I mean "not to
13		interrupt you but-" uh a lotta times I'm sitting

---

26) H. H. Clark (1996); C. Goodwin (2000) 参照。
27) Schegloff (1992: 1310) より。トランスクリプトは簡略化してある。〔この事例の記述を行っている Sidnell (2012b: 82) によれば，1行目でロジャーは，セラピストであるダンおよび他のセッション参加者に向けて，自分の経験を記述している。4-5行目でダンは，ロジャーのターンからの継続要素として組み立てた発言によって，直前のロジャーの発言に対する理解の候補を提示する。それを承認し，6行目からロジャーは，質問を行っている。〕

14   in class, I'll start- uh I could be listening.
            同じ話題なんだけど，つまり「口をはさむわけじゃないけど」
            ってことなんだけど．俺，授業に出てるときよく，始めちゃー
            あの，先生の話は聞いてはいるんだけど
            〔「授業中に将来の自分の姿のことなどを考え始めてしまう」という語
            りを続ける〕

　6行目と7行目でロジャーは *But tell me is everybody like that or am I just out of it?*（でも教えてよ，みんなそんな感じ？　それとも俺だけが外れてるの？）と質問する．
　これが質問の形式をとっているということが，次に答えが提供されるべきであるという強い規範的な期待を設定し，それが来ないことが明らかになったとき，すなわち，8行目と9行目で規範への違反が起きたとき，10行目に見られるように，ロジャーは明らかにケンを拘束する権利を持つに至り，答えを得る資格を発動している．続くケンの応答は，ロジャーが答えを得る資格を認めるものである．
　もちろん，驚きと制裁には程度差がある．たとえば，ジョンがポールに，「これは君が飲んでるマティーニかい？」と聞き，ポールの答えが「いいや」ならば，これは同意の応答が選好されるという〔Yes-No質問の〕性質から外れるものだろう[28]．しかし同時に，否定の答えは，求められた情報を与えることで，聞き手が質問に答えるであろうという期待や暗黙の予期と正確に合致するものである．否定の答えはやや不適切かもしれないが，しかし，答えが期待されるところでも聞き手が質問を無視して黙っていたりする場合ほどには，驚くべきものであったり制裁されるべきものではない．そのような場合には，「ちょっと！　質問しているんだけど」のような制裁というやり方で規範的なターゲットを追求するのは，正当化されうるものだ．上の事例（7）を再度見てみよう．驚きと制裁の程度と種類にどのくらいの幅を想定すべきかは複雑であり，ほとんど研究されていない[29]．暗黙の予期（subprehension）は暗黙裡に行われるものであるから，研究するのが難しいこともある．ある特定の解釈項を得ることを文字通り期待するというよりも，他の可能性を期待していない，といったほうが正確である．
　人々が他者に対して説明責任があり（accountable），規範に則って制裁や驚き

28）Pomerantz and Heritage（2012）; Pomerantz（1984）。
29）ただし，Schegloff and Sacks（1973）参照。

を表していると考えているならば，それはコミュニケーションにおける関連性の連鎖に本来的に存在する適切さと効果を組織化し，資格を与え，再生産することを助けるものである。このコミュニケーション上の関連性から，究極的には，相互行為の連鎖だけではなく[30]，コミュニケーションの軌道における累積的進展に伴う，公的で規範に支配された説明責任の基盤がもたらされる。効果と適切さという概念は，暗黙の予期とそこからの逸脱が引き起こしうる説明責任によって定義されるため，社会的相互行為を道徳的な制約を受ける事象たらしめるのである。

　すべての社会的生物にとって，ムーブの構造や選択が不適切であった場合，そのムーブは効果に欠けるものとなるだろう。しかし，人間の場合のみ，そのようなミスマッチによって道徳的な説明責任が生じるのだ。不適切な応答は注意を引き，潜在的に説明を求められる可能性がある。この説明責任は，人間の社会的生活が根本的に協調的であることを考えると，自然なものである[31]。刑罰をはじめ，私たちが道徳的な面での監視を行う傾向があるのは，大規模な社会的集団において協調的バイアスの有効性を維持するためには不可欠な部分である[32]。当然のことながら，道徳的監視と説明責任の傾向は，コミュニケーションの実践においてもよく見られるものである。エンクロニーの規範的性質は，道徳的に支配された社会行動という領域を考慮せずには，私たちは人間のコミュニケーションの研究が始められないということを意味している。

＊　＊　＊

　エンクロニーはこの本の全体を通して関わるものであり，続く各章においてより詳しく議論される。ここまでにエンクロニーの基本的な考え方を導入したので，これからその基盤となる記号過程を詳しく説明する必要がある。このためにはまず，経験に近いレベルのエンクロニー［つまり相互行為］から一度離れる必要があるが，そのレベルには第6章でまた戻ることになる。

---

30) Schegloff (1968, 2007b) から発展させた意味で。
31) Axelrod (1984); Boyd and Richerson (2006a); Tomasello (2009)。
32) Henrich et al. (2004); Boyd and Richerson (2005)。

第4章
記号現象

　本章では，意味は関係によって理解されるという本書の中心的な議論に基盤を与えるため，新パース派の考え方の核となる部分を概観する[1]。ここでは，「情報とは差異をもたらす差異である」というベイトソンの考え方を実質のあるものにしていくことになるだろう[2]。この言い回しはじつに効果的である。というのは，これが2つのはっきり異なる差異に言及しているからである。1つめの差異は世界の中で知覚される差異であり——本書ではこれを記号と呼ぶ——2つめの差異は1つめの差異からもたらされる，もしくは最初の差異に対する一貫した反応であるところの，同様に知覚される差異である——本書ではこれを解釈項と呼ぶ（ただし以下で見るように解釈項はふつう，記号でもある）。このことは，意味の領域においてある主体が存在し，その主体によって第一の差異が知覚され第二の差異が生み出されることを含意する。さらに意味を持つ応答はモノの運動による物理的な力によって引き起こされるのではなく，解釈を導き出す対象を指し示すことによって意味をなすようになる。これを本章で議論が展開される用語で言ってみよう。意味とは，ある記号からだれかが解釈項を生み出し，それによって解釈の対象が明らかになるときに私たちが持つことになるものである。本章の以下の部分ではこれがどういう意味なのかを解説していく。

---

1) より詳細な解説については，Kockelman(2005, 2006a, 2006b, 2011)などを参照。
2) Bateson(1972: 453)。

4.1 記号過程の解剖

意味を理解するには，記号過程というものを理解しなくてはならない。ここでは特にコックルマンの最近の議論を参照しつつ[3]，このプロセスの基本的な骨組みを捉えていく。記号過程は本書の議論の根幹に関わるため，ひとつひとつ要素を組み立てながら，この複雑なプロセスを明らかにしていこう。

第一に，何かが何かを意味すると言えるのは，それが，それに対して意味を付与する何者かによって知覚可能である場合のみである。空に浮かぶ雲であっても，森林からもくもくと立ち上る一筋の煙であっても，耳元でささやかれた文であっても，何かの断片がある時点・ある場所で知覚されたものとして始まる。この知覚され注意を向けられる何らかの断片をここでは記号（sign）と呼ぶ。これは図4.1で抽象的に描かれている通りである。

図4.1　記号。円は知覚されうる何らかの断片（雲，垂直に立ち上る一筋の煙，だれかが喋っている声など）を示している。

この図に示された図式は，時間や空間といったコンテクストや知覚者を含んでいないという点で不完全である。まず，もしこの図式がうまく機能しているのだとしたら，それは読者が解釈者として振る舞い，これが何かを意味するものとして受け取っているからである。ここで欠けているものの1つは，時間という要素である。もちろん研究の目的によっては，便宜上時間という要素を意味の問題から除外することもあるかもしれない[4]。しかしその場合，結局そこから発生する欠陥は時間という要素を戻してやることでしか補うことができない[5]。実際，意味のどのような側面も時間の流れから独立させて考察することは不可能である。ここで，ある語の意味を探るときに私たちが何を行っているか，想像してみてほしい。私たちは時間〔的な要素〕を知ることなしに語の意味を理解することはで

---

[3] Kockelman (2011) およびそのなかで言及されているものを参照。
[4] Saussure (1959)。
[5] McNeill (2005); Enfield (2009); Kockelman (2013)。

第4章 記号現象　71

きない。もしある語の意味を知りたければ，その語が生起する前に起こったこと，同時に起こっていること，あるいはその後に起こるであろうことを鑑みないわけにはいかない。たとえば，それに先立つ文や，そのとき目に映っていた周囲の状況，発話と共に現れたジェスチャーや顔の表情，あるいは別の言語に置き換えられた表現や，他の人の応答内容といったものを参照するかもしれない。時間軸上での展開を考慮に入れる必要があるというのは，第3章表3.2で示した因果的・時間的枠組みを取り込んでいる言語学内外の諸学派においてよく知られていることである。〔だが〕ここで私たちが焦点を当てたい水準はエンクロニーである。

時間というコンテクストに置かれた記号の例として，ある家での一コマを想像してみよう。ビルは窓の外を眺めて，黒い雲が立ち込めているのを見る。傘を手に取る。ジェーンはビルが傘を手に取るのを見て「どこに行くの？」と尋ねる。

(8)
1: ビルが外の雨雲に目を向ける。
2: ビルが傘を手に取る。
3: ビルの振る舞いを見て，ジェーンは「どこに行くの？」と尋ねる。

これら3つの連鎖するムーブの間の関係はどのように分析されるだろうか？　もし実際に観察される行動だけをもとに表面的な解釈を施すとすれば，図4.1で示した意味での記号が単に3つ連続しているだけだと分析される（図4.2）。

図4.2　2人の主体（A1とA2）を含めた，3つの観察可能な記号が互いに関連し合って連続することを示す「行動主義的」な図示。記号はそれより前の記号による効果／への応答であるが，それを媒介する変数は明示的に示されてはいない。
　　注：媒介変数と他者の振る舞いの解釈についてはWhiten（1997, 1996）参照。

この行動主義的な図示は，正しくないか，少なくともこれで話が全部片付くというわけではない。というのも，〔それぞれのムーブがその前のものがきっかけとなるのであるにしても，〕それはビリヤードボールが別のビリヤードボールが当たるこ

とによって動きを得るような物理的な原因によって発生するわけではないからである。むしろ，それぞれのムーブは意味を持っており，その意味は直接知覚されるものではなく〔記号論的に〕指し示されるものであって，あるムーブに対する応答は，その指し示され表象された意味を捉えて初めて理解できるのである。では記号が単なる実体の断片でなく，意味されるもの〔シニフィエ/所記〕を持つということを明示的に認めて先ほどの図に書き加えてみよう。（ソシュール流に）意味するもの〔シニフィアン/能記〕は意味される概念に結びつけられる，という意味の捉え方を取り入れると（ただしここではまだ語についての議論はしていない），事例（8）の連鎖はおおむね図4.3のように表すことができるだろう。

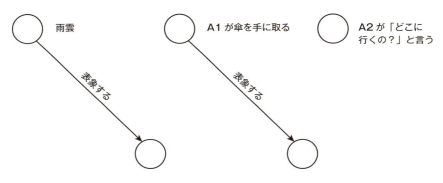

図4.3 「ソシュール流」に関連付けられた記号の連鎖を図示したもの。公に外から知覚可能なそれぞれの記号は，意識に上らない構成要素（たとえば，記号が表象してはいるが公にであれどうであれ記号のなかには直接知覚できないもの）を持っている。しかしながら，各記号の次の記号の状態が前の記号の効果や応答であることは明示されていない。

この図の段階においてもまだはっきり時間との関連が表示されておらず，一連の記号の間にある関係がどのように特徴付けられているのかは明らかにされていない。ソシュール〔的な記号学〕では，形式と意味の間にある静的な表象として意味を説明するので，時間はこのような流れで記号が現れたときに改めて「追加」しなければならないはずである。しかし実際には時間はすでにそこにあるのだ。時間はこの図式のなかに潜り込んでいる——図4.3のなかに，記号をページの左から右の軸に沿って並べることによって。ここで私たちは，記号を支えてい

るこの基本的な表象関係の脇に，それとは全く独立した説明装置を持ち込んで時間との関連性を示すべきだろうか？　それはできれば避けるべきだろう。

この問題の解決は，新パース派の動的な記号過程，そこに組み込まれている4つの互いに関連し合った鍵となる構成要素を取り込むことから始められる。コックルマンによって定義された[6]その重要なエッセンスを示したのが図4.4である。

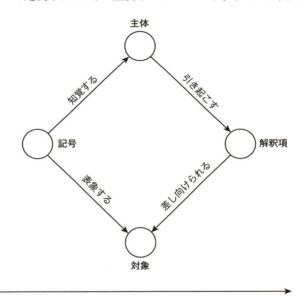

図 4.4　基本的な記号過程（Kockelman 2011, 2013 に修正を加えたもの）。記号は主体によって知覚され，主体が記号の知覚から結果として解釈項（思考や感情を含むある種の反応）を引き起こす限りにおいて，記号は対象を表象する。ここで解釈項は〔記号が表象している先と〕同一の対象に差し向けられることによって意味をなしている。こうした構成要素とその関係を含んだプロセスが本書で提示される枠組みの出発点となる。

この図には記号 – 対象関係に見られる，ソシュール的な「表象する[表す－表される]」関係が入っている。この関係とは，たとえばある音の並びがある概念を表すと理解されうる，といったものである。しかしこの関係は，他にいくつかの関係が関

---

6) Kockelman (2011, 2013)，およびそこで言及されているものを参照。

与することで初めて成立しうるものである。本書の枠組みはそれらの関係を明示化するものである。ここに関わる関係のなかで決定的なのは，記号と解釈項を結ぶ多様なリンクである。記号から解釈項へのリンクはまず一方に〔記号を〕知覚し，〔解釈項を〕引き起こす主体によって媒介され，他方で，関連する対象，すなわち（確認することができ，またその必要がある限りにおいて）記号によって表されると主体が捉えるものによっても媒介されている。これをアブダクション（仮説的推論）という点から考えてみよう。もしある記号がどのような対象を表しているのかを知りたければ，その記号が指していると想定することで最も意味が通るようなものを探すとよい。これは，ある聞き慣れない語が使われているのを耳にしたときによく起きる推論である。たとえば，ニューサウスウェールズ州〔オーストラリア〕のパブに初めて入ったとしよう。バーの前で注文する順番を待っているときに，*A middy of VB, thanks*（VBのミディをくれ）とあるお客が言い，別のお客が *A schooner of VB, thanks*（VBのスクーナをくれ）と言うのを聞く。ベイトソンの用語に従うならば，第一段階の差異は，middy [midi] と schooner [sku:nə] という音の違いにある。そこから起因する差異——つまり，第一の差異によって作られる差異——は，2つの注文に対してバーテンダーが引き出すそれぞれ全く異なる解釈項のなかにある。どちらの場合でもバーテンダーは同じ「ビクトリアビター（Victoria Bitter）のラガービール」を提供する。そこに違いはない。しかし初めのお客には285 mlのグラスで出し，2人目のお客には375 mlのグラスを出す。すべては滑らかに進み，だれもそれに対して文句を言わない。そこであなたはアブダクションによって，[midi] という記号は285 mlのビールグラスを表し，[sku:nə] という記号は375 mlのビールグラスを表すのだと仮定することができるのである。このような例は，語の意味が「語によって喚起される**ある種の応答**」として定義できるとするジップの考え[7]を例証している。このようにして，ソシュールに見られるような表す–表されるという単純な心理的結びつきは，解釈と応答という，より複雑な社会的プロセスによって推定される——というより実際は創造される——のである。

　上記の説明を用いれば，(8) の3つの記号からなる連鎖は新パース派的な記号過程の基本要素の連なりとして容易に分析できる。

　フレームを1つずつ見ていこう。フレーム1（傘を手に取る）での解釈項がそ

---

7) Zipf (1949: 20)。

うでありうるのは，単にそのようなフレーム化がされたからにほかならない（図4.5）。それに続くフレーム（図4.6のフレーム2）で今度は，傘を手に取るという行動を記号として新たなフレーム化がなされ，それを別の主体が知覚し，その主体はさらなる解釈項を関連性のあるものとして生み出す。この新たな解釈項は3行目（「どこに行くの？」というジェーンによる発話）の形をとって現れるが，これは2行目がその表す意味（つまり，表す対象，ここでは「ビルが出かけようとしている」と解釈されている）を持つ限りにおいて，2行目の応答として意味

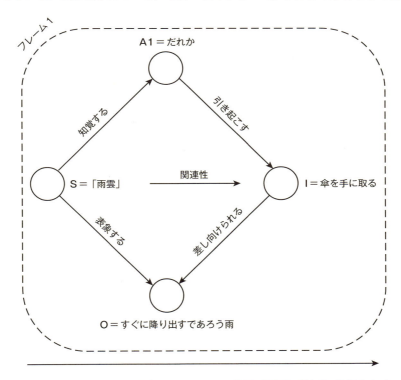

図4.5 (8)の連鎖における最初のフレーム。1行目（雨雲）が主体（ビル）によって知覚され，結果として解釈項である制御された行動（傘を手に取る）を引き出す。この行動は，1行目と関連性があり（もしくはそれによって引き起こされており），1行目が表している何か（つまり対象。ここでは「すぐに降り出すであろう雨」と解釈されている。この状況における実際の雨とそれに関するビルの考えとを区別することも可能だが，ここでは区別していないことに注意）に差し向けられている。〔なお，Sは記号（Sign），Aは主体（Agent），Iは解釈項（Interpretant），Oは対象（Object）〕

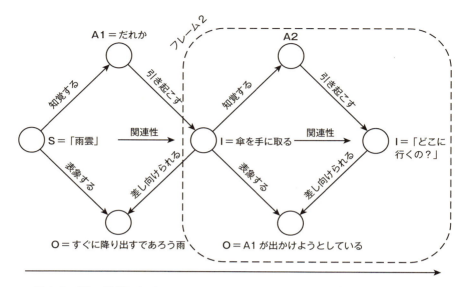

図4.6 (8)の連鎖における2つめのフレーム。2行目（傘を手に取る）は主体（ジェーン）によって知覚され，結果として解釈項であるコントロールされた行動（「どこに行くの？」と尋ねる）を引き出す。この行動は，2行目と関連性があり（もしくはそれによって引き起こされており），2行目が表している何か（つまり対象。ここでは「ビルが出かけようとしている」と解釈されている）に差し向けられている。

をなしている。

　フレーム化するという言葉の意味を理解しておくことはきわめて重要である。主体が解釈項を生み出すことによって記号を何らかの対象を表すものとして取り上げた，と言った場合，それは現在関心が向けられているある特定のフレームにおいてのみ当てはまることなのである。記号というものが唯一の正しい対象を表すものであり，必然的にかつ前もって規定された解釈項に関連付けられている，と考えるのは，この枠組みに対する誤解であろう。この枠組みの本質は記号過程の柔軟性を捉えることにある。この例では，傘を手に取るという〔ビルの〕行動が〔ジェーンのビルに〕対する「どこに行くの？」という発話によって応答された。この発話の意味を理解するために，私たちは「傘を手に取る行動」という記号の対象が「この人が出かけようとしている」であると仮定することができる。ここでそれが「対象」であるのは，単にこの主体がこの状況でたまたまそのように捉えたからでしかない（そして，ビルは驚いたり訂正を求めたりしない，だからそ

第4章　記号現象　　77

れは「素通りされてよい」ことによって事実上承認されている，と考えてみよう）。数え切れないほどの他の解釈項が生み出され，他の〔ここには現れない〕無数の対象へと差し向けられえたのである。ノーム・チョムスキーの B. F. スキナー批判の根底にはこのような事実があった。彼は，刺激性制御（stimulus control）〔特定の反応を引き起こす刺激によって相手の行動を制御すること〕によって一意に言語行動が決まってしまうという考えに，以下のように批判を加えた[8]。

> スキナーの「刺激性制御」の典型的な例は，ある音楽に対して「モーツァルト」という発話で応答するとか，ある絵画に「オランダ派」と応答することである。このような応答は，物体や出来事の「ひどく捉えがたい属性を制御する」ことによってしか生じない。絵を見たときにはたとえば，「オランダ派」という代わりに「壁紙と合わないよ」「君は抽象絵画が好きだと思ってたよ」「こんなの見たことない」「傾いているね」「位置が低すぎる」「美しい」「ひどい」「去年の夏に行ったキャンプ旅行を思い出さない？」などのような，頭に思い浮かんだ種々のことを口にすることも考えられるのだ。

　チョムスキーがここで論点としていることは，「正しい」解釈項は予測されえない，ということである。だからこそ，言語的応答が，刺激性制御といった意味での，〔あるいは物体が〕衝突によって動きの向きを変えるというのと同じような意味での自然的因果関係によって支配されているとは言いがたいのである。しかし決定的に重要なのは，チョムスキーが挙げた可能性――「壁紙と合わないよ」など――はどれも単なる「頭に思い浮かんだ種々のこと」以上のことを含んでいる，ということである。それらは，単にそれだけのことではないのだ。それらの応答は図 4.4 に示されている関連性という意味において，関連していると捉えられる。上記の〔チョムスキーが挙げた〕すべての応答は，それが絵画が表していると考えられる対象に差し向けられている限りは，記号（ここでは絵画の視覚による知覚）への応答として意味を持つ解釈項である。より一般的に言えば，記号は何かを表しているとだれかによって受け取られる限りにおいて対象を持つ，というキーポイントをこうした例は示している。これは，あらゆる記号が潜在的には無限の対象を持つことを意味する。
　もちろん，語などの慣習的な言語記号が実質的にコード化され固定された対象

---

[8]　Chomsky（1959: 31）。

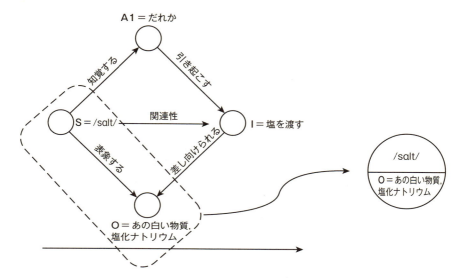

図4.7 英語の *salt*（塩）は，ソシュールの流儀では，図の右側のように描かれる。つまり，記号が音形［salt］/salt/と「あの白い物質，NaCl」という概念もしくは実際の白い物質との組み合わせによって構成されている。ここでは，この図式は，たとえば1. Aが「その塩取って」と言う，2. Bがその白い物質を渡す，といった連鎖に見られるようなパース流の記号過程から観念的に抽象したものだと取ることができる。

を持つことは事実であるが，それはコミュニティにおいて語が使用される際の規範的な指向性が蓄積した結果にすぎない。せいぜい私たちに言えるのは，語が慣習的な記号である理由は，**多くの人が多くの場合にその語が実質的に同一の対象を表すと思っているからだ**，という程度であろう[9]。これがパースによって定義された記号と対象との象徴的関係の本質である。ある記号がある対象を表すのは，人がたまたまその対象に差し向けられた解釈項を作り出すようなコミュニティの

---

9) ジョバンニ・ロッシ（Giovanni Rossi）が私に指摘したところによると，他の記号論的基盤——たとえば煙が火を表すといった指標的関係——であっても，多くの人々が多くの場合において関連性のある妥当な解釈をする。〔語の意味のような〕象徴的関係が他の関係と異なるのは，人々がある特定の記号をある特定の対象を表すのに幅広く用いるというまさにその事実が，その記号がその対象を表すものと受け止められる**理由**になっている，という点だ。このことは煙という語が「煙」を表す理由の説明として適切であるいっぽう，実際の煙がそこで火事が起こっていることを意味する理由についての説明にはならない。

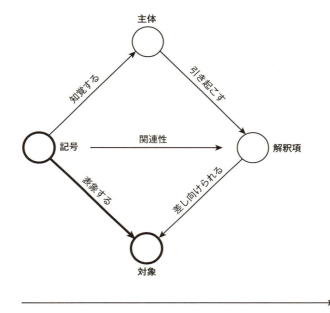

図 4.8 記号学者やそのほかの，共時的枠組みを採用する言語の意味構造の研究者が注目しやすい部分。すなわち，記号と対象の関係，記号形式とそれが表す概念や実体。（ここで「対象」が心の中に存在する概念か，世界にある実体かについてはコミットしないことに注意。両方の可能性がある）

慣習があるからである。ここで私たちはよりはっきりと，シニフィアン（能記）とシニフィエ（所記）の組み合わせからなる古典的なソシュールの記号観が，実際はより大きな記号過程の観念上の下位構造であることを示すことができる。図 4.7 を見てみよう。

　パースの記号過程のなかにソシュール的な記号関係を自然に組み込むことができる点は，図 4.8 に示されている。

　記号のシステムではなく，心理学的観点から主体に焦点を当てるさまざまな研究分野を比較してみると，基本となる記号過程は同一であるが，図 4.9 に示すように，学問的関心と重点の置き方に違いがあるということが図式のなかの異なる

---

10) 図式の左側にある記号過程の構成要素は，しばしば先行するフレームにおいて他の主体によって生み出された解釈項であることを思い出してほしい。

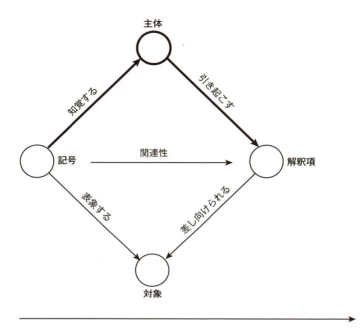

図4.9 心理学者や音声学者（とそのほかの微視発生的な枠組みを採用する研究者たち）がしばしば注目する部分。入力を感知し，出力を引き出し作り出すものとして主体を捉える。このような観点からの研究が目指すものは，入力と出力との間の相関関係を発見し，心理学の場合には，そのデータを最もよく説明する媒介の状態を主体に帰属させることである。

要素を目立たせることで把握できる[10]。

　また，私たちは，主にエンクロニー的枠組みにおける相互行為の連鎖に興味を持つ人々の関心事を，共通している基本的な記号過程の下位要素を目立たせることによって再度捉えることができる。これは図4.10に示されている。

　記号過程の枠組みによって私たちは，意味に対する一見すると互いに異質なアプローチ——構造主義，認知主義，相互行為主義——が，基本的な単一のプロセスの一部をそれぞれ別の側面から相補的に捉えているのだとみなすことができる。どの要素も欠くことのできない重要な側面であるにもかかわらず，それぞれの学問分野内においては，他の要素を覆い隠すことであたかもそれらがなくてもよい

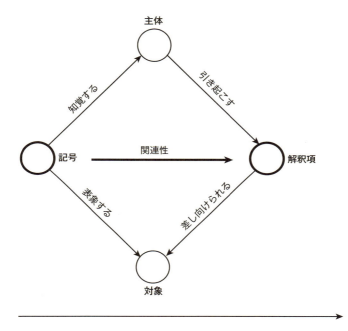

図 4.10 エンクロニー的枠組みを採用する相互行為研究者が主に扱うのは，記号と解釈項との関係である（ただし実際には「指向性」という用語を用いて対象を参照することは多い）。

かのように展開されてきたきらいがあった。

4.2 記号過程の柔軟性

　異なる解釈項が単一の記号事象のフレームにおいて同じ対象に向けられることがありうる。同じ黒い雲でも，それによってある人は傘を手に取るし，別の人であれば洗濯物を取り入れるだろう（図 4.11）。

　また異なった解釈項は，単一の記号事象のフレームにおいて**異なった**対象を指すこともある。第 2 章で見たビンロウとかごの例を思い出されたい（図 4.12）。

　したがって，対象は，記号から与えられるわけではない。対象とは，解釈項がそこに差し向けられることによって示されるものなのである。

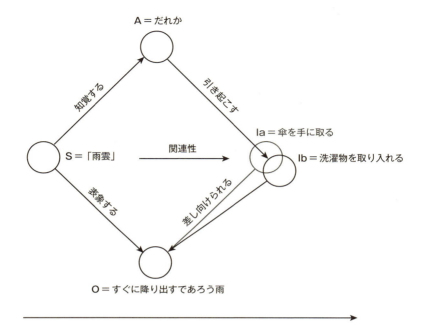

図4.11 異なる解釈項が同じ対象に向けられうる。たとえば，雨雲を見た応答として傘を手に取るという振る舞い（Ia）と洗濯物を取り入れるという振る舞い（Ib）は共に「雨雲」という対象に向けられており，雨雲がすぐに降り出すであろう雨を表すと受け取られうる限りにおいて，どちらも雨雲と関連する解釈項として意味をなしている。

4.3 記号過程としての推論

この記号過程の枠組みを使って推論の連なりを描き出すことができる。その全体は直接観察することはできないが，それが理解の心理的プロセスに関わっているのではないかと考えることは十分できる。そうしたものの1つが，哲学者ポール・グライスによって記述された推意（implicature）である[11]。たとえば私の *How was the movie?*（映画はどうだった？）という質問にあなたが *Good*（良かったよ）と答えるとしよう。good という表現は，その語に「良い」という意味がコ

---

11) Grice (1989)。

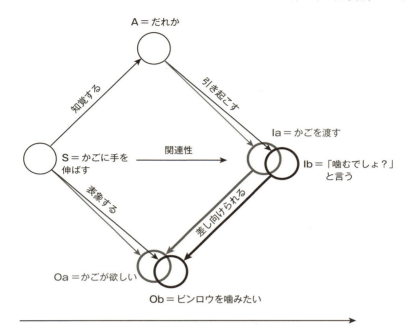

図 4.12　異なる解釈項が単一の記号の異なった対象を指すことができる。女性がかごに手を伸ばすのを見てかごを渡してやる（Ia）振る舞いは，「かごが欲しい」という対象に差し向けられている。なぜなら，かごを渡す振る舞いと女性が手を伸ばすこととの関連性は，彼女の行為が彼女がかごを手に取りたいという要求を表していると解して初めて成立するからである。いっぽう，かごに手を伸ばすのを見て「噛むでしょ？」（Ib）と言うという振る舞いは，「彼女はビンロウを噛みたい」という対象（これは彼女がかごを欲しい理由である）に差し向けられている。なぜなら，その発話と女性が手を伸ばす行為との関連性は，女性の行為がビンロウを噛みたいという欲求を表していると解して初めて成立するからである。

ード化されており効力を発揮するので，「良い」評価を必然的に伝える。しかし，より肯定的な評価をする方法は他にもあり，ここで *good* と言うことは，*good* 以上ではないことを含意する。つまりそれは *fantastic*（すてきだ）でも，*excellent*（すばらしい）でも，*brilliant*（見事だ）でもなかった，という含みを持つことになる。コックルマンが指摘するように[12]，この説明において，この基本的な二段

---

12) Kockelman (2005)。

階の解釈過程（第一段階として語にタイプレベルの意味を当てはめ，第二段階としてコンテクストから関連性のある推意を文脈から計算する）には記号 − 解釈項関係の鎖状の連なりが関わっている。解釈者は，まず *Good* という記号（[gʊd] という音列）を聞き，それがタイプレベルで「良い」という語彙的意味をコードしていると考える。この初めのフレームのなかでは解釈項がその意味を担い，この場合は記号の対象と同様の内容を持つ，としよう。次のフレームでは，語彙 *good* という記号にとってのタイプレベルの対象（記号内容）は，それ自身が解釈されるべき記号となる。ここでの解釈は，関連する記号システム，つまりあらゆる表現の選択肢を含んだ言語体系のなかで行われる[13]。この記号体系のコンテクスト内では，*good* は *not excellent*（とてもすばらしいというわけでもない）と解釈されるだろう[14]。

こうしたよくある解釈のタイプをここでは二段構えのプロセスとして捉えたが，このプロセスはグライス派語用論の分析でしばしば含意されているような，2つの完全に異なった**種類**のプロセスを要するものではない。2つの段階の間にある質的な違いの一部はその基盤，つまりそれぞれの段階における記号と対象の間に保持された表象関係の基礎の違いにある（これについては以下で述べる）。この分析は図 4.13 で見るような慣習的推意（conventionalized implicature）のみならず特殊化された推意（particularized implicature）にも適用可能であることに注意してほしい[15]。たとえば，私が火曜日の夕食にあなたを誘って，あなたが「ちょっと今週はある家族を家に招待する予定なんです」と答えたとしよう。もし私があなたの返答を私の誘いに対する断りであると理解したなら，それは私があなたが出した第一の解釈項（「今週はある家族を家に招待している」という意味の発言）が，次のフレームではより直接的に関連性のあること（つまり，だから君のお誘いを受けることはできない，ということ）を導く記号として働いている。これは，慣習的推意を説明した図 4.13 のプロセスと同様である。

---

13) これを「鎖」として特徴付けているからといって，ここに関与する認知プロセスの性質がそうであると主張しているわけではない（Gibbs 1983, 1984 参照）。
14) Levinson（2000）参照。
15) これらの推意のタイプをめぐる用語の定義については Levinson（1983, 2000）参照。

第 4 章　記号現象　　85

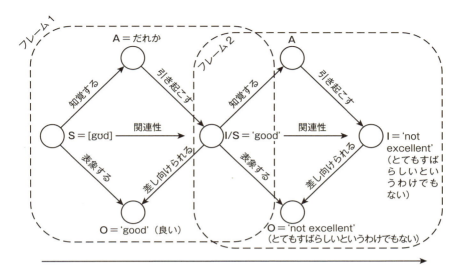

図 4.13　記号過程における 2 つのフレームの連なりとして表現された語用論的推論（cf. Kockelman 2011）。フレーム 1 における解釈項はたまたまそれが差し向けられている対象と同じになっている。ここで起きていることを別の言い方で言うと、フレーム 1 における主体はフレーム 1 の対象を（フレーム 2 で）記号として受け取っている。より一般的に言えば、ある記号の解釈項（とりわけその対象の概念内容）は、解釈されるべきもう 1 つの記号として注目されうる。

4.4　記号過程としての文化の疫学

　記号過程の基本的なメカニズムは、認知人類学者ダン・スペルベルが長い間提唱してきた文化の疫学のモデル、文化伝播の因果モデルとまさに同一のものである[16]。文化の疫学とは、人間集団における文化や認知が地理的・歴史的にどのように伝播するのかを研究する分野である。本章で示した記号過程のモデルは、記号過程の基本的ユニットがいかにして意味の込められたやりとりの連なりを無限に生み出しうる[17]のかを示すことで、この文化の疫学を捉えるものである。このやりとりの連なりには任意の数の主体が記号の産出者かつ解釈者として関与して

---

16) Sperber (1985, 2006)。Enfield (2013, 2014a, c) も参照。
17) スペルベルの「認知的因果連鎖」（Sperber 2006）およびこれについての解説（Enfield 2014a, c）参照。

いる。またこの連なりが全く私的に〔外から観察されることなく〕進行することもあれば，そこに公的な〔外から観察可能な〕記号が関与することもある。これは図4.14, 4.15 で示されている通りである。

しかしスペルベルのモデルにはここで「対象」と呼んでいる媒介構造がないので，意味が介在しない因果的な連なりとしての行動主義的モデルと取られる危険性を孕んでいる。

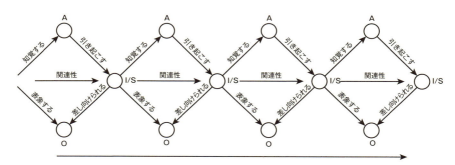

図4.14　文化的・認知的疫学の基盤として，記号過程は無限に連なっていく。
参照元：Sperber (1985, 2006); Enfield (2014c)

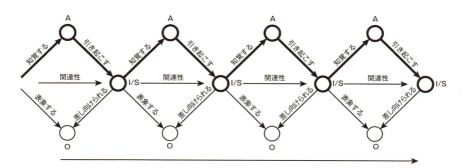

図4.15　文化的・認知的疫学の基盤として，記号過程は無限に連なっていく。ここでは，人類学者ダン・スペルベルが「認知的因果の連なり」と呼んだ部分を強調して示している。

4.5 記号過程の諸要素とそのタイプ

　記号過程を詳細に分解して記述する作業は，必然的に，プロセスに内在する個々の要素の類型化，もしくは少なくとも何らかの分類を伴う。では，記号・主体・対象・解釈項には，どのようなタイプのものが存在すると言えるだろうか？　また，記号の知覚（sensing），解釈項を引き起こす行為（instigating），記号の対象を表象すること（standing-for），記号の対象に差し向けられていること（orienting-to）にはどのようなタイプのものがありうるのだろうか？　そこにはどのような関連性の種類があるのだろうか？　これらの問いのいくつかはとりわけコックルマンによって提起され，一定の答えも出されてきた[18]。その一部をここで紹介する。

　記号になりうるもの。記号はどのようなものでありうるのだろうか？　パースによる**性質記号**（qualisign）という用語はこの問題に1つの答えを与えてくれる。どのようなものが記号になりうるかを知るためには，知覚する存在の性質を知る必要があり，ゆえに，記号はどのようなものでありうるかを問うことは，じつは記号と知覚する主体との関係がどのようなものでありうるかを問うことである。これは心理学者 J. J. ギブソンの用語でいえば，アフォーダンス〔ある環境を利用する（人間を含めた）動物との関係から相対的に規定される。その環境が動物に提供する行為の可能性〕の問題である[19]。どのような記号がありうるのかという問いは，じつは，ある種の知覚主体を想定し，その知覚にはどのような方法があるのかを問うことなのだ。いかなる記号がありうるかという問いに対する答えの一部は，本書に関連する限りでは，人間の知覚，そしてさまざまな感覚モダリティについて私たちが知っていることから与えられる。

　私たちが社会的な相互行為を行ううえでムーブを構築する際に用いる記号化の資源は，複数の記号次元に分類される（第6章参照）[20]。聴覚モダリティにおいて伝えたい意味は声の高さ（ピッチ），大きさ，リズム，発話するタイミングを変化させることによって調節される。人間の発声による信号の場合には，発声（有声・無声・きしみ声），母音の質，分節音の調音上の区別（調音位置と調音方法），発話者の属性（発話者はだれか，男性か，女性か，子どもか），一時的状態

---

18) Kockelman (2005, 2006b, 2011, 2013)。Enfield (2009) も参照。
19) Gibson (1979)。
20) Enfield (2009)。
21) Ladefoged and Maddieson (1996)；Gussenhoven (2004)。

の如何(発話者が酔っているか,疲れているか,興奮気味か)など,多くの因子が存在する[21]。視覚モダリティにおいては,たとえば手のジェスチャーについて,手が動いているか静止しているか,動作が瞬間的か持続的か,動作の加速,動作の方向,動作の軌道,動作の様態,形状,対称性,空間上の位置,ピッチ〔左右の軸を中心とす〕,ロール〔前後の軸を中心とする回転〕,ヨー〔上下の軸を中心とする回転〕やそのほか多数の要素によって,伝えたい意味の調節が行われる[22]。以上のような種々の次元は,以下のような多くの知覚可能な特性によって相対的な位置付けを与えることができる。

- **持続性**(閉鎖音から母音,手のジェスチャー,砂絵を描くこと,紙に文字を印刷すること,石に碑文を刻むことに至るまでの,持続性の低い要素から高い要素への連続体をイメージせよ)
- **制御可能性**(例:言語的な音声構造は顔の表情よりも制御されている)
- **異なるタイプの記号基盤へのアフォーダンス**(視覚メディアはヒトのような視覚優位の種においてはより類像的であると捉えられやすい)

単純に〔語句を〕連ねるにしろ複雑な統語的操作を駆使するにしろ,複数の記号を組み合わせることでより豊かな意味を持たせることができる。そうした組み合わせの原理とこういった諸次元を用いることで,複合的な発話を形成するための論理的可能性を精確に分解して理解することができる。

記号によって表される対象になりうるもの。さまざまな事物,そして実際数多くの互いに異なる事物のタイプが記号の対象——私たちが記号によって表されていると考えるもの——となりうる。オグデンとリチャーズ,カルナップ,ライオンズに至る[23]意味論の古典的研究で論じられてきたように,記号によって表される対象は内包を持つ,すなわち定義的特徴の集合によって構成されているかもしれない。つまり記号によって表される対象は心的な概念に対応することがある。そしてまた,対象は外延を持つこともある。つまり,外部世界にある事物に対応することもある。記号過程の他の要素と同じく,記号によって表される対象はトークン(実際の事例)またはタイプ(抽象的なクラス)として捉えられる[24]。たとえば私がある猫を指さしながら *She's a Manx*(その子はマンクス〔猫の一種。尾がないことが特徴〕です)と言った場合,私の複合的な行為によって *Manx* という語とある存在物,

---

22) Talmy (2006)。
23) Ogden and Richards (1923: 11); Carnap (1947: 203); Lyons (1977: 96, 174ff.)。
24) Lyons (1977); Hutton (1990) など。

つまり指さしている先のその猫が結びつけられる。Manx という語の使用自体も複合的な構造をなしている。それはシニフィアン（能記）（/mæŋks/ というタイプの1つのトークン [mæŋkʰs]）とシニフィエ（所記）（「マンクス猫」というタイプのトークンであるその現実の猫）を両方組み合わせているのだ。

単純な指示的表現（語から事物へのマッピング）を超えたところでは、1つの完全な命題が持ちうる種々の記号内容（記号によって表される対象）[パースに由来する object という概念は、「（記号によって表される）対象」と訳される場合と「記号内容」と訳される場合があり、本書においても文脈に応じて2つの訳語が使い分けられている] のなかにかなり複雑な構造が見出される。たとえばある命題はある発話の記号内容になりうるが、トピック－コメント構造から見れば、複雑な内部構造を持っているかもしれない。命題はあるものをトピック化ないし主題化するいっぽうで、同時にそれについて何かを述べ立てるものである[25]。She's a Manx の場合、猫は――she という語の使用とその猫への指さしによって――主題化され、そしてある特定の種類の飼い猫であると描写されることで述定される。

ある発話の記号内容が内部に持ちうる第二のタイプの複雑さは、言語に内在する「転位 (displacement)」という特性、すなわちスピーチイベント (speech event) と語られるイベント (narrated event) との間の関係を分けることからきている。この特性は時制や空間指示、社会的属性に対する指標性といった、一連の複雑な直示的特定表現を生み、それに続いて視点移動の可能性を生んでいる[26]。発話レベルにおける記号内容のタイプにどのようなものがありうるかを解明することは、命題意味論の主要な研究課題である。

解釈項になりうるもの。私たちはどのように記号に反応し、そうすることで記号に意味を付与するのだろうか？　これに対しては、上で見た記号の場合に対する鏡像的な関係として捉えることができる。解釈項について考えるということは、解釈項とそれを引き起こす主体との関係を考えるということである。記号になりうるものについての問いが知覚における記号－主体関係についての問いであったように、解釈項になりうるものについての問いも――少なくとも部分的には――解釈項の引き起こしにおける主体－記号関係についての問いである。したがってこの問いへの答えは、その大部分が（運動機能などの）身体・ヒトの感情・言語の生産性による人間の行為についての知見からもたらされる。コックルマンはパ

---

25) Havránek(1964)。
26) Hockett(1960); Jakobson(1971); Hanks(1990) など。
27) Kockelman(2005)。Peirce(1955) も参照。

ース記号論を発展させて，以下の4つのタイプの解釈項を認定している[27]。

- 最終的解釈項（ultimate interpretant）：さらなる解釈項を必ずしも生じさせない，完全に個人内にとどまる認知的応答（ゆえに「最終的」）
- 情動的解釈項（affective interpretant）：制御されない感情や感覚として現れる解釈項（例：お世辞を言われた結果として顔を赤らめる。）
- 力動的解釈項（energetic interpretant）：制御された行動として実現される解釈項（例：お願いをした結果，塩を取ってくれる。）
- 表象的解釈項（representational interpretant）：象徴を介した応答の形式をとる解釈項（例：*What sort of cat is that?*（その猫はどういう種類の猫？）という質問に対して *He's a Manx*（マンクス猫です）と言う。）

言い方を変えれば，何かを考えたり，感じたり，行ったり，発話をしたりすることを通じて，私たちは意味のある応答を生み出すことができる。最初の2つは比較的アクセスされにくい応答である。ムーブのレベルで解釈項のタイプを具体的に解明することは，会話を含むやりとりを扱う研究者の課題である[28]。この分野の研究者は，エンクロニー的なやりとりの連鎖において，どのようにムーブ同士が有機的なつながりを構成するかに関心があるからである。この観点から考えると，ムーブは2つの顔を持っている。ムーブは先行ムーブへの応答であるいっぽう，後続する応答ムーブを導く先行事象でもある。したがって，解釈項のタイポロジーを深く論じるためには，そこに関わる記号内容と共に，〔記号と解釈項の間に成り立つ〕関連性についても触れなければならない。なぜなら主体によって引き起こされる／制御される振る舞いのすべてが解釈項とは限らないからである。解釈項となるためには，ある記号の対象に差し向けられている必要がある。

表象化（standing-for）**の方法。記号基盤**（ground）**のタイプについて。**よく知られているように，パースは記号がある対象を表象していると理解されうるための3つの理由を特定した。第一に，関係が類像的（iconic）であるため。つまり，その記号が対象と共通する知覚可能な特性を持つことが基盤となって，ある記号がある対象を表していると考えられる場合。第二に，関係が指標的（indexical）であるため。つまり記号が対象と（空間，時間，ないし因果関係において）近接

---

28) C. Goodwin (1981, 2000); Atkinson and Heritage (1984); Streeck and Mehus (2005); Schegloff (2007a); Sidnell (2010); Sidnell and Stivers (2012) など。

的な関係を持つことが基盤となって，ある記号がある対象を表していると考えられる場合。第三に，関係が象徴的（symbolic）であるため。つまりある集団に属する人々が持っている，その記号がこの対象を表すべきだとする規範が基盤となって，ある記号がある対象を表していると考えられる場合。この類像・指標・象徴という用語を聞くと，これらの関係は相互排他的であると考えてしまうかもしれないが，全くそのようなことはない。この3種の記号基盤はいつでも同時的に発生する。たとえば犯行現場における足跡を考えてみよう。この足跡は類像的かつ指標的である。これが類像的であるのは，それがある靴底の形と類似しているからでありこの類似性ゆえにそれは靴底そのものを表すからである。またこれが指標的であるのは，(a) この足跡とこの場所に置かれた靴底の間に直接的な因果関係が存在するからであり（それによって，ある人物がそこを歩いたこと，および／あるいは，その場に立っていたことを表している），(b) その靴底は靴全体と近接性を保ち，靴全体はだれかの足全体と近接性を保ち，さらに足全体はある人と近接性を保つので，最終的には靴底がある人物を表すことによる。

4.6 この枠組みの利点

図4.6は(8)のような単純なやりとりの連鎖を表示したものであるが，これは図4.4に示した4つのノードを持つ基本的な記号過程にその基盤を持っている。これは最も基本的な意味で，従来から意味記述にとって必要とされてきたプロセスと言ってよい。たとえば黒い雲やインクのしみ，雪の上にできた足跡といった，知覚したものに意味を付与するという，人が持つ一般的能力を捉えているからである。この，根源的な記号過程の原理を言語の意味やそれに関連する人間のコミュニケーションの諸相を捉える枠組みとして用いることには3つの利点がある。それは一般性，包括性，そして学習可能性である。

4.6.1 一般性

図4.4に示された記号過程は「何か記号が何か対象を表すとだれか主体がみなす解釈項」というパターンを持つどんな事例に対しても，その基底をなす構造として広く適用される。このスキーマはこれを使わなければ別々の現象であると考えてしまいそうな現象をカバーでき，分析が非常に簡潔になる。この構造は，記号過程をある刺激に対する応答として捉えることを可能にするが，もちろんここでの応

答は無機的な因果連鎖の結果という意味ではなく、単なる事実以上の、ある刺激から推論されたことという意味である。この構造によって、黒い雲を見て雨の兆候だとみなす過程から、[salt]という音を聞いて食べ物をおいしくするために人が食べ物に振りかける白い物体のことだとみなす過程まで、すべての過程を包摂することができる。ここで「あるものを別のものだとみなす」という言い方によって私が示しているのは、何らかの応答という形をとってある特定の解釈を現出させているという事実である。たとえば、記号として特定の黒い雲を見た場合には、「雨が降りそうだね」と述べることもあれば、単にそう思って外へ出るのに傘を手にするという行為に至ることもあるだろう。

　もしかしたら、この記号過程の枠組みが広すぎる、広範囲の現象を統括しすぎていると考える向きもあるかもしれない。または、もしこの枠組みが何かを考えたり、何かを言ったり、何かの制御された振る舞いをしたりする現象すべてを包括するのなら、どうやってこれらの明らかに異なる種類の応答を区別したらいいのだろうか、と。これに対して順に答えると、まず一点目として、一般性は美点である。枠組みや理論は、より広範囲の現象を説明できたほうがよい。二点目として、この枠組みにおいて私は雲に対する反応と発話への反応のしかたが全く同じであるとは述べていない。そうではなく、多様な解釈的応答には、それを貫く基本的構成原理が存在する、ということを述べたのである[29]。

4.6.2　包括性

　ここまで私たちはコミュニケーションおいてムーブの連鎖は記号過程の連なりであることを論じてきた。ある記号は主体による解釈項を生み出し（それが対象へと差し向けられる）、その解釈項が今度は記号として新たなフレームのなかで解釈される。もしこれが事実だとすれば、これまで矛盾しないとしても全く別々に論じられてきた種々のアプローチから得られた知見を取り込むことができる。その1つはソシュール流の静的で表象的な意味観である形式と概念のマッピングの発想であり、この意味観は、依然として文法記述や辞書を書く際に有益な見方である。2つ目は、集団のレベルで一般化される言語と文化の歴史的アプローチの知見である[30]。3つ目は会話分析などの、振る舞いとその連鎖を重視するアプ

---

29) Kockelman (2005, 2006a, 2006b, 2011, 2013)。
30) Hanks (2010)。

ローチの知見である。上記のもののうちいくつかは明示的に他のアプローチからの知見を統合しようとしておらず，他のアプローチにおける知見は何らかの形で前提にされているか，別々の分析的・記述的枠組みによって扱えると考えている。しかし，本章で見た記号過程のアプローチにおいては，上記の知見は本質的につながり合っていると捉えることができる。このアプローチにおいては，他のアプローチを持ってきて，その知見をいわば「くっつけてしまう」のではない。それらは単一の事象内において相互連関を持つ諸側面を見ているにすぎないのである。もしそれらがつながっていないという主張があるなら，それは全体を捉え切れていないとみなせるだろう。

4.6.3 学習可能性

最後に，この枠組みによって，慣習的記号がどのように学習されるのかについても，その構造そのものから説明を導き出せる[31]。この枠組みを用いることで，相互行為の連鎖に関する理論は記号とは別に立てられ，ソシュール的な意味での記号はそのような相互行為の連鎖のなかに「投げ込まれる」，ということではないということが理解できる。むしろ，ソシュール的な意味での記号は，その最も基本的な形で記号過程のなかにすでに組み込まれている連鎖から**抽象された**ものにすぎない。ここでパースによる象徴的関係の定義を振り返ってみよう。彼は象徴的関係において記号が対象を表すのは，コミュニティの成員が慣習的にその記号がその対象を表すと捉えるからであって，対象に対して何らかの共通した，もしくは関連した特質を持つからではないと述べている（もちろんいくらかは持つだろうが）。より正確には，象徴的関係において記号が対象を表すのは，ある記号に関連して人々が生み出す規範的な解釈項の振れ幅全体が，その対象の範囲と一致するからである。言い換えると，もし対象がこの範囲にあるならば，その範囲にあると認められる解釈項は自然であるとされるのだ。たとえば，語彙意味論の研究とは，適切な程度に幅広い解釈項の例をデータとして対象をアブダクション的に推測することである。

ではそのような記号と解釈項のマッピングはどのようにして学ばれるのだろうか。私たちがあるコミュニティの成員は「その記号があの対象を表すと捉える」という言い方をするとき，それは，私たちが持っている証拠，すなわちその人た

---

31) R. Brown (1958)；Bloom (2002)；Tomasello (2003)；Bowerman (1982) など。

ちが生み出す解釈項のみに頼って推測を進めているにすぎない。「AはXがYを表すと捉える」という表現は,「AはYに差し向けられているときに意味を持つようなXという解釈項を生み出す」ということである。私にとってあなたが〔pas ðə sɒlt〕と聞こえる音を発したときに塩を渡すというのは,私は *salt* を白い粉を表すものとみなすということだ。私はそれがあの白い粉という概念,そしてその現実世界における一事例〔である,現にそこにある白い粉〕に差し向けられている限りにおいて意味をなす,〔sɒlt〕の解釈項を生み出すのである。学習のための理論を大掛かりな想定なしに得られることは,このアプローチを評価する1つの大きな理由となる。

4.7 ソシュール派における記号：有用だが真実でないもの

パースの過程的意味観がコミュニケーションシステム全体の中心に存在しうると考えると,静的ないし共時的な表象の体系としてのソシュール的言語観と両立しないのではないかという疑問も浮上する。しかし実際にはそうではない。ソシュールかパースかの二者択一を迫る必要もなければ,2つの異なった概念装置を用意する必要もない。ここまで,私たちが話者として蓄積した言語使用のデータからいかにしてさまざまな象徴が構築されるかを説明してきた。私たちはこうした安定した音とイメージの対応関係を持つ記号に関して多様な解釈項を観察し,その振れ幅に対応する抽象的な記号内容,つまり語の定義を形成する。これはすぐれた語彙意味論研究者が実践していることに等しい[32]。そこにおいて,意味は仮説構築のプロセスである。これは言語心理学のパイオニアであるロジャー・ブラウンが素描した,幼児や子どもが語を習得するモデル[33]と合致する。ソシュールが描写した言語体系は,実際には「個人語（idiolect）」と呼ばれる心的存在に対応していると想像しうる。しかし私たちはそのような抽象化され時間性を失ったシステムを直接に観察したりはできない。せいぜいできるのは,その存在を推測することくらいである[34]。このように理想化された共時的言語体系を,有用だが真実ではないもの（convenient untruth）と考えてみたい。実際に存在するのは,その不自然な断片でしかない。その基本的な単位は *tree*（木）などの語ではなく,

---

32) たとえば,Wierzbicka (1985, 1996); Cruse (1986) など。
33) R. Brown (1958)。Enfield (2008) も参照。
34) Croft (2000); Tomasello (2003)。

発話である。発話は語を埋め込んでいる型枠を私たちに与えてくれるものであり,それによって私たちは語の振る舞いに関する情報を得る。これがシステムを構成するのに必要なことのすべてであることは,文法の確率論的（stochastic）モデル〔出来事をランダムにばらまいて,その中のいくつかが期待される結果を生むことを狙う,という意味。ベイトソン（佐藤良明訳）『精神と自然』p.310を参照〕からも明らかになっている[35]。

4.8 型枠‐内容物のダイナミクス

もし言語の因果的存在論における根源的な単位が発話——語ではなく——であるとしたら,そこに型枠‐内容物間のダイナミクスの存在が示唆される[36]。これは言語学者ピーター・マクニーレッジが行った,話し言葉の音韻論における音節に関する研究からの用語である。この研究の基本的な考え方は以下のとおりである。基本レベルの構造単位は型枠（frame）と呼ばれ,この単位は内容物（content）と呼ばれる内部組織を持っている。この考え方は,階層的だったり入れ子的だったりする振る舞いの単位の性質について適用できるだけではなく,どのように人間の記号システムが発達するかについても適用可能である（第11・12章も参照）。たとえば,私たちがある言語のさまざまな音節をどのように学習するかを考えてみよう。まず私たちは音節全体を1つの単位として学習するかもしれない。いったんそれが学習されると,その音節単位が型枠となり,その内部にある内容物が秩序だった相関関係を持つ構成要素として分析される。その秩序だった相関関係から私たちは型枠の内容物を豊かにする要素の組み合わせに関する原理ないし規則を導き出す。いったんそれがうまくいくと,その組み合わせの原理を生産的に用いることによって,型枠の内容物を新規に組み合わせたり認識したりすることができる。このように,型枠は構造上の開始点として特権的な位置付けがなされている。型枠はそこに埋め込まれ,より低いレベルでその内実を満たしている内容物の外殻のような働きをしている。同時に型枠は構成要素としても機能し,組み上げられて複数の型枠からなる上位の構造を作り出すこともある。音節の場合には,型枠が複合するレベルにおいて多音節語を作り出す。

全く同じことが発話の基本単位（すなわち節・ターン構成単位・イントネーシ

---

[35] Bod, Hay, and Jannedy (2003) 参照。
[36] この用語法は Levelt (1989) に基づく MacNeilage (2008: 84) による。

ョン単位・ムーブなど）にも当てはまる。幼児の第一言語獲得のプロセスにおいては，非常に複雑に見える発話単位をチャンクとして学習し，後になってそれを構成する内部構造を理解し，構成される形態素に分解することで，形態統語的規則を導き出し，そしてそれを生産的に使うようになる（これは第6章でさらに議論し，精緻化を行う）[37]。図4.16は一般的な型枠 – 内容物の概念を示している。

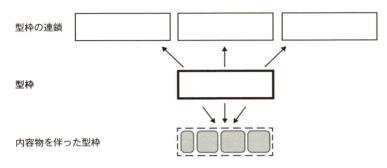

図4.16　学習の際に優先される単位としての型枠。型枠はその内側にある内容物によって満たされうる（下矢印の方向）。またそれより大きな構造を作り出すために合成される（上矢印の方向）。

この型枠 – 内容物のダイナミクスからは，あらゆる文法上の構造を捉える考えが導き出される。音韻論的システム，語彙体系，形態統語論上の規則とパラダイム，文法関係，有生性階層，情報構造，形態論的依存関係，言語使用におけるルーチン，その他あらゆるもの（第12章を参照）[38]。発話に埋め込まれたものとして言語要素を捉えるモデルでは，発話は図4.16で示された型枠に相当するが，そこから完全な言語体系が推測され構築されうるのである。

4.9　意味は公的なプロセスである

記号現象についての素描を終えるにあたって，記号を用いる主体が，解釈者に対して何を前提としているかを考察したい。私たちは解釈者として，どのような

---

37) Tomasello (1992, 2003); Croft (2000)。
38) Dixon (2010); Comrie (1989); Lass (1984); Van Valin and LaPolla (1997)。

記号的手段でもって豊かでマルチモーダルな外界の環境を理解していくのだろうか。意味に満ち満ちた外部世界に住んでいる私たちは，環境を理解して生きており，その理解は私たちの環境に対する応答のしかたのなかに現れる[39]。ある人がアフォーダンスに注意を払う，たとえば平坦な地面を闊歩するのを見るにつけ，私たちはその人が何らかの方法で環境を読み取っていることを見て取る。ある人がある技術を用いる，たとえば釘を金槌で打ちつけたり，階段を上ったりする姿を見るにつけ，私たちは，その人がある方法で環境を読み取っているのだと結論付ける。さらに，ある人が会話中での発話に応答している姿，たとえば質問に答える様子を見るときも，私たちはその人が自身の環境を読み取っていることを見て取るのだ。これら 3 つの事例における**環境**という言葉の意味は自然的なものから技術的なもの，そして社会的なものへと移り変わっている。自然界のアフォーダンス（たとえば地面）は，それ自身が何が可能な行為なのかを決定しうるが，ある機能（たとえばある道具の）は〔その道具の〕設計者の意図が生み出したものであり，それでもって何ができるかが決定されているのみならず，それでなされることが何を意味するかが決定されているかもしれない。したがって，私は釘を打ち込むのに金槌を使っても周囲に特に何の驚きも与えないだろうということを暗黙のうちに予期している。一方で私は鍋をかき混ぜるのに金槌を使えば，目的に対して効果を持つかどうかにかかわらず，周囲が驚く**だろう**ということを期待することができる。この意味で発話には，日用品と同じく，規範に制御された機能が存在する[40]。

　ここまで記述してきたような意味合いにおける意味の公的な性質によって，私たちは他の人々と対面しているときならいつでも，他者の解釈項を暗黙のうちに予期することができる[41]。私たちは自分の振る舞いが他者にどのように受け取られるかを暗黙のうちに知っている。そしてこの暗黙の予期によって，私たちのコミュニケーション活動はうまく方向付けられるのである。この点は情報のマルチモダリティ，つまり周囲の物理的・空間的環境が潜在的に有意味であることを理解するうえで，欠かすことのできない観点である[42]。人々は，アフォーダンスと

---

[39] Kockelman (2006b)。
[40] 言語的な象徴は規範によって組織された諸機能を持つが，普通は道具と同じような意味で意図的に設計されたり発明されたりはしない。Enfield (2013: 164); Christiansen and Chater (2008); Dor (2012); Everett (2012) 参照。
[41] Kockelman (2007)。Mead (1934) および Goffman (1963a) も参照。
[42] C. Goodwin (2000); M. H. Goodwin (2006); Streeck, Goodwin, and LeBaron (2011)。

機能に満ち満ちた環境に囲まれていることを互いに了解しており，周囲の環境に対して互いがどのような解釈を行うかを予測したり暗黙のうちに予期している。そしてそれによって人々は互いが周囲の環境に対しておおよそ対称的で釣り合いのとれた態度をとって，ある程度の共通基盤を維持している[43]。この共通基盤が存在するからこそ，やりとりしている者同士が刻一刻と変化するコンテクストにおいて関連性の高い特性に注意を払うことが可能となるのである。そして塩を手渡すことであれ法廷で被告人を弁護することであれ，互いが目指す社会的な成果をもたらすために，私たちがふだん行っているような査定［第2章参照］や解釈を利用するのである。

* * *

記号過程の基本的なメカニズムは，何に対しても意味を見出すよう私たちを駆り立てる。したがって，ゴフマンやガーフィンケル，ヘリテッジが主張するように，社会的なコンテクストに自らを置いたとき，私たちの振る舞いは他者による解釈に否応なく制約されるのである。私たちは何者なのか，それを規定するのは単に自らの発言や行動だけではない。自分の発言や行動に対し，他者がどのように指向するか［どのような解釈項を産出するか］によっても規定されるのである。そしてそれが次の章で扱う，地位をも規定する。

---

43) Mead(1934) ; Schutz(1970) ; Hanks(2005a, 2006) ; Smith(1982) ; H. H. Clark(1996)参照。

第5章
地位

　本書における「地位」という語は，20世紀初頭の人類学者ラルフ・リントンに由来する専門用語として用いられている。この概念は，ポール・コックルマンの最近の著作において新たな肉付けがなされた[1]。注意してほしいのは，この地位という概念は，社会的カテゴリーが不変であるとか，それを巡って争ったり駆け引きしたりできない，などということを含意するものではないということだ。また本書において「地位」という言葉が特権や高い地位という意味で使われることもない。ここでの「地位」はエスノメソドロジーや会話分析において使われる「メンバーシップ」という概念や，時に使われる「アイデンティティ」という概念に近い[2]。本書における意味では，ある人の「地位」は，ある社会集団の他のメンバーとの間における権利，義務，そしてある特定の瞬間における傾向性（disposition）によって定義される。人はいつでも数え切れないほどの地位を持つものであり，そのどれかが何らかの理由で喚起されたりする。これに関連する権限や責任は，これまでの章で導入されたエンクロニーや記号的要素といった用語から直接特徴付けることができ，このために新たな分析の枠組みを導入する必要はない。権利／権限と義務／責任といった概念は，エンクロニー的連鎖に見られるコミュニケーション上の行動に関わる適切さや効果，社会的な説明責任との関係から直接定義付けることができる（第3章および第4章参照）。

---

1) Linton（1936）; Kockelman（2006b, 2013）。
2) Sacks（1972a, 1972b, 1992）。Schegloff（2007c）も参照。

5.1 地位は行動を予測し説明する

　ある人物の地位はその人の行動と適合する。地位は行動を予測するものであると同時に説明するものでもあり，それと同様，行動は地位を予測するものであると同時に説明するものでもある。コックルマンの用語で言うと，行動が記号であるならば，地位はその記号で表される対象なのだ。行動は，何らかの程度の適切さ（appropriateness）ないし効果（effectiveness）を持つ。この適切さや効果は，たとえば，特定の地位を前提にした際に，特定の行動に対して規範的に見て正当な驚きや制裁をどの程度引き起こすかという度合いによって測られる。具体例を考えてみよう。

　ジェーンは大学の教授である。これは権限と責任のセットによって特徴付けられうるため，地位の1つだといえる。この権限と責任は特定のコミュニケーションの文脈において，他の特定の人々との社会的な関係によって規範的・法的に厳格に統制されている。この地位を身にまとい演じることで彼女は学生に対する行動においてある権利や義務を持つことになる。もし彼女がある1人の自分の学生を一杯バーで飲むのに誘ったとしたら，これは驚きと，ひょっとしたら制裁を招くことになるかもしれない。いっぽうもし教授と学生という関係が2人に対して当てはめられなかったら，同じ2人であってもこの誘いは特段注目されないということもありうる。彼女の「教授である」という地位が相互行為の共通基盤のなかにある限り（そしてその地位がしかるべき意味で活性化している限り，つまり彼女が教授**として**他の人と関わっている限り），彼女の行動が持つ適切さはこの地位にかなっているかどうか，あるいは妥当かどうかといった観点から判断される。同様に，彼女の地位が持つ効果は，彼女の地位が彼女のとる行動に適合しているかどうかによって測られる[3]。こうしたことは大学教授のような長期的な地位にだけ当てはまるわけではなく，妊娠するといったより短い期間の地位や，チェスで次の指し手になるといった瞬時的な地位にも当てはまる。そして注意してほしいのは，この権利と義務は，物事を行う場合だけではなく，物事について知る際にも関わるということである（第10章および第13章を参照）[4]。

---

3) Ryle (1949: 45)。また Garfinkel (1967) の第5章にジェンダーとの関連からこの問題についての厚みのある研究がある。

4) 相互行為における「認識性(epistemicity)」に関する研究については Heritage (2012a, 2012b); Stivers, Mondada, and Steensig (2011); Hayano (2013) を参照。

こうした地位という概念は，哲学者ギルバート・ライルの「パフォーマンスの集合」という考えに近い。これは，妥当性や規範のフィルターを通ったときに，権限や責任となる，潜在的な行為や傾向性の集合のことである[5]。

> チェス盤に向かった酔っぱらいは一見相手の作戦の裏をかくと見まがう手を指すかもしれない。しかし観戦者は，次のようなことを確信しているならば，それが彼の賢明さによるものではなく単なる幸運によるものにすぎないと考えるであろう。すなわち，それは次のようなものである。酔っぱらった状態で指された彼の指し手の大部分はチェスの規則を破るものであり，ゲームのその局面と何ら戦術的に関連がない。その戦術的状況が再現したとしても彼が再びその手を指すとは思われない。他のプレイヤーが同様の状況のもとで同様の手を指したとしてもそれを称賛することはないと思われる。彼はなぜその手を指したのかということについて十分な説明を与えることができないし，それどころか彼のキングが脅威にさらされているということすらわかっていない，等々。

そしてリントンが指摘するように，地位は二極的あるいは関係的であり，個人としての人に内在的に帰せられる属性ではない。地位は他者との**関係のなかで**定義されるものであり，そこには他の人々の存在が常に含まれている。地位とは，ある人がどのように振る舞うか，あるいは振る舞うべきかについての，周囲に対して説明が求められる期待の集合なのだ。

5.2 権限と能力

「権限（entitlement）」（してよいこと）と「責任（responsibility）」（しなければならないこと）はライルの「傾向性」という一般的な概念に基づいて把握することができる。傾向性の第三のカテゴリーは「能力（enablement）」と呼んでもいいだろう。これは，「できること」を意味する。権限とは私たちが許可を与えられていること（たとえば，母親は自分の子どもに触れることを許可されているが他の大人のほとんどはそうではない，といったこと）であり，いっぽう能力とは

---

[5] Ryle (1949: 45)〔訳文はライル（坂本百大ほか訳）(1987: 54) より一部改変〕。またこの論点については約 20 年後に Sacks (1972a, 1972b) における「メンバーシップのカテゴリー化装置」（Schegloff 2007c）についての研究で精緻化された。

私たちが力量や技能として可能なこと（たとえば，概して母親は他の人々より自分の子どもの好みや反応を予測できる，といったこと）である。権限の度合いは，ある行為に対して驚きを表したりすることや制裁を行ったりすることがどの程度規範に基づいて正当化されるかによって測られる。いっぽう能力の度合いは，社会的に他者からどのように扱われるかに関係なく，そもそもそれがどの程度実行可能かによって測られる。

権限と能力という概念によって，主張すること（claiming）と例証すること（demonstrating）の根本的な区別を示すことができる[6]。もし私が自分を「射撃手だ」と主張したいときには，それを言葉だけで主張してもいいし，またまぐれ当たりを証拠として口で主張することもできる。しかし射撃手であることを例証するためには，私はもしそれが真実でないとすると不可能であるようなパフォーマンスの集合を生み出さねばならない〔たとえば，実際に射撃の腕前を披露したり，射撃の指導をしてみせたりすること〕。ある地位を有するには，何か特定の決定的事実をもってすることもできる。たとえば，メアリーはジョンを産んだという事実をもって「ジョンの母親」であると言うこともできる。しかしこの意味での地位は，ある特定の文化において発達した「〜の母親」という概念を構成するパフォーマンスの集合を前にしては，単なる主張にしかならないこともある。メアリーがそのような広いパフォーマンスの集合の一部しか行えないことをもって，メアリーが（ある意味では）半人前の母親でしかないということの証拠にもなりうる。たとえば彼女がベビーシッターほど正確に自分の子どもの行動を予測できないといった場合である。これは権限と能力のミスマッチの事例といえよう。このミスマッチは，公式の権威に基づく主張（彼女が彼を産んだのだから，彼女は彼の母親だ）と，実際の権威から来る例証の間にあるギャップである（**公式な**権威と**実際の**権威については，第10章においてそれぞれ地位に基づくものと根拠に基づくものとして定義する）。これはリントンが，割り当てられた（ascribed）地位（母親や兄弟など）と獲得された（achieved）地位（友人や敵など）と呼んで対比した2つの形態の違いと近いものである。

人が表向き持っていることになっている地位を，どれほど説得力を持ってしかと実際に身にまとっているかという問題は，証拠はどのようなものかという問題や，そうした証拠が日々の社会生活において〔単に〕利用できる〔というだけ〕な

---

6) Heritage (2007: 255) および彼の Sacks (1992: vol. 2, p. 141) についての議論も参照。また，Anscombe (1957) における「証明する (proving)」という言葉の使用も参照。

のかそれとも〔実際に示すよう〕要求されるのか、という問題につながる。社会的相互行為の研究は、ある地位を単に「主張する」こと（たとえばある人の住所を知っている等）と、実際にそれを「例証する」こととの違いについて明確に指摘してきた。ある知識や理解を例証することと主張することの違いは、次のように定義できる。

(9) 例証すること vs 主張すること（例：Xの住所を知っている、ということについて）

彼はそれを知っていることを例証した
　彼の振る舞いからいって、彼がそれを知らないということはありえない（例：彼がその住所を完璧に言ったり、車の運転でまっすぐそこにたどり着けたりすること）

彼はそれを知っていると主張した
　彼がそれを知っていると想定可能である＝彼の振る舞いは彼がそれを知っていることを示唆している。しかし彼がそれを知らないとも取れるし、彼が実際に知っているとも取れる。もしくは、特に嘘をついていると確信するに足る証拠があるわけではないので本当であると考える（例：彼が「うん、僕はXさんの住所を知っているよ」と言う）

私たちは社会生活においてさまざまな地位を維持することに汲々としているのであるが、この地位を維持するためには、単に権限と能力を持っているだけでは不十分である。私たちがそれらを獲得してきており、現に今持っているということを例証してみせなくてはならない。そのために、こうした権限と能力に見合ったことができるということを行為で証明する場合がある。これは自身の子どもについて他の大人ほどには知らない「半人前の」母親のような例においては不可能なことだ。また別の場合には、ある特定の権限や能力に見合った行為をした際、それに対する他者からの制裁が正当化されるようなことはないと示すことでも例証できる。たとえば、母親は子どもの行儀の悪さをとがめたりすることがあるが、このとき母親はそれをすることについて他人から正当な非難を受けることがないことを知っている。そして注意しておきたいのは、行使する権限のない能力というのも存在することである。たとえばジェーンがメアリーの夫のジョンと不倫関係にあるとしよう。ジェーンはジョンの背中に傷があるというのは本当かどうか

を明言できるかもしれない。しかしそれをすることは彼女が規範的な権限に違反していることを明るみに出してしまうだろう。また，二重スパイのキムについても考えてみよう。彼女は能力としてロシア語を高度に使いこなす知識を持っているかもしれないが，このことを迂闊にもばらしてしまったら，この場合もまた彼女の規範的あるいは法的権限の逸脱を明るみに出してしまうことになるだろう。

5.3 地位としての関係性

　メアリーとジェーンは親しい友人同士だ，と言うとき，それは彼女たちが互いにある特定の地位を有していることを意味している。つまり，彼女たちは何らかの権限・義務と，傾向性を互いの関係において持っている。彼女たちの互いに対する振る舞いは，多かれ少なかれ「親しい友人」という地位を彼女たちにもたらすような効果を持っているものとして，あるいは「親しい友人」という地位に照らして適切であるものとして，判断されるだろう。それゆえ，たとえジェーンがメアリーに個人的な問題について話しても，(たとえばジェーンが彼女の個人的な問題を地下鉄で見知らぬ人に話し始めるのとは異なり) それは驚きを呼ぶこともないし正当な理由で制裁を与えられることもないだろう。またジェーンがメアリーに百ドル貸してくれるよう頼んでもこれは効力を持つことになりそうであり，親しい友人であることを鑑みれば不適切な振る舞いだとはまず言えない。しかしながら，こうしたことは2人がもっと距離のある関係にあった場合，無効であり制裁を受けることになりうる。もしジェーンとメアリーが親しい友人であるということがすでに知られていれば，今挙げた振る舞いは適切であると判断され，正当な理由において驚きを誘発することもない。いっぽう，もし彼女たちが親しい友人でないとしても，ここに挙げたように振る舞うことは親しい友人としての**地位をもたらす効果を持ちうる**し，そのような地位を構成することにもなりうる。つまり，ある特定の地位にあるかのように振る舞うことは，その地位を生み出す方法なのだ[7]。

　地位は，人の性質の多くのレベルやさまざまな枠組みのタイプで人間関係を定義するという点で強力な概念である。地位は医者と患者や実験者と被験者といっ

---

7) Pomerantz and Mandelbaum(2005)は，人々が近しい社会関係のさまざまなタイプにおいて「ある地位をまとう」ことを可能にする実践(practice)について概観している。

た公的な職位であったり，兄と弟や祖母と孫といった親族関係であったり，親友同士や知り合い同士といった対人関係のなかで作り上げられた関係であったり，そして専門家と初心者や競争者同士といった文脈や経験によって定義された関係であったりする。地位は「あなたが振り向いたらそこにいる人」といったアドホックなカテゴリーをも含んだ，想像しうる限りの幅広い対人関係のタイプを含んでいる[8]。

　本章の残りの部分において，そしてこの本の多くの部分において，とりわけ関心を向けているのは，会話における話し手と聞き手，そして発言を漏れ聞く人（overhearer）[会話自体には参加していないが，会話から聞こえてくる発言を聞く人]といった，相互行為上の役割を相補的に担うような地位である。第3章の事例（7）を思い出してほしい。そこで私たちはケンが質問に答えなかったことは説明が求められる（accountable）ような省略であったことを見た。こうした説明責任は効果と適切さという，エンクロニーにおける記号論的要素から記述される。「地位」という概念によって，説明責任は相対化され，質問に答えるのは**だれか**が問題となる。私があなたに話しかける場合，返事をするべきなのはあなたである。なぜならあなたは質問の受け手という地位を占めているからだ[9]。たとえ他の人が答えを知っていてあなたの代わりに応答できるとしても，質問がなされた時点においてこの人が質問の受け手と同じ地位を占めることはない。この点において，参与者たちは，異なった地位を持つことでその振る舞いの妥当性が相対化されていることがわかる。事例（10）はターニャ・スタイヴァースとフェデリコ・ロッサーノの最近の研究からのものである（事例の前後にある文章もそこから引用した）[10]。

　　レイナ（Reina）はタマリン（Tamaryn）に，彼女（タマリン）のボーイフレンドの母親が彼女と話をするために電話をかけてくるのかを尋ねる（1行目）。タマリンは続く1.0秒の間この質問に対して返答できない（2行目）。しかしその場にいたサンドラ（Sandra）が「ううん，そんなの時間の無駄だし（No that('d)/('ll) be wastin' minutes.)」と気の利いたことを言う（3行目）。

---

8) Sacks（1992）。
9) Stivers and Robinson（2006）。
10) Stivers and Rossano（2010）。

(10)

```
                    [((レイナはタマリンのほうをじっと見ている。タマリ
                      ンはカメラフレーム外にいる))
 1  Reina:    >  [Does she call you and conversate wit'=ju on your phone?,
    レイナ：       彼女は，電話してきてタマリンとおしゃべりするわけ？
 2               (1.0)
 3  Sandra:      No that('d)/('ll) be wastin' minutes.
    サンドラ：     ううん，そんなの時間の無駄だし。
 4               (0.5)
 5  Sandra:     [Th-
    サンドラ：    そ…
 6  Reina:    >  [>Ta- I want Tamaryn tuh answer the damn
                  question.< Don't
    レイナ：      タ，あたしタマリンに答えてほしいんだけど。
 7               [answer for (h) [her
                  代わりに答えないでよ。
 8  Sandra:     [O(kay)           [I'm sorry.
    サンドラ：    わかった           ごめんごめん。
 9  Reina:       ((leaning towards Sandra)) Oh no it's okay.
    レイナ：      ((サンドラのほうにもたれかかりながら))いやいや全然
                  いいよ。
10  Tamaryn:     She called once to see if my mother had thrown a
11               fit but no: other than that_
    タマリン：彼女はうちのお母さんがカンカンだったか気にして一度
            電話してきたけど，それだけよ。
```

サンドラの返答（3行目）は形式的には型適合的（type-matched, Schegloff and Sacks 1973）[質問という行為に対して，そこから期待される返答という行為を応答している]でありかつ型一致的（type-conforming, Raymond 2003）[Yes-No 質問に対して No という語を使って返答している]であるが，それにもかかわらず失敗として扱われている。レイナはタマリンに対し「タ，あたしタマリンに答えてほしいんだけど」と言うことで間接的に（単にこのターンが主

にサンドラに向けられているという点で）制裁を加えるとともに，「代わりに答えないでよ」と言うことでサンドラがタマリンの代わりに答えたことに対してサンドラに直接的な制裁を加えている（6-7行目）。この制裁はサンドラの謝罪と，最終的にはタマリンからの返答を引き出している（10-11行目）。

　私たちの振る舞いは地位というものによって，常に適切さの尺度と関連付けられる。この人物が現在活性化させている地位や最も関連性のある地位が何かを知っていれば，私たちは彼女の振る舞いが適切かどうかを知ることができるのだろうか？　そしてまた，彼女の現在の振る舞いを見て，（私にとってのデフォルトに照らして）それが適切な振る舞いだと推定することで，彼女の地位について私は何を知るのであろうか？

　私たちは人々が互いにどのような行為を行うかを見ることを通して彼らの関係性について理解するようになる。ある女性が座って赤ん坊に母乳を与えていたら，そこから彼女が母親であろうと私たちは考える。もしある男性がある女性に「すみませんが奥さん」と話しかければ，私たちは彼らが見知らぬ者同士なのだと考える。こうした社会的な振る舞いに基づく推定こそが，民族誌家が高次の社会構造を最終的にどのように識別するかという問題に対するハインドの説明の基礎をなしている[11]。それらが意図的なシグナルであることはめったにない。ゴフマンが言うように，地位はたいてい与えられるというよりも勝手に出てしまうものであり，そして実際，時としてあまりに多くのことを明らかにしてしまうものなのだ。1953年6月に行われたエリザベス女王の戴冠式において，マーガレット王女は，ピーター・タウンゼント大佐に寄りかかって制服についた毛羽を払ってやったのだが，その一瞬の振る舞いによって，離婚歴のあるこの人物との親密な関係を暴露してしまった。2人の社会的な関係が示されてしまったことによって，このちょっとした行為が大きな結果を招いたのだ。この行為は彼女たちの関係がモラルに欠けるものではないかと騒ぎを引き起こし，最終的には2人の破局へとつながった。ハーヴィー・サックスが言うように，「カテゴリーと結びついた活動」のあらゆる事例は，社会的地位に対する理解や期待をもたらす[12]。地位は先行する振る舞いによって推測される。それによって私たちは，それに続く振る舞

---

11) Hinde (1976)。Dunbar (1988); Enfield (2006) も参照。
12) Sacks (1992)。

いを期待したり，少なくとも暗黙のうちに予期したりすることができるのだ。

＊　＊　＊

　私たちがここで前提とし，第4章でも詳述した記号論的過程はそれ自体は非常に一般性の高い現象である。これはさまざまなスケールに対して適用することができるだろう。これらの過程が人間の社会性にとって基礎的だと言うとき，私たちが何を意味して言っているのかをはっきりさせるために，そうした過程における特権的な枠組みに焦点をしぼる必要があった。この枠組みが，第3章で導入されたエンクロニーである。エンクロニー的枠組みにおいて，私たちが関心を寄せている記号はムーブという形態をとる[13]。これが次章のトピックである。

---

13) 次章で議論するように典型的には，ムーブは多くの記号が集まって形成される。私は記号過程がムーブのサイズのまとまりにおいてのみ起こると言っているわけではない。これは私がEnfield(2009)で主張し，また私以前にも多くの人が論じたとおり明らかである。

第6章

ムーブ

　あらゆるコミュニケーションの状況において私たちは，言葉・身体の動き・視線の方向などから絶え間なく影響を受けている。私たちは，「送信者」としても「受信者」としても，膨大な情報を受け取り，そこに一定の秩序を与えている。そのような情報に秩序がもたらされるのは，1つには，私たちは行動を一続きの流れとしてではなく，時間的に区切られた単位として経験するからである。動物行動学者のマーグレット・シュライトとジェニー・キーンは，人間の目的指向的な行為の数々を観察し，「人間の行為の単位は，わずか数秒という短く区切られた時間幅のなかで組織されている」ことを発見した。彼女たちは，「知覚・運動・言語・記憶といったシステムはいずれも，情報を連続的ではなく離散的に処理している。その種のシステムは数秒単位の情報の断片に作用し，動作・発話・記憶などの行動を生じさせる」と記している[1]。

　相互行為においては，これは単に行動の単位をどう区切って産出・知覚するかが問題となるだけではない。共同／相互注意（joint/mutual attention）の可能性を考えるのならば，他者に知覚させるものとしてどう行動の単位を区切って産出しているのかが問題となる。このような，方向付けられ共に注意を向けられた社会的行為の単位は，ゴフマンの用語法に従い，ムーブと呼ばれる[2]。私たちがここで焦点を当てるのは，最も広い意味での記号過程ではなく，むしろ社会的経験と関連する範囲での記号過程である。記号ならびに解釈項には小規模のものも大規模のものもありうるし，分析者は，問題設定と方法論次第で異なるレベルに目を

---

1) Schleidt and Kien(1997: 106); Pöppel(1971); Eibl-Eibesfeldt(1989a: 52)。Eibl-Eibesfeldt(1989b: 52)も参照。
2) Goffman(1981)。

つけるだろう。エンクロニーの視点から言えば，記号および解釈項に関する特権的なレベル，すなわちムーブが存在する。

　ムーブとは，やりとりの連鎖を1つ先に進めるような，ひとまとまりのコミュニケーション上の振る舞いであり，その場で関連のある何らかの社会的行為でかつ認識可能なものを行った結果として生じるものと定義できるだろう。たとえば，卓上で塩を取ってもらうよう求めること，塩を手渡すこと，*Thank you*（ありがとう）を言うことなどである。口頭での発話や発話を伴ってはいないものの発話に相当するような振る舞いは，ムーブを具現化する1つの型であり，基本レベルの地位を有しているとみなしてよいだろう[3]。おおまかにいって，ムーブは，「節」，「イントネーション単位（あるいは呼吸で分割される単位）」，「ターン構成単位」，「成長点」，「複合的信号」，「マルチモーダルなまとまりとしての発話」，といった言語使用における基本レベルの文法的ユニットに対応する[4]。その物理的な形状がなんであれ（つまり言語的であれ非言語的であれ），ムーブは，社会的行為を形成するための個々の乗り物として働くものである。

　ムーブが基本レベルの地位にあるということは，子どもがコミュニケーション技能を獲得する際に果たすムーブの役割を見ることから支持される。子どもは，言葉を学ぶ前にムーブを習得しているのだ。発達心理学における一連の研究では，指差しジェスチャーの開始が，個体発生的にも系統発生的にも社会的認知能力とコミュニケーション能力の発達における分水嶺であることが示されている[5]。ムーブの種別のなかで，指差しジェスチャーは（原型であるという意味でも，カテゴリーの中核であるという意味でも）プロトタイプである[6]。指差しは，あらゆる相互行為に通底する，相手に向けられた共同注意行動を体現するものである。指差しジェスチャーは，前言語的段階の生後12か月前後の幼児によって習得される。これは，最初に観察されるタイプのムーブであり，人間のコミュニケーシ

---

3) Searle (1969)。
4) 「節」については，Foley and Van Valin Jr. (1984)，「イントネーション単位」および「呼吸単位」については Pawley and Syder (2000) および Chafe (1994)，「ターン構成単位」については Sacks, Schegloff, and Jefferson (1974)，「成長点」については McNeill (1992)，「複合的信号」については Engle (1998) (H. H. Clark 1996; Enfield 2009 も参照)，そして「マルチモーダルなまとまりとしての発話」については Kendon (2004) をそれぞれ参照のこと。
5) Bates, Camaioni, and Volterra (1975); Bates, O'Connell, and Shore (1987); Liszkowski (2006); Tomasello (2006)。
6) Kita (2003); Liszkowski (2006); Tomasello et al. (2005)。

ョンと認知一般に内在する，共有志向性（shared intentionality）を示すことは明らかである。

したがって，ムーブは出発点であり，これをテンプレートとして，これに沿って相互行為における記号は精緻化され，第4章で論じた「型枠－内容物のダイナミクス」に沿った形で展開する。前述の通り，ムーブは，会話の連鎖やひとまとまりの談話構造など，より大きな構造を構築するための部品である[7]。それと同時に，ムーブは，句構造，形態統語構造，情報構造，論理意味論を内側に有する，記号複合体の外骨格でもある。

6.1 ムーブは複合的な記号である

ムーブは，複数の記号的資源から構築される，複合的な発話である。ムーブは，身体・身体からの延長体・図表や描画など書かれたもの・物理環境および周囲の人工物といったものにより引き出される[8]。マルチモダリティという用語はさまざまな意味で解釈されてしまうため，ここでは感覚モダリティの複数性と記号の複次元性を区別しよう。感覚モダリティとは，解釈者の生理メカニズムの区別（目，耳，鼻など）からおおよそ規定される，入力モードの違いである。記号の複次元性とは，知覚された情報のなかで独立に変動しうる要素のことである。ある時に1人の人から産出された1つの記号のなかに，2つの観測可能なものが併存できる場合，その両者は別個の記号次元にあるということになる。たとえば，[i] という母音と上昇音調は，別個の記号次元にあるが，[i] という母音と [kh] という音声は同一の記号次元にある[9]。単一の感覚モダリティのなかで，記号次元のもろもろは，それぞれ自律的に変異しうる。たとえば，音声は単一の記号次元ではない。音声において，音の高さと分節音的特性は，いずれも同じ聴覚信号の一部であるが，相互に依存することなく変動しうる。同じ単語であっても，どのようなピッチで発音されたかによって違う意味で解釈される。このことは，ある言語ではイントネーションの区別として記述され，また別の言語では語彙的な声調の区別として記述されるかもしれない。手のジェスチャー，すなわち

[7) Halliday and Hasan (1976); Schegloff (2007a)。
[8) H. H. Clark (1996); Keating (2006); C. Goodwin (2000, 2006); Enfield (2009); Streeck and Mehus (2005) など。
[9) チャンネルという概念に関しては Ruiter et al. (2003) を参照。

ジェスティキュレーション（gesticulation）もまた，複数の記号的資源から構築されているため，単一の次元に存在するのではない。さらに，話者が話しているときそれだけが目に入ってくるわけではないため，ジェスチャーは，単一の感覚モダリティを表しているわけでもない。たとえば，すでに述べたように，手の動きは，速さ，加速度，位置取り，そしてピッチ・ヨー・ロール［88ページ参照］という3つの空間的次元における動きなどの多数の独立した特性から規定される[10]。これらの特性のうち1つでも変動すれば，全体としての意味合いは変更される。これは図表や文書など，映像的なモードにも当てはまる。

記号の諸次元の間には依存関係がある。たとえば，ジェスチャーにおいて手を動かす方向がそれの表す内容と関係するかしないかに関わらず，手を特定の方向に動かすことなしにジェスチャーをすることはできないし，音声が特定のピッチや特定の音量を持つことなしに話すことはできないし，身体が特定の姿勢をとらずに他の個体と共在することはできない。こういった記号の次元間の依存関係は，数多くの付随効果［第2章参照］を生むが，そのような付随効果がもたらす帰結についてはまだほとんどわかっていない[11]。

意味に関与する記号の諸次元は，1つのムーブのなかで独立に変動するため，発話の分析は記号間の詳細な区別を必要とする。音声，ジェスチャー，図表といったカテゴリーだけでは粒度が粗すぎる。これらの諸次元におけるそれぞれの下位次元（スピード，加速度，方向，色の強さ，色相，ピッチ，音量，発声など）はどれをとっても独立の記号的次元であるため，これらは潜在的に独立の記号であり，差異を生み出す差異であり［第4章参照］，コミュニケーションにおいて別個の目的と効果を伴って運用される，異なったタイプの記号形態である。

6.2　複合体としての発話は総体として解釈される

第4章で概要を記した，記号過程とそこに含まれる要素は，発話を解釈する際に発生する現象に説明を与え，それゆえに，発話の発信者が自分の意図したように解釈されるために発話をどう組み立てるかについての説明をも与える。典型的なマルチモーダルで複次元的な発話というものは，数多の記号がまとまった複合

---

10) Talmy（2006）。
11) 認識的権威の管理における付随効果についての事例比較分析についてはSidnell and Enfield（2012）を参照。

第6章　ムーブ　　113

体として存在している。たとえば，語，形態素，これらの形態統語的配列，手の構え，特定の方向への特定のスピードでの腕の動き，人工物の利用，それ以外にも多くのものがある[12]。では，複合体としての発話を構成する各要素の意味は，発話の解釈においてどのように統合されているのだろうか。

　解釈者は，個々の要素の意味を文字通り足し合わせて，発話全体の意味を計算しているのではない。むしろ，複合体としての発話は，発話全体に対する単一の，大局的な認識を参照しながら理解されているのである[13]。

　これはどのようにして可能になっているのだろうか。最初の一歩として，コミュニケーション行為を，「自分が何かを伝えようとしているということ」〔グライスの理論において伝達意図と呼ばれる〕を相手に理解させ，それと同時に「自分が伝えようとしている内容」〔グライスの理論において情報意図と呼ばれる〕についても相手に理解させようとする営みとして捉えた，グライスの考えに従ってみよう[14]。新グライス派が論じるように，私たちは，発話を組み立てる際に，実際に言われたこと以上のことを理解できる，聞き手の推論能力を前提としており，それによって発話産出の遅さからくるボトルネックの問題を克服している[15]。話し手は，聞き手の推論能力をうまく利用することで，自分の労力を最小限にする。私たちはこれを，伝えようと意図し，伝わるように期待しているよりもずっとわずかなことしか明示的に話さないというやり方で実践している。常にではないにせよ多くの場合において，意図されたメッセージないし行為を全体とすると，発話の明示的で知覚可能な要素はその部分という関係にある。

　すべての振る舞いが現在進行中のムーブの構成要素とみなされるわけではない。私たちは，「この人は，何かを伝えようとしている」というコミュニケーションにおける解釈上の仮定と，その人物が話している内容を通じて何かをしようとしているという含意に導かれることで，ムーブの背後に産出者の伝達意図を見出している。解釈者は，どの振る舞いが産出者があえてやっているものなのか，そして，どの振る舞いがたまたまそこにあるという性質のものなのかを区別することができる[16]。コミュニケーションとして意味のあるムーブは，コミュニケーショ

---

12) H. H. Clark (1996); Keating (2006); C. Goodwin (2000); Kendon (2004) など。
13) Grice (1975); Engle (1998); Enfield (2009); McNeill (1992)。
14) Grice (1989)。
15) Levinson (2000)。
16) Goffman (1963a: 13-14); Kendon (1978, 2004)。

ン以外の実利的目的のために単にたまたま行われたもの〔たとえば鼻がかゆい／ために鼻を掻くこと〕とは区別される。これは,実利的な行為が記号として情報を全くもたらさないという意味ではない。だれかが話している間に鼻を掻いたら,それに対して,その人は鼻がかゆいのだと結論付けるという解釈項はありうるものだろうが,鼻を掻くという振る舞いをその人が伝達しようとしていることの一部とみなす必要はない[17]。当該文脈において,記号になりえた物事が膨大にあったとしても,フィルター処理によって,実際に記号として取り扱われるものはごくわずかしか残らないのだ。その行動と環境のうち,フィルター処理のプロセスの結果残った,文脈上関連性を有する要素に基づいて,解釈者はどんなことがコミュニケーション上で意図されていたのかを解釈しようとする。これには単にフィルター化のプロセスだけではなく,統合のプロセス,すなわちまとまったものとして認識された記号を一貫したものとして統合するプロセスが関わっている[18]。

　ある発話を複合的に構成する記号群が統合的でまとまったものであるということは,何らかの方法で示されなければならない。これは,空間的な結束性(spacial cohesion)や時間的な配列といった,類像性や指標性に基づく仕掛けによって行われることが多い。たとえば,手の動きが話し手の伝えようとしていることの一部を構成するように意図されているようなときは,最も強く関連する発話部分に対して,時間的に緊密に結びつきながら配列される[19]。通常ジェスチャーとみなされないようなさまざまな身体運動(たとえば座っている椅子を動かすこと)もまた,何らかのしかたで発話との関連性を持ち,談話構造との間に形のうえでの関連性を持つよう時間的に調整される傾向がある[20]。ある種の記号,たとえば語のような慣習的記号は,そもそも注意を向けられるようにできている。そういったものとは異なるタイプの記号に関しては,関連性を示すのに明示的な記号使用が必要となる。たとえば,目は何かの対象を指し示すのにも使われることがあるが,多くの場合,視線の向きは簡単にわかるものであるにもかかわらず,そのようには使われていない。目が対象を指し示すのに使用される場合,そうとわかるような補助的な信号が必要となる。たとえば,眉を上げるとか唇を突き出すといったやり方によってである[21]。また,ある人工物が別の人工物を記述する

---

17) Geertz(1973: 6)。
18) 詳しい説明は Enfield(2009)参照。
19) McNeill(1992, 2005); Kendon(2004)。
20) Kendon(1972, 1980)。

第 6 章　ムーブ　　*115*

ために，記号として用いられることがあり（ある物について説明をしているときに，目の前にあるものを指して「これみたいな感じだよ」と言うときのように），そのような場合は両者の間のつながりを明示する必要がある（たとえば，人差し指ではっきり指さすなど）。

　ジェスチャー研究やその関連分野では，言葉と連動する手の動きが対象とされ，1つのムーブを構成する記号同士の関係に関心が向けられてきた。しかし，より重要なのは，言葉や手の動きが，第三の存在，すなわち発話産出における当人の情報意図［何を伝えようとしているかということ］とどのような関係を持つものと解釈されるか，あるいは実際に持っているか，である。ある発話を前にしたときに解釈者にとって課題となるのは，統合された1つの記号としてのムーブが持つ単一の記号内容，つまりその人がムーブを繰り出す際における情報意図との関係で，個々の構成要素の記号に関連性を見出すことだ。複数の記号があるならば，ムーブ全体の解釈の幅はいわば三角測量によって定められる。すなわち，あるムーブを構成する記号はすべて，そのムーブ全体の意味と何らかの形で関係していなければならない。多くの研究者が言葉とジェスチャーの相互関係について論じており[22]，言葉とジェスチャーの複合体の解釈の問題は，記号の統合における解釈の一般的問題の一例として理解することができる。人は，共起する記号の間に連合的な関係を見出す。この事実から，記号群がどのように一貫したものとして結びつけられているかに関する一般的な説明を導くことができる[23]。

　複合体としての発話において複数の記号を結びつけるための一般的なやり方は，「天気予報レポーター」的な組み合わせ，すなわち象徴・指標・類像のセットである（もしくは，ラベル・差し棒・事例のセット，あるいは語・連結装置・存在物とも言えるかもしれない）。これには第4章で論じた *She is a Manx*（その子はマンクス猫ですよ）の例が当てはまる。つまり，発話のなかの象徴的で表象的な要素が，ジェスチャーによる指さしによってその場における具体的な事例に結びつけられているのである。結びつけられた記号要素同士は，ムーブの水準での情報意図を具体的に示す。この例における語は，この事物に注意を惹こうとする［マンクス猫を見て「その子はマンクス猫ですよ」という発話の形で解釈項を生み出した］解釈者の行為を〔この発話の〕受け手が解釈するやり方を導く役目を持っている。同じ話し手は，猫を指さして，「そいつはマ

---

21) Sherzer (1973); Wilkins (2003); Enfield (2009)。Streeck (1993, 1994) も参照。
22) Kendon (2004: 174)。McNeill (1992); Goldin-Meadow (2003) も参照。
23) Enfield (2009)。

ギーっていうんだよ」とか「その子はジョンの猫だよ」とか言うこともできたかもしれない。この種の，複合体としての発話は，すべての要素を備えている。すなわち，指標的要素が受け手の対象への注意を引き，その対象に関する命題との結びつきを示し，解釈者の注意を向け，そして解釈を導く[24]。

複合体としての発話の構成要素となりうる記号のあらゆる種類のうち，ムーブの全体としての意味においてより支配的でより強い制約を与える要素がある。それは，象徴作用に基礎付けられた記号であり，複合体としての発話に含まれる，慣習基盤の記号要素である。ある言語における語や構文のような慣習的記号は，定義上，タイプ（あるいはタイプのトークン）である。そのいっぽう，ジェスティキュレーションのような非慣習的記号はふつうひとつひとつが異なっており，トークンではあっても既知のタイプのトークンではない（これはそういった手の動きが持つ指示の値［それが何を表すかということ］に関わるレベルでの話であり，記号の分類という意味では「ジェスチャー」というタイプのトークンであるというようなことは言える）。語はしばしば（常にではないが）ジェスチャーよりも狭い範囲で，表す対象にコミットする。共起する音声とジェスチャーの間には関連性が存在するため，音声がより特定的な意味を持つとき，音声がジェスチャーの解釈を制約する[25]。

6.3　ターン交替システム：言葉をまとったムーブ

社会的相互行為は，しばしば特定の形のエンクロニー的ムーブの構造化，すなわち，ターン交替のための言語的システムによって駆動される[26]。音声会話におけるターン交替のルール・原理の規範的システムは，社会学者のハーヴィー・サックス，エマニュエル・シェグロフ，ゲール・ジェファーソンの1974年の論文において記述された[27]。そこで記述されたシステムは，**ターン構成単位**（turn-constructional units，略して TCU と呼ばれる）を単位とする，相互行為における諸活動の調整のための基本的なインフラストラクチャーと，人々にターンを割り当てる権利と義務を提供する[28]。このシステムは世界中の言語で幅広く研究されて

---

24) Langacker(1987); Chafe(1994); Lambrecht(1994)。
25) Kendon(2004); McNeill(2005); Streeck(2009); Enfield(2009)など。
26) この節は Enfield and Sidnell(2014)の section 13.4 に拠った。
27) Sacks, Schegloff, and Jefferson(1974)。

いるわけではないが，現在のところ，これまでの研究の知見からは，このシステムが普遍的なものであることが示唆されている[29]。

ターン交替システムは，話す機会を配分することを可能にする。サックスたちは，このシステムが2つの部門から成るものとした。ターンの組み立てに関わる構成部分（turn-constructional component）では，ターンを構成する言語的な単位を規定し，それによって相互行為の参与者は発言の単位がどこで終わりどのような形になるかを予想することができる。ターンの組み立てに関わる構成部分は，言語学の共時的分析枠組みあるいは心理言語学の微視的分析枠組みのなかで記述されてきた，形態論・統語論・意味論・語用論・プロソディの制約に関わる諸特徴が，社会的相互行為のエンクロニー的分析枠組みと直接接触するところである（さらなる議論として第12章を参照）[30]。こういった言語的な構造のおかげで，聞き手はまだ進行中のターンの内容とタイミングを「投射（project）」することができ，それによって，必要に応じて，次のターンのタイミングと内容をうまく準備することができる。サックスたちはさらに，現行話者の発言に関わる構造を見積もりながらモニターすることが，発言内容への関心とは別に，人々に「聞くことへの動機付け」を与えるということを論じている。

ターン交替メカニズムのうち2つ目の構成部分は，ターンの割り当てに関するもの（turn-allocation component）である。この構成部分により，現行話者から次話者への移行がどのようにやりくりされるかが決められる。サックスたちは，これらの規則群が「次のターンを割り当て，移行を調整することで，ターン間の隙間や重なりを最小化する」と述べている[31]。第1の規則は以下のようなものである。次話者への移行が適切となりうるような箇所に到達したら，(a) 現行話者は次の話者を指名し（たとえば，だれかに質問をするような場合），それによって指名された人物が次に話す権利と義務を与えられる。現行話者がそのような指名を行わなかった場合，(b) ある参与者が適切な時点で自らを話者として選ぶ（立候補する）か，(c) 現行話者が発言を継続する。第2の規則は，その次にターン移行が適切になる場所において，上記の (a) から (c) が再び適用される，というものである。

---

28) Sidnell (2010); Schegloff (1996c); Enfield and Sidnell (2014)。
29) Ruiter, Mitterer, and Enfield (2006); Stivers et al. (2009) と，その参照文献を参照。
30) Ford, Fox, and Thompson (2002); Ford and Thompson (1996)。
31) Sacks, Schegloff, and Jefferson (1974: 704)。

これら 2 つの構成部分と両者の関係を司る規則群によって，相互行為におけるターン交替に体系性が与えられる。このシステムは，ある場合には連続する話者間の移行が切れ目ないような形で機能する。次の電話会話の例では，2 人の話者がほぼ隙間なくターン移行を達成していることが見て取れる[32]。

(11)

（通話開始）

Mathew: 'lo Redcah five o'six one?,
マシュー: もしもし，レッドカー 5061 ですけど。
Vera: ［+0.15s］Hello Mathew is yer mum the:hr love.
ベラ: もしもしマシュー，お母さんいるかしら？
Mathew: ［+0.13s］Uh no she's, gone (up) t'town, h
マシュー: あー，いや，出かけてます。
Vera: ［+0.24s］Al:right uh will yih tell'er Antie Vera rahn:g then.
ベラ: あらそう，んー，じゃあベラおばさんから電話があったって伝えてくれる？
Mathew: ［-0.03s］Yeh.
マシュー: はい。
Vera: ［+0.13s］Okay. She's alright is she.
ベラ: よろしくね。お母さんの調子は大丈夫かしら。
Mathew: ［+0.10s］Yeh, h
マシュー: はい。
Vera: ［+0.07s］Okay. Right. Bye bye luv,
ベラ: そう，それじゃあね。
Mathew: ［+0.02s］Tara, .h
マシュー: それじゃ。

（通話終了）

サックスたちによるターン交替モデルは，まさにこの事例に見られるように，会話の参与者は発話の重なりを最小化しようとする（2 人以上の人間が同時に話

---

32) このデータ断片は the Rahman corpus, A:1:VM:(4) より。ターン間の遷移時間測定については Ruiter, Mitterer, and Enfield (2006) による。

すことを避けようとする）こと，そしてそれと同時に前後するターン間の沈黙を最小化しようとすることを示唆している[33]。

これは，発話の重なりが生じないということではない。事実，発話はしばしば重なるものである（以下を参照）。たとえば，あるターンの最終要素が維持されたり引き伸ばされたりした場合，本来ならそこで終わっていただろう時点で次話者が話し始めることによって，ターン移行における重なりが生じうる。次の事例では，Aのターンの最後の語である *ask* が引き伸ばされており，その結果，本来ならちょうどのタイミングで始まるはずだったBのターンがわずかに重なって開始している[34]。

(12)

```
01   A: Well if you knew my argument why did you bother to
        えー，俺の言いたいことがわかってるんならなんでわざわざ
02      a:[sk
           聞くんだ？
03   B:    [Because I'd like to defend my argument
           だってこっちの主張を守りたかったから。
```

発話の重なりが起きる他の状況としては，現行話者が，ターンが終わっていてもよかったような時点の後に話し続け，そこで自己選択して話し始めた次話者と重なるというものがある。このような場合の重なりは，2人のうち一方が発話産出をやめるということですぐに解消されるのが普通である（例として第12章の(39)を参照）[35]。

すでに述べたように，このようなターン交替に関する要請や規則があるということは，実際にすべての会話において一度に1人ずつ話しているということを意

---

33) ターンの移行は平均的に見て，隔たりや重なりが知覚されず，ぴったりであると主観的には認識されるが，実際に客観的に見ると，発言ターンが終わって次の発言ターンが始まるまでは200ミリ秒程度の隔たりが平均して存在する。200ミリ秒の隔たりは英語における平均であるが，他の言語では異なった測定結果が見られ，英語よりも200ミリ秒程度大きかったり小さかったりする。Stivers et al. (2009) を参照。

34) 例は Sacks, Schegloff, and Jefferson (1974: 707) による〔この事例の日本語訳は，サックス・シェグロフ・ジェファソン（西阪仰訳）『会話分析基本論集』p. 39 における同じ事例の日本語訳から一部変更したものである〕。

35) Schegloff (1987) 参照。

味するわけではない[36]。発話の重なりや隙間が一定量起こると，会話の乱れとして知覚されることで，それ自体に機能的効果が生じる。しばしば，ある文化やある社会的場面においては全く違うシステムが適用されている，あるいは，そのようなシステムは一切ない，といったことが言われることがある。たとえば「言語Xあるいは文化Xの人々は同時に話す」といったようにである[37]。しかし，会話におけるターン交替の制御として「一度に1人ずつ話す」という規範的な構造上の性格があることへの反証をもたらすような日常会話の体系的な実証的研究は行われていない[38]。言語研究のどの領域でもよくあるように，人々の印象や直感というものが経験的なデータからは支持されないということがあるのだ[39]。たとえば，人類学者のカール・ライスマンは，民族誌的観察に基づき，アンティグア[西インド諸島の島]の日常会話は「対位法」[大勢の人間がそれぞれの調子でそれぞれの主張を，しばしば同時に話す話し方のこと]的に進行すると主張している。ジャック・シドネルが会話の録画データを用いてその仮説を検証したところ，「一度に1人ずつ話す」モデルに矛盾するものではないことが示された[40]。

　会話におけるターンと，より一般的な概念であるムーブの関係に関して重要なのは，ターン交替システムは，それが構造化する発言によってどのような行為が遂行されているか（何かを頼んでいるのか，何かに誘っているのか，質問しているのか，返答しているのか，言い訳をしているのか，侮辱しているのかなど，ターン交替システムを通じて組み立てられ，産出されること）とは独立に作動するという点である。ターン交替システムは，人々が状況に根ざした言語使用によって実行している目的指向的な社会行動の水面下で，構造的に独立して作動するインフラストラクチャーの一部である。ムーブを連鎖として配列することは，相互行為における別の領域の組織でありつつも，しかしターン交替メカニズムに支えられているのである[41]。

　第3章および第4章では，言語使用を通じて実行される多くの社会的行為は対になって現れるという基本的な観察を行った（たとえば，依頼と応諾（ないし拒否），誘いと受諾（ないし拒絶），苦情と言い訳（あるいは否定）など）。これら

---

36) Sacks et al. (1974)。Schegloff (2000: 47-48, n. 1) も参照。
37) Stivers et al. (2009: 10587)。
38) Schegloff (2000: 2)。
39) Ruiter, Mitterer, and Enfield (2006); Stivers et al. (2009) 参照。
40) Reisman (1974); Sidnell (2001)。
41) Schegloff (1968, 2007b)。

の対は，シェグロフの言い方をパラフレーズするならば，第一行為（依頼・誘い・苦情など）が行われると第二行為が予測される，という条件的関連性（conditional relevance）によって結びついている。第二行為が産出されると，それは（独立のムーブではなく）第一行為と対をなす行為とみなされ，第二の行為が産出されないと「何かが欠けている」とみなされる（そこで「起きていない」ことであっても，「欠けている」とは思われないようなことは無限にある［たとえば，本書のこのページにバスク語は1文字も書かれていないが，「バスク語が欠けている」とはだれも思わないだろう］ことに注意しよう）[42]。したがって，条件的関連性は第一行為と第二行為の関係を規定しており，その関係性は前方投射的な特性と遡及的な特性の両面を持つため，これは本質的にエンクロニー的なのだ（第3章を参照）。条件的関連性の前方投射的な特性においては，何らかの第一行為が行われると，第二行為が第一行為に関連性を持ち，もし行われなかったら行われていないことが目立つ，という規範が活性化される。この規範は，社会的相互行為は協力して進められるという想定に基づいて成立している。そのいっぽう，条件的関連性の遡及的な特性によって，第一行為の話し手は，自分が理解されたのか，そして理解されたのだとしたらどのように理解されたのかを知ることができる。たとえば，もしだれかが言い訳と認識できるような応答発話を発したなら，その直前に発言した人は，実際にそう意図していたかどうかにはかかわらず，自分が苦情を言っていたあるいは非難していたと受け取られたものと理解するだろう。したがって，連鎖の一部となる行為を産出することは，ジョン・ヘリテッジの用語を使うならば[43]，間主観性の1つの形を構成する。その発言が関わるものが何であれ，それが展開していくなかで，理解したことが公然と示され，認可されるのである[44]。相互行為のなかでの言葉のやりとりは，典型的には，基底連鎖（base sequence）（多くの場合は隣接対）とその拡張（前方拡張・挿入拡張・後方拡張）の観点から記述される[45]。そういった拡張もまた連鎖によって形作られており，それ自体がさらに拡張の対象となる。そのため，複数の発話を隣接対として配列すること自体はシンプルでも，結果としてかなり複雑な連鎖となりうる。これは，相互行為には，言語の社会的機能に関して決定的に重要だが言語学の領域では知られていない，一定の構造を有する「文法」が存在しているということ

---

42) Schegloff(1968)。
43) Sidnell(2014)参照。
44) Heritage(1984)。
45) Schegloff(2007b)。

を意味する。

ターン交替の規則群は，ターンを産出したり，ターンを解釈したりするための心理的メカニズムというわけではない。ターン交替の規則群は，あくまで観察される事実を記述し，説明を与えるものでしかない。ターン交替システムがなぜ発生するかを説明しようとするならば，ターン交替を創発的（emergent）な現象と捉え，分散した主体群と，その創発を生じさせる諸因子の集合において捉える必要があるだろう。

(13) 会話のターンの組織化に関して観察される諸特徴が創発する際の潜在的因子：

i. 言語における統語的秩序のなかの中核的単位で，それゆえにターン構成要素としての中核的単位であるもの，それは**節**である。節は，「事物に注意を向け，それの特徴付けを行う」という人間の基本的な認知の性向に基礎付けられた，述語 – 項の構造からなる[46]。

ii. 人間の目的指向的な振る舞いは，平均で数秒間の長さの単位でまとまりをもって生じる[47]。

iii. 近接した事象は，因果関係ないし条件関係で結びついているものとして解釈されがちであり[48]，ムーブとムーブは間に隙間や重なりが生じることが避けられ，きれいに隣り合う傾向がある[49]。

iv. 共同活動（会話を含む）において，ある参与者の行為主体性（agency）は（柔軟性の点でも説明責任の点でも）他の参与者たちの行為主体性がどのようなものであるかに差し向けられ，かつ，それに依存している[50]。

ターン交替は，エマニュエル・シェグロフによって詳細に記述されている[51]ように，連鎖組織のより一般的なエンクロニー的メカニズムに直接関わる，言語的メカニズムである。会話の中の連鎖におけるターンは，隣接するターンないしムーブと大なり小なり密に結びついており，あるターンは連鎖を開始する性格を持

---

46) Hurford (2003, 2007)。
47) Pöppel (1971); Schleidt and Kien (1997)。
48) Michotte (1963)。
49) Sacks (1992)。
50) H. H. Clark (1996); Bratman (1999) など。本書第8章と第9章も参照。
51) Schegloff (2007b)。

ち（たとえば質問），あるターンは応答としての性格が強く（たとえば返答），それらの中間に位置付けられるようなターンもある。こういったターンの組織と連鎖の区別に注意を向けるとき，エンクロニー的分析枠組みを採択していることが前提となっており，それによって言語学の新しい領域に足を踏み入れているのだ。言語学者はその中核的な研究においてエンクロニー的連鎖構造に注意を向けるということをほとんどしないが，近年そのような視点を取り入れた研究が優れた成果を上げている。言語学者ゾーニャ・ギッパーは，従来の意味論・語用論的な分析では整理することが困難であると知られている，ユラカレ語（ボリビア中央部で話されている孤立言語）における証拠性（evidentiality）の文法的標識の研究を行っている[52]。ギッパーは，ユラカレ語の会話データを用いることで，会話連鎖上のどこに位置するかという観点を分析に導入することができた。会話連鎖において，証拠性の標識は，連鎖を開始するタイプのターンで用いられる場合と，応答タイプのターンで用いられる場合がある。ギッパーは，会話における位置（そしてそれに関連して，行為のタイプ）によって証拠性の標識を用いた際の効果や意味の差異が説明できることを見出した。

　また，会話連鎖における対関係の非対称性によって語や文法構造の分布を説明する研究として，発話産出に関する話し手の権利と義務という社会的要素をより前面に押し出す研究も存在する。アニータ・ポメランツは，発話がある種の方法を用いて，相手がどのように応答すべきかという規範的制約を課すような選好構造を導き出すことを発見した[53]。たとえば，ある人が別の人に対して誘いの発話を行った場合，それに対する応答の形式的構造は，誘いを受けるか断るかによって決まってくる。誘いを受諾するという，社会的に選好されるあるいは協調的な応答とみなされる応答を行う場合，その応答発話は誘いの後にすばやくなされ，シンプルな形式で行われる傾向がある（事例（14a）のように）。それとは対照的に，誘いを断るという，相対的に非協調的で社会的に有標な応答を行う場合，その応答発話は，遅れ，*well* や言いよどみ表現による前置き，断る事情や理由の説明といった，受諾の場合には観察されない構造的特性を持つ（事例（14b））。

(14) (a) i. Do you want to go for a drink?
　　　　　 ちょっと飲みに行かない？

---

52) Gipper (2011)。
53) Pomerantz (1984); Pomerantz and Heritage (2012)。

　　　　ii. Sounds good!
　　　　　いいね！

　（b）i. Do you want to go for a drink?
　　　　　ちょっと飲みに行かない？
　　　　ii.（pause）Um, well, I kinda still have work to do, so maybe um....
　　　　　（間）んーと，あの，ちょっとまだやらないといけないことがある感じだから，たぶん，うーん…

　ポメランツの後に続く研究者たちは，こういった選好性に関わる形式的な標識〔発言開始の遅れ，前置き表現，説明表現の付加など，選好的な応答か非選好的な応答かの標識となる形式的な手がかり〕を検証してきた。そのような研究では，相互行為のある時点で作用している社会・相互行為的な諸要因の観点から，ある文法構造がいったいなぜ選択されたかを説明しており，それによって文法形式の機能の説明と，分布〔どのような文脈に出現する傾向があるか〕の説明の両方が可能になっている。これはこのようなやり方をとらなければ説明できなかった問題と言えるだろう[54]。

　選好構造の形式的特徴は，次の2つの重要な点があることで，多くの言語学研究の射程外に位置している。第一に，それらは，本質的に社会的・相互行為的な要因（ある発話が協調的なムーブである度合いや，それとは反対に，対話相手が設定した軌道に抵抗する度合いなど）から説明される。第二に，それらは本質的にエンクロニー的で，会話の連鎖における特定の位置（連鎖を開始するか応答か）の点から規定され，会話データを見なければ研究が不可能である。会話は疑いようもなく言語が用いられる最も基本的な形態であるにもかかわらず，言語学ではほとんど研究されていないのだ。

6.4　特権的な記号現象としてのムーブ

　記号現象の根本的なメカニズムは一般性が高く，強力なものだ。これはどのようなレベルでも見て取ることができる。しかし本書ではここまで，人間の相互行為のなかで行為を解釈するという日常経験に関して，ムーブというものが，そのなかでも特に特権的なレベルを占めていることを論じてきた。記号が組み合わさ

54）Pomerantz（1984）; Pomerantz and Heritage（2012）; Heritage and Raymond（2005）; Sidnell and Enfield（2012）など。

れて1つのムーブを形成する際,個々の記号要素はそれぞれが1つの完全な情報意図を表している。社会的相互行為において解釈者は,他の問題解決と同様に解釈者としてのタスクに取り組む。入力信号に言語構造が含まれているならば,この構造は,語や構文だけでなく,韻律的特徴やジェスチャー,身体の方向性,視線の向き,人工物,空間配置などから構成される,ひとまとまりの複合体としてのコミュニケーション行動のなかに埋め込まれる。どの要素も,独自の表現上のアフォーダンスを持っている。言語学者たちは,発話解釈に非言語的な入力信号が共存していること自体は否定しない。しかし,これは単に,そのことを認めたうえで,通常業務に取りかかろうとするというだけの話であり,マルチモダリティはより中心的な,意味論や文法に関する諸問題へのおまけとして対応できるということが想定されている。しかし,マルチモダリティを真剣に考えるならば,意味を構成するうえで,言語に特権的な地位があるということを真剣に考え直す必要がある[55]。

したがって,ムーブが社会的相互行為のなかでどのように構築されているかを探索するなかでは,「音声が何をしているか」「ジェスチャーが何をしているか」「意味の形成においてこの環境が果たす役割は何か」といった問いを立てるべきではない。こういった問いには,次のようなより一般的な問いを立てることによって到達することになるだろう。すなわち,あるコミュニケーション行動に対して,解釈者がその行動に情報意図を付与するための資源はどんなものなのか,同時に現れているさまざまな記号の間における記号機能や意味のモードの分布はどうなっているか,そして,解釈者の注意はどのように焦点化し,あるムーブに対する解釈者からの査定[第2章参照]はどのようにやりくりされるのか,といった問いである。解釈者の側のタスクを問うことから出発することで産出者の側のプランを理解することになり,また両者をまとめて見ることで記号のデザインの核心に迫ることになるのだ。

＊　＊　＊

記号過程を観察するレベルにはおそらく無限の段階があるが[56],ムーブというレベル(それは多くの場合,ターンという形をとる)は,社会生活のエンクロニ

---

55) Enfield and Levinson(2006b: 28)など。
56) Kockelman(2011, 2013)。

一的経験のなかで特権的な地位を占める。少なくとも，本書で扱う範囲における意味の領域に関しては，ムーブは明らかに特権的な地位にある。ここまで，記号過程の重要な諸要素を設定し，また相互行為にとっての分析枠組み（エンクロニーの枠組み）と尺度（ムーブ）の特徴付けを行った。次章では，これらの概念を認知的な説明の文脈で捉えることを試みる。

第 7 章
認知

　認知状態や認知プロセスを明らかにしようとするとき，私たちは外的に観察できる行動を見ずに行うことはできない。私たちはこの外的な行動を内的な状態やプロセスの証拠として考える。ウィトゲンシュタインが述べたように，「内的なプロセスは外的な基準を必要とする」のである[1]。しかし外的な行動は内的な思考に対する証拠以上の意味がある。外的なものと内的なものは共に 1 つの事象を構成する一部分であるから，そのどちらかを排除することはできない。私たちが探求しているのは，外的なものと内的なものとの関係なのである。もしある文脈（「今日は火曜日だっけ？」という問いなど）において，ある人が何らかのムーブ（「うん」という語を発するなど）を展開させたとしよう。これはその人がある心的状態（今日が火曜日だと思っているなど）を有していることの証拠となりうる。もちろんその人は嘘をついているかもしれないが，むしろそれはこの説明を強化する。その人がうまく嘘をつけたとすると，それはまさに，その人がそう信じているからそういう言葉を発したのだと私たちが受け取るからである。私たちは通常，他人が発言する際にそれに対してコミットしている［真実だと信じていたり本心から言ったりしている］ことを疑うような状況はほとんどない。しかし，厳密には，それはいつでも疑うことができるのである。正確さを期すために，行動は認知の証拠であるという言い方はせずに，認知は心的状態のみを指すのではないということを認識しておこう。認知とは，外的な行動と心的な状態およびプロセスとの関係のことである。私たちはその種の心的な状態およびプロセスを他者に対して帰属させることができてはじめて，他者の行動を理解することができるのだ。認知は内的なもの以上のも

---

1) Wittgenstein（1953：§580）。

のであるという，この方向を推し進めると，認知は以下の3つの意味において「分散している（distributed）」と考えられる[2]。第一に，認知は物質的な意味において分散している。認知は脳・身体・材料技術の間にまたがって分散しているため，計算という行為をとってみても，頭脳を使うだけでなく，鉛筆と紙・手のしぐさ・そろばん・スマートフォンといったものを用いて計算することもできる[3]。第二に，認知は個人を超えて，ペアやグループなどのなかで分散しうる。そこでは，たとえば乗組員全体で港への航行をするというエドウィン・ハッチンスの例にあるように[4]，それぞれの補完的な知識によってある共通の目的が達成される。第三に，認知はいずれの場合でも，知覚・記憶・表象・推論・計画・実行など，多数のプロセスが関与するという点で，時間的に分散している。

7.1　行動を読み取る

　高次の認知はどの程度，社会的相互行為のプロセスに寄与しているのだろうか。「心の読み取り（mind reading）」やそれに類する用語は社会的知性に関する分野で近年広まってきているが[5]，文字通りお互いの心を読み合うことは不可能である。認知科学者ジョージ・ミラーは上述したウィトゲンシュタインの言葉に賛同して，「心理学者にとって最も方法論的に難しいことの1つは，自分の研究対象を，いかにして公に観察や計量が可能な状態にするかである」と述べている[6]。心理学者にとっての問題は，一般の人にとってもやはり問題となる。やりとりのなかでは，お互いのコミュニケーション行為やディスプレイ行動［動物行動学に由来する用語で，顕示的な行動によって特定の情報を他個体に対して発信すること］に表れる知覚可能な情報を頼りにするほかない。そしてその証拠のみを頼りにして，お互いが何をその場で目指しているのかを適切にモデル化できる必要がある。ここから，テレパシーの存在を否定する想定，つまり「何らかの外的な構造を仲介せずに他者の心に影響を与えることはできない」という想定がもたらされる[7]。これにより，記号現象が人間の社会性にとっての礎となるのである。記号現象とは，知覚・認知・行為の相互作用である。記号現象

---

2) Norman (1991); Hutchins (1995)。
3) Enfield (2005b, 2009); A. Clark (2008)。
4) Hutchins (1995)。
5) Baron-Cohen (1995); Carruthers and Smith (1996); Astington (2006)。
6) Miller (1951: 3)。
7) Hutchins and Hazlehurst (1995)。

は，生物としての人間が幅広く利用している類像的・指標的な意味という基礎に根ざしつつ，学習によって得られる象徴構造によって増幅され，また，意図の帰属という高次プロセスによって推進されるのである。

したがって，行為と知覚が人間のやりとりにおける接着剤だとしたら，高次認知は触媒だと言える。この立場は，相互行為論者が認知に対してとる立場に対して対立するものではなく，補完的なものである[8]。ドナルド・ノーマン，ルーシー・サッチマン，エドウィン・ハッチンス，チャールズ・グッドウィンらは，環境内に存在するアーティファクトとの相互作用のなかで，認知が分散的に作動していることを論じている[9]。ここでのアーティファクトとは，私たち自身の身体や他者を含むものである[10]。チームワークが本質的に共同作業という形をとるのと同じ意味で，人とのやりとりにおける時間的・論理的構造は共同作業的に達成されるものであり，おそらく私たちの思考プロセスそのものも共同作業的なのであろう[11]。しかし，私たちは依然として個体でもある。私たちはそれぞれ異なる身体・手・脳を持ち，ムーブを起こすための資源やスキルをあらゆる場面で身体的に備えることで，適切かつ効果的な貢献［何らかのムーブを産出したり何らかの行為を遂行したりすること］をするのである。また私たちは記憶があるおかげで，命題的なものであれ身体経験的なものであれ，認知的表象を蓄積しておくことができる。そのような表象には，言語の慣習的な記号や構造，社会で何が起こっているかを認識するための文化的な類型化（typification）［事物や出来事を類型（type）に当てはめ，個別性を捨象して捉えること］，自分たちの社会関係に関わる個々人についての具体的な知識などが含まれる[12]。そして私たちは，やりとりが展開していき，地位［第5章を参照］が絶え間なく更新され変化していくなかで，他者の信念・願望・目標をモデル化する認知能力を持っている[13]。

これをふまえ，アルフレッド・シュッツの要素を織り交ぜつつ，ミラーの言葉を言い換えてみよう[14]。市井の人々にとって最も方法論的に難しいことの1つは，いかにして公に観察可能な事柄（と想定可能な事柄）を頼りに他者のことを理解

---

8) Molder and Potter（2005）参照。
9) Norman（1991）; Hutchins（1995）; C. Goodwin（1994, 1996）; Suchman（1987）。
10) Enfield（2009）; C. Goodwin（2000, 2006）; Hutchins and Palen（1993）。
11) Mead（1934）; Vygotsky（1962）; Schegloff（1982）; Rogoff（1994）; H. H. Clark（1996）; Goody（1995b）など。
12) Schutz（1970）; de Waal and Tyack（2003）。
13) Mead（1934）; Astington（2006）ほか。
14) Schutz（1970）。Garfinkel（1967）; Sacks（1992）も参照。

するか(そして他者に自分を理解させるか)である。社会的相互行為を包括的に説明しようとするのであれば，物質的な環境とその環境内で動く行為主体からなる共同体との組み合わせが，私たちのやりとりのパターンをどう創発させているか示す必要があるだろう。また個々の行為主体，それぞれの内部構造，そしてその行為主体たちが目指す局所的・大局的な目標も記述できなくてはならない。そういった個々人の心のなかには，社会的知性に関する一般的能力と，共通基盤(すなわちお互いに知っているということがわかっている知識)の具体的な内容が表象されていないといけない。そうして初めて，実際のコンテクストにおいて，創発的なものが創発するのである。

　個々人の認知と創発的構造，その両者がやりとりの構造を説明するためには不可欠である。人と人とのやりとりは，個々の高次認知機能と，状況に埋め込まれた創発的で分散的な活動の構造を結びつけることなしには，私たちが知っているような形で存在することはないだろう[15]。人と人とのやりとりには，高水準の社会的知性が関わっており[16]，そのような社会的知性によって行われる意図の他者への帰属は魔法でも何でもなく，共有された環境のなかで情報を知覚することに全面的に依拠して可能になっている[17]。したがってここでは認知主義者のスタンスはとらない。決定的に重要な構造の創発は，共有されたコンテクストにおける協同的な行為から生じるものであり，それは個々人の内的に表象された信念や目標を超越したレベルの事象だからである。V字を描いて飛ぶ雁は「V字で飛行せよ」と脳内にプログラムされている必要はない。〔心理学者の〕ジュルジ・ゲルゲイ(György Gergely)の言葉を用いると「頭で考えずにやってみろ」ということである[18]。もちろん，観察される人と人とのやりとりの構造を生み出すうえで，個々の認知と状況のなかでの協同的な行為がどのようなバランスで貢献しているかについてはいまだにわかっていない部分が大きい。しかし，どのように見るにせよ，両方の視点が必要であることだけは確かである。

---

15) Leont'ev(1981); Bedny and Meister(1997); Engeström, Miettinen, and Punamäki(1999); Lahlou(2011)。
16) Goody(1995b)。ただし必ずしも常に高水準の社会的知性が関わっている必要はない(Barr and Keysar 2004)。
17) 特に以下を参照：Byrne(2006); Danziger(2006); C. Goodwin(2000, 2006); Hutchins(1995: Ch. 9); Hutchins(2006); Schegloff(1982: 73); Enfield and Levinson(2006b)。
18) Enfield(2010: 6)。

7.2 認知と言語

　認知は，手段 - 目的の問題を柔軟に解決したり，その場のコンテクストから離れた心的表象を用いる能力として定義できる。ここで，心理学者マイケル・トマセロとジョゼップ・コールが霊長類における認知の研究のなかで行った定義を見てみよう[19]。

　　認知に関する適応〔ある生物種が環境に適応した認知のしかたを獲得すること〕の典型というのは，次のような特徴を持った行動的適応として生じるものである〔下記訳注参照〕。まずそれは，(1) そこで起きる知覚や行動のさまざまなプロセスが，柔軟に構造化されているような行動的適応である。これは，個々の生命体が，その時の目的との関連においてその時の状況を査定し，その査定に基づいて複数の選択肢のなかから行為の展開を決定することで実現する。かつそれは，(2) そこで起きる知覚や行動のさまざまなプロセスに，直接知覚に「与えられた情報以上の」心的表象が関わっているような行動的適応でもある。

　言語研究においては，この認知の定義の2つの要素のうちの2つ目——心的表象——が重視されてきた。そこでは心的表象としての認知はソシュール的な記号に組み込まれ，音や書記などのシニフィアン（能記）が，概念やモノなどのシニフィエ（所記）を表すとされる。

　言語学者は言語的表象やそれに関連する概念表象がどのような内容を持つものかという点を特徴付けることに重点的に取り組んできた。これは意味論研究や文法研究の専門的アプローチに特徴的に見られる。この種のアプローチは，言語を用いて言語を定義するという点で記号システムの再帰的特徴をまさに具現化しているが，これは循環論に陥る危険性を有している。これを回避するために，言語の意味をパラフレーズまたは定義するアプローチも見られ，そこでは語を定義するために意味素性（semantic primitive）を用いたメタ言語を設定する[20]。しかし，

---

19) Tomasello and Call (1997: 8)。
20) Wierzbicka (1980, 1996); Jackendoff (1983, 2002) 参照。
〔訳注〕ある生物種がその形態的特徴を環境に適応的なものに変化させることを形態的適応と呼ぶのに対し，行動上の特徴を変化させることを行動的適応と呼ぶ。トマセロとコールはこの引用箇所の直前で，行動的適応というカテゴリーに含まれる現象として認知に関する適応が挙げられると述べている。

メタ言語が明示的に定義されていようがいまいが，言語を用いて言語を分析するという点で，意味に関するあらゆる理論において，基本的なやり方は変わらない。言語を分析するにあたって非言語的イメージを用いるアプローチ（ロナルド・ラネカーに始まる認知文法の枠組みなど）でさえも，言語を用いたラベリングや注釈に依存するところが大きい[21]。

私たちがどのようなメタ言語や形式化を使おうとも，言語を表象のシステムとして分析するということは，動的（dynamic）なデータを持ち込みながらそこから時間を捨象するという共時的スタンスが必要になる。この脱時間化されたシステムは時には有用なフィクションであるが（第4章を参照），究極的にはそれ自体では不適切である。エンクロニー的な構えは私たちの言語に対する見方をより豊かにしてくれるという点で必要な観点であり，これは心理学者デイビッド・マクニールが推進する，言語を動的かつプロセス的（processual）で全体論的（holistic）なものとして見るアプローチともつながるものである。マクニールは微視発生的な枠組みにおいて議論を行っているが，これは言語の対話的な性質を前景化するエンクロニー的な構えによって補うことができる[22]。言語を本質的に対話的な行動のシステムと取るならば，私たちは人の社会的認知が本質的に対話的であるところにその基盤を求める必要がある。

7.3　解釈ヒューリスティックとしての心

人は他者の行動を理解しようとするとき，ある種の素朴心理学（naïve psychology）を用いる。たとえば，ビールを瓶からグラスに注ぐという日常的な行為を考えてみよう。この行為について，ニューロン，神経系，重力，そして時間によって位置の変化する物体や物質といった要素の間で生じる，因果関係の巨大な連鎖の観点から記述するようなことも想像できるかもしれない。しかし，実際にそのような説明をできる人がいるかは疑わしいし，将来それが可能になるとも思えない。たとえできたとしても，そのような説明は理解不能なものであるだろう。むしろ，心（mind）という，より単純で，主観的なヒューリスティックを用いて他者の行動を理解するところに人間としての本質が存在する[23]。私たちは，す

---

21) Langacker (1987); Lakoff (1987) など。批判に関しては Goddard (2006) 参照。
22) McNeill (2005)。Bakhtin (1981); Du Bois (2010) も参照。
23) Ryle (1949); Searle (1983); Fodor (1987)。

ぐに使える単純な想定やおおざっぱなルールを豊富に持ち合わせており，それは社会的知性という名のもとで語られることもあれば，心の理論（theory of mind），素朴心理学，または信念・願望心理学（belief/desire psychology）と呼ばれることもある。基本的な想定は以下の通りである。人の知覚は記憶や信念を形成し，さらにそれが欲求を生み出して，そこから計画や意図などが導き出される。それが今度は特定の目標に向かう行動を生み出す[24]。言い換えると，次のようなことである。人は物事を見たり聞いたりし，それによって物事を知ったり考えたりする。これは物事をする理由となり，ある物事をしたいと思ったら，普通はそれを実行しようとしてみる。このような言葉を使って私たちは人の行動を日常的に記述しており，そうすることで効率よく他者に対して意図を帰属させているのである[25]。

　たとえば，だれかが自宅の玄関から出て車に向かっていたが，数歩進んだところで急に止まり，眉をしかめ，振り返ってもう一度中に急いで入っていく，そして30秒後にまた戻ってきた，という状況を見たとしよう。これに対する最も妥当な説明は，その人物の心理に関わるものになるだろう。つまり，おそらくその人は何かを忘れ，それに気づいて取りに戻った，というものだ。もちろん他の理由があるのかもしれないし，私たちにはそれを知る由もない。が，それはここでは問題とならない。人が暮らすうえで，素朴心理学は他者の行動について推論する際の強力なヒューリスティックとして働く。それは，他者が行ったことや行っていることを説明したり，次に何を行おうとしているのかを予測したりするときに役立つ（第5章参照）。そして重要なことは，その行動を行う当人は，他者が自分の行動をどのように解釈するかということや，自分がどのような形でその行動について説明を求められる可能性があるかを予測したり暗黙のうちに予期したりする能力を持っているということである。このようなきめ細やかな主張は，その人が行動している際の志向的状態（intentional state）――その人が実際に何かを忘れたのかただ忘れたふりをしているのか――という一次的現象とは独立したものであることに注意されたい。むしろこの主張は，自分の行動について他者から受けそうな解釈を暗黙のうちに予期したり，予測したりする能力，そしてその行動に筋の通った説明を与えることができる能力という二次的現象に関わっている。このような予期的スタンス（anticipatory stance）は，社会の規範的統制の中

---

[24] Searle（1983）; Dennett（1987）; Kockelman（2006a）など。
[25] Anscombe（1957）。

心的メカニズムであり，ミード，シュッツからガーフィンケルに至るまで指摘されてきたことである。ヘリテッジは以下のように述べている[26]。

> 規範的に適切である行為の産出に関して言えば，それに必要なのは，その行為に対する規範的な説明責任を，行為者自身が相互反映的に意識したり，その意識をお互いに対して帰属させ合ったりすることだけである。というのも，そのような条件の下において，自分の行為が，自分を取りまく状況や関係性を相互反映的に変容させる際にどのような帰結をもたらすかを計算して振る舞っていれば，規範的に適切な振る舞いがその行為者に利益をもたらすということが常に起きるからだ。利益の無秩序状態に関して言えば，私たちは〔社会秩序の問題を論じるうえで〕，規範的に統制されていて共同的な行動と，利益のみを追い求める無秩序な行動のどちらかを選ぶというわけではない。むしろ，規範的な説明責任は「基準の格子（grid）」のようなもので，それを参照することで，行われたことは**すべて**可視化され，評価可能となるのである。

もしくは，スティーヴン・レヴィンソンが言うように，私たちは「推論の網に巻き込まれているほどには，規則や制裁（sanction）にしばられてはいない」[27]。すべての社会成員が採用している予期的スタンスは，明らかに心理的なものであるが，もちろんそこに関わる認知は意識的である必要はない。

素朴心理学の中心には，信念や願望などの志向的状態が存在する。ここで「志向的」は専門用語として用いており，目的があるとか，故意であるとかいった，日常的な意味ではない。志向的状態とは，何らかのモノ・人・事態・状況に対して向けられている心の状態やそれらを気にしている心の状態，あるいはそれらに関する心の状態のことを言う[28]。志向的状態は，私たちがそういうものを持っているという点で興味深いだけではなく，人が志向的状態を解釈のためのヒューリ

---

26) Heritage(1984: 117)。〔この引用箇所に先立ってヘリテッジは，個々人が規範を内面化するということが，規範的に適切である振る舞いを産出するために必要なものでもなければ，人々が自分勝手に利益を追求して無秩序状態になること（トマス・ホッブスが「万人の万人に対する闘争」と呼んだ状態）に対する有効な防御策というわけでもない，と述べている。この引用箇所はそういった2つの論点について説明を与えるものとして展開されている〕
27) Levinson(1983: 321)。
28) Brentano(1847/1995); Searle(1983)など。

スティクスとして用いるという点で興味深い．上で議論したように，私たちは種々の志向的状態を他者に帰属させることによって，その人が行っている行動の意味を理解する．他者の行動に対して推論を行うことは，他者の心的状態にアクセスできるかどうかには依存しない．むしろ観察される行動をうまく説明できるように意味を付与することが関わっている．そしてヘリテッジが記したような予期的スタンスに沿って，私たちは他者がどのように自分を見るかきちんとわかっている．他者は，私たちは自らの行動に対して何らかの理由を持っているものだと想定する．もしある理由が適切ならば，その理由のためにその行動をしたのだと考える．もしどのような理由も明確には見つからない場合には，なぜその行動をしたのか，理由を尋ねるかもしれない．

　志向的状態を超えたところには，信念・願望心理学におけるまた別の中心的要素として，多様な志向的状態を有する主体という存在がある[29]．以下では，この主体は概念的には1つのユニットであるが，個人と一致するとは限らない，という事実から得られるいくつかの示唆について検討する．私たちは行為の目的や理由をためらいなく集団に帰属させることがある．たとえば，湖にドライブに行って魚釣りをしたり，ラグビーの試合を見に行ったり，二重奏を演奏したり，一緒にパンケーキを焼くような，共同活動に携わる場合である[30]．後に行為主体というものが分散的性質を有していることを議論するが，ここではまず事を単純化し，志向的状態を有するのは個人であると想定して話を進める．

　ここで素朴心理学による行動モデルがいかなる意味で第4章で概観した記号現象の1つの現れであるかを見てみよう．ある乗客の行動——たとえば電車が駅に近づいた際に荷物をまとめるという行動——は，1つの記号である．もしその乗客の信念や願望について，あなたが知覚した荷物をまとめるという彼の行動をふまえて推論しようとするならば，あなたは記号としての行動に対してある解釈項を生み出しているということであり，その解釈項はその乗客の行動の記号内容，つまりその行動が表すもの，指し示すものに差し向けられている．おそらくその乗客は，自分の降りる駅が近づいていると知っている，またはそうであると信じており，その電車を降りようとしているのだ．このように制御され行われる行動と心的状態は，記号と記号内容に見られる関係の一事例である．知覚可能な事象

---

29) Kockelman (2006a)．
30) H. H. Clark (1996); Tuomela (2002, 2007); Searle (2010) など．

は，知覚不可能な何かに差し向けられた反応を生み出す。特にこの例においては，荷物をまとめる乗客の行為は，それを見たあなたにその乗客が降車するのだと思わせる。または，実際に彼が何をしようと考えているかにかかわらず，彼が何をしているかについて他者が行いやすい解釈を彼は暗黙のうちに予期するだろう，と思わせる。この3つの部分からなる記号過程においては，アクセス可能な記号（記号過程の1つ目の要素）は，あなた（記号過程の2つ目の要素）によって，アクセス不能な，仮定される記号内容（記号過程の3つ目の要素）の証拠として認識される。心的状態の場合，解釈項はアブダクション（仮説的推論）によって記号内容に差し向けられる。つまり周囲はその人が実際に当該信念や願望を持っているかどうかは知らないが，もしその人がその信念・願望を持っているとすると，彼の行動がうまく説明できるのである[31]。

7.4 認知が怖い？

　社会的相互行為を研究する場合，信念・願望・感情・意図といった人間の心的状態に関する概念を分析に用いることに関して，特別な警戒を払うように勧めることが多い。このスタンスは，特にエスノメソドロジーや談話心理学など，行動や行為に焦点を当てるようなアプローチに広く見られる[32]。そこでの議論の1つは，私たち分析者は，他者の頭の中にあるものにはアクセスできないのであり，むしろ，他者の行動のなかで外から観察可能なものから研究を始めることしかできない，というものである。これは明らかに真である。しかしこれは私たちが，認知についての議論を避けてもいい，もしくは避けるべきだということを意味するのではない。多くの問題は「認知」という用語を正しい意味で用いることで解決する。認知とは，人間の内部に存在する心的状態にのみ関わるのではない。認知とは，身体・脳・物理的環境といった物事の間の関係を具現し仲介する，動的プロセスを指すのだ。外的に現れる事象を見ずに認知を研究することはできない。そのような外的事象は単に認知の証拠を提供しているのではなく，認知**構成する**要素なのである。同時に私たちは，どれだけ外的に観察可能なものに関心をしぼったとしても，他者が行っている行為を理解しようとする際に，あるレベルま

---

31) Peirce (1955)。
32) Molder and Potter (2005); Van Dijk (2006)。

では他者の心的状態をどうしても考慮に入れてしまう。たとえば私がラオスの村で実際に聞いた次のエピソードについて考えてみよう。2人の男がイノシシを狩りに森へ入っていく。2人はしばらくの間森の中で離ればなれになり，お互いがどこにいるのかわからなくなった。1人が濃い茂みの中を歩いているとき，別の1人が，その茂みが動いているのに気がついて――その正体がよくわからないまま――その方向に向かって銃を撃った。銃弾は友人の足を直撃してしまった。これに対する単純な説明は，銃を撃った側は，イノシシを撃ち殺したいという望みと意図があり，友人の動きをイノシシの動きだと誤って思い込み，イノシシを撃つつもりで引き金を引いた，というものである。また別の説明――彼はその男に恨みを持っており，過失を装って撃とうと思った――には，予期的スタンスに基づいたより複雑な意図の帰属が含まれる。この種の高次の錯誤は，率直な信念や願望をもとにした単純な説明を人々が適用することを想定する場合にのみ成立するものである。

　私たちは日常生活において，他者が行っていることを理解するために志向的状態を付与したり，少なくとも暗黙のうちに予期したりする癖が染みついているのであるが，やりとりを科学的に検証する場合には，十分に注意する必要がある。会話分析などのアプローチでは，やりとりのデータを個々人の内的な状態（たとえば「不安なふりをしている」あるいは「目立ちたがっている」など）によって記述することを目的とすべきではなく，むしろそのような内的状態のサインとして理解できるような外的な行動（たとえば「*uhm*と言うことで，ターンの開始を遅らせつつも自分がターンを取ることを主張している」とか，「聞き手の全員が理解できるとは限らない専門用語を使っている」など）によって記述するべきだという方法論上の考え方がある。第4章で素描した枠組みでは，これは記号現象全体のなかで特に記号と解釈項間の関係に方法論的な焦点を当てているものとみなすことができる（第4章の図4.10を参照）。こうした目的のための用語上の方略として，ある人物が「主張している（claim）」心情だけを記述に含める，というものがある。こうすることで，その人物が抱いていた実際の心情に関して，他のだれか［他の参与者およぶ分析者］がそれを知っている，あるいは知ることができる，という含意を最小化することができる。たとえば，2人の人物があるショーが終わった後に拍手をしたが，1人はショーを実際に楽しんでいたのに対して，もう1人はじつは楽しんでいなかったとしよう。拍手が誠実な行為である場合も不誠実な行為である場合も，その両方において，私たちは，拍手をすることでそのショーを

楽しんだと「主張した」と言うことはできる。このように「主張」という用語を用いると不正確な記述にはならず[33]、にもかかわらず認知について述べることにもなる。ある人が自分はパフォーマンスを楽しんだと言うことは決してその人が実際に楽しんだということを意味しない。しかし共同体の普通の成員であれば受け入れる予期的スタンスのおかげで、この行動は、私は自分の拍手がどう解釈されそうかわかっている（つまり、私は拍手の解釈項を暗黙のうちに予期できる）ということを意味している。すなわち、自分のしていることを他者がどう解釈するかある程度わかっており、自分がしたことに対して説明が求められるということもわかっているからこそ、その拍手という行動を行ったのだ、ということを、その行動は意味しているのだ[34]。もしかしたら、ショーの出来が明らかに悪く、それゆえただ礼儀として拍手している、もしくは皮肉として拍手しているといったことが明白な状況もあるだろう。そこでもそのような場合にはより複雑な認知が想起されるだけである。そして「単なる主張」は無制限にもたらされるわけではない。もしある人が、自分はそう思ったと単に主張しただけである、という理由で、自分が言ったことを本当はそうだと思っていないという否定を繰り返し行うなら、その人の社会的な世界はすぐに崩壊してしまうだろう。

　要約すると、他者に対するアクセスは、観察されうる身体的な記号を通じてのみなされるのであり、そのような記号を通じてのみ、私たちはその人の信念・願望・意図・他者の解釈を暗黙のうちに予期する能力などについて推測し、それをその人に帰属させることができる。そのような帰属をすることは、他者の行動を理解するのに最も効率的な方法である。どんなに〔志向的状態の記述に関して〕懐疑的な人であっても、もしも自分が妻の誕生日を忘れてしまったり、森の中で道に迷ったり、冤罪で死刑を宣告されたりするようなことがあったら、自分の志向的状態について話すことをためらうことはないだろう。日々のやりとりのなかで、私たちは自分の行為がどのように他者から見られるかをある程度知っている。他者は、私たちの行動を目的のためのものとみなす。これが、意図の帰属の1つとしての行為の意味付与（action ascription）である〔行為の意味付与の概念の詳細については Levinson (2012) を参照〕。

---

33) ただ、これは少し誤解を招く言い方である。というのも、通常「ある人がXをすると主張する」（たとえば *Uh huh* と言うことによって今までにだれかが言ったことに同意をする、など）と言うとき、実際にはその人はXをしなかった、という含意をもたらすからである。しかしここではこのようなことを意味していない。

34) Garfinkel (1967); Heritage (1984)。Ryle (1949) も参照。

これは，行動主義的スタンスと対立する合理主義的スタンスであろうか[35]？　答えはノーである。というのも，認知をモデル化しようとするならば，どのようなモデルであっても，何よりもまず行動によって根拠を与えられなければならないからである。逆に，行動をモデル化しようとする場合も，何らかの形で認知を参照しないわけにはいかない[36]。しかしそれがどのような形で実際に展開していくかはそれぞれの分析上の伝統によって異なる。スティーヴン・レヴィンソンの言葉に「相互行為的ディスコースを分析する際に，認知的側面を人のコミュニケーションの全体像に統合することは恐れるべきことではなく，そこから得るものは多くある」とある[37]。さらに，そのような研究は，認知という側面を忌避するのではなくそれに迫ることによって，そして認知が表象的・心的な事象であるのと少なくとも同程度には動的・外的な事象でもあることを示すことによって，認知の研究に積極的に知見を提供できるのである。

　人間の社会的行動を分析する際，会話分析の手法を使って行うにしろ認知心理学的実験を行うにしろ，私たちは外的行動を用いて，目に見える行動をうまく説明できるような志向的状態について推測する。多くの分析者が特定のムーブの観察によって信念や志向的状態についての結論を導くことを避けたいと考えるのには正当な理由がある。しかしここで私がはっきりさせておきたいことは，「認知」はやっかいものではないということである。レヴィンソンが書いているように，「会話分析は参与者自身の理解に重きを置き，また聞き手に配慮した発話デザイン（recipient design）や投射（projection）といった原理を採用しており，反認知的であるなどとは言えない」[38]。認知に言及することは観察できない内的状態について言及するということではない。すべての科学においてそうであるように，私たちは決して自分たちが立てた仮説の真偽に直接的に到達することはできない。できることは，仮説が私たちの観察する事実と整合性があるかどうか，つまり真実そのものではなく，真実でありうるか，を例証することである[39]。重要なこと

---

35) Streeck(2010)。
36) Chomsky(1957)。
37) Levinson(2006: 92)。
38) Levinson(2006: 85)。
39) これはPopper(1972)が教えるところの科学的知識のありようである。私たちは決して仮説を証明することはできない。私たちにできるのはせいぜい，仮説を反証可能なものとして明確化すること，そして理想的には，その仮説がまだ反証されていないと述べることである。

は，人が社会的やりとりのなかで適切なムーブを適切なタイミングで産出することができるということであり，またそれがどのような解釈をされるかについてある程度確信を持って予測できること，そして自分のムーブについての説明をその場ですぐに求められる可能性があることをわかっているということである。本節で提示された説明に基づくと，これが認知に関する説明であるという主張は，私たちは観察可能な行動を通じてしか志向的状態にはアクセスできないというような指摘によって弱められはしないのだ。

*　*　*

人は志向的状態を有するが，志向的状態そのものは，社会的関係を形成し，維持し，変容させるやりとりの研究においては重要な問題とされてこなかった。私たちは知識・信念・目的・動機付けを他者に効率よく帰属させ，いっぽう相手はその種の帰属を予測または暗黙のうちに予期している。これこそが聞き手に配慮した発話デザインの本質的側面である。やりとりにおいては，他者が**彼らの**認知能力を用いて私たちの行為を解釈しているということについて，私たちは自分自身の認知能力を用いて予測する。つまり他者とうまくやっていくために査定という習慣を用いるのである。「認知」という言葉をここでは内的な状態やプロセスという意味で用いているのではなく，内的であると同時に外的であるものの動的な関係の束を指していることは忘れてはならない。研究のあるべき方法とは何か？　それは，認知を恐れるなということである。認知を用いるべきである。

第8章

行為

　前章までで，相互行為の参与者自身による分析にせよ，研究者によるものにせよ，社会的認知が社会的行動の分析に重要な役割を果たすことを確認することができた。私たちの素朴心理学はムーブのレベルで当てはめられ（第6章），ムーブの連なりは，人間にとっての経験に近い（experience-near）単位という特権的な粒度として，一般的な記号過程（第4章）を具現化していく。ここからは，社会において認知とムーブが合わさってさまざまな効果を生む領域について扱っていく。それは，行為の領域である。本章では，人々の日常経験に，そして対面相互行為のエンクロニー的枠組みに根ざした概念である行為に焦点を当てる。このエンクロニー的枠組みのなかで，社会関係が最も身近な位置で成立し，社会構造の学習・維持・拡散・変化が起きるのだ。

　本書で行為について論じるとき，行為とは目的への手段として実行され，理由を持つものとして解釈される，十分に制御された行動のことを指している。たとえば，喉が乾いたからグラスを手に取る，外に出たいからドアの取っ手を回す，吸うために煙草に火をつける，部屋の向こう側の人に手を振る，人に時間を尋ねる，など[1]。社会学者アルフレッド・シュッツが定義したように，行為は「未来を指向した自発的活動」であり[2]，**合理的**行為とは「既知の中間目標のある行為」〔たとえば仕事を全うするという最終目標のために，仕事に遅刻しないという中間目標を定め，それを達成するために走る，といったような〕のことである[3]。このように書くと単純なように見えるが，ある行為が制御されたものであり目的指向的であるかどうかはどのようにしてわかるのだろうか。行為の理由はどのようにし

---

1) Anscombe(1957); Davidson(1963, 1978)。
2) Schutz(1967: 57)。
3) Schutz(1967: 61)。

てわかるのだろうか。これを直接計測するようなテクノロジーは存在しない。しかし，私たちには優れた計測の道具がある。すなわち，人の応答行動である。私たち自身が計測の装置なのだ。だからこそ，本書におけるコミュニケーション概念において，解釈者は特権的役割を与えられているのだ。ムーブが何を意味するかについての証拠が欲しい場合は解釈者の応答を見るようにと会話分析研究者が言う理由もそこにある。あるムーブを見るときに「なぜそれを今？（Why that now?）」と問うことを勧められる理由もそこにある。それは単に私たちがそのように問うことができるからだけではなく，どんな人も常に問うている問いだからである[4]。だれかがムーブを産出する。産出者の目的は？　理由は？　発達心理学者のレフ・ヴィゴツキーは言語について次のように記している。「他者の発言を理解するには，そこで使われている言葉を理解するだけでは不十分である――私たちはその相手の思考を理解しなければならない。しかしそれでもまだ不十分である――私たちはその発言の動機を知らなくてはならない」[5]。以下では，個々のムーブで行われる行為に焦点を当てるが，それと同じくらい重要なのは，より高次の動機付けと目標であり，これは時に大局的な「プロジェクト」と呼ばれる[6]。プロジェクトは，上記で定義したシュッツの「合理的行為」と同じやり方で，ムーブの単位の行為を目的のための手段として組み込んでいる。私たちはしばしば，他者による局所的な行為をきちんと解釈する前に，その大局的な目的を知ることを必要とする。たとえば，「彼女は今どこに住んでるの？」と訊かれたら――それに対する応答は，相手がその人物の近況を漠然と尋ねているように思われるか，それともハガキを送りたくて尋ねているように思われるかに決定的に依存する。私たちは通常，他者が何をしようとしているのかについて優れた直感を有している。そして，そうした直感を運用することにおいて，遠慮することもなければ未熟ということもないのだ。

8.1　自然的行為と社会的行為

　広義には，他者を考慮した振る舞いはすべて社会的行為である[7]。マックス・

---

4) Sacks, Schegloff, and Jefferson (1974: 728–729); Schegloff and Sacks (1973: 299)。
5) Vygotsky (1962: 253)。
6) Levinson (2012)。
7) Weber (1947/1961); Davidson (1963, 1978); Anscombe (1957); Parsons (1937); Giddens

第 8 章 行為 *143*

ウェーバーは「行為は，行為する本人（たち）による主観的な意味付けに基づいて，他者の振る舞いを考慮に入れ，そこに指向して展開するのであれば，社会的と言える」と記している[8]。

(15) ウェーバーの社会的行為の 4 類型
1. **合理的な目的**のための行為〔ウェーバー自身の用語では「目的合理的行為」〕：
 目的への手段としての合理的振る舞い。その振る舞いによってもたらされる帰結のために行われること。この種の行為の価値は「結果の達成」にある（「なぜそんなことをするのか」と尋ねることは，はっきりと述べることができるがおそらく尋ねるまでもないほどに明らかな答えを導くだろう）。
2. **絶対的な価値**のための行為〔ウェーバー自身の用語では「価値合理的行為」〕：
 義務，信念，名誉，儀礼などのための行い
3. **感情の解放**のための行為〔ウェーバー自身の用語では「感情的行為」〕：
 セックスや復讐など
4. **単なる伝統**による行為〔ウェーバー自身の用語では「伝統的行為」〕：
 「なぜそんなことをするのか」と尋ねても意味がない。その問いに対する答えはない。

ウェーバーは，3 と 4 は 1 や 2 と比べて社会的であるという性質が弱く，むしろ単なる習慣のような自動的になされる性質の行為であると記している。そして 2 と 3 は，振る舞いの直接的帰結によっては動機付けられておらず，目的そのものではなくその目的のための手段こそが求められている，とも述べている。ウェーバーはこれらのカテゴリーを先験的な理論的区分から生み出したわけではないが[9]，行為を行う**理由**の観点からこの 4 つを区別することができるかもしれない。

(16) 理由の違いの観点から見たウェーバーの社会的行為の 4 類型
1. **合理的行為**〔目的合理的行為〕＝行為の理由は，その振る舞いの結果を達成したいという望みにある

(1993); Searle (2010) など参照．
8) Weber (1961: 173)．
9) Weber (1961: 176)：「行為における指向様式に関するこの分類は，網羅的であることは全く意図されておらず，社会学的に重要なタイプについて概念的に純粋な形で定式化したものにすぎない」．

144

2. **絶対的行為** [価値合理的行為] ＝行為の理由は，その振る舞いをしたい（あるいは済ませたい）という望みにある [このカテゴリーの行為もまた「合理的」であることには注意が必要である]
3. **感情的行為** ＝行為の理由は，その振る舞いを経験したいという望みにある
4. **伝統的行為** ＝行為の理由は，「自分の周りの人々がしている」からである

　ウェーバーが強調するように，これらの区分は排他的なものではない。たとえばセックスだ。セックスは，本人たちが子どもを望んでいる故にしているのであれば合理的行為ということになるし，快感である故にしているのであれば感情的行為ということになる。当然，両方に同時にあてはまることもありうる。

　ウェーバーの行為概念は，第5章で論じた地位に関する説明と整合的な形で，人間関係と関わっている。すなわち，人間関係は，他者との間の権利，義務そして傾向性と調和した振る舞いを実行することによって形作られる[10]。ウェーバーによれば，社会的な関係性が存在するのは，

> ある主観的意味に対応する，特定のタイプの行為が生起する可能性がある限りにおいてであり，そのような行為は社会的な関係性の「存在」を構成している。したがって，「友情」や「国家」といったものが存在する，ないし存在していた，ということが意味するのは，次のこと以上でも以下でもない。すなわち私たちは観察者として，ある特定の人々の態度 [「友情」や「国家」についての態度] から見て，ある特定のタイプの行為 [「友情」や「国家」があればするであろうと考えているような行為] が行われる可能性が存在する，ないし存在していたと判断する，ということである[11]。

　では社会的行為について，より焦点化した概念を組み立てよう。社会的行為とは，その目的を認識し，その振る舞いをその目的に対する有効な手段とみなしている人間によってのみ達成される帰結を持つ，ひとまとまりの制御された目的指向的振る舞いである[12]。もし私が *What time is it?*（何時？）と尋ねたら，このひとまとまりの制御された振る舞いは，受け手がその振る舞いがどのような意味を表す実践であるのかを認識し（とりわけその受け手が英語を知っていることが前

---

10) Linton (1936); Ryle (1949); Hinde (1976) 参照。
11) Weber (1961: 177)。
12) ギルバート・ライルの事例では，ある目の動きがウィンクになるか痙攣になるかは，その背後にある伝達意図の認識によって決まることが示されている（Geertz 1973: 6, Ryle 1949 も参照）。

提になる)，**かつ**たとえば時間を答えたり *Sorry I don't have a watch.*（すまない時計を持っていないんだ）といった何らかの適切な応答をするなど，そうした認識と整合的な応答を産出したとき，「時間を訊く」という発話行為とみなされるだろう。あるいは，もし私が持ち帰りのコーヒーと引き換えに2ドル手渡したら，このひとまとまりの制御された振る舞い——すなわちお金を物理的に手渡すということ——は，その受け手がその意味を表す実践とコンテクストの要因を認識する限りにおいて，すなわち制度的な地位が呼び起こされ，それが通貨による適切な価値の交換である，などといったことが認識される限りにおいて，「コーヒー代の支払い」という行為とみなされるであろう。仮にコーヒー代を支払ったという事実を法廷で示さなければならないとなったらどのようなことが問題になるか，考えてみるとよいだろう。

ある制御された振る舞いによる帰結や効果がどのような因果で実現されるかという点における違いから，私たちは自然的行為を社会的行為から区別することができる。自然的行為では，帰結は自然的な因果によって実現される。私がグラスを落とし，グラスが割れたとする。グラスの落下についてあなたが何らかの解釈——たとえば，グラスの落下を見，それが割れると思ってビクッと怯える——を行おうが行うまいが，グラスが実際に割れることにつながるプロセスには何の影響もない。落ちつつあることが直後に割れることを——指標的に——表すものとして捉えているという意味で，ビクッと怯えることはグラスの落下の解釈項である。しかし，**割れたこと**自体は落ちたことの解釈項ではない。それは単に剥き出しで何ものにも媒介されていない自然的な原因による結果である。これに対して社会的行為では，その結末は記号的に実現される。すなわちその振る舞いの意味や理由，そしてその目的の——他者による——付与を通じて実現される。

社会的行為は，それが成就するかどうかが，その行為の後に他者がその行為の意味を受け取るかどうかに依存しているという点において社会的なのである[13]。社会的行為のこのような捉え方は，この用語のより一般的な意味とは異なっている。一般的な意味における社会的行為とは，人間の制御された振る舞いのほとんどは何らかの形で社会的な関連性や因果関係によって形作られているということであり，どのように通りを歩くかといったことも含まれている。本書での社会的行為の定義は，そのような一般的な意味での社会的行為の部分集合である。

---

13) Searle（2010）。本章第3章および第4章も参照のこと。

8.2　行為の展開

　個々の行為は孤立しているのではなく，互いに結びつき合い，より大きな行為の展開のなかに埋め込まれている。行為および行為の展開は，ほぼすべての水準の粒度で記述されうる。もし私が今何をしているか尋ねられたら，「自分のキングを守るためにルークを動かしている」と答えるかもしれないし，「チェスを指している」と答えるかもしれないし，「友達と過ごしている」と答えるかもしれない。これらはどれも間違いではない。にもかかわらず，振る舞いの単位には特権的な基本的水準があると考えるべきである。たとえば，キングを守ることはチェスを指すことの一部として認識されるのに対して，チェスを指すことは友達と過ごすということからそれほど必然的に導かれるわけではないし，そこまで重要な構成要素というわけでもない。くだけた状況で提案をするときの英語の言葉づかいは，この種の区別をきめ細かに反映している。*Let's just hang out*（一緒に過ごそうよ）は，チェスを指して過ごすという可能性へのコミットメントをわずかにしか示唆しないのに対し，*Let's play chess*（チェスを指そうよ）は，ルークを動かすことやキングを守ることといった，下位の行動パターンへのコミットメントを（論理的に含意するとまでは言わないまでも）強く示唆する。そして，キングを守ることはより規模の大きい基本レベルの活動にとって内在的な下位の目的であるため，一般的な活動を提案するときと同じフォーマットを使ってキングを守ることを勧めるようなことを言うと奇妙なことになるだろう。*Let's play chess*（チェスをしよう）と言うのは普通の表現だが，*Let's protect our kings*（キングを守ろう）というのは奇妙に響く[14]。

　言い換えれば，チェスを指すことにコミットするということは，すなわちチェスの駒を決まったやり方で動かすことにコミットすることになるのに対し，友人と一緒に過ごすことにコミットするというだけでは，チェスを指すことにはっきりとコミットすることにはならない[15]。もし私がタバコを注文するなら，私は他のどれでもない特定のブランドのタバコを選ぶこと，あるいは少なくともそのタ

---

14) *Let's*というフォーマットを使わなければ，話し手と聞き手がすでにそのプロジェクトに関して一緒にコミットしていることを含意する可能性もあるが，話し手は*Let's*というフォーマットを使うことでそのような共同的コミットメントを確かなものとしようと試みていることになるように思われる。Rossi(2012)によるイタリア語における2つの依頼方式の区分に関する議論を参照のこと。

バコでよしとすることにコミットすることになる。もし私が映画を観に行ったら，私は特定の映画，特定の映画館，特定の時間にコミットすることになる。もし私がジョークを話し始めたら，オチを言うことにコミットすることになる。こういった形で，個々の社会的行為はより大きな規模の社会的行為の流れのなかに依存的に組み込まれるのだ。オチを言うあるいはジョークで笑うといった行為は，ジョーク語りに参加するという，より大きな規模の行為の流れのなかに組み込まれて初めて，意味をなすのである[16]。

8.3 言語行為と《行為》

　行為――あるいは社会的行為――という用語には，相互行為のなかで話すことに関する研究分野において広く使われている，より特定的な意味が存在する[17]。これは，語用論および言語学一般の研究で用いられているように，言語行為のようなものを意味し，具体的には依頼，苦情，提案などがその例として挙げられる[18]。しかし，私たちとしては，オースティンやサールやそれ以降の多くの学者に記述されているような，日常語彙で名付けることが可能な発語内行為よりも広い範囲を捉えたい。私たちは，よりきめ細かく定義された社会的行為を含めたいし，行為の生成的な性質，すなわち，行為というものは語の認識と違い，単に有限のリストから1つ選んで認識されるのではなく，その行為をもたらす振る舞いの要素の形式的特徴をふまえて意味付与（ascribe）されるものであるという性質を捉えたい。

　私は，言語行為という用語は，ジョン・サールによって意図された特定の意味[19]のためにとっておき，ここで論じる意味での行為を《行為》と表記したいと思う［原書では，-enという下付き文字が付与されたaction-enという表記の用語が用いられている］。《　》という括弧は，それがエンクロニーの枠組みのなかで捉えられていることを示している。エンクロニーの枠組みでは，ある《行為》は複数のムーブの協同的連鎖のなかに分散していると理解され

---

15) H. H. Clark (1996, 2006)。高次水準の行為プロジェクトについては，Levinson (2012) も参照。
16) 文化におけるこのような組み込みの関係性についてのより一般的な議論については Kockelman (2006b) および Enfield (2014a) を参照。
17) Schegloff (1997b); Levinson (2012); Sidnell (2010) など。
18) Austin (1962); Searle (1969); Schegloff (1997b); Levinson (2012)。
19) Searle (1969) およびそれ以降の多くの研究による。

る。《行為》は，ある行為主体によって行われ，別の行為主体によって意味付与される。本書における《行為》という範疇には，伝統的に言語行為と呼ばれるもの（依頼・苦情・約束・挨拶など）すべてが包含されているが，それ以外のものも含まれている点に注意してほしい。また，「言語行為（speech act）」という用語のような「言語（speech）」という語を避けることは，音声による発話だけでなく，身体行動も射程に含めるために必須の点である。そして，《 》という括弧を付加することで，行為とは典型的にはムーブという特権的なエンクロニー的水準で生じるのであって，音声の産出ならどんなものでも行為をもたらすわけではない，という事実に注意が向けられる。したがって《行為》とは，相互行為の連鎖のなかで意味付与しうるムーブを形作る社会的行為として定義される。

発話によって構成されるムーブに関して，「苦情（complaint）」，「誘い（invitation）」，「提案（proposal）」といった，日常語彙のラベルを使って解釈することの問題は，これらの英語表現が，経験的に規定されうる《行為》のタイプと結びついているということが保証されていないということである[20]。「苦情」や「提案」といった語を用いるのは，英語の語彙意味論に関心のある研究者や，より一般的に，言語間比較のために《行為》のメタ言語としてのコーディングをしようとする研究者にとっては良いだろう。また，《行為》と適切に呼ばれうるものの英語として名前を持たない，あるいは少なくとも語彙として表現できる名前を持たない振る舞いも存在することを，私たちは知っている。通常は名前を持たない《行為》の例としてこれまでの会話研究において論じられているものとしては，「評価」「修復開始」そして「ほのめかしの承認」が挙げられる[21]。

評価や修復開始のような専門用語的に名前が付けられた《行為》と，苦情や依頼など日常語彙として名前を持つ《行為》はどのような関係にあるだろうか。1つの可能性は，《行為》には2種類のタイプがあるというものである。すなわち，専門用語的に名付けられる《行為》と日常語彙として名前を持つ《行為》，というように。しかし，そう考えるべき強い理由でもない限りは，《行為》は単一のカテゴリーであり単一のやり方で規定されるという，より簡潔な考え方を採用すべきである。では，日常的な英語の言葉を使って簡単に規定できないなら，どのように《行為》を規定するのだろうか。この問いに答えるには，ある人物が言っ

---

20) この問題については，Wierzbicka(2003)などを参照。
21) 「評価」については Pomerantz(1984)を，「修復開始」については Schegloff, Jefferson, and Sacks(1977)を，「ほのめかしの承認」については Schegloff(1996a)を参照。

たことや為したことに対して「《行為》に意味付与する」とはそもそもどういうことなのか，まず検討する必要がある。

　相互行為において他者の振る舞いにその目的を意味付与することは，一種のカテゴリー化の営みのようなものである。あるひとまとまりの振る舞いを，たとえば苦情やからかい，もしくは観察などと解釈してカテゴライズする際，私たちは行為の意味付与を行っているのだ。このようなカテゴリー化は，他者の振る舞いに応答するために必要であり，実際のところ応答することの一部を構成している。とはいえこれは，頭の中の小人(ホムンクルス)が相手の振る舞いを見て，《行為》にラベルを付け，正しく応答せよという命令を出している（「あれは苦情だ。共感を示せ！」）という意味ではない。

　カテゴリー化はすべて，第4章で述べられた記号プロセスの枠組みにおける解釈項であり，さまざまな形態をとりうる。他者の振る舞いを行為という点でカテゴライズする1つの方法は，言語を用いた概念的なやり方で明示的に記述すること（たとえば，英語で *She made a hilarious quip*（彼女は面白いからかいをした）と言うこと）である。しかし多くの場合私たちは，「XをXとして記述する」という明示的なやり方ではなく，「XをXとして取り扱う」という非明示的なやり方でカテゴリー化を行っている。ここでは記述的概念は一切必要とされない。あなたがからかいの発話をした後に，もし私が笑ったとすれば，そのムーブを笑えるからかいとして記述しなかったとしても，暗にそうカテゴライズしていると言える。これを，「応答における取り扱い」による《行為》のカテゴリー化として考えておこう。第4章で論じられた用語で言えば，これは記号 – 解釈項の関係と関わりがある。これが，会話分析の研究者たちがある《行為》が産出されたという証拠をデータから探すときに見る点である。ハーヴィー・サックスと共同研究者たちは，これを方法論上の「証明手続き」と呼んだ。すなわち，人々がその振る舞いをどのように取り扱っているかを見て，カテゴライズするための証拠として使う，ということである[22]。ただし，これはポパーの言う意味での**反証手続き**であることに注意しよう。証拠というものは，仮説が真であることを証明することはない。むしろ，証拠の存在は反証の可能性を与えるのみであり，だからこそ行為への意味付与は常に暫定的で，完全ではなく適切にしかならないのだ。これとは対照的に，あるムーブが「《行為》としてX」なのかYなのか——たとえば，からかいなのか論評なのか，苦情なのか観察なのか，質問なのか異議なのか，など——を言語表現で明示的に記述するということは，応答における取り扱いから

《行為》をカテゴライズすることとは，ほとんど別の営みである。私たちはしばしば分析においてそうしてしまうのだが，「取り扱い」から「記述」に移行することが正当化されるとは考えられない。「これは，苦情として取り扱われているから苦情なのだ」あるいは「人物1はABCという性質を備えたムーブを産出した。XであるようなムーブはふつうABCという性質を備えている。次に，人物2がYをした。Yは人物1のムーブがXであるならば適切な振る舞いである。以上より，人物1のムーブはXであったと言える」といった推論について考えてみよう。この種の推論にも一定の価値があるが，注意深く用いなければならない。というのも，ここで解釈者自身は行為を分類したわけではなく，あるやり方で取り扱ったにすぎないのにもかかわらず，行為の分類を含む分析的な結論に至ったということになるからである。ここで鍵になるのは次のことである。私があなたの振る舞いをどのように取り扱うかということと，私があなたの振る舞いを何と呼ぶかということは，全く別のことでありうる。

8.4　《行為》は分類できるか？

ありうる《行為》の一覧表などは存在するだろうか。《行為》には無限の可能性があるだろうか。その可能性は，階層的に構造化されているだろうか。《行為》の分類方法について，理論指向の提案を2つ検討してみよう。

《行為》タイプの分類方法として，1つの候補は，トマセロの「社会的動機」による3つの大分類である[23]。

(17)　社会的動機の3つの大分類（トマセロに基づく）
・求める（Requesting）：自分の目的のために他者からの助けを得ること
・助ける（Helping）：他者の目的のために自分の助けを提供すること
・分かち合う（Sharing）：共通の目的を推進すること

行為に関するこれら3つの大きなカテゴリーは，個体発生と系統発生の両方において，よりシンプルで向社会性の側面が弱い《行為》である「求める」から，交感的言語使用やナラティブなどの即時的な効果を持たない言語使用に代表され

---

22) Sacks, Schegloff, and Jefferson (1974: 728–729)。
23) Tomasello (2008)。

る，より複雑で長期的な人間関係を指向した《行為》である「分かち合う」へと段階的に発達するということを想定するような，人間の社会性についての理論に根ざしている。トマセロの3分類の良いところは，本質的に社会関係的な現象である《行為》を，社会関係的な観点から規定している点である。

それに対して，ジョン・サールは《行為》を個体が有する志向的状態（intentional states）［本書第7章を参照］のタイプの観点から規定している。サールは，言語行為には「5つのタイプがあり，5つのタイプしかない」と述べている[24]。サールは言語行為の5つのタイプを次のように定義している。

(18)　志向性による言語行為の5分類（サールに基づく）
主張型（Assertives）：物事について伝える行為（例：言明や主張）
行為指示型（Directives）：人に何かするように言う行為（例：命令や指令）
行為拘束型（Commissives）：自分自身がある行動をするように拘束する行為（例：約束や誓約）
態度表出型（Expressives）：自分の感情や態度を表出する行為（例：謝罪や感謝）
宣言型（Declarations）：あることが真であると宣言することによって実際にそれを真にする行為（例：宣戦布告や会議の休止宣言）

サールの5つのカテゴリーに関して第一に述べるべきことは，これらは互いに排他的ではないということである。「牛乳がない」「私の車が動かないの」という場合のように，主張型は行為指示型でもありうる。これは，2つの《行為》を同時に遂行することが可能だからだろうか。そのような捉え方は，ある意味では正しい。ある《行為》が主張型であると言う［ある《行為》が主張型の行為というカテゴリーの一員であると判定する］とき，このような行為の特徴付けのしかたは，ある《行為》が行為指示型であると言う場合とは根本的に異なっている。主張型は主に述べられる事態と話し手との関係の観点から規定されるが，行為指示型は主に発話相手と話し手の関係の観点から規定される[25]。このため，サールの言語行為のカテゴリー化は明確な論拠を持っているにもかかわらず（詳細は下記），論理意味論的なカテゴリーと相互行為的なカテゴリーを混在させてしまっているという根本的な問題を抱えている。

---

24) Searle (2010: 16)。
25) Jakobson (1971) による，スピーチイベント (speech event) に関わる物事と語られるイベント (narrated event) に関わる物事の区分を参照。

第二に，すでに述べたように，サールの《行為》のカテゴリーは相互行為上の論理に由来するものではない。むしろ，サールのカテゴリーは，前言語段階における個人の心理についての伝統的なカテゴリー，すなわち志向的状態を基礎とするような心の理論に基づいている[26]。サールは，最初の4つの《行為》タイプと4つの志向的状態，すなわち世界に対して個人が持つ心理的関係における基本的タイプの間の「精確なアナロジー」について論じている[27]。

(19)　サールの4つの言語行為タイプが志向的状態にどう対応付けられるか
　　主張型 ≅ 信念
　　　（当人が世界のあり方に対して適合しているかどうかで判断される）
　　行為指示型 ≅ 欲求
　　　（世界が当人に対して適合しようとしているかどうかで判断される）
　　行為拘束型 ≅ 意図
　　　（世界が当人に対して適合しようとしているかどうかで判断される）
　　態度表明型 ≅ 感情

　つまり，サールによる《行為》の区別は，社会的相互行為の理論ではなく，伝統的な論理的意味論およびそれと関連した心の志向的モデルに根ざしている。言語および言語の認知において志向的状態が果たす同様の役割については，言語学者ジェームズ・ハーフォードによる言語能力の進化に関する最近の研究において記述されている[28]。これらの志向的状態は前言語的なものであるが，〔トマセロと異なり〕社会関係ではなく個体の認知に基づいている。

　《行為》の5つ目のカテゴリーである宣言型に関して，サールは「前言語的レベルにおける対応物は存在しない」と述べている[29]。宣言とは「私はこの船をウィンストン・チャーチル号と名づける」のような，オースティンが行為遂行発話（performatives）と呼んだものである。これは，サールが言うように2つの「適合の方向性」を有する《行為》である。すなわち，宣言の発話は，世界を特定の状況として記述すると同時に，世界がそのような状況になる原因となる。

---

26) Brentano (1847/1995); Searle (1983) など。
27) Searle (2010: 69 ほか)。
28) Hurford (2003, 2007)。
29) Searle (2010: 69)。

8.5 《行為》を複合体として捉える

では，相互行為において，他者の《行為》に意味を付与するとき，私たちは何をしているのだろうか。私たちはあるレベルでは——もちろん意識的にとは限らないが——他者のムーブを「Xという《行為》である」と記述しているのだろうか。それとも，私たちは単にどのように応答すべきかということをその場で創発的に把握し，当該のムーブを「Xという行為として」**取り扱う**のみなのだろうか。これまでに論じてきたように，両者の違いは無視できるものではない。アナロジーを言うなら，私がある所で座ったからといって，私がそこを椅子としてカテゴライズしたとは限らない——それが実際のところ椅子であったとしても。相互行為のなかで他者の《行為》に意味を付与するということの中心にあるのが，「Xとして取り扱う」ことによるカテゴリー化だとしたら，ある振る舞いを「Xという《行為》である」とみなすことの意味は，その取り扱い方のおかげで観察者（たとえば分析者）がそのようなラベルを《行為》に付けられるようになるという点ぐらいにしかない。ここから，《行為》の意味付与に関する創発的モデルの可能性が示唆される。ある《行為》にあるやり方で応答することは，本質的にその《行為》に対してある心理的スタンスをとることである（第7章参照）。これは行動主義の主張でも認知主義の主張でもない。私が，直前のムーブをXという《行為》（たとえば，笑えるからかい）として取り扱ったという証拠とみなされうる応答を産出したからといって，柔軟性のないやり方で直前のムーブに反応した，つまり単に刺激として取り扱った，というわけではない。それと同時に，必ずしも私が実際にそのムーブを「Xという行為である」とみなしている（たとえば，本当に私がそのムーブを面白く感じている）とは限らない。これは，私がその振る舞いをどう取り扱ったか（たとえば，その振る舞いの後のある時点にある笑い方で笑った）ということから，私がその振る舞いに関して特定の捉え方をしたということ，そしてその振る舞いをそのように取り扱ったことおよびそれを「Xという行為である」と**有効なしかたで**みなしたことについて私は説明を求められうるということの，公の証拠を観察者は得ることができるということである。

ここまでのところ，《行為》はその内部構造を分析されないユニットとして記述してきた。しかし《行為》には複合的（composite）な側面もある。ここで《行為》が複合的だという理由の1つは，ある《行為》には可能な記述のレベルが数多く存在するという点である。グライスは，発話の全体としての意味が，コ

ード化された要素と含意された要素の組み合わせによってどのようにもたらされているかを記述するのに、この意味での**複合的**という用語を用いた[30]。第二の理由は、《行為》はいずれも、その一部が構成ユニット（たとえば、語や構文など。詳しくは第6章を参照）として認識可能であるような、数多くの部分から構成されているという点である。では、《行為》が複合的であるというこれら2つの点についてより詳細に検討してみよう。

8.5.1 複合体としての《行為》その1：複数の記述レベル

哲学者ジョン・オースティンは《行為》が相互に独立だが関係し合っている複数の行為（acts）として同時に記述できることを示した[31]。

(20)
 I. 音声行為（Phonetic act）＝「特定の音声を発すること」
 II. 用語行為（Phatic act）＝音声行為を通じて「特定の語彙を発すること」
 III. 意味行為（Rhetic act）＝「意味を伴って」用語行為を行うこと

(20) の3要素は、一方が他方を階層的に組み込み、3つすべて合わさってオースティンが言うところの発語行為を形作る。発語行為はまた、別のレベルの記述とも区別される。

(21)
 A. 発語行為（Locutionary act）＝特定の相手に意味行為を向けること
         （(20) の I–III が合わさったもの）
 B. 発語内行為（Illocutionary act）＝「発語行為を用いて行うこと」
 C. 発語媒介行為（Perlocutionary act）＝発語内行為を行うことによって、
         「特定の帰結をもたらすこと」

これらの各水準は、第4章で示した基本的な記号プロセスと対応付けられる。

---

30) Grice (1989)。Levinson (1983) も参照。
31) (20) は Austin (1962: 94-103) に基づく。H. H. Clark (1996: 146) も参照。

(22)

記号	音声行為
記号 – 記号内容の二項関係	用語行為・意味行為・発語行為
記号 – 記号内容 – 解釈項の三項関係	発語内行為・発語媒介行為

ある例について考えてみよう[32]。私がある画廊で絵画作品をフラッシュ撮影したとしよう。警備員が私に近づき，*You can't do that.*（フラッシュ撮影は禁止です）と言うので，私はやめる。警備員の *You can't do that.* という発言については，私が撮影をやめるという応答を含めて，オースティンの用語での行為（act）を複数の異なる意味で記述することができる。

(23)
　I.　警備員が [juː kʰɑːnt du ðæt] という音声を物理的に産出した
　II.　警備員が "you," "can't," "do," "that." という語を産出した
　III.　警備員が "You can't do that." と言った
　A.　警備員が私に "You can't do that." と言った（＝I – III のすべて）
　B.　警備員が私がフラッシュ撮影したことに対して注意した
　C.　警備員が私がフラッシュ撮影するのをやめさせた

このオースティンによる特徴付けでは，発話相手が関わる行為は数ある水準のうちごく一部しかないということに注目しよう。しかし実際には，心理学者ハーバート・クラークが論じたように[33]，これらのすべてにおいて発話相手ないし解釈者が果たす役割をはっきり認めることができる。

(24)
　I.　S の音声行為　→　H がその音声を知覚する
　II.　S の用語行為　→　H がその語彙や表現を認識する
　III.　S の意味行為　→　H がその文の意味を理解する
　A.　S の発語行為　→　H が発話の宛先になる（＝I＋II＋III のすべて）
　B.　S の発語内行為　→　H は，その行為を何らかの形で理解する

---

32)　"You can't do that" の事例は，Austin（1962）の挙げた発話例に対して私が文脈を付与したものである。
33)　H. H. Clark（1996）。

C．Sの発語媒介行為　→　Hは，何らかの妥当なやり方で，その行為に応答する

これは言語行為が本質的に対話的であるという性格を浮き彫りにする[34]。クラークは以下の（25）に要約されるような形で，オースティンの図式を発展させるなかでこの立場を明確にした。

（25）クラークが改訂し再分類した図式（H. H. Clark 1996）（Austin（1962）に基づく）

　　　発話をSが産出する　　　　　　　　　→　Aがその発話に注意を向ける
　　　語句などをSが提示する　　　　　　　→　Aがその語句を同定する
　　　「文」をSが信号として送る／意味する　→　Aがその信号を認識／理解する
　　　「プロジェクト」をSが提案する　　　　→　Aがそのプロジェクトを検討する

　本書でこれまで論じてきた記号論的な区別をふまえた形で，クラークによるカテゴリーを書き直すことができるだろう。このように，成功した発話というのは行為主体と解釈者の間にさまざまなつながりを作り出すものと言える（図8.1)[35]。

　こういった区別は，相互行為における《行為》の記述と分析に正確さを与えてくれるだろうか。だれかが *Your haircut looks great.*（あなたの髪型，素敵だね）と言ったとしよう。この《行為》は何だろうか。これは評価だろうか，それとも褒めだろうか。その両方だ，というのが答えである。まず，この発話は，どう組み立てられているか，すなわちどう著作されている（authored）か（これらの用語については第9章を参照）という観点から言えば，評価である。すなわち，ある事物（「あなたの髪型」）を主題化し，その主観的な特徴（この事例では「素敵だね」とプラス方向に傾いている）を叙述している。このような説明は，選ばれた言語表現における形式と意味の対応関係という観点から発話の意味論的特徴を単に記述したにすぎない。予期されうる解釈項の観点から言えば，この発話は褒めである。すなわち，この発話は特定のタイプの応答を規範的に妥当なものとし，他のタイプの応答については妥当なものとしないのだ。この例に関しては，適切

34）H. H. Clark(1996) は p. 153 やその他の箇所で指摘している。
35）行為主体性については第9章を参照。これらの各水準はいずれも，そのプロセスにとっての行為主体の側と解釈者の側の両方において，潜在的に修復の対象となりうることに注意(H. H. Clark and Brennan 1991; H. H. Clark 1996)。

領域	行為主体（A）	解釈者（I）
記号（一次性）	統御する （A は記号が生起する時間と場所を決定する）	注意を向け，知覚する （I はその記号が生起する時間と場所にいなければならない）
記号−記号内容の二項関係（二次性）	組み立てる （A は記号内容を表すように記号を選択する）	認識する／同定する （I は A の記号がある記号内容を表すものと捉える）
記号−記号内容−解釈項の三項関係（三次性）	暗黙のうちに予期する （A は I からの何らかの解釈項があることを暗黙のうちに予期し，それ以外の者からは予期しない）	推論する／意味付与する／応答する （I は A の記号に対する解釈項を産出する）

図 8.1 記号論的な行為主体性（Kockelman（2007）に基づく。本書第 9 章も参照）の観点から見た「行為の梯子」（Austin（1962）および H. H. Clark（1996）に基づく）

な応答は *Thank you*（「ありがとう」）だろう。もちろん，この発話を単なる評価として取り扱うことによって，違うタイプの応答を行うことも可能ではある。たとえば，*Yeah, it does*（「そう，素敵なの」）と応答する場合のように。

あるいは，別の例を考えてみよう。だれかが「冷蔵庫に牛乳がないよ」と言ったとしたら，それは言明だろうかそれとも苦情だろうか。これもやはり両方なのだ。この発話は，どのように組み立てられているかという観点から言えば，言明もしくは事態の報告である。解釈項が何でありうるかを考えると，この発話は苦情ということになるだろう。応答は，「いや，あなた牛乳買ってきてだなんて言わなかったじゃない！」といった反撃を伴うような抵抗の発話になる可能性があるし，そのような応答は先行する言明を苦情として取り扱っているものとみなせるだろう。この例に関しても，単に事実の主張として扱って応答すること，たとえば「ああ」とだけ言うことなども可能である。

アンスコムをはじめとする行為の哲学の研究者たちが指摘するように，1 つの行為はさまざまな方法で，さまざまな粒度で記述されうるし，いずれも特定の目

的においては妥当である。重要なのは，〔目的に合うよう〕自分の使う枠組みを決めることだ。社会的な《行為》の領域においては，私がある人物のムーブを観察し，今なぜそれをするのか考えてみる場合，それはそのムーブの根と果実を問題にするということである。すなわち，何がこの人物にこれをさせたのか，何が目的か，そして（私の反応がどのように解釈されそうかを常に暗黙のうちに予期しつつ）私が今何をすべきか，といったことを考えることである。仮にある人物が *yer line's been busy*（ずっと通話中だったね）と言って情報を釣り出すのを観察したとして[36]，この《行為》を事実の主張であるとするのは，間違いとは言わないまでも，有用ではない。そのような発話は，質問ないしある種の情報要求であると言いたくなるだろう。そう言ったところでまだ不十分なのだが。というのも，質問や情報要求であると言うだけでは，なぜ単に「だれと電話してたの？」と尋ねるのではなく，主張の形式を用いたのかを説明できないからである。アニタ・ポメランツは，このような情報の釣り出しのやり方は，「私の側の語り（my side telling）」と呼べるプラクション（praction, この用語については後述）であると論じた。これは，情報を求めている側には直接尋ねることができるほどの権威があるとは限らないような状況において，相手の側からの情報提供を誘い出すための1つのやり方だ。「私の側の語り」という名称は，この振る舞いの形式的特徴（発話相手の方が優位にアクセスできる領域に関して，話し手が限定的な証拠に基づいて事実の主張を行う）に焦点を当てているが，《行為》としての特徴を十全に記述するには，次のムーブにおいて聞き手がどんな理解を示すことが適当なのかを明示することも必要だろう。

8.5.2 実践 vs 行為

前節では，あらゆる《行為》は記号過程に根ざしているため，複数の"段"が常に同時に存在する"行動の梯子"に依拠することで遂行されたり，意味付与されたりしている，という点を論じた。これはオースティンおよびクラークの議論に準拠して，(20) から (25) に示した通りである。これを《行為》の構成のあり方に関する理解の道筋とすることで，シェグロフをはじめとする相互行為のなかの言語使用（talk-in-interaction）の研究者たちによってなされてきた，実践

---

36) Pomerantz(1980: 189)に基づく。これは，話し手が通話を試みたが，相手が話し中だったという状況である。

(practice) と行為 (action) の区別を明確にすることができる[37]。このことは、グライスが述べたこと、すなわち発話とは複合的であり、そして、ある発話の完全な分析があるとすれば、その発話に含まれる表現にコード化された意味と、コンテクストないしシステムに由来する推論の両方に基づく、という主張と本質的に等しいということを、以下で論じていく[38]。

発話の意味を検討するにあたり、言語学者は文の意味と発話の意味を区別してきた[39]。文の意味とは、表面に現れており、コード化されており、「文字通り」であり、〔トークンではなく〕タイプであるような意味のことである。これは組み合わさったさまざまな要素から導き出される。発話の意味とは、それが話されているコンテクストに埋め込まれた形で理解され、十全な豊かさを付け加えられた意味のことを指す。仮にあなたがある同僚に打ち合わせのための時間があるか訪ねて、その人が「今週は予定がたくさん入ってるんです」と言ったとする。その応答における文の意味は、今週その同僚には予定がたくさん入っている、ということを伝えてくれる。そのいっぽう、発話の意味には、「だから、打ち合わせのための時間を作ることはできない（あるいは、したくない）」という趣旨の付加的な意味が含まれるだろう。この、文字通りに言われたことと実際に意味されたことという区別は、意味に関するあらゆる語用論の理論において中核となるものであり、グライスの研究から発展した諸理論については特にそうである[40]。この違いが意味を持つのは、聞き手による応答がどのようなものであるべきかという点においてである。

グライスが参照されているわけではないが、これと類似した形で、会話分析においても行為と実践を区別している。行為は、求められる応答の種類についての含意も含めた、十分に拡充された発話の意味——別の言い方をすれば、発語内的な効力と発語媒介的な効力——とほぼ対応する。そして《行為》を認識したり達成したりする手段として、実践がある[41]。ここで実践という語をどのような特定の意味で使っているのかを明確にするために[42]、再び《　》という括弧を付与していく。本節の残りの部分では、《実践》と《行為》について記していこう。

---

37) Schegloff(1996a: 163, 1997a: 537) や Sidnell(2010: 61) を参照。
38) Grice(1989)。Levinson(1983) も参照。
39) Lyons(1977)。
40) Levinson(1983, 2000); Sperber and Wilson(1987); Atlas(2005); Horn(1989) など。
41) Schegloff(1996a: 163, 1997a: 537) など。

人類学者であり会話分析研究者であるジャック・シドネルは,《実践》を「幅広い範囲の発話タイプや行為の間で繰り返し生じる,相対的に安定した特徴」と定義している[43]。《実践》は《行為》と同じではないのである。《実践》は,《行為》を行うための道具,特に《行為》が為されていることを他者に認識させるための道具である。この意味での《実践》は,語彙・イディオム・構文[44],その他複数のコンテクストにまたがって安定していて慣習的に核となっている意味を持つあらゆる認識可能な記号から構成される,慣習的意味に関する想像上の辞書に載っている項目のようなものとして理解することができる。これは,辞書編纂家が作り,書店で売られているような辞書の話をしているのではない。完全なる辞書とでも呼ばれうるようなもの,つまり,個人がある言語の話者として,そしてある文化共同体の成員として認められるためにそれを認識できるよう習得してきているはずの知識の総体に限りなく近いもののことを意味している。発話の形式あるいはフォーマットを作り上げるものである《実践》に焦点を当てるということは,言語学者がコード化された意味ないし象徴的意味と呼んだもの,あるいはグライスが表現の無時間的意味と呼んだものに焦点を当てることとそう変わらない[45]。語やそれに相当する意味伝達のユニットは,常にある安定した中核的概念を表現するが,それは常に豊かで個別的なコンテクストのなかに生起するがために,この安定した中核意味はそれぞれ使われる場面ごとに豊かで個別的な理解を与えられる。たとえば,英語の *good* という単語は,常に「良い」というコード化された基本的な意味を備えているが,コンテクストのなかで用いられると私たちは〔その場面に合った〕より特定的な意味を推論する。*a good knife*（良いナイフ）が *good* であるのは,*a good movie*（良い映画）が *good* であるということとは同じではない[46]。

　ここで規定された《実践》を組み立てるのに貢献するのは語だけではない。《実践》という概念には,構文,イディオム,そしてその他にも人々に習得され

---

42) この「実践」という用語のさまざまな別の用法と区別したい。Bourdieu (1977); Hanks (2005b) 参照。
43) Sidnell (2010: 61)。
44) Schegloff (1997a: 537)。
45) Heritage (1984: 142ff); Grice (1989: 89)。
46) ティム・ショーペン (Tim Shopen) が私に最初にこのことを気づかせてくれた。*nice* といった語によって意図された意味を知るためにコンテクストが必要であるという Heritage (1984: 142ff) の議論も参照。*nice* を,写真に関して言う場合と,宝石店のショーウィンドウの中の指輪に関して言う場合と,八百屋のレタスに関して言う場合を比べてみ

共同体において習慣的に認識可能であるような振る舞いのパターンはすべて含める必要がある。もし仮に完全なる辞書が存在するとすれば、それはこういった《実践》をすべて列挙したものであるだろうし、それはまさにある文化の成員が社会生活のなかで使い方を学ぶ《実践》の集合と同じものになるだろう。こういった《実践》を構成するユニットにはジェスチャーなど意味のある身体動作が含まれるし、それだけでなく、他者からの期待や暗黙の予期に適合するような——あるいはより正確に言うなら、そうした期待や暗黙の予期とあからさまには衝突しないような——振る舞いを生み出すのに十分な百科事典的知識やノウハウも含まれる。そのような知識は民族誌的なメンバーシップを構成するものであり、人工物およびその固有の機能、儀礼活動、言語構造と言語運用パターン、そして制度的場面〔法廷・授業・診察など、日常会話とは異なる制度上の制約がその場のやりとりに影響を与える場面〕に特有の実践に関する知識とノウハウが含まれる。

　《行為》を作り上げるのに《実践》がいかに用いられうるか、1つの例を検討してみよう。例として取り上げる《実践》は「否定的観察」、すなわち、何かの不在を指摘することである。たとえば、「冷蔵庫に牛乳がないよ」という例を考えてみよう。この《実践》を通じて、苦情と呼ばれる《行為》を産出することができる（すべての否定的観察が苦情として意図されているわけでもそう理解されるというわけでもないが）。会話分析の分野でよく引用される事例は、買い物から帰宅したばかりのハウスメイトに対して言われた *You didn't get an ice cream sandwich*（アイスクリームサンドイッチ買わなかったんだね）という発話である[47]。このような《実践》と《行為》の対応関係については、図8.2を参照してほしい。

　否定的観察という《実践》が苦情という《行為》を達成するのに利用されうると言うとき、それは話し手が苦情を言っていると聞き手に認識させるために、特定の慣習的意味を備えた語（ないし語に相当する記号）を選択することが話し手に利用されうるということを意味している。異なるコンテクストにおいて他の《行為》を作り上げるのにも全く同じ語および記号が利用されうるため、《実践》はその《行為》としての効力と固く結びついているというわけではないと見るのが妥当である。これが、《行為》と《実践》は別物であると主張する1つの理由

よう。

47) Schegloff(1988: 120–128)、引用は Schegloff(1996a: 171)から。

《実践》の例	発話例	ありうる《行為》	ありうる適切な解釈項
否定的観察	*You didn't get an ice cream sandwich*（アイスクリームサンドイッチ買わなかったんだね）	苦情	理由を述べる・反論する
会話相手そのものないしその直前の行動の特徴についての肯定的評価	*You look good in that shirt*（そのシャツよくお似合いですね）	褒め	「ありがとう」と言う・謙遜する
自分の側の限定的なアクセスを語る	*Your line's been busy*（ずっと通話中だったね）	説明を引き出す	説明を与える

図 8.2 《実践》と《行為》の対応付けの例（Schegloff（1996a）より）

である。《行為》が結果を強調するものであるなら，《実践》はそういった結果に対する手段として捉えられる。《行為》は，コンテクストのなかで記号を組み上げて送信することによって引き起こされるのではあるが，社会的行為の一種であるという定義上，そこで選ばれた《実践》に対してその《行為》を他者が正当に意味付与することによってのみ完結するという側面も有している。これは事実上，儀礼化された振る舞い一般についての優れた定義となっている（第11章を参照）。まさに聞き手が発話に対して《行為》に意味を付与するのであるから，次のムーブで制裁ないし訂正を受けないというような形でその意味付与が元の行為者から認可されるまではその《行為》が完成しない，ということに注意しよう。次のムーブで修復を開始することは技術的には常に可能なのである［下記訳注参照］[48]。

人間の相互行為において儀礼的コミュニケーションの最も重要なシステムは言語であり，言語は生成的なシステムである。これが意味するのは，ある制御された振る舞いのパターンとその振る舞いが実行しうる《行為》の間に，一対一の対応関係は存在しないということだ。繰り返しになるが，この点こそ，《実践》（基

---

[48] 修復については Schegloff, Jefferson, and Sacks (1977) および Hayashi, Raymond, and Sidnell (2013) とそこで引用されている多数の文献を参照。
〔訳注〕ある発話に対して，別の参与者が応答を行うことで行為の意味付与をしたとしても，さらにその後のムーブにおいて「いやそういう意味じゃなかったんだけど」などと言って修復を行うことは原理的には常に可能である。

本的に，発語としての効力を持つ物事）が《行為》（基本的に，発語内的な効力および発語媒介的な効力を持つ物事）とは概念的に区別される理由なのである。

　図8.2に示されるように，本書でこれまで論じてきた《実践》は，発話の命題内容という一般的水準で定義されるものだった。それは，何かの欠如ないし不在を主張することや，発話相手がよりよく知っている領域の状況について自分のほうには限られたアクセスしかないことを知らせるといったことである。しかし，発話より下位の水準で話し手が行う選択――文法標識や特定の語彙に関する選択（たとえば「デザート」や「おやつ」ではなく，「アイスクリームサンドイッチ」という語彙を選ぶこと）――についても，それぞれ《実践》の1つとして考えなければならない。たとえば「テーブル」という語〔を使うこと〕は，テーブルの指示を含む《行為》を為すための《実践》でないとしたら一体何だというのか。また，（*I'll get coffee*（コーヒーをいただこう）に見られるような）*'ll* という形態統語的構造は，ある出来事が将来起こるだろうという考えを（少なくとも）含んでいる《行為》を為す《実践》ではないなら，何なのだろうか。ムーブより下位の水準において特定の《実践》を選択することは，ムーブの水準において行われる特定の《行為》の意味付与に影響を与えうるのだ。ある命題内容が苦情として理解されるか，観察として理解されるか，それとも情報告知として理解されるかを区別するには，発話の全体的意味の水準よりも下位の水準において選択される，《実践》のきめ細かい区別がしばしば関わっている。どの《行為》が意味付与されるかに影響を与えることとしては，たとえば，使われる代名詞が *I* かそれとも *you* かはたまた *it* かという点や，表現のしかたが誇張されているか語用論的に無標の形かという点，それに評価の方向性がポジティブかネガティブかという点などがありうる。このようにして，ある人物や事物の特徴を述べ立てるというような，ムーブの水準におけるごく一般的な《実践》は，苦情（「キッチンが散らかってるね」），褒め（「君の髪型すごくいいね」），侮辱（「君の髪型ひどいね」），自己卑下（「僕の髪型ひどいよ」），評価（「これはおいしい」）など，多様な《行為》を成し遂げるものとして調整される。

　《実践》と《行為》の関係性についての1つの考え方は，道具と機能のアナロジーを用いることだ。もちろん，言語的な《実践》と手で動かすような道具の間には違いもある。たとえば，言語的な《実践》は，ハンマーや脚立と違って，意識的な設計の産物ではない傾向がある。しかし，明らかに共通していることもある。道具にも《実践》にも，限定されたコンテクストでのみ用いられ，きわめて

特定的な機能を持つものがある。たとえば，木の丸棒を作る道具であるスポークシェイブ〔丸棒を削り出す専用のかんな〕や，だれかがくしゃみをしたときの *Gesundheit!* 〔ドイツ語でくしゃみをした人に対して慣用的に言う言葉。英語の *bless you!* に相当〕という表現を考えてみればわかるだろう。いっぽう，道具にも《実践》にも，きわめて一般的な機能を持ち，幅広いコンテクストで用いられうるものがある。たとえば，脚立は床よりも高いところに安定した踏み台をもたらすという一般的な機能を持っており，人が脚立を必要とする理由は多様である。たとえば，電球の交換，カーテンレールの修理，本棚の高いところから本を取る，といったように。言語においても同様に，疑問文の文法構造あるいは質問形式は，話し手が何らかの情報を欠いており聞き手にそれを提供してほしいという要求をコード化するという一般的な機能を有している。この装置が，単に情報を引き出す以上に，さまざまな《行為》のための《実践》として有効に働くのである。私たちは，疑問文の構造を，情報を尋ねる場合（「ここから一番近い新聞販売店はどこですか？」）だけでなく，苦情を言う場合（「何で俺のシャツにまだアイロンかけてないの？」）や評価を行う場合（「このドレス素敵じゃない？」），それに驚きを表す場合（「彼がほんとにそんなこと言ったの？」）など，さまざまな《行為》に用いる。

　ある《実践》を定義するには，その《実践》の形式的な特徴を特定するだけでなく，それが用いられるしかるべきコンテクストについても明らかにする必要があるだろう。この原理は，文法の分析では馴染み深いものだ。文法の分析において，ある語は複数の意味を持つことがあり，どの意味が意図されているのかを知るには，その語の形式だけでなく，文法的なコンテクストも特定する必要がある。*knife* という語は，名詞として使われる場合（*Pass me that knife.*（ナイフを渡してくれ））と動詞として使われる場合（*He knifed someone in a bar fight.*（酒場のケンカで彼は人をナイフで刺した））では異なる意味を持っている。同じことが，《行為》を達成する《実践》に関しても言えるのだ。シェグロフが言うように，「ある発話の機能ないし行為は，その発話の形式だけで決まっているのではなく，その行為連鎖のコンテクストによっても形作られるもの」なのである[49]。

　ゲール・ジェファーソンの先駆的研究やその後の研究で示されたように，笑いはこれの良い例である[50]。ある話し手が話している最中に笑ったとき，聞き手が

---

49) Schegloff（1997a: 538）。
50) 笑いにおけるこの性質については Jefferson（1979, 1984, 1987）; Glenn（2003）を参照。

第 8 章 行為　165

一緒に笑おうとすることがある。しかし，この共に笑うという実践の意味は，話し手の言っている内容に依存する。ある話し手が，笑いながら，おかしな経験を語っているとしよう。聞き手が笑うことは，話し手に協調的な態度を示すことである。しかし，人はしばしば自分が困っている問題について語るときに笑う。このコンテクストにおいて聞き手が共に笑うことは，不適切であり，非協調的な態度を示すことになる。ある《実践》が用いられるコンテクストは，その《実践》が達成する《行為》の性格を変える。すなわち，その《実践》がどのように応答されるかを変えるのである[51]。

　ここまでの議論に基づき，以下の区別をすることができる。

- 《行為》＝相互行為におけるムーブを手段として，人が他の人に対して，あるいは他の人と共に，行うこと。ここでいう「行う」は，他者がそのムーブを特定のやり方で取り扱う場合に——そしてその取り扱いのおかげで——達成され，それによって何が行われたかについての意味付与も（この意味付与が最初の機会において規範に従う形で拒絶されないなら）可能となる。
- 《実践》＝特定可能な意味を持つ慣習的な振る舞いの形式で，複数のコンテクストにまたがって確認される（つまり，特定のスピーチイベントからは独立に定義可能である）ほど一般的かつ繰り返し現れるもの。《実践》は，自分が意図した《行為》となるように他者に意味付与させ，それによってその《行為》を完成させるための道具である。

　行為主体性の記号論的解剖（第 4 章および第 9 章を参照）の観点から言うと，《実践》について語るということは記号 – 対象関係の組み立ての側面に焦点を当てることであり，他方，《行為》は解釈項の暗黙の予期と産出（そして，そういった解釈項の解釈）に関わっている。《実践》は，《行為》を著作するないし組み立てる際に使うものである。《行為》は，解釈項のエンクロニー的な暗黙の予期と産出の，すなわち記号 – 解釈項関係のなかに顕在化する。というのも，《行為》

---

51) ただし，「ドリューの法則（Drew's Law）」として非公式に知られている仮説についても注意しなければならない。これは，もし「同じ形式」が全く別の《行為》として機能するものとして用いられているなら，念入りに調べるとじつは機能の差異に対応する形式上の明確な差異が見つかるということ，つまり，念入りに調べると実際は全く同じ形式でないことがわかるということである。この仮説に従うなら，2 種類の笑いは形式面で区別できるはずであり，音声的な違いが実際にはあるはずである。

としての意味の付与が成功するということの本質は，適切な応答のしかたを知ることだからだ。仮にある発話の字義的意味をその発話を構成する《実践》に基づいて認識するとしても，どう応答できるかわからなかったら，それはその発話に対して《行為》としての意味の付与がまだできていないということを意味するだろう。

　相互行為における《行為》の分析における難問の1つは，《実践》と《行為》の間に一対一の対応関係が存在しないということだ。シェグロフが言うには，「振る舞いの実践」と「それが生み出す行為」の関係性に関して，「ある実践とある日常語彙で名前を付けることのできる行為の間にシンプルで明快なつながりがあるということはめったにない」[52]（その《行為》を日常語彙で呼ぶことができるかどうかは副次的な問題である。というのも，知っての通り，多くの《行為》が日常語彙による名前を持たないからだ）。では，《実践》と《行為》の間の明快でない結びつきについてどのようにすれば研究ができるのだろうか。1つの研究方法は，《実践》から始めるというものだ。つまり，ある特定の《実践》を出発点とし，人々がそれを使って行う《行為》を調べるというやり方だ。《実践》はしばしば複数の種類の《行為》の達成に利用される。極性疑問文あるいは Yes-No 質問として知られる文法的な《実践》を考えてみよう。その中核的な機能についてはある程度わかっているが，それだけではコンテクストのなかに置かれたときに達成される《行為》についてはわからない[53]。脚立の例を思い出そう。脚立を手に取った人を見たとき，その人は何らかの目的のために高さのある安定した踏み台が必要なのだと考えることはできるが，それが電球交換のためかカーテンレールの修理のためかなどは必ずしもわからないだろう。脚立は，多数の目的のための1つの手段なのだ。

　もう1つの研究方法は，《行為》から始めるというものだ[54]。つまり，ある特定の《行為》を出発点とし，それを達成するのに使われる《実践》を調べるというやり方だ。たとえば，依頼として知られる一般的タイプの《行為》を考えてみよう。このような一般的タイプの《行為》は，さまざまな《実践》によって達成

---

52) Schegloff(1997a: 539)。しかし，同じ会話分析の分野の中でも Raymond(2003: 964)は，「言語と相互行為における社会的行為の間に直接的なつながり」を想定している。Raymond(2003: 944)の脚注4で，彼が行為タイプの選択と文法形式の選択が質的に異なるという考えに疑問を提示している点にも注意したい。

53) Enfield, Stivers, and Levinson(2010)。

54) Schegloff(1996a: 172)。

されうるということを見出すかもしれない。依頼は，疑問文の言語形式（*Could you pass that knife?*（ナイフを渡してくれませんか））,命令文の言語形式（*Pass me that knife*（ナイフを渡してくれ）），そして平叙文による言明（*I need a knife*（私はナイフが必要です））をはじめ，さまざまな《実践》の使用を通じて行われうる。

シェグロフは，《実践》から出発する研究アプローチと《行為》から出発する研究アプローチのいずれも，《行為》の研究に求められる以下の3要件を満たす研究手法であると述べている[55]。

(26)
1. 行われている《行為》を特定すること（「どんな行為ないし行為群が達成されているかを定式化する」）
2. そこでの参与者がその《行為》をそのようなものとして取り扱っていることを示すこと（「この定式化を参与者の"リアリティ"[56]のなかで基礎付ける」）
3. そこで用いられている《実践》を特定すること（「観察された発言ないし振る舞いは一体何なのか……何がその発言／振る舞いの実行をその行為の一事例たらしめるのか」）

したがって，《実践》と《行為》は概念的に独立のものであること，そして両者の間には多対多の対応関係が存在することが認められる[57]。《実践》と《行為》の関係性をきちんと理解するうえで，2つの方法論的な方略を共に活用することが分析者には勧められる。すなわち，《実践》から出発する方法と《行為》から出発する方法の連携である。この方法論上の相補性は，意味論における意義論的（semasiological）アプローチ——ある語から出発し，どのような状況にそれが使

---

55) Schegloff(1996a)による。引用は pp.172–173 から。
56) シェグロフが注意喚起のために引用符を付けているからといって，彼が参与者がリアリティを持っていることに懐疑的だということではない。おそらく「リアリティ」という概念は参与者自身の指向性や理解を表出する振る舞いの中に根拠付けられうるような限定的な意味で理解されなくてはならない，ということを彼は意味しているように思われる。問題となるのは，何がリアルかを測るために用いられる道具立てである。シェグロフは，相互行為においてリアリティを測るために用いられるただ1つの特権的な道具立ては，その場で関与する人々の反応行動・解釈行動（すなわち人々が産出する解釈項）であると強く主張している。人々の振る舞いこそが特権的な計測器なのだ。
57) あるいは Schegloff(1997a: 499) の言い方では「結びつきの複数性」となる。

えるかを問う——と，名義論的 (onomasiological) アプローチ——ある状況から出発し，どの語がそこに当てはまるかを問う——の区別と本質的に同じである[58]。しかし，やりとりの最中に他の人が何をしているのかを理解しようとしている人のことを考えると，この多対多の対応付けがそういつでも混乱をもたらすわけではないのはどうしてだろうかという疑問が生じるかもしれない。〔ここでは〕観察可能な《実践》が私たちの出発点であり，論拠である。《実践》こそが記号として作用し，振る舞いの意味を理解するのに必要な記号内容を推論させてくれる（第4章および第7章を参照）。もし観察可能な《実践》から意図された《行為》への対応付けが部分的にすらできなかったとしたら，解釈のための足がかりはどこにあるだろうか。

　1つの方策は，《実践》-《行為》の特定の**組み合わせ**（あるいは《行為》のための《実践》の集合体）に焦点を置くことだ。一例として，〔会話分析の分野において〕「ほのめかしの承認」として知られる，《実践》と《行為》の複雑な対応関係がある[59]。これは，話し手Bがそこで明示的に述べたことについては話し手Aがそれより前からほのめかしていたという文脈において，話し手Aが直前に話し手Bの言ったことを繰り返す，というものである。すなわち，Bが直前に言ったことを繰り返すことによって，Aはそれを承認し，かつ，Aはまさにそのことを伝えようとしていたということも伝えるのである。事例（27）を見てみよう。話し手Tは，何か〔がある場所〕が遠いという考えをほのめかしながら，場所の名前（バーリンゲーム〔サンフランシスコ郊外の地名〕）に言及している[60]。このほのめかしは，話し手Bによって明示化され，その後にTはBのターンをそのまま繰り返すことによってそれを承認する。

(27)
　　T: Burlingame
　　　　バーリンゲーム。

---

58) Geeraerts (1997, 2009)。
59) Schegloff (1996a)。
60) 事例は Schegloff (1996a) より。〔Schegloff (1996a: 175) によると，この事例はTが「見たい映画を見るために自宅から遠いバーリンゲームのさらに向こう側にあるミルブレーにある映画館まで行った」という説明をしているものである。原文では1行目のTの発話は *Millbrae. which is over past Burlingame.* であり，この *over past* によって「映画館はかなり遠い場所にある」ことをほのめかしている，と説明されている〕

(間)

B: That's far away
　かなり遠い。

T: That's far away
　かなり遠い。

　この振る舞いにおいて重要な形式的特性は，「他者が直前に言ったことを実質的にそのまま繰り返す」という《実践》である。しかしこれだけでは不十分だ。繰り返すということは，文脈が変わればさまざまなことを伝達しうるからだ。シェグロフは，他の話し手が直前に言ったことを実質的にそのまま繰り返すという《実践》が，ほのめかしの承認という《行為》の機能を持つなら，《実践》にはどのような特徴が必要かを論じている（図 8.3）。

《実践》のための資源のセット

- X を繰り返す
- X の次のターンにおいて繰り返す
- X と実質的に同じことを繰り返す
- 最初に言及された X の受け手によって繰り返される
- X はそれより前に言われたことの理解の候補である
- 繰り返しは，行為連鎖において第二ないし第三の位置で行われる
- X はターンの冒頭ないしターンの全体である
- 場合によって同意表現も付随しうる

図 8.3　ほのめかしの承認という《行為》を生むための《実践》のための資源のセット（Schegloff, 1996a）

　この分析において，ほのめかしの承認は《実践》でも《行為》でもない。それは組み合わせである。すなわち，組み合わされることで特定のタイプの《行為》を遂行するような特定の《実践》の集合体である。上記に引用した，シェグロフやシドネルといった会話分析研究者たちによる《実践》と《行為》の関係性の特徴付け——《実践》は《行為》を達成するための道具である——を信頼するなら，このような《実践》-《行為》によって構築されたものは，《実践》でも《行為》でもないことになる。それは両方の特定的な組み合わせなのだ。会話分析研究者が「実践」という用語を用いる際，この組み合わせ——特定の《実践》と特定の

《行為》の組み合わせ——を指していることがしばしばある。このような意味を表すためには，混乱を避けるため，別の用語が必要である。本書では，これを**プラクション**（praction）と呼び，特定の《実践》（あるいはその集合体）とそれが慣習的に引き起こす特定の《行為》の組み合わせとして定義しよう。

8.5.3 複合体としての《行為》その2：発話のマルチモーダル性

完全を期すために，《行為》が複合的であるということの2つ目の意味について押さえておこう。これは，《行為》は，別個の形式を持ち同時に生起する複数の特徴をさまざまに組み合わせた，マルチモーダルな発話から作り上げられているという意味である。この点については，これまでにすでにかなり触れている。特に第4章および第6章を参照のこと[61]。

8.6 《行為》のオントロジー

ここまで，意図の帰属，特に伝達意図と情報意図の帰属の背後にある，目的指向的な行為についてのヒューリスティックなモデルについて論じてきた。

これをふまえると，行為および言語行為という用語がどのような意味で用いられているかまとめることができる。

(28) 「行為」という用語のさまざまな意味（いずれも排他的ではない）：
   i. 日常的語彙においてメタ言語的に名付けられているもの（例：「提案」「依頼」）
   ii. 専門分野においてメタ言語的に名付けられているもの（例：「修復開始」）
   iii. 慣習的で特定可能である（しかし名付けられてはいない），あるタイプのトークン
   iv. 単一で1回限りのもので，トークンではあるが特定のタイプのトークンではない
   v. 行為群；さまざまなやり方で行われうる，一般的な機能（例：「提案」「依頼」）

---

61) C. Goodwin (2000, 2006); H. H. Clark (1996); Streeck (2009); Enfield (2009) など参照。

vi. プラクション：《行為》と《実践》の組み合わせ（例：「ほのめかしの承認」）

上記で導入した用語を用いて述べるならば，人がやりとりにおいて《行為》に応答するときは，基本的には「Xとして取り扱う」というプロセス（たとえば「ありがとう」と言う）によってその《行為》をカテゴライズしているのであり，「Xとして記述する」というプロセス（たとえば「彼は私を褒めてくれた」と言う）によってではないのである。しかし研究者としての私たちが，ある振る舞いを「Xという《行為》である」と言う場合，一定の飛躍をしている。もしある《行為》を同定する際の主要な証拠が，そのような行為として取り扱う振る舞い（彼が「ありがとう」と言っている，など）であるとしたら，これを言語的な記述（「これは褒めである」）に翻訳することに正当性はあるのだろうか。私が椅子に座ったとすれば，私はそれを何か座るものとして効果的にカテゴライズしていることにはなるが，果たしてそれを椅子としてカテゴライズしているのだろうか。問題は，「ある参与者があるひとまとまりの振る舞いを「Xという《行為》」として取り扱っている」と分析者としての私たちが述べるとき，取り扱うことによるカテゴライズを行いつつ，記述することによるカテゴライズのやり方でそのカテゴリーを記述しているということだ。それはまるで，茶箱（茶葉を保管するための大型の木箱）に腰かけているということをもって，その茶箱に「椅子」というステータスを意味付与するようなものだ。当然のことながら，人が座ったという理由だけではそれが椅子であるとは言わないのだ。〔ただ，一方で〕この点は本当に問題なのだろうか。分析者は言葉による記述なしでは仕事にならないのであり，その記述が現象に対して特段の害を及ぼすわけでもなく，かつ有用な一般化を得られるのなら，問題とはならないし，研究方法として悪いものではない。しかし，分析の便宜上の飛躍をすることは，ある行為と別の行為が《行為》のオントロジー（存在様態）において等価であると理論的に支持されるような形で主張することと同じではない。思い出そう。ある椅子の上に座っているからといって，私はそれを座ることのできる何かとカテゴライズしているだけであり，それを椅子としてカテゴライズしているとは限らない。私が本当にそれを「椅子として」指向するのは，(a) それを椅子と「呼ぶ」とき，または (b) それが椅子であることに関した規範を喚起するとき，すなわちあなたが茶箱に座っている状況で私が「なあ，椅子あるよ」と言うようなとき，あるいはあなたが椅子の上に立ってい

る状況で私が「そんなとこに立つもんじゃないよ。脚立を使いなよ」と言うようなときのみである。椅子の例において重要なのは椅子の解釈項,すなわちそこに座るという振る舞いだけではない。この振る舞いと,椅子本来の意図された機能に対応した,規範がはりめぐらされた公共空間との組み合わせが問題なのである。

8.7 《行為》の生成モデル

　《行為》をすべてリストアップすることは可能だろうか。それは可能ではないように思える。「行為はいくつあるのか」と問うことは,「人が言えることはいくつあるのか」と問うようなものである。《行為》の有限なリストが存在すると言うのは,言語に関して有限な文のリストが存在すると言うようなものだ。言語が生成的なものであるということはだれもが知っているし,私たちは言語という生産的な資源を使って(唯一無二のとまでは言わないまでも)新奇な表現を口にすることができる。ありうる《行為》のなかには,明確で疑う余地のないような中心的成員——依頼,提案,苦情など——があるだろうが,《行為》におけるニュアンスや含み,そして生み出されうる《行為》の組み合わせの多様性によって,潜在的には無限の広がりがある。そして仮に有限のリストがあるとして,そのリストはどこから来るものだろうか。どんな理論がそのリストを律するのだろうか。そのリストはどうやって習得ないし構築されるだろうか。1つの考えうる解決策は,語彙意味論で一部の研究者が語の意味素性を仮定したのと同じように,《行為》の基本素性(primitive)を仮定することだ[62]。最も極端に論じたのは哲学者のジェリー・フォーダーで,語の意味素性のリストは存在するが,それは *carburetor*(車の気化器), *bureaucrat*(官僚), *doorknob*(ドアノブ), *tweezers*(ピンセット)といった英単語の意味すら意味素性の1つとして含む,あらゆる存在しうる語の意味によるリストであるとした[63]。明らかにそのようなリストには際限がな

---

[62] 意味的な基本素性を仮定するアプローチにはさまざまな原理的に異なる種類のものがある。Fodor(1975)はすべての語彙的概念は分解不可能でありすべてが素性としての地位にあると提案した。それとは対照的に,Jackendoff(1983); Wierzbicka(1972, 1996)および Goddard and Wierzbicka(2002)は,言葉の意味は単純な意味素性からなる生成的システムによってパラフレーズされ,演繹的に明示化されうると唱えている。もっとも,彼らの間で素性の認定および運用の基準は大きく異なっているが。たとえば Goddard and Wierzbicka(2002)は,素性的意味ユニットとその組み合わせの原理は,すべての自然言語において直接的に表現できるとしている。Schegloff(1997a); Sidnell(2010); Levinson(2012)なども参照。

く，人々の記号論的な行為主体性について，一般化も予測もその他どんな洞察も得られないだろう。

　本章で論じた意味での《行為》の問題について真剣に取り組むためには，原理的に《行為》のカテゴリーを生成し，それによって《行為》の数と種類を予測するあるいは少なくとも制限するような理論が必要である。上述のトマセロやサールによる行為の説明は，どちらも非常に一般性が高く，会話データに見られる粒度の細かい《行為》の区別を捉えることができない。それとは対照的に，会話分析およびその関連分野において提案されている《行為》の説明は，人間の行為として可能なもののすべてを生成したり特徴付けたりするような理論的基盤から出発はしないし，そのような理論的基盤を提案することもしない。この問題を解決する1つの方法は，《行為》を第4章で述べたような記号過程の観点から特徴付けることだ。この観点に立つなら，《行為》とは記号過程の一種であり，その解釈項は——公的にアクセス可能なのであれば——規範に基づいて査定されるのである（次章を参照）。《行為》とは，単に記号過程であるのではなく，エンクロニー的連鎖におけるムーブを組み込んだ記号過程である。このエンクロニー的連鎖のなかにおいて，ムーブは，そのムーブに対する記号としての査定[第2章参照]に基づき，他者に何らかの効果を及ぼすことができる。この理論では，《行為》のタイプを区別できるように，4種類の解釈項を定義する。すなわち，聞き手の受け取りには，大きく分けて，情動的解釈項（それを受けてだれかがある感情を抱く），力動的解釈項（それを受けてだれかが何かをする），表象的解釈項（それを受けてだれかが何かを言う），最終的解釈項（それを受けてだれかが何かを考える，信じる，あるいは知るに至る）がある。解釈項は多くの場合，これらのうちいくつかを組み合わせている。ムーブが複数のやり方で特徴付けられるということをふまえると，エンクロニー的な枠組みにおける記号過程のなかに埋め込まれた説明責任は，《行為》の観点からのムーブの分析に制約を与えるのに役立つだろう。たとえば上述したように，「牛乳がないよ」は常に事実の主張であることは変わらないが，しかるべきことがなされていないことに対する苦情にも，牛乳を買ってくることを求める指図にも，店に行こうとしている理由の説明にもなりうる。上で指摘した通り，これらの可能性は，部分的には次に産出される解釈項によって区別可能である。たとえば，それを言われた相手が実際に店に向かって

---

63) Fodor(1975, 1998)参照。

いるかどうかといったことである。しかし，解釈項だけでは決められない。私たちのモデルにおいては，解釈項それ自身が，解釈されることになりうる記号だからである。プロセスの下流にある解釈項において重要な点は，関係論的に定義された当事者同士の権利と義務によって，解釈項の応答対象であるムーブに関する規範的な説明責任を喚起させうるということだ。規範に関するコンテクストが持つ文化的側面の内実を具体的に論じることは，行為の理論の射程を超えるものであり，その場に関与する人々についての民族誌と個人誌として扱うべき問題である。

＊　＊　＊

　本章では，以前の章で独立に定義された諸要素を通じて《行為》を定義することができた。《行為》は，その本質として社会関係的なものである。《行為》は，関係論的かつエンクロニー的に定義される限りにおいて，記号的な事象として捉えられる。すなわち，解釈項とは，ある記号によって生み出されたという限りにおいてその記号と関係付けられるものであり，その記号が（専門用語としての意味での）対象（記号内容）を表すものとして受け止められる限りにおいて意味をなす。《行為》のエンクロニー的領域では，これらの記号内容には，人々の振る舞いの背後にある理由および人々の目標が含まれている。

第 9 章
行為主体性

　もしも《行為》がエンクロニーのなかで社会的関係を構成し，それゆえ究極的には社会集団の基礎構造であるのならば，これは行為主体（agent），すなわち《行為》を実行するものが重要な役割を果たすことを意味している。行為主体とは何者か？　そして，行為主体性（agency）の本質とは何だろうか？

　《行為》と同様，行為主体性は本質的に記号的であり，また複合的なものである[1]。本章では，個体という概念が行為主体という概念と完全に一致しない場合がしばしばあるということについて検討する。これには2つの理由がある。第一に，行為の一連の展開のなかで行為主体性は分散されることがあり，そうすると複数の個体が相補的な役割を担うからである（たとえば，私がスピーチの原稿を書き，あなたがスピーチをする場合など）。第二に，複数の人々が動機と説明責任に関して1つのまとまりを形成することがありうるからである（たとえば，ある男が私の妹を傷つけた場合に，あたかも彼が私をも傷つけたかのように，私が彼に復讐しようとする場合）。したがって，複数の個人の間における行為主体性の分裂・分割という意味でも，もしくは融合・統合という意味でも，私たちは行為主体性の分散を論じることができる。

　《行為》が展開するなかで，1人の人間しか関わらないということは決してない。私があなたに手を振るとき，私が何をしているのかをあなたが認識できなければ，私はこの《行為》を成功させることはできない。私があなたに塩を取って

---

[1] ここでの説明はパースに続く Kockelman（2007a）での行為主体に対する記号論的説明を利用している。Kockelman（2006a, 2006b, 2007），およびそこで挙げられている文献，さらに本書の第4章も参照。ここで提案されているものと親和性の高い行為主体の定義のある Duranti（2004: 453）も参照。

もらうとき，行動を計画するのは私だが，実行するのはあなたである。私があなたに昨日の演説で選挙の候補者が何を言ったかを語るとき，言葉を発するのは私だが，表現された内容に説明責任を負うのはその候補者である。このような例のすべてにおいて，行為主体性は分散されている。本章の主張は，行為主体性は常に分散されているということである。個人間で行為主体性の分散がどのように起きるかには，いくつかの異なる形がある。本章では，行為主体性という概念が，そしてその構成要素である柔軟性（flexibility）と説明責任という概念が，相互行為に参与する個人の間でどのように分散されるのかを見る。

行為主体性や**柔軟性**，**説明責任**といった用語は，非常に広く，またさまざまな意味で使われているので，これらの用語を明確に定義することが重要である。コックルマンに従い，私は柔軟性と説明責任という2つの概念をまとめたものを意味するものとして，**行為主体性**という用語を用いる。柔軟性とは，振る舞いとその結果の諸要素を自由に決定できる度合いのことである。これは，振る舞いの物理的な実行や，振る舞いの計画とデザイン，適切なコンテクストのなかに振る舞いを位置付けること，振る舞いがもたらすであろう効果の予測など，複数の意味にわたるものである。説明責任とは，他の人間が，特定の振る舞いに対し，たとえば応答する，理由を聞く，制裁を加える，褒める，責めるなどの特定のやり方で反応することを予期または要求できる程度のことである。

《行為》における柔軟性の単位と説明責任の単位は常に直接対応するわけではない。家族間の諍（いさか）いで何が起きるかを考えてみるとよい[2]。ある者がある者に悪いことをしたとき，復讐はその孫の代でなされるかもしれないが，どちらの孫も元々の悪行には関わっていない［柔軟性の単位にミスマッチが生じている］。孫はその祖父母が行ったことに対し，責任を求められる立場にあるのだ［説明責任の単位にミスマッチが生じている］。

よって，私たちが行為主体性という言葉で意味するのは，振る舞いとその結果に関する柔軟性と説明責任の度合いである。この本で私たちは主にコミュニケーションのなかの行為主体性，つまり「話者性（speakerhood）」——すなわち，私たちの用語で言えば物事に関する柔軟性と説明責任にまつわる諸側面——に議論を集中する。アーヴィング・ゴフマンがこの問題を考えたとき，彼は「話者」という地位はいくつかの構成要素に分解でき，それらはたいてい同一の個人に収束するものの，時には複数の個人に分散して存在することもあると結論付けた[3]。

---

2) Bohannan(1957)。

(29) ゴフマンの「話者」の3つの構成要素
　　発声者（Animator）＝知覚可能なスピーチ信号を身体で産出するもの
　　著作者（Author）＝どのような語を使うかを選ぶもの
　　責任主体（Principal）＝メッセージの内容にコミットするあるいは責任を持つもの

　ゴフマンの説明は影響力を持ってきたが，彼が提唱したものは始まりにすぎない[4]。ここで，いくつかの論点が挙げられる。まず，ゴフマンの説明における問題点の1つは，それぞれの構成要素が白か黒かのどちらかでしかないということである。たとえば，あなたは言葉の発声者であるか，そうではないかのどちらかであるということになる。しかし，すぐに見るように，むしろ参加の程度の問題として考えるべき理由がある。次に，ゴフマンのカテゴリーは曖昧なときもあり，責任主体の概念に関しては特にこのことが問題となる。当然のことながら，私たちの分析上のカテゴリーには曖昧性がないことが重要である。

　行為主体性を理解するうえで，さらに最近の，そして本質的に異なる枠組みは，ポール・コックルマンの枠組みである[5]。これは，この本の第4章で概観した一般的な記号論的原則にその基盤を持つ。この枠組みの魅力の1つは，行為主体性についての私たちの説明が言葉以外のことをも広く対象とするなら——そうでなければならないのだが——，「話者性」という用語に固執してはいけないということである。私たちには，ある人がコミュニケーション行為——そこでは複数のモダリティとチャンネルが活用されている——およびその他の記号過程のデザインに関して持つ，柔軟性と説明責任のタイプと程度を把握するための概念が必要である。さらに，コミュニケーションにおける行為主体性について語るとき，ある人が行為主体であるかそうではないかのどちらかであるという二項対立で考えることはできない。また，より低い行為主体性からより高い行為主体性へと単純な段階として並べられるものとして考えるのも誤りである。行為主体性は，複数の別個の構成要素からなるのだ。そしてこれらの要素のそれぞれが独立して複数の個人間で分散されうるのである。以上の事実はやりとりのなかで人々の間に非

---

3) Goffman (1981)。
4) ゴフマンの枠組みをより詳細に解釈する試みに関する議論としては Levinson (1988)；Irvine (1996)；Hanks (1996a)；Sidnell (2009) 参照。
5) Kockelman (2007)。Kockelman (2005, 2013) も参照。

対称性をもたらす潜在的な原因として常に存在しているが，この非対称性はエンクロニーと地位における非対称性とは論理的に区別されるものである（第3章，第6章，第10章を参照）。ここで紹介された行為主体性に関する複合的な見方は，ゴフマンが言語行為の行為主体を発声者・著作者・責任主体へと分解したことを思い起こさせるものではあるが，全く同じものではない[6]。

9.1 柔軟性と説明責任

ある制御された行動の実行は，それが自然なものであろうと社会的なものであろうと，単純なものではなくいくつかの構成要素を含むものである。図9.1のような，鎌で稲を収穫している女性を例に考えてみよう。

実った稲を収穫するという行為を実行するにあたり，女性はさまざまな意味での行為主体である。彼女の行為主体性には複数の構成要素が含まれる。まず，柔軟性について考えてみよう[7]。

(30) ある個人は，以下の限りにおいて**柔軟性**を持つ：

(a) 多かれ少なかれ，彼女はある知覚可能な記号（ここでは，鎌を持つという身体行動）を生み出すことを**制御**（control）**している**。そして，多かれ少なかれ，彼女はある場所ある時間においてある記号事象（sign event）が起きることを決定する。

(b) 多かれ少なかれ，彼女は，その記号事象を**組み立てる**（compose）（「こういうふうに私は稲を収穫する」と暗に伝える）。これは，現れる記

---

6) Kockelman(2007: 379)。
7) ここで提示している概念はKockelman(2007)から取ったものであるが，しかし——彼には心からのお詫びをするが——彼の用語をすべて採用したわけではない。行動の結果を予期する個人の能力という考えを導入するにあたり，コックルマンはコミットメント（commitment）という用語を使った。彼はこの用語を「予期しなかった解釈項に驚いたり，または制裁を加えようとしたりすることによって表されるような，解釈項を予期する程度」と定義している（前掲書p. 380）。ここで別の用語を使う理由の1つは，「コミット」は彼の枠組みですでに別の意味を与えられているからである。Kockelman(2010)では，「コミットメント」は説明責任の問題に関する専門用語として使われており，「義務的責務（deontic obligation）」のことを指している。すなわち，ある者が行う義務を課されているということである。この2つの概念の区別は明確だが，それでも私は1つの語を2つの異なる専門的意味を持つものとして使うことによって生じる曖昧性を避けたいのである。

第 9 章　行為主体性　　*179*

図9.1　鎌を使って田の稲を収穫するところ。東中央高地ラオス，カムムアン県ナーカーイ郡

　　号とそれらの記号で表される対象を選択し，そして他者がその記号と特定の対象の間に関係を見出せるような形で記号を物理的に産出することにより行われる。言い換えると，何がなされ，どのようになされるのかという点で，彼女は特定の目的に向けて手段をデザインする。
(c)　多かれ少なかれ彼女は，その記号が表すと理解されうる，または理解されるべき記号内容の想定に基づき，その記号の結果として生じる解釈項（すなわち自分のしていることを他者がどう見るのか）を**暗黙のうちに予期**（subprehend）したり予測したりする。たとえば，多かれ少なかれ，彼女は他の解釈項ではなくある特定の解釈項が産出されるという心づもりでいるようにみなされるだろう。そして，予期しない解釈項に対しては，驚いたり，制裁したいという気持ちになったりするだろう。

　柔軟性に関するこれらの要素は，行為主体の行動の基礎にある記号過程として説明することができる。図9.2では，関連要素をすべて記した記号過程の図

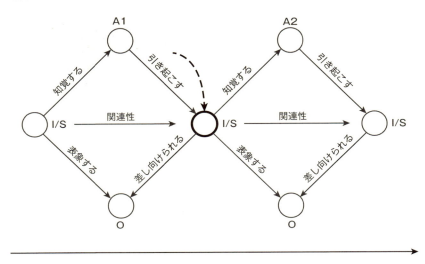

図9.2 個人が多かれ少なかれ記号の産出を制御する。これはある場所，ある時間において・ある記号事象が起きるということを実際に決定する際にのみ関連する。

（第4章参照）に重ねる形で，制御（controlling）という概念を描いている。これは単に，記号が何らかの意味を持つものとして理解される場合に存在する，ある個人とある記号の知覚可能な構成要素の産出との間の関係を示すものであり，記号が何を表すかとか，どのような解釈項を表すかは考慮していない。

図9.3は，ある個人とある記号過程全体の間の関係という観点から，組み立て（composing）という概念を描いている。この意味での組み立てという概念は，ある個人が記号－対象の関係をどれだけ決定するかということに関するものである。すなわち，特定の目的のための手段として，どの程度その個人が記号を特定の機能のために選ぶかということであり，また，当人がその行動を実行することが，関連する記号－対象の関係における成功にどれだけ貢献しているかということである。

最後に，図9.4は，これもまた個人と記号過程全体の関係という観点から，暗黙のうちに予期すること（subprehending）という概念を描くものである。ここでいう暗黙の予期とは，その記号事象が表しうる解釈項を，個人がどれだけ効果的に予見するかということに関わるものである。これを測るには，ある特定の解釈項に対して準備ができており，他の解釈項についてはそうではないということを

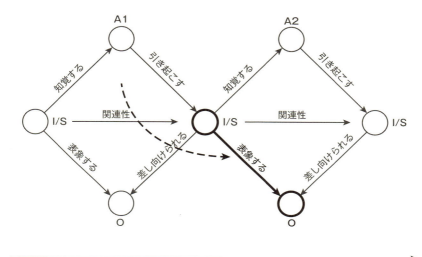

図9.3 個人が多かれ少なかれ記号－対象関係を組み立て，どの記号が産出され，それが何を表すのかを決定付けるのに一定の役割を果たす。たとえば図9.1では，これは意図された目的（稲の収穫）に合わせた道具（鎌）の選択と関わっており，彼女がこの行動を実行することがそのやり方によって意図された慣習的行動にどの程度近いものであるかに関わっている。

周囲に対してどのように明らかにするかを見るのが，1つの手であろう。たとえば，私がペンと紙を取り出しながら「彼の住所はどこ？」と聞くとする。ペンと紙を取り出すことによって，私の記号（「彼の住所はどこ？」という質問）に対してあなたの解釈項はその人の住所を私に教えることであると私が予測，もしくは少なくとも暗黙のうちに予期しており，私のほうでも書き留める準備ができている，という証拠を示している。別の方法でこの意味での暗黙の予期を測るとしたら，そこに関わってくる説明責任を見ていけばよい。ある解釈項が産出されたとき，あなたは驚いたり，制裁を加えたいと思ったりするだろうか？　私が「彼の住所はどこ？」と尋ねた後，もしあなたが私を見て何も言わないとしたら，私は質問を繰り返すか，または「ねえ，質問したんだけど！」と言うかもしれない（第10章に関連する例がある）。

　ここまで，個人が多かれ少なかれ柔軟性を持つという考えに議論を集中させてきた。ここからは説明責任について考えよう。

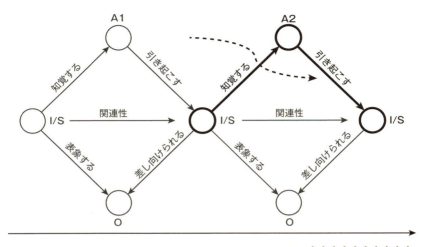

図9.4　個人が多かれ少なかれある記号事象における解釈項を暗黙のうちに予期する（特に，潜在的な説明責任について）。つまり，他のものではなく，ある特定の解釈項が産出されるものとして心づもりをしているのであり，それ以外の解釈項が産出されると驚いたり，制裁を加えようとしたりするのである。たとえば図9.1において，もしもこの行為主体の行動について他の村人が「どうしてそんなことしてるんだ？」と尋ねてきたら彼女は驚くだろう。

(31)　ある個人は以下の限りにおいて説明責任を持つ：
   (a)　彼女は，その行動について他の人々からの公的な**査定**[第2章参照]を受ける。この評価は――褒めや非難，説明要求などの解釈項としての形をとるものであるが――，(30)で述べた柔軟性の構成要素のうちどれに関しても行われうる。
   (b)　彼女は，その行動を実行したり，その行動をとる理由を説明したりする**権限**（entitlement）を多かれ少なかれ持つものとみなされる。また，本人または他の人々はこの権限に訴えることができる[たとえば図9.1の彼女は「どうしてそんなことしてるんだ？」という質問に答える権限を持っていることを正当に主張できる]。これは，(30)で述べた柔軟性のどの構成要素についても関係しうる。
   (c)　彼女は，その行動を実行したり，その行動をとる理由を説明したりする**義務**があると，他の人々から多かれ少なかれみなされ，本人または他の人々はこの義務に訴えることができる。これは，(30)で述べた柔軟性についてのどの構成要素についても関係しうる。

第9章 行為主体性　183

　ここで定義した意味での行動に関する説明責任について述べる際に私が時々使う別の用語は，行動の**所有権**（ownership）である。「説明責任」という用語は非難や褒めを受ける可能性を前面に出すものであるが，「所有権」という用語は権利と義務を前面に出すものである。

　(30)と(31)で挙げられた特徴は，人々が，個人として，または複合的な集合体として，社会的行為との関係においてどう位置付けられるかという問題に関して，その諸要素を特定する枠組みを規定するものである。制御するということは，その記号が何であるかやそれが何を表すか，またどのように理解されるかはさておき，ある時間と場所においてある記号事象が存在するということを決定することである。組み立てるということは，その時その場所において，ある特定の記号－対象関係が作られるということを決定することである。これにはその記号の物理的な産出のされ方がかなり関わっており，そのなかには記号の産出における巧みさということも含まれている。実行のやり方（manner）と技能（skill）は記号そのものの特性のように見え，そのためゴフマンの言う発声（animating）の概念と関連が深いように思われるかもしれないが，実際のところ，これらはある記号がある特定の対象を表すものとして理解される程度を決定するものであり，そのためそれは組み立ての問題なのである。

　この点はさらに明確にすることができる。ゴフマンは「発声」を身体による記号の産出として定義した。本章で紹介している枠組みにおいては，身体による記号の産出は制御と組み立ての両方に関わっている。組み立てのなかには，実行（execution）と計画（planning）という区別される営みが含まれている。記号を実行する際の様態の違いは，行為主体の技能や状態によって決まり，結果としてある記号がある特定の対象をどれくらい効果的に表すかに影響を及ぼすだろう。実行とは，関連する記号の物理的な産出のされ方が，その記号が特定の対象を表すものとして受け取られることをどれだけ決定するかということである。これに対し計画とは，そもそもどの記号－対象関係を生み出すかを決めることである。計画はゴフマンの著作（authoring）の概念とコックルマンの組み立て（composing）の概念にそのまま対応するものであるが，実行は，記号がどのように，そしてどれだけ巧みに産出されるかに関わるものである。実行はゴフマンの発声の概念に関連しているが，コックルマンの用語では明らかに組み立ての問題である。この点において，コックルマンの枠組みとゴフマンの枠組みは一致しないのだ。

　まとめると，行為主体性とは，人と行為とその効果の間の関係である。できる

限りそれを簡潔に述べると以下のようになる。

(32) ひとまとまりの目的指向的な行動に関して，行為主体性は以下の要素から構成される：
 (A) 柔軟性
  1. 制御すること（ある知覚可能な／身体的な行動の発生を決定すること）
  2. 組み立てること（行為とその機能を選択し，実行すること）
  3. 暗黙のうちに予期すること（その行動の解釈項を効果的に予期すること）
 (B) 説明責任
  1. 査定されること（他者によって。(A) 1–3 のいずれに関しても）
  2. 権限を持つこと（X をする権利が他者により認識される。この権利が利用されうる）
  3. 義務を課されること（X をする義務が他者により認識される。この義務は行使されうる）

これをふたたびゴフマンによる話し手の行為主体性の構成要素の分類に関連付けてみると，彼の「責任主体」という用語が持つ意味のうち主要なものは，(B) 全体に対応しており，発語者と著作者という〔(A) に対応する〕他の2つの構成要素とは異なる種類の要素であるということが指摘できる。ゴフマンの「責任主体」という用語が持つ副次的意味，すなわちある言語行為（たとえば主張）の内容と対応する志向的状態（たとえばある信念）を持つ者という意味[8]は，ここで定義した行為主体性とは全く異なるものである（ただし第10章および第13章を参照すること）。もしこの本で責任主体という語を使うならば，私はゴフマンの用語が持っていたのと同様の曖昧性を持ったままでその語を使うだろう。

この枠組みはゴフマンが示したように，言語行為だけでなく，身体的な行動にも適用できる[9]。人間のコミュニケーションを対象とするさまざまな研究分野の関心は，行為主体性のなかの異なる構成要素に向けられていることに注意しよう。まず，記号論的な柔軟性の範囲で言えば，音声学者や工学者は，知覚可能な記号

---

8) Searle(1983)参照。
9) この点を詳しく論じたものとしてはチャック・グッドウィンの論文(たとえば C. Goodwin 2000)を参照。

の引き起こし（instigation）と実行の具体例として，言葉の制御と組み立てに焦点を当てている。文法学者と意味論学者は，記号－対象関係を組み立てるためにそれぞれの言語が提供する資源に着目している。語用論および「相互行為のなかの言語使用（talk-in-interaction）」の研究者は，隣接するムーブ同士の間の適切さおよび効果の観点から，ムーブ間のエンクロニー的つながり（記号－解釈項関係）に関心を寄せている。さらに心理言語学者はムーブの産出と理解に関わる微視発生的プロセスに注目する。そして，説明責任との関係において言えば，民族誌家と歴史学者は，社会における行為主体性に規範的コンテクストを提供する文化システムを記述している。そして，社会学者と社会心理学者は（B1）に挙げた査定について研究し，規範と法律の研究者は（B2）と（B3）に挙げた権利と義務について研究する。以上の諸研究はしばしば異質のものとみなされるが，この新パース派の枠組みでは自然に一体となるものである。

　行為主体性の下位要素はいずれも，具体的な事例に適用される場合のやり方と程度が多様である。これは，ゴフマンによる話し手についての説明では明確にされていない，コックルマンによる行為主体性の説明の特徴的な点である。コックルマンは，人々がこれらの行為主体性の諸要素を周囲に呈示するとき，それには程度の違いがあることを強調している。たとえば，ある特定の行動が生じるかどうかを個人が決められる程度は，高い場合も低い場合もあるし，これがその人物の行為主体性を測るものとなるだろう。その人がその行動を組み立て，暗黙のうちに予期し，そして説明責任を持つ，という下位要素それぞれの程度についても同様である。

　柔軟性は，自然法則と規範の両方によって，そしてしばしば両者が結合して，決められる。自然法則による制約が大きい場合，当人による選択の余地が少なくなるため，説明責任は低くなる。観劇をしているときには，くしゃみをした場合（当人による制御の程度が低く，行為主体性が低い）よりも，隣の客に大声で話しかける場合（当人によってより制御され，行為主体性が高い）のほうが，より説明を求められる可能性が高いかもしれない。とあるエンクロニー的文脈における言語の性質についての，フェリシア・ロバーツとアレキサンダー・フランシスによる実験的研究から，より細かい例を考察してみよう[10]。彼らは，ターン完了

---

10) Roberts and Francis (2013)。また，フェリシア・ロバーツは「依頼の後の沈黙は 0.6 秒が耐えられる限界であるようだ」とマックス・プランク心理言語学研究所(オランダ，ナイメーヘン)にて 2012 年 4 月 12 日の講演で述べた。

後の1秒間に関して，〔前半か後半かという〕区域の違いによって人々の感じることが異なるということを観察した。この1秒間は，ターン移行の問題——次にだれがどの瞬間に話すのか——について，選好性の問題も絡んで（第6章参照），敏感さが非常に高まりうる瞬間である。ロバーツとフランシスの実験の被験者は，依頼と応答からなる連鎖を聞かされた。ロバーツとフランシスは依頼の後に応答が開始されるタイミングを変えたものを流し，それぞれの場合で応答者が依頼に応じようとしているかどうか，被験者に判定を求めた。その結果は，1秒間のターン移行区間のうちで早く測定されたか遅く測定されたかによって，0.1秒の差に対する聞き手の敏感さが変わるというものであった。0.6秒が「社会的属性の投射におけるきわめて重要な時点」であるということがわかった。依頼の後の0.5〜0.6秒の間に0.1秒の応答の遅れが起きた場合，それは依頼に応じるかどうかという応答者の意志に関わるものとして受け取られるが，依頼の後の0.1〜0.2秒の間に同じだけの遅れが起きた場合はそのようには受け取られない。これは，本章で述べた行為主体性の問題，すなわち，柔軟性と説明責任，特に柔軟性に関する自然因果的な制約と社会規範的な制約の相互作用の問題として分析できると考えられる。ある人がある行動に関してどれだけ説明を求められる可能性があるかは，その人がその行動に関してどれだけ柔軟性を持つか，言い換えればどれだけ制御しているのかということと相関するはずである（劇場におけるおしゃべりとくしゃみの例を思い出してほしい）。ターンの後の1秒間のうちの前半の区間では，応答者が応答を行うタイミングに関して持つ柔軟性と制御の程度は低いものであると考えることができる。なぜなら，たとえば，応答発話を作るというタスクに関わる一連の処理（語彙の検索など）がまだ済んでいないかもしれないし，あるいはさまざまな自動的処理（たとえば，他者のリズムへの同調など，投射やタイミングに関わる微視発生的プロセス）の影響があるかもしれないからである。もしそうであるならば，1秒間の前半におけるタイミングの揺れは，意図的なものであったり，行為主体の制御下にあるものであったりするとは考えにくい。それは信号としてというよりも，徴候として産出されたものと考えられるだろう。対照的に，1秒間の後半は人間が制御できる度合いが大きい。この域でタイムラグがあった場合，それは応答者がそこにタイムラグを望んだからである可能性が高い。行為主体の制御できる程度が大きいということは，心的処理の問題よりも，社会性の問題が関わる領域であるということを意味する。この研究は，発話産出に関わる微視発生的な構成要素と，エンクロニー的枠組みに強く結びつく儀礼的

な構成要素との間にある関係性を示すものである。心的処理は自然の因果に強く統制されており，そのためターン移行区間の早い位置でより強い効果を持つが，時間が経過するにつれて今度は説明責任の効果が強くなるのである[11]。

9.2 行為主体の統合というヒューリスティック

　ゴフマンは，発話における行為主体性を構成するさまざまな要素は——ある人物が発話する場合，普通はその人物が発声者・著作者・責任主体のすべての役割を同時に持つという意味で——しばしば1人の個人にすべて収束するが，それらの要素はじつは分離可能であると指摘した。ある警察のスポークスマンが，用意されたメッセージを読み上げる場合を例にして考えてみよう。彼は発声者であるが，著作者でも責任主体でもない。また，側近による原稿を用いて政治演説を行う国家元首は，発声者であり責任主体であるが，著作者ではないということになる。しかし，多くの場合においては，話者性に関する行為主体性の構成要素はすべてが1人の人間のなかに統合されている。もしある男が妻に「おいしい」と言ったとすると，妻は次に挙げるすべての点についての十分な証拠を，自分の直接知覚を通じて得ることになるだろう。まず，夫がこの発話を制御した者である（当該の記号の具現化において，彼が最も中核的に決定を行った者である）ということ。そして，夫がその発話を組み立て（何をどう言うかを決定し），それがどのような効果をもたらしうるかを予測し，それを言うのに適切なタイミングを認識し，かつ発話が表す内容と，ある程度はその実際の効果に対して責任を持つ，と普通は理解すべきであるということ。このように，行為主体性の構成要素のすべてがある1人の個人に備わる場合，行為主体の統合が起きている。

　実際のところ，柔軟性と説明責任の下位構成要素に関して，このような行為主体の統合が起きることがある種デフォルトの想定だと考えるべきであろう。図9.1の稲を収穫している女性のような行動では，そうではないと考える理由がない限り，すべての要素が1人の個人に，そしてその個人だけに，結びつけられると考えることができる。彼女は自分の手で鎌を持って使う。彼女がその行動を計画した者である。彼女がその行動をより大きなコンテクストのなかに位置付ける。

---

11) ロバーツとフランシスの研究は，これまで「単なる処理」と「選好性のシグナル」が両方ともタイミングに影響しているはずだとしか言えなかったので，重要な進展である（Stivers et al. 2009 の議論を参照）。

彼女はその行動について理由を説明することができる。そして，他者による解釈を含めてある一定の範囲の結果には驚かず，しかし予想しなかった結果には驚く。そしてその行動の持ち主として——つまり，その行動に関する説明責任を引き受けるひとまとまりの単位として——彼女は自分の行為に対し，他者から褒められたり責められたりするかもしれない。デフォルトでは，行為主体性のすべての構成要素が単独の個人に収束するものと想定されるが，いつもそうであるというわけでも，そういう場合がとりわけ多いというわけでもない。あらゆるデフォルトがそうであるように，それはたやすく覆されるものなのである。

行為主体の統合というデフォルトの想定は容易に留保される。この女性は他のだれかから稲を収穫するように頼まれたのかもしれず，その場合この行動は彼女自身が考えたことではなかったということになる。または，彼女はカメラに向けてポーズを取っているのであり，稲は実っていないかもしれない。もし稲が収穫の時期を迎えていないとしたら，周囲の人間は彼女に制裁を加えるかもしれず，そうしたら彼女はそのような〔カメラに向かってポーズを取っているだけであるというような〕理由を述べることで自分の行動について説明しなければいけないだろう。ある発言を聞いた人物が，行為主体性の諸側面が単独の個人に収束するという一般的な想定を適用している場合，その人は行為主体の統合というヒューリスティックを適用していると言うことにしよう。

このヒューリスティックはどれだけ普遍的なものなのだろうか？　おそらく〔文化やコンテクストの違いによって〕一定の幅はあるだろうが，人間の身体が個体としてひとまとまりのものであること，そして個々人がそれぞれ動き回って互いに影響を与え合うことができるということに根ざしている点で，このヒューリスティックは自然なものであると私は考える。文化やコンテクストが違えば，それぞれ異なる理由でこのヒューリスティックが働かないことがある。たとえば，パプアニューギニアのロッセル島の村々では，他の人（普通は大人でなく子ども）をお使いにやることが珍しくない[12]。そのため，子どもから何かを頼まれたとき，行為主体の統合というヒューリスティックが適用されないかもしれない。つまり，その〔何かを頼む発言をした〕著作者であり発声者である人物が責任主体であるとか，頼んでいる本人がそれを欲しがっている人間であるなどとは考えないのである。このように子どもをお使いにやるのがこの文化において慣習的な行動である

---

[12] スティーヴ・レヴィンソンとの個人的談話による。

ならば，子どもが何かを頼んできたときにそれはだれか他の人の頼み事をしているのだと考えるという，ロッセル島に特有の文化的スクリプト［特定の状況に関する常識的知識の集合］を想定することがおそらくできるだろう。しかし，正しい解釈を得るうえでは，グライス的な要素もおそらく関わっている。お使いの場合，子どもは，世の中の子どもが普通は欲しがったり使ったりしないようなものを頼むであろうし，それが語用論的な有標性に基づく推論プロセスの引き金となるだろう。また，子どもは，自分が欲しくて頼むときとは違うやり方で頼むかもしれない。このようなケースのすべてにおいて，行為主体の統合というデフォルトのヒューリスティックを停止させる何らかの引き金が関わっているはずであるように思われる。そのような引き金は事前の知識を基盤としていることもあるだろう。たとえば，この場合は特定の人々の組み合わせがひとまとまりとなって説明責任を担うという知識をたまたま持っているかもしれない。また，そのような引き金は，その人物が他のだれかのために行動しているということを明示的に表すようなはっきりした区別の印を基盤としていることもあるだろう。たとえば，勤務中の警察官の制服は，彼の行為の理由は彼の望みとは無関係であろうということを周りの人々に伝えている。

　他者の行為主体性を構成する諸要素は，そもそもの性質として，知ることが容易なものから困難なものまでさまざまであることに注意しよう。相互行為における発話の産出を知覚するには，その場にいなければいけないため，私たちはふつう他者による記号の制御と実行について直接的に知ることができる。しかし，ふつう私たちは，記号の計画過程については直接的に知ることが難しい。なぜなら，それは私的に，すなわち，心の中で行われるからである[13]。責任主体を定義付ける要素である権限と義務についても，訛り・服装・身体的特徴など地位を表すものとして一般に知られている外見上の特徴を通じて公にされている場合もあるが，必ずしも表面に見える形から知ることができるわけではない。

　物事がこの規範から外れるとき，すなわち，行為主体性が〔複数の個人にまたがって〕有標な形で分散するとき，それを示すための特別な装置が必要であるのは，行為主体の統合というヒューリスティックが存在するためである。このヒューリスティックは強力なものであるため，聞き手にその通常の適用を留保させたい場

---

13) 発話産出を計画する心理的過程は，手のジェスチャーなど目に見える指標で部分的には公的なもの（public）となる（Mc Neill 1985, 2005；Beattie 2003。Enfield 2009, およびその参考文献も参照）。

合は,何らかの形式的手段によってそのことを伝える必要がある。その形式には,引用であることの標識や,さまざまなコンテクスト化の合図（contextualization cues）も含まれる[14]。

9.3 行為主体性の融合

上述のスピーチライターやメッセージの伝達者の例を考えれば,行為主体性が複数の個人の間で分裂・分割するということはよくわかるだろう。共同行為（joint action）とはこの逆の現象であり,複数の個人が行為主体性に関して1つのユニットへと融合・結合することである[15]。人々は,《行為》のさまざまな側面,特に説明責任に関して,融合することがある。しかし,共同行為を定義するうえでは,単に2人以上の人間がその行為を一緒に行うというだけでは不十分である。私たちは行為主体性について議論しているのだから,行為主体性に含まれるさまざまな異なる要素の観点から考える必要がある。共同行為を包括的に検討するためには,行為主体性の融合における,論理的なレベルの違いをきちんと区別しなければならないだろう。すなわち,共同の制御,共同の組み立て,共同の暗黙の予期,共同の評価可能性,共同の権限,共同の義務である。これらはいずれも,行為主体性の各要素に関して,それを担うユニットを複数の人間が共に構成するというものである。これらすべてについて詳細に検討するためには,それだけで1冊の本を書く必要があるだろう。

ハーバート・クラークが強調したように,共同行為のためには,共同コミットメント（joint commitment）が必要である[16]。ジョン・サールの用語で言えば,共同コミットメントとは説明責任を共有することを受け入れるという地位的機能の宣言（status function declaration）〔下記訳注参照〕として定義できるだろう。クラークは

---

14) Gumperz(1982); Lucy(1993)。
15) H. H. Clark(1996, 2006)。
16) H. H. Clark(2006)。他にもいろいろあるが,Searle(2010)も参照。
〔訳注〕 サールは,物事が持つ機能には,形状などそれ自体の特性によってもたらされるものの他に,それが持つ地位によってもたらされるものがあると考え,地位的機能（status function）と呼んだ。たとえば,千円札が1000円の商品と交換できるのは,紙幣としての形状によるものではなく1000円の価値があるという地位によるものである。ある物事が地位的機能を持つには宣言という言語行為を通じて社会における共通理解とされる必要があり,地位的機能の宣言とはある物事に地位的機能を与えるような宣言行為のことである。

この共同コミットメントという概念を用いて，1960年代にニュー・ヘイブンでスタンリー・ミルグラムが行った悪名高い実験を分析し直した[17]。実験協力者たちは，他の協力者が記憶タスクで間違えた場合に電気ショックを与えるように指示された。この実験で彼らは他者に痛みを与えることに驚くほどためらいを持たず，そのことは権威への服従の問題として分析されてきた。クラークはこの実験結果を再解釈し，実験の参加者がふだんなら絶対に行わないような行動をとってしまったのは，共同コミットメントによって説明がつくと考えた。実験協力者は単に言われたことを行ったのではない。そもそもこの実験に参加することに同意した時点で彼らは実験者と取り決めをしたのであり，人はそのような社会的取り決めから手を引くことには強い抵抗があるのだ。クラークはミルグラムの極端な例を共同コミットメントの例として用いたが，彼が言いたかったのは，そのような取り決めは私たちがみな，常に行っていることであるということである。それは社会生活において常に存在する必要不可欠な部分であり，すべてのムーブにひそかに含まれているものである。しかし，あなたがコミットするというとき，いったい何にコミットしているのだろうか？　ある行為を遂行する際，あなたは，何らかのレベルで，別の個人と融合しているのだ，というのがその問いへの答えである。これが，哲学（例えば，ジョン・サールやライモ・トゥオメラ）から生物学（たとえば，マイケル・トマセロやジョセプ・コール）までの幅広い領域で，人間の社会性について研究する人々が共有志向性（shared intentionality）と呼ぶものである[18]。

　共有志向性とは，行為主体性と説明責任の1つのユニットを複数の人間が構成する状態のことである。それは，同じ理由で行為を行う，共通の目的を追求する，1つの行動として捉えられることに関して共に説明責任を負うといった意味において，2人以上の人間が1つ〔のユニット〕として振る舞う状況である。この行為主体性の融合には，しばしば参与者間の非対称性が関わっている（第10章参照）。私たちのそれぞれの身体は異なる形で行為に貢献し，空間的に異なる場所を占め，短期的には違うところに向かって動いている。すなわち私たちの局所的な目標は異なりうる。一方で，私たちの心理は同じような指向性を持っていて，長期的には同じところに向かっていっている。すなわち，私たちの大局的な目標は同じで

---

17) Milgram (1974)。
18) Tomasello et al. (2005)。

ある。このような考え方は法の領域について考えてみると最もわかりやすいだろう。法の領域では，2人以上の個人が共同で行為を遂行するなかで一方の個人がそれにどう貢献したかに応じて〔もう一方の個人の責任が〕変わるような，行為主体性の諸要素の重みづけに基づいて，当事者たちそれぞれの説明責任〔つまり責任〕が公式に裁かれるからである[19]。殺し屋の例を考えてみよう。テレサ・ルイス，マシュー・シャレンバーガー，ロッドニー・フラーはみな，2002年にバージニア州で起きたジュリアン・ルイスとチャールズ・ルイスの殺人に責任があるとされた。しかし，法廷は彼らのそれぞれがその犯罪に関して異なる行為主体性を持つと判断し，彼らはそれぞれ異なる刑罰を受けた。テレサ・ルイスはその犯罪を発案し，それを実行するよう2人の人間と契約した。彼女は死刑に処されたが，シャレンバーガーとフラーは終身禁錮刑を宣告された。この状況を記述する1つの方法は，この犯罪に関し，ルイスは"著作者"かつ"責任主体"で，シャレンバーガーとフラーは"発声者"だということである。この事件で銃撃を行った2人は，「自分たちは単に"発声者"にすぎず，銃撃行為の理由は自分たちの望みとは無関係である」などと抗弁することはできないということに注意しよう。彼らのしたことは殺人であり，違法なのだ。しかし，たとえば，敵を殺すのが仕事である兵士や，死刑の執行が仕事である死刑執行人など，合法的に殺人がなされる場合は，その"発声者"は制裁を受けないということにも注意してほしい。もっと日常的な例としては，高齢者優待カードを家に忘れてきた乗客に対して料金の割引をしないバスの運転手が，その決定に関する説明責任が自分にないことを示すために「私は自分の仕事をしているだけなんですよ」と言うかもしれない。この運転手は"発声者"にすぎないのだ。このような場合に制裁がなされるとしたら，それは法に基づくものではなく，道徳的な観点に基づくものとなるだろう。

　注意しなければならないのは，殺し屋のようなケースであっても，「だれが"発声者"か」「だれが"著作者"か」「だれが"責任主体"か」と考えるのは避けるべきであるということである。重要なのは，ある1つの行動ないし行動の一連の流れにおいて，行為主体性を構成する要素の一部またはすべてを各個人がどれだけ背負っているかという，程度の問題として考えることだ。複数の人間が1つの役割を担うが，それぞれの程度が異なるということはしばしばあるのだ。

---

19) Hart (1961)。

9.4 行為主体性の分散

行為主体性の分散とは，複数の人間が1つのものとして振る舞うということである[20]。これは，柔軟性と説明責任という行為主体性の主要な要素の両方と関わる。

私たちは行為主体性に関して他者と関わり合っている。これは，他者が自分の行為を受け止める相手となるという意味だけではなく，ある人物の行動が別の人物の目標達成のための手段となりうる——これがアリストテレスによる奴隷制の定義であり，資本主義の基礎でもある——という意味や，2人の人間の行動が結合して共通の目的のための手段となるという意味においても言えることである。この本の前の部分で行われた，行為主体性の分離と融合の議論を思い出してほしい[21]。

分散認知（distributed cognition）——認知科学ではお馴染みの用語だが[22]——というものはここで意味するところの行為主体性の分散の一種である。しばしば，分散認知は，推論などの認知的プロセスだけではなく，身体的な行動も包含している。しかし，認知が目的指向的で柔軟な行動であるならば（第7章参照），認知もまた，行為主体性の三要素，すなわち制御・組み立て・暗黙の予期（そしてそれらの解釈者の側の系列である，知覚・認識・解釈）という観点から分析することができる。分散認知の通常の意味では，こういった区別はほとんど，あるいは全く，なされない。次に挙げるような点を検討すれば，分散認知をよりうまく説明することができるはずである。認知の分散は，身体を使ってすること，すなわち制御や発声の領域で起きることがある。認知の分散は，何がどうなされるべきかを計画したり著作したりするなかで起きることもある。認知の分散は，なぜそれを行い，どのような結果がもたらされるのかを理解する，つまり暗黙の予期・予測・投射といったなかで起きることもある。そして，説明責任に関わる事柄のなかで起きることもある。

行為主体性の分散は，無生物を含んだ，人間以外のものも関わることもある[23]。

---

20) Gilbert(1992)；Bratman(1987, 1999, 2007)；Tuomela(2007)；Searle(2010)；Hutchins(1995)；H. H. Clark(1996)参照。
21) Aureli et al.(2008: 628)。
22) Hutchins(1995)；A. Clark(2008)など。
23) 分散認知の例でよく知られているように（Norman 1988 など）。

人類学者のアルフレッド・ジェルは，**パーソンフッドの分散**（distributed personhood）という用語を使って，個々人の行為主体性は，各自の身体の内側にのみ存在するものではないということを指摘した[24]。彼の使った例は，ポル・ポト時代のカンボジアで地雷を設置した兵士である。ジェルは，「兵士にとって兵器は，彼を彼たらしめる要素の**一部**だ」とし[25]，「行為主体として，彼らは自分の身体が存在する場所にいるだけではなく，他のいくつもの異なる場所（と時間）に同時に存在する。地雷は，彼らの指紋や，彼らの行動を引き起こす果てのない憎しみや怒りと同様，彼らの人間としてのアイデンティティの構成要素なのである」と述べた。そしてここに，彼らの説明責任も加えることができるかもしれない。道具を使う個人の例では，個人の行為主体性は時空間上に分散している。社会学と人類学の学者——特にマイケル・カロン，ブルーノ・ラトゥール，ジョン・ローなどのアクター・ネットワーク理論の理論家たち——にも，行為主体性を持つのは人間だけに限られず，ホタテガイや蚊や家具なども相当な行為主体性を持つと主張する者がいる[26]。もし花瓶がある程度の行為主体性を持ちうるとしても[27]，その行為主体性は，人間の持つ行為主体性よりもずっと程度が低いものであり，異なる種類のものであるということを理解できることは重要である。柔軟性と説明責任を理解するために上で論じた概念的枠組みを使えば，この人間と無生物の行為主体性における重要な違いを説明することができる。少なくとも，花瓶は〔複数の行為主体による相互作用が介在するという意味での〕社会的な結果を持つような出来事の因果連鎖においてある役割を果たすことがありうる。レイドローはこんな例を挙げている。あなたのアパートの窓台から花瓶が落ち，通行人に怪我をさせたとする[28]。その結果としてこの「行為」の説明責任を負うことになるのは，花瓶ではなくあなたである。明らかにあなたと花瓶は，説明責任のユニットにおいて対等なメンバーではない。もう1つ別の相補的なシナリオを考えてみよう。あなたが金を盗み，花瓶に隠しておいたことで捕まったとする。法廷であなたは，あなたではなく花瓶に責任があり，拘束されるべきなのは花瓶だ，と主張することができるだろうか？ 根本的に見て行為主体性が分散していることは明らかだ

---

24) Gell（1998）。
25) Gell（1998：20-21）。
26) Callon（1986）; Law and Hassard（1999）; Latour（1993, 2005）など。
27) Laidlaw（2010：151）。また Gell（1998：20-21）。
28) Laidlaw（2010）。

が，このような例は，強い非対称性が存在することを示している。さらなる研究にとっての課題は，そのような非対称性をさらに追求し，どのように研究すればいいのかを明らかにすることである。

* * *

行為主体性の諸要素について，社会的行為の関係的な基礎に根ざした形で詳細な説明を行うことで，目的指向の行動というものが絶えず分散されており，社会的な性質を豊かに持つものであるということを見た。目的指向の行動は，社会的関係が作られ，維持され，そして変えられていく場所であり，そこでは関係がどうなるかということが行動の動機であることもあれば，関係は単に行動の結果であることもある。どちらの場合であっても，行動に関与する参与者たちが行為主体性を完全に平等な立場で共有しているということは決してない。この非対称性が次章のトピックである。

第 10 章
非対称性

　相互行為に常に2人以上の人間が関与しているのなら，それぞれの人間はお互いにどのような立場であるのだろうか？　この問題は，外部に基盤のあるすべての人間関係に関して生じる（第1章参照）。非対称性は常に問題となるのである。ここでは，これまでの章をふまえたうえで，エンクロニー・地位・知識・行為主体性という4つの概念を用いて，社会的相互行為における非対称性に影響を与える要因について論じる。これら4つの概念は，いずれも一方が他方に依拠して成り立っている。エンクロニーは説明責任（accountability）を発生させ，地位はそれを相対化し，知識はそれを基礎付け，そして行為主体性がそれを分散させるのである。

　第3章では，エンクロニーがコミュニケーション行為の解釈と産出の原動力であることを見た。基本的な性質について要点をまとめておこう。エンクロニーの概念によって，連鎖（sequence），隣接性（adjacency），次であること（nextness），近接性（contiguity），進行性（progressivity）などの相互行為の中心を占める構造的特徴を導き出すことができる。これらは，会話分析の分野においてよく知られており，記述が行われているが，言語学においてはほとんど理解されていない概念である。この相互行為の構造的軌道の上には，規範に基づく推論と説明責任が折り重なっている。すなわち，軌道から逸脱するようなことがあると，予期されていないがために驚きを引き起こし，そして適切なものとみなされていないがために暗黙のあるいは明示的な制裁をも引き起こすのである。

　このエンクロニーの一般的なメカニズムは，文脈の違いに応じて相対化されるため，ある状況において適切な応答が別の状況では適切ではなくなるということがある。当然のことながら，何が適切で何が有効であるとみなされるのかは，状

況の諸要素の違いに応じて決まる。そのような諸要素には，その相互行為に関与する人々に関する事実や，相互行為が起きる場の文化的状況が含まれる。この問題に取り組むために，エンクロニーの考えに基づいて地位の概念を検討してきた（第5章参照）。地位は，エンクロニーという骨組みに対して肉付けとなるものである。地位は，適切さと効果という変数に値を与え，かつそのような適切さと効果のあり方について社会的関係や文化的状況の違いに応じて相対化するようなメカニズムをもたらすものである。

エンクロニーと地位のいずれもが，コミュニケーションにおける非対称性の源である。エンクロニーによって，連続する発話のうちどちらが先行しているかという前後関係の非対称性，およびそれに関連して，どちらかがもう一方への応答であるという一方向性という意味での非対称性が生じる。他方，地位によって，父と息子・店員と客・話し手と聞き手といった関係において容易に見て取れるような，社会関係の非対等性が存在する。ここでは，コミュニケーションにおける非対称性の第三の源を，知識と情報に関する責任とコミットメントに見られる分散的性質（第13章参照）と関係付けて論じたい[1]。

10.1 命題，および知識の相対性

人間のコミュニケーションは，言語を通じ，命題のコード化と交換が行われうるという点で他の形態の動物のコミュニケーションと異なっている。命題とは，ある事物を指示し，属性や事態など，その事物に関する状況の叙述を行うものである。たとえば，第5章の事例（10）の10行目のタマリンによる発話には *She called once*（彼女は一度電話してきた）という命題がコード化されている。この命題において，叙述の対象となる事物は「彼女」（話し手のボーイフレンドの母親を指している）で，状況は「一度電話をかけてきた」ことである。「彼女」がだれのことかわかっており，「一度電話をかけてきた」という表現の意味を理解できるなら，この命題が特定の状況に対応するものとして適切かどうかを判断できる立場にあるということになる。命題の意味が理解できるなら，なぜそのような状況がありうるのかについての考えられる理由を述べることができるし，その状況から他の命題へと推論を働かせることができる。以上の点は，発話の意味や行

---

1) Stivers, Mondada, and Steensig (2011)。

為の形成に関する説明そのものではなく，そうした説明において不可欠な要素の1つである。

　以上は，話題となる事物・叙述された状況・その関係の妥当性を判断する人物という三項関係をもたらす。本書では，この判断を可能にする能力を指して**知識**という語を用いよう。この能力は，ある命題が真であると述べ，その命題に対する理由を与え，その命題から推論を行う能力という基準によって測定可能なものである。私たちは，確実に知っているという状態から皆目見当もつかないという状態まで，可能な知識状態には中間段階がいくつもあるということを想像できる。もしかすると，彼女からの電話を取ったのは自分なので，彼女が電話をかけたということを私は確実に知っている，ということかもしれない。あるいはもしかすると，タマリンがだれかと電話するのが聞こえていて，その電話の相手はボーイフレンドの母親であるように思われたが定かではない，ということかもしれない。

　知識状態というものは，その原因および帰結に因果条件的に結びつけられており，それによって可能になる振る舞いによって測定されるような類の地位のことである。ライルなどの日常言語学派の哲学者が論じたように，これはあることが真であると知っているという心的状況を有しているかどうかという問題ではない。問題なのは，この知識を当人が公的で観察可能な振る舞いによってどのように示すかということである。これは特に，その知識に理由を与えること（その状況が真であるということの根拠・何が知識をもたらしたかということ・知識の源）と，その知識からの帰結について推論を働かせること（その知識が何を可能にするか・その状況によってどんな行動が可能になるか）によって示されるものである。ここで提案しているのは，ある命題が真であるという知識は，あらゆる地位がそうであるように，パフォーマンスの集合［第5章参照］を通じて周囲に呈示され，例証されるものであり，その点で，地位に関連するその他の傾向性（disposition）と同じであるということである。これは，推論主義的な意味観[2]と合致するものである。推論主義的な意味観では，ある命題の意味を知っているということは，その命題に関連した推論の規範的実践を行うことができるということだとされる。そのような推論というのは単に，当人の地位に関する何らかの側面を示すようなパフォーマンスの集合を示すことである。この場合で言えば，その文の意味についての理解，すなわちその文が特定の状況との関係で正しいかどうか，適切かど

---

2) Brandom (1994, 2000); Kockelman (2005, 2006a, 2006b, 2013)。

うかという理解を示すようなパフォーマンスの集合である。

　命題は，言語としてコード化されるものであり，社会的行為を組み立てるために最もよく使われる道具の1つである。まさにこの点において，相互行為とは知識に関する非対称性という岩だらけの浅瀬を航海するようなものである［下記訳注参照］。もし私が何かを知っているなら，その知識の帰結に対してコミットできる，あるいはコミットしなければならないということになる。ある知識の帰結というものには，行われうるあるいは行われなければならない推論が含まれる。もし私が何かを知っているなら，たとえば，それに関して数え切れないほどたくさんの物事を言うことが可能である[3]。これが，単に理解を主張する（claim）のではなく，理解を例証する（demonstrate）ためのやり方である（第5章を参照）。以下の例の3行目を見てみよう[4]。

　　(33)
　　　　1　A: Where are you staying?
　　　　　　　どこに滞在してるの？
　　　　2　B: Pacific Palisades
　　　　　　　パシフィック・パリセーズ。
　　　　3　A: Oh at the west side of town
　　　　　　　ああ，街の西側の。

　ここで，話し手Aはパシフィック・パリセーズに関する事実の主張，すなわちその場所はロサンゼルスの街の西側にあるという主張を正確に行うことができている。これが可能であるということが，その話し手の知識を例証している（第5章を参照）。例証することがごまかしのない信号であるいっぽう，単に主張することはそうではない。サックスが指摘したように，もしAが3行目で *Oh, Pacific Palisades*（ああ，パシフィック・パリセーズ）と返答したら，理解は全く示されていないことになるだろう。パシフィック・パリセーズがどこにあるか全く

---

3) 私はここで指標性の創造的なベクトル（Silverstein 1976），すなわち，事物の知識はそれを説明する可能性を生むということに焦点を当てている。逆に，指標性の前提的なベクトルでは，事物に関する説明はその事物について学んだという経験があるということを示したり，もしくは単に主張したりする方法であるとされる。
4) この例はSacks(1992)で使われている作例であり，Heritage(2007)で議論されている。
　〔訳注〕相互行為においては，どの参与者がどれだけ知識を持っているかということが常につきまとっている問題であり，しかも少しでも言動を誤るとすぐにトラブルに発展してしまう，ということを念頭においた比喩。

見当がつかなかったとしてもそう言うことができるからだ。以下はその例である[5]。

(34)
1　A: Now you told me you eh-uh-where are you.=Are you at uh:
　　　Puh-ih: (・) Palos uh:
　　　どこにいるって言ったっけ，パ，イ，パロス　あー
　　　(0.4)
2　B: eh-No in ah:::::uh: (・)t Marina del Rey.
　　　え，いや，あーっと，マリナ・デル・レイ。
　　　(0.9)
3　B: Marina del Rey.=
　　　マリナ・デル・レイ。
4　A: =**Oh Marina del Re:**[**y.**
　　　ああマリナ・デル・レイ
5　B: 　　　　　　　　　　　[Yah.
　　　　　　　　　　　　　　[そう。

　このような，話し手が理解を示すのではなく単に主張している事例は間違いなくよく起きている。その一方で，興味深いことに，ジョン・ヘリテッジが記しているのだが，パシフィック・パリセーズの作例のような形で理解が例証されることはまれである。なぜ人々は理解を示すことを避け，単に主張するというより弱いスタンスをとろうとするのだろうか。これには少なくとも2つの理由がある。第一に，ヘリテッジが指摘するように，理解のすべてを例証することは，どんなに小さくとも新しい連鎖を開始し，会話の進行を遅らせたり場合によってはすっかり脱線させてしまったりするという危険性をはらんでいる。これは，エンクロニーの観点からはやりとりの進行性が選好されるということ[6]に反している。これを避けるため，発言の受け手は *uh-huh*（うんうん）のような継続子によって理解を含意するにとどめ，話し手がそこで描こうとしている軌道を邪魔せず，そのまま進行させるほうが良いのかもしれない。しかし，マリナ・デル・レイの例

---

5) Sacks (1992, vol. 2: 141) より。
6) ヘリテッジとの個人的談話；Stivers and Robinson (2006)。

において，話し手Aが，進行を遮るリスクを冒している（*Yah*という承認を話し手から引き出している）やり方にも注意してほしい。話し手Aは認識をはっきりと呈示する機会を使ってはおらず，その地名を認識していない，ないしその位置を知らないという可能性は依然として残っている。これは単に理解を主張することが理解を完全に例証することよりも好ましいということの2つ目の理由を示唆している。先行する発話で言われたこと以上のことを言って理解を例証するというのは，非協調的なスタンスをとる危険を冒すことである。というのも，実際のところ私がそれを知らないという可能性（そんな可能性がなかったらなぜ例証する必要が生じただろうか）に注意を引き，さらにそれによって私が知らなかったとあなたが考えていたかもしれないという可能性に注意を向けるからである。明示的に言う必要があればあるほど，参与者間の社会的な距離があるということなのだ（第13章を参照）。自分があることを知っているということを証明する必要を感じないという態度を示すことは，相手から信頼されていると感じている，あるいは私が知っているということを相手が知っているということを表すサインであり，それ自体が相手に対する信頼の表現となる。自分が知っているということを証明しようとわざわざ道からはみ出るのは，こういった非対称性に注意を向ける危険を冒すこととなり，やりとりの軌道を乱気流にもつれこませるのである。

　パシフィック・パリセーズの事例がまれなものだとはいえ，実際に存在するのもまた事実である。次の電話会話の例[7]では，マーシャは自分の娘の古い友人であるロンの声を聞いて最初はだれだか認識できなかった（このことは以下の断片の1行目より前に生じている）。1行目でロンが自分の名前を言うと，マーシャは2行目で強い認識の主張を行う。とはいえ特に最初に相手を認識できなかったという文脈を鑑みると，これは主張以上のものではない。

(35)

  1 Ron: This is Ron Mercahno do you remember me?
      ロン：   ロン・マキャーノです。僕のこと覚えていらっしゃいますか？

  2 Mar: Oh for heaven sake Ron Yeah this is Marsha
      マーシャ：あらとんでもない，ロンよね，私マーシャよ。

---

7) Heritage (2007: 271)。書き起こしは簡略化してある。

3 Ron: Marsha right
   ロン：   マーシャさんですよね。

(この後，4行目で，あまり見られないような形の認識の例証が起きる)

4 Mar: You're writing for television
   マーシャ：テレビの脚本を書いてるのよね。
5 Ron: Yeah
   ロン：   ええ。
6 Mar: The writing for television Ron
   マーシャ：テレビの脚本よね，ロン。
7 Ron: Yeah
   ロン：   ええ。

4行目は主張ではなく例証である。もしロンがだれかわからなかったら，そのようなことは言えなかったからである。言い換えれば，マーシャがはったりを言っているということはありえないのである。

10.2　認識的権威

前節まで，主張ないし例証を通じて知識が呈示されるやり方について検討してきた。ここからは，知識に関する確信の程度およびその知識の情報源という点について，よりきめ細かい区別に注意を向けたい。私もあなたも，タマリンがボーイフレンドの母親から電話を受けたということを知っているが，私はその通話があったときにタマリンと同じ部屋にいたのに対して，あなたは後からその事実の報告を聞いただけである，としよう。私とあなたのどちらも「彼女が電話をかけてきた」と言うことができるが，そう発言することに関して，私があなたよりも適格である2つの理由がある。第一に，私はその場にいたため私の知識はあなたの知識よりも確固とした基盤を持っており，それが事実であるということについて私はあなたよりも強く確信している，すなわち私はあなたよりもよい証拠を持っており，したがって私もあなたも誠実に話をしていたとしても私のほうが真実を語っている可能性が高い。第二に，私はその出来事を直接目撃したため，その通話がどれくらい続いたのかであるとかタマリンがどのように応答していたのか

など、より多くのことを話すことができるだろう。ここから言えることは、私たちはある命題の知識に関して2つの成分を区別しているということだ。1つは、**アクセス**、すなわち、情報の源であり、それが真であるということにコミットするにあたって理由として言及できるものである。もう1つは**権威**（authority）、すなわち、それが何であれ自分が持つアクセスによって可能になる傾向性を通じ、その情報を知っていることの帰結を例証できる能力である。アクセスは知識を導き、権威は知識から導かれる。

知識の程度と知識の基盤が、陰に陽にさまざまなタイプの標識をつけることで公になる可能性があるということは、多くの人々の関心を集めてきた。もし私がある命題が真であることについてあまり確信がない、あるいは何らかのコミュニケーション上の目的によって確信が低いと主張したいという場合は、*I think she called once*（彼女は一度電話をかけてきた、と思う）あるいは *Maybe she called once*（たぶん、彼女は一度電話をかけてきた）などのように、緩和表現を使う必要を感じるだろう。*I heard that she called once*（彼女は一度電話をかけてきたと聞いた）のように情報源について明示的に言及することもあるかもしれない。これは多くの言語において、自身で知覚したのか伝え聞いただけなのかなどを義務的に表示するという証拠性（evidentiality）のシステムによって文法的にコード化されている[8]。このような標識は元来、あるいは字義的には、第一次の絶対知（first-order absolute knowledge）、すなわち話し手と命題内容の間の関係性に関わるものだろう。

ここまでの議論から考えると、**情報源に基づく権威**（source-based authority）と**地位に基づく権威**（status-based authority）の2つを用語として区別したほうがよいということになる。

情報源に基づく権威とは、実際の経験とそれが可能にすることに関わるものである。タマリンがボーイフレンドの母親からの電話を受けたときにその場にいたなら、それを知っているということへのコミットメントを助けるものとして私はこの直接経験に言及できるだろう。このアクセスという概念は、当該の知識をもたらしたものが何か、時間をさかのぼって指摘するものであり、コミットメントの基礎としては後方指向的な性格を持っている。ここで問題になっている権威は、その知識が可能にしていること、つまり、その知識を持つことの結果として言及

---

8) Aikhenvald(2004)。

したり実行したりできるさまざまな物事に関わっている。

　これとは対照的に，地位に基づく権威とは，実際に知っていることではなく，当人の地位からすれば知らなければならないこと，あるいは知る権利のあることに関わるものである[9]。情報源に基づく権威と地位に基づく権威は，典型的には足並みがそろっているものであるが，これまでに論じた，ベビーシッターよりも自分の子どもたちと触れ合う時間の少ない母親の例のように，そうでない場合もある[10]。その子どもたちの性格に関する知識に関して，ベビーシッターは母親よりも情報源に基づく権威が高いが，母親のほうが地位に基づく権威が高い。経験（すなわち当該の知識をもたらしたもの）を引き合いに出す能力，あるいはその子どもたちの振る舞いについて推論したり予測したりする能力（それに関連する知識によって可能になること）を基準にして権威を測定するなら，ベビーシッターが勝るだろう。しかし，それとは別のメカニズムでは，母親は，母親という地位にあるということから，規範的に正当とみなされる権限の1つとして，自分の子どもたちに関してだれよりも高い，あるいは少なくとも低くない認識的アクセスを主張することもあるだろう。これは単に母親という権威を用いた専断なのではなく，子どもたちと長い時間を過ごすという（母親という地位によっても規定されている）責任を果たしてゆくことの当然の結果として，今後子どもたちと他のだれよりも豊かな経験をしていくだろうという予測に基づくものである，ということに注意しよう。ベビーシッターの例は，まさにこのミスマッチが関わっている。ベビーシッターが，子どもたちに関して母親本人よりも強い権威を例証すると，母親が持っている，子どもたちについての情報源に基づく知識が〔その地位から予想されるより〕少ないということを明らかにしてしまう。この問題の中核にあるのは，このことが，母親という地位に伴う責任を十分に果たしていないことを例証するということである。これは，彼女が母親として不十分である点に注意を集め，実質的に，母親としての地位そのものを道徳的に問題視させることになるのだ。そのようなベビーシッターと母親の認識に関する不整合が非常に危ういものであることには何の不思議もない。

　社会学者のジョン・ヘリテッジとジェフ・レイモンドは，2人の話し手が何かに関してお互いに同意し合うという対称性のあるゴールを目指しつつ，それと同

---

9) Drew(1991: 37ff.)。
10) Raymond and Heritage(2006)参照。

時に，地位とエンクロニーによってもたらされる非対称性を交渉しなければならないときに生じる難しさについて論じている[11]。この点はジェニーとベラという2人の友人の会話事例によって明快に示されているのだが，その会話のなかで，ジェニーとベラは，ベラの孫が素敵な家庭を築いているという点について同意している[12]。ヘリテッジとレイモンドは知識あるいは認識的コミットメントを表すものとして"K"という用語を導入している。彼らの用語法では，話し手Aについて K+ であるということは，絶対的なものではなく相対的なもので，「AがK+ならBが〔相対的に見て〕K−である」ということを意味する。話し手AとBの両方に関して〔知識の絶対量として〕K-low（知識が少ない）の場合とK-high（知識が多い）の場合があり，4通りの可能性があることになる。AとBのいずれもlowであるか，いずれもhighであるような場合，両者は対称的ということになる（以下では，言語行為の行為主体性に内在する非対称性のために，このようなことは実際にはありえないということを論じるのだが）。ヘリテッジとレイモンドによって同定された〔相対的に K+ か K− かという〕2つの可能性以外のものがありうる。すなわち，Aの知識はBの知識よりも多い（相対的に K+ である）が，それでもかなり知識が少ない（つまり，絶対値として K− に近い）というものである。ある状況では絶対的な知識の程度や種類を標識することが重要になるが，相対的な知識量が重要になる状況もあるということは想像に難くない。この区別はなされる必要があり，維持される必要がある[13]。

　知識は明示的に標識されることがあるということはすでに述べた。しかし非明示的に標識されることもある。*She called once*（彼女は一度電話をかけてきた）のように，事実の主張が裸の形で［「～かけてきたみたい」のように モダリティ表現を伴うことなしに］コード化された命題は，自分はそれが真であると確かに知っているという，最も強い認識的コミットメントを伝えるものとして受け取られるだろう[14]。英語において裸の形で主張を行う場合に生じる認識的コミットメントの最大化は，コード化されたものというより含意されたものである。これをコード化するには，*I know that she called once*（彼女が一度電話をかけてきたことを私は知っている）のように，明示的に示す必要がある。これは，そうであるかどうか知らなかったことが示唆されていたかのよ

---

11) Heritage and Raymond (2005)。
12) Heritage and Raymond (2005 : 20)。
13) Hayano (2011)。
14) Grice (1989)。

うな，防御的な印象を与える。しかし，日常における言明は，話し手は自分が言っていることについて適切な証拠を持っているという日常的な想定によって支えられている[15]。100パーセントはコミットしないということが意図されているなら，そのことは明示的に標識されなければならない。たとえば，ある命題を *I think* で前置きする場合，「よく知らないけど」という態度やあるいは「知っているとは言いたくない」という態度を含意する[16]。

相対的な知識は，言語行為のタイプに内在する前提を通じても含意されるということにも注意しよう[17]。*She called once* のような平叙文の形式では，単に「自分は知っている」ということを含意するだけではなく，「あなたは知らない」ということも含意する。このことが，「アデリーンは本当におしゃれな子ね」のような「評価発話」[18]が認識性において問題を孕んでいる理由の1つである。まず，言語形式は，知識の明確な非対称性に適合している。平叙文のフォーマットを使うことで，評価発話は聞き手に何かを伝達していることになるのだ。その一方で，多くの場合，評価発話の機能は完全な対称性，すなわち同意の達成を目指すものである[19]。

ここでは，命題内容に対する認識的コミットメントに関して，特定の地位のモードに議論を限定している。すでに見たように，言語の使用に命題のコード化が含まれているという事実は，社会的相互行為にとってきわめて豊かな問題を投げかける。第一に，アクセスの問題がある。すなわち，知識の源，その知識について持っている証拠，どのようにそれを得たか，といったことである。第二に，これと関連して，権威の問題がある。これは，推論によって知識を例証する能力（チェスや射撃の技能を示すための証拠としてライルが指摘したのと同種の能力）のように，知識へのアクセスがもたらす能力（enablement）である。個人の知識はアクセスにその基盤があり，権威によって測定される。これと平行して，地位に基づいた特定のタイプの知識への規範的な権利も，認識的コミットメントの主張の基盤となる。たとえば，もしも私が南ゲルダーランドでのチェスチャンピオンのタイトルを持っているなら，たとえチェスの実力が全くなくて単に運よく勝

---

15) Pomerantz(1984)。
16) Sidnell(2011)。
17) Searle(1969)。
18) Pomerantz(1984); C. Goodwin and M. H. Goodwin(1987)。
19) Heritage and Raymond(2005)。

った，あるいは不正をして勝利したのだとしても，チェスに関して権威を持って話をする資格があるということになるだろう。そして聞き手は，私がチェスについて語る内容が怪しいものだと確信していたとしても，私の権威の前に沈黙してしまうだろう。母親が自分の子どもについて間違った知識を持っていることにベビーシッターが気づいたり，教師が授業のトピックについて間違ったことを言っていることに学生が気づいたりしたときのように。それゆえ，情報源に基づく権威と地位に基づく権威は区別される必要があるのだ。さらに，知識へのコミットメントに関するほぼ並行的なこれら2つのモードが，相互行為に従事する参与者間でさらに相対化されていることも見た。情報源に基づく権威と地位に由来する権威のいずれかによって，人は他者との相対的な権威の高低を常に判断されている。地位に基づく主張と情報源に基づく例証が対立するような場合は，前者が勝つようである。これが本当なら逆説的な事実ということになるが，しかし動物としての私たちが合理性よりも道徳性を重んじることを考えると，驚くには値しないだろう。

10.3 実践における行為主体性の分散

　エンクロニー・地位・知識と相互作用する非対称性の源として，最後に行為主体性を取り上げる。行為主体性，特に行為主体の統合というヒューリスティック（agent unity heuristic）（第9章を参照）が，相互行為における非対称性を理解するためになぜ必要なのかを示すため，再びヘリテッジとレイモンドの研究に目を向けてみよう[20]。彼らは，英語会話のデータ分析を通じて，「第一の位置において事態の評価を行うことは，その事態を評価する認識的権利と道徳的権利のいずれかあるいはその両方について優位性があるという主張を行うことになる」と論じている。彼らは次のようにまとめている[21]。

　　相互行為の連鎖において，第一の位置で評価を行うことは，第二の評価が同意・不同意・調整といった形で行われるような表象場（representational field）を作り上げる（Heritage 2002; Pomerantz 1984）。この意味で，第一の位置で

---

20) Heritage and Raymond (2005: 20)。
21) Heritage and Raymond (2005: 16)。

の評価は，同意が期待されるような地勢をその表象場にもたらす。そのような第一の位置での評価は，話し手がその評価対象を評価する権利の優位性を持っているということを暗に主張するものである。たとえば，私たちが例で示すように，第一評価を行う者は，その対象を評価する権利の優位性を主張しているという含意を打ち消すためにさまざまな工夫をする。他方，第二評価を産出する立場になった者は，評価対象に関する自分の権利が第一評価の話者より劣っているという含意を打ち消そうとする場合がある。あらゆる評価は時間が流れるなかで産出され，必然的に第一行為と第二行為という意味を帯びて産出されるため，事態を評価するための認識的権利が相対的に高いか低いかということが必然的に当事者にとって関心事となるのだ。

　ヘリテッジとレイモンドの説明は，第一の位置は権利の優位性を含意するという観察に基づいている。いったいなぜそうなるのだろうか？　彼らが示したように，エンクロニーこそ，行為が第一行為すなわち始動する行為なのか第二行為すなわち応答する行為なのか必然的に意味づけられるということの基盤にあるものである。しかし，なぜ第一の位置であることをもって，権利が優位であることを含意することになるのだろうか。私は，複数の分析的装置を統合することで求められる，3つのメカニズムが働いていると考える。(1) それを言う本人であるということ。(2) それを主張の形式で言うこと。(3) それを独立して言うこと。これらはそれぞれ，発声（animating）・著作（authoring）・責任主体性（principalhood）の問題に対応している。これらについて検討してみよう。

　行為主体の統合というヒューリスティックが，ヘリテッジとレイモンドによって記述された非対称性の効果に貢献するメカニズムは次の通りである。もし私が話しているのが人に見られ，聞かれるとき，私が，そして私のみが，そのメッセージの発声者（animator）であることは明らかである。行為主体の統合というヒューリスティックを適用すると，すなわち，ある人物の行為主体性に関して外から見て最も明らかな部分——行為を制御したり発声する者としての立場——を用いて，外から見て最もわかりにくい部分——説明責任——を推論すると，私が，そして私のみがそのメッセージの発声者である，かつ，私がそのメッセージを作成した者でありその内容に責任を持つ者であるということになる。これが，**発声者バイアス**（animator bias）と呼ばれるものである[22]。発声行動は，強い非対称性を持つことが普通である。すなわち，一定の逸脱的現象はあれど[23]，一度に1

人の人間が話すという傾向が存在している[24]。行為主体の統合というヒューリスティックにより，この非対称性は責任主体性の領域，すなわちコミットメントと説明責任においてもデフォルトで生じる。しかし，同意表現を明示的に使うことで参与者たちが協調関係を構築しようとしているような相互行為的文脈においては，そのゴールはコミットメントの**対称性**を確立することにある。

マイケル・トマセロが提案した3つの基本的なコミュニケーションの社会的動機の観点から言えば[25]，ここでの問題は，情報伝達のために設計された構造が，分かち合うという機能のために用いられているということだ。これは一種の外適応（exaptation）であり，言語使用におけるパンダの親指〔下記訳注参照〕のようなものである。心理学者ゲイリー・マーカスによる論に沿い[26]，言語を含め私たちの相互行為のシステムは，進化のプロセスを経たシステムに特有の不格好さを持っていると考えたい。進化のプロセスを経たシステムは，もともとは別の機能のために進化した構造を用いてその時々の問題を解決するということを繰り返すため，そのように不格好になりがちなのだ。マーカスは，人間の背骨を例の1つとして挙げている。脊椎動物の背骨は，水平の姿勢を保ち，そこに体重がぶら下がるようなものとして進化してきた。これは，ハイエナ・ゾウ・ウシといった哺乳類の体制〔生物体の構造上の基本形式〕を考えてみればわかるだろう。しかし，人間の背骨は体重を垂直方向に支えるものとなっており，背骨のデザインの用途として適してはいない。元の構造と目指される機能の間に不整合があるのだ。これと同様に，ヘリテッジとレイモンドによって記述された問題の一部は，話すという行動において発声する者としての立場に強い非対称性があることと，同意においてコミットメントと説明責任の対称性を目指すことの間の不整合にあると言える。

すでに述べたように，事実の主張という言語行為それ自体が，「私はそれにつ

---

22) メッセージを発する者への非難は行為主体の統合というヒューリスティックのせいで起こる副次的被害のようなものである。つまり，単に発声者にすぎない人が発話主体として扱われてその結果のつけを払わされることになる。〔ここでは〕発声者の持つ柔軟性に比べて説明責任が不当なまでに重くなっているのである。
23) Lerner(2002)。本書の第6章も参照。
24) Sacks, Schegloff, and Jefferson (1974); Stivers et al. (2009)。
25) Tmasello (2008)。
26) Marcus (2008)。Jackendoff (1997: 20) も参照。
〔訳注〕スティーヴン・J・グールドが論じた外適応の例。パンダは両手で竹の茎を持ち，一見親指のように見えるものと他の指との間に茎を通して葉をしごくが，実はそれは親指ではなく異常に大きくなった手首の骨の1つであり，たまたま竹の茎をしごくのに便利であったためこのように使われているだけであるという。Gould (1980) を参照。

いて知っており，あなたは知らない」という認識上の傾きが前提として存在するということを伝えるものである。しかし，「あの子たち，素敵な家族ね」といった評価を行う際，相手に情報を伝えようとして言うのではなく，同意を得るために言うのである[27]。英語における付加疑問のストラテジー（*aren't they?* や *don't you think?* など）や，ラオ語における文末詞のストラテジー（同意を求めるタイプの極性疑問の標識である *nòq1* など）などのように，言語は，今話し手が何をしているかを明示的に表示するための装置を私たちに与えてくれる[28]。しかしそのような標識を伴った場合であっても，第一の位置で評価をする話し手は，評価対象を評価する権利について優位に立っている，という主張を含意することになってしまうのだ。

　ここまでのところ，ヘリテッジとレイモンドが記述したような権利の優位性の含意は，次の2点によってもたらされるものだと論じてきた。(1) それを話した本人であること（行為主体の統合というヒューリスティックと発声者バイアスによって。聞き手が同じことを言わないのなら，聞き手は——その時点ではまだ——それにコミットしていないということが含意される）。(2) 主張の形式でそれを言うこと（主張という言語行為に伴う「発話相手はそれを知らない」という前提によって）。ここからは，なぜ**第一の位置**で言うこともまた，権利の優位性を含意する手立てとなるのか考えたい。ヘリテッジとレイモンドが示すように，この問題は，聞き手が第二の位置で同じことを言うだけでは解決されない。エンクロニーの性質により，非対称性がここにまた適用される。それがなぜかを考えるために，ローマン・ヤコブソンが直示やその関連現象を分析するために持ち出した，スピーチイベントと語られるイベントの区別を利用することができる[29]。

　スピーチイベント（speech event）というのは，話すということを行っている実際の状況のことである。参与者自身がスピーチイベントの構成要素であり，そのため「私・ここ・今」といった近称指示詞によって指示することができる。それに対して，語られるイベント（narrated event）（すべてがイベント（出来事）とは限らないため，語られる状況と呼ぶほうがより正確である）とは，話される内容としての状況のことである。もしタマリンがレイナに *She called once*（彼女は一度電話をかけてきたの）と言ったら，語られるイベントはその通話であり，ス

---

27) Heritage and Raymond (2005: 20)。
28) Enfield (2007: 48-50)。
29) Jakobson (1971)。

ピーチイベントはタマリンとレイナ（およびサンドラ）の間の会話である[30]。エンクロニーが適用されるのはスピーチイベントであり、ここで言語行為の参与者たちの地位によって調節されながら、複数のコミュニケーション行為の間の関係における効果と適切さが明らかにされていく。そして知識に関して言えば、絶対的知識は語られるイベントを参照して判断される（つまり、その出来事が実際に生じたということについてその人がどれだけ確信を持っているかが判断される）。他方、相対的知識はそれに加えてスピーチイベントを参照して判断される（その出来事が実際に生じたということについて、一方の参与者が他方よりもどれだけより確信を持っているかが判断される）。

　もし私が「あの子たちは素敵な家族だ」という主張を行うとしたら、私はそこで語られるイベントの命題に対する認識的コミットメントがあることを呈示する（それが正しいと私は知っていると伝える）だけでなく、この命題を、今ここで行われるスピーチイベントに貢献する発話として表現することに関する適切さと効果へのコミットメントも呈示する。このようにして、1つのことだけでなく2つのことについて、私には説明責任が生じる。(1) 言う内容にコミットしているということ。(2) それを今ここで言うことの適切さにコミットしているということ。このため、「第一評価」は、発話の関連性において、一方的（unilateral）で自律的（independent）な性質を帯びる。彼女らが素敵な家族であると私が知っており、知っているからそれに言及する権威があるというだけでなく、この文脈でそれに言及するのは私の考えであり、あなたの考えではない、ということになる。第二の位置で発言する際の問題はここにある。何かを今言う理由に関して、スピーチイベントにおける主体性には強い非対称性がある。第一の位置では、何かを言う理由は「私が今それを言いたかったから」である。そうすることは私にとっては適切なのである。しかし私があなたの言ったことに同意する場合には、私はスピーチイベントの領域における制御（control）を全く持っていないように見られてしまう可能性がある。すなわち、「私がこれを言うのは、あなたが今言ったからでしかない」ということになる。前に導入した用語を用いるなら、第一の位置で言う、すなわち催促されずに言うことは、今ここでそれを言うことを適

---

[30] もちろん、時により、スピーチイベントが語られるイベントと同じであったり、語られるイベントのなかにスピーチイベントが含まれることもある。そのような場合、Iのような語の指示対象は置き換えられる。たとえば、*John said "I quit"*（ジョンは「僕はやめる」と言った）における*I*(僕)は発話の発声者ではない。

切とみなしていることを**例証する**（demonstrate）ことになる。それに対して第二の位置で言うと，単なる**主張**（claim）になってしまう。

　2つの論点をまとめよう。第一の論点は，あることを第一の位置で言うことで，行為主体の統合というヒューリスティックおよび発声者バイアス（私がそれを発声しているという事実は，私がそれにコミットしていることを含意し，私だけがそれを発声しているという事実は，私だけがそれにコミットしていることを含意している），そして主張の形式を用いることの語用論的特徴（私はそれについて知っており，あなたは知らない）を通じて，優位性を含意することになるということである。第二の論点は，相手と同じことを第二の位置で言うことは，相手がそれを言ったから自分も言ったにすぎないと見られてしまう危険を背負うことになるということである。あるいはもっと良い言い方をするなら，もしあなたが何かを第二の位置で言うなら，あなたは場合によってはそれを口にしなかったかもしれないという可能性が残る。しかし，第一の位置で言うなら，そのような可能性はない。ヘリテッジとレイモンドが記述したような，第二の位置で〔評価の表現を〕格上げするさまざまな方略は，まさにこの可能性を打ち消すようにデザインされている[31]。

　会話相手が言ったからそれを言ったにすぎないと解釈されてしまうような状況について考えてみよう。次の断片の1行目で，ジェスはマイクに今ボクシングをしているか尋ねている。

(36)

1	Jess:	Are you b*o*xing right now?
	ジェス：	今ボクシングやってる？
2		(0.9)
3	Mike:	I'm gonna start tod^ay.
	マイク：	今日始めるよ。
4		(.)
5	Jess:	〔Oh:.
	ジェス：	おー
6	Mike:	〔Ton*i*ght actually tuh tell ya thuh tru:th,

---

31) Heritage (2002) 参照。

マイク：今夜ね。じつは。
7　　　　　　　(0.3)
8　Mike:　　Six fiftee:n.
マイク：6時15分。
9　　　　　　　(0.7)
10　Jess:　　At thuh place on Sta:te Street?
ジェス：ステートストリート沿いのところで？
11　Mike:　　>State Street.<
マイク：ステートストリート。

マイクは1秒近くの間の後に *I'm gonna start today.*（今日始めるよ）と答えているが，これはまるでジェスの質問に対していいかげんに肯定しているように聞こえる。実際のところ，この時点ではマイクはまだボクシングをしていないわけであり，*No* という反応も同じくらい適したものである。ここではマイクは *No* と言う代わりに，今日始めるつもりであることを主張したが，その主張を例証したりあるいは支持するような証拠をこの時点までででは示していない。おそらく，マイクとしては，3行目の自分の宣言はジェスに尋ねられたからなされたものであるというような印象を与えたくないと思っており，そのことはその後の彼の言動と整合的である。すなわち，6行目から8行目にかけて，マイクはボクシングを始める時間について少しずつ詳細にしていっており（「今日」から「今夜」へ，「今夜」から「6時15分」へ），今日始めようと前から計画していたのであって，単にジェスに尋ねられたからそう答えたのではないということの独立した証拠としてこれらは提示されている。

10.4　非対称性の源

本章は，コミュニケーション行為の解釈におけるスピーチイベントの非対称性について，その性質と関連性に焦点を当ててきた。この問題を考えるために，本書では（1）コミュニケーション行為のエンクロニー上の連鎖における位置，（2）会話参加者間の相対的な地位関係，（3）言及される（あるいは関連する）状況についての知識へのアクセスおよび権威の違い，（4）行為主体性の分散とその諸特性といった観点からコミュニケーション行為について考察してきた。総合すると，

これらは取り扱わねばならないことがすでにわかっている現象（行為連鎖の組織化，直示指示，語用論的含意）を取り扱えるほど一般性が高く，かつ，社会的相互行為における知識・責任・協調関係の分配およびそこから生まれる社会的関係性というより特定的な問題の説明にもなりうるような枠組みを構成する要素である。議論を要約しておこう。

エンクロニー（詳細は第3章）
　コミュニケーションには社会的相互行為としてのコミュニケーション行為の連鎖が関わり，連鎖のすべての時点において，解釈は関連性によってもたらされる。こういった解釈は，コミュニケーション行為が応答を引き出すうえで大なり小なり効果的であり，また先行する行為に対する応答として大なり小なり適切であるのであれば，規範的に導かれる。エンクロニーの概念によって，情報伝達に伴う道徳的責任の説明にとって2つの重要な要素が導入される。すなわち，(1) 連鎖上の非対称性と第一の位置で発言することに伴う優位性，(2) 相互行為中のムーブにおける適切さと効果に関する説明責任を通じて，関連性を規範的に統制する潜在的な可能性，である。

地位（詳細は第5章）
　相互行為連鎖の規範的構造は，文化や活動のコンテクストから規定される，人間関係上の特定のカテゴリーによって相対化される。したがって，適切さと効果の概念は，道徳的に統御される，それぞれのコンテクストおよび個人に固有の規範的な権限と責任に変換される。ある人物がある時点で担っている地位カテゴリーの違いに応じ，その人物の振る舞いは，割り当てられた権利と義務に照らして測定可能なものとなり，それによって説明責任が生じる。地位に関するカテゴリーとしては，母親と兄弟，警官と教師，話し手と聞き手といったさまざまな社会的役割が存在する。どの場合においても，ある人物がすべきこととすべきでないこと（あるいはできないこと）に関する「公式の」理解と，実際に何ができて何ができないかに関する理解が存在する。

知識（詳細は本章および第13章）
　人間のコミュニケーションには，命題の形をした情報のコード化が関わっているため，命題にコード化された知識を公的に表現することに関して，権限と責任の諸問題が発生する。知識を分析する第一次的な方法には，その情報に関する個

人の因果的関係が関わっている。その人が知っていることは，それを知った方法，すなわち，当該の状況への当人のアクセスの直接的帰結である。これは，その人がその知識を例証する際の権威によって測定される。実際のアクセスに基づいて知識を例証する能力だけではなく，地位に基づいた権威の主張もある。たとえば，他人が同じくらい，あるいはそれ以上に知識を例証することができたとしても，祖母は自分の孫のことをよく知っているはずの地位にある。二次的なレベルには，相対的知識，すなわち，言語行為に参与する2人の知識のタイプと程度の関係性の問題がある。すべての条件が等しいなら，祖母は，孫について友人よりもよく知っているが，その子どもの母親である自分の娘ほどは知らない。一般的には，話し手たちは，自分の地位と，その状況におけるコミットメントの程度とタイプに基づいて，認識的コミットメントを可能な限り正確に表現するべきである。なぜなら，いつ何時，説明責任が問われるかわからないからである。これは，事実とコード化の方略が整合的である分には問題とならないが，非対称性の源が整合的でない場合，トラブルが生じうる。

行為主体性（詳細は第9章）

相互行為における非対称性の源として最後に挙げられるのは，行為主体性の構成要素の明確さである。ゴフマンの用語で言えば，発声者であるということが行為主体性の構成要素のうち最もわかりやすいものであるため，発声者バイアスが存在する。すなわち，ある人物が発声者であるならば，反証の材料がない限り，私たちはその人物が〔やはりゴフマンの用語で言えば〕著作者であり責任主体であると想定するのだ。しかし，発声行動は，コミットすることつまり責任主体であることに比べて，非対称性がより強いという性格をもっている。同意や協調関係を築きあげることは，ある意味で，ある命題に関して複数の人々による複合的な責任主体を作ることである。これは，外部の基盤によって社会関係を確実なものとし，維持し，またその形を変えるために志向的状態の公的な表明を用いる一般的なやり方である（第1章参照）。会話というものが，一方向的に発声される言葉のターンの交替を基礎として構築されているという事実は，この複合的な責任主体を作るというゴールと真っ向から対立するものである。これに関して，3つのメカニズムが働いている。第一に，あなたがあることを話す立場にあるなら，相手はそれを話す立場になく，行為主体の統合というヒューリスティックによってそれにコミットしていないという含意が生じるリスクをその相手は背負うこと

になる。第二に，あなたがそれを主張の形式で言うなら，あなたがそれについて知識を持っており，相手には知識がないということが含意される。第三に，あなたがそれを先に言うなら，だれかから促されずにそれを言った，そして，その文脈においてそれを言うことが適当であるとみなしたという強い行為主体性を持つことになり，自律的な立場で言うことになる。それにより，会話の相手がそれにただ同意するなら，その人は従属的な立場になってしまう。こういった非対称性は，エンクロニーと行為主体性に基礎付けられており，地位や知識の非対称性と不整合である場合には問題として取り上げられる。

10.5　コミュニケーションシステムの不完全性

　言語使用は複雑な事象である。そこでは精巧な形式でコード化された命題が表現され，運用されるが，その下にあるのは他の生物種にも通じる構造，すなわち，相互行為を通じて社会的なゴールを達成することを主要な役割とするようなコミュニケーションのシステムである。しかしながら，私たちのシステムは，文法の複雑性によってその形を変えられているのみならず，ヒトという種に固有の別の性質である，協力的であろうとするという向社会的な動機付けおよび協力システムを維持するための道徳的監視によっても，その形を変えられている。本書でこれまで論じてきたような人間の相互行為に関する事実が示すのは，日常的な相互行為というものには，コミュニケーションにおける情報伝達の非対称性と社会関係の非対称性をうまく調整することの難しさがつきまとうということである。なぜ私たちはこのような困難に遭遇しなければならないのだろうか？　私たちは，コミュニケーションのシステムを自在に操る，熟練した使用者であるというのに。困難の理由は，私たちは最善を尽くしているが，このシステム自体が本質的に不完全なものだということにある。上述のような，システムの諸特性が衝突を作り出すという問題は，進化によって得られたシステムである私たちのコミュニケーションのシステムがその場しのぎのバグ取り的な性格を持っているということの必然的な結果である[32]。人間のコミュニケーションの進化的起源に関する最近のマイケル・トマセロの説明では，コミュニケーションを行ううえでの社会的動機付けが，「要求すること（requesting）」から「援助すること（helping）・知らせる

---

32) Jacob (1977); Jackendoff (1997: 20); Marcus (2008)。

こと (informing)」，そして「分かち合うこと (sharing)」へという順に発達するものであると提案されている[33]。本章で検討した問題の中核には，これら3つのコミュニケーション機能の間での不整合という問題がある。たとえば，すでに論じたように，分かち合うこと[評価を共有する，同意を求める場合など]が目的の発話において，主張という文法形式（形のうえでは知らせるためのもの）を用いることには本質的な不均衡がある。私たちのコミュニケーションのシステムが進化によって得られたものであるならば，コミュニケーションにおける困難はまさに，これで対処できるだろうと踏んで用いるその場しのぎのバグ取りにつきものの欠陥なのだ。コミュニケーションのシステムに構造的に存在する非対称の源は，社会的相互行為において道徳的な葛藤を私たちに常に与え続けるのだ。

* * *

本書ではここまで，認知的・相互行為的な要素に特に焦点を当てながら，社会関係の記号論的なインフラストラクチャーの構成要素について検討してきた。しかし，第1章の冒頭で強調したように，相互行為は，豊かな社会的・文化的なコンテクストのなかで生起するものである。そのようなコンテクストは，人々の振る舞いの意味付けに制約を与え，また意味付けを可能にする。したがって，コンテクストは，言語的なものであれそうでないものであれ，人々が公的な記号をどのように使用するか，そして，人々が公的な記号をどのように解釈するかあるいは指向するかといった点に直接関わるものである。さらにこのことが，どんな状況に関しても，社会的関係を維持するための局所的なアフォーダンスと道具の体系を決定する。続く3つの章では，歴史的な過程——通時的過程と個体発生的・自伝的過程の両方——を経て，文化（第11章）・言語（第12章）・共通基盤（第13章）の領域において局所的に立ち現れてくる社会文化的システムを参照しながら，この点を説明していく。

---

33) Tomasello(2008)。

第11章
文化

　文化は，私たちの知識や価値観，意識に上らない暗黙の習慣的振る舞い，象徴的・人工的な環境を含む，さまざまな物事のことを意味しうる。ある集団の文化はある特定の内容を持っているのみならず，文化があることによって，その集団の成員たちに，自分たちの間で何が共通なのか，自分たちが他の集団とどのように違っているのかを特定させることができる。また，文化は私たちが周りで何が起こっているのかを解釈する枠組みを提供してくれる。それは私たちが社会的な相互行為において何が起きているのかについての理解を生み出す際に用いるシステムであり，それは反対に，社会的な相互行為において生起することから構築されるものでもある。本書は社会構造と社会的な関係性の間にある緊密なつながりを論じたロバート・ハインドの導きに従い，関係性の観点から考えていかなければならない，という論点から出発した。ハインドの主張によると，相互行為を観察するとはもろもろの行為に映る社会的関係を観察することであり，私たちはその観察から関係性の類型についての理解を打ち立てることができる。そしてそうしたさまざまな類型の間の関係を観察することで，私たちはより上位の社会構造を導き出すことができ，さらにそれによって私たちは「心理学者の関心領域から社会科学者の関心領域へと移行する」[1]。本書のパースペクティブにおいてこれがどのように働くのかを描き出すために，本章では，社会的相互行為およびそのなかで具現化される社会関係のエンクロニー的なパターンの背景にあるコンテクストを創り出している，文化体系の事例を提示する。文化という主題のもとに，ここでは2点について集中して見ていく。第一に，親族にまつわる関係的な構造。

---

1) Hinde (1991: 8)。

これはコミュニティにおける社会関係に対する概念的枠組みを与えてくれるとともに、住居の構造に基づく枠組みも与えてくれる。第二に、家屋の物質的・人工的構造。これは家族やその他社会的関わりのある人々との間の社会的振る舞いに対して物理的な住居上の基盤を提供する。そして認知や相互行為、身体といった観点から、文化がどのように社会的な関係性にコンテクストを与えるのかを見ていく。

ここで取り上げる事例は、ラオス中部の高地に住み、オーストロアジア語族の言語を話す民族クリ（Kri）の居住世界である。まず家屋の空間的レイアウトとそこで行われる人々の日常的な社会関係的な振る舞いの関係を調べる。このクリの家屋と社会的な関係性とのつながりを調べることで、社会的な関係性がどのようにモノ的な構造のなかにはっきりと現れているかがわかる。さらにそれのみならず、文化的な共通基盤（common ground）との関係のなかで、また人間の行為主体性（agency）にアフォーダンスを与えるものとして、そうしたモノ的な構造が、社会的な関係性に内在する説明責任が日常の儀礼的行為を通じて取り扱われるようなコンテクストを生み出すさまを知ることもできる。モノとしての家屋は、コミュニティのメンバーたちが一連の規範的実践やそうした実践を動機付ける共有された価値観への関与を儀礼的に呈示し、それによって外部に基盤のある関係性（第1章）を発展・維持する機会を与えてくれる。家屋は、実践の内容、実践の共通性、そしてそこに居住する人々が共有している実践と外部のものとの間にある差異という3つの意味において、その人々が同じ文化の成員であるということを作り上げている。クリの事例の詳細に立ち入る前に、まずはそこで社会的な関係性がエンクロニー的に流れていくコンテクストとしての「文化システム」という考え方について見ていこう。

11.1 文化システム

すべての文化システムの土台を形作っている記号論的システムの基本的な考え方は、動物の感情表現に関するダーウィンの記述においてうまく説明されている[2]。ダーウィンは記号とそれが意味するものとの間の機能的連関についての原理を導入している。彼の例によると、たとえば犬は、まっすぐ硬直して立った姿

---

2) Darwin (1872)。この節の一部は Enfield et al. (2013) の 12.3.2 節からの再掲である。

第 11 章　文化　　221

図 11.1　ダーウィン（1872）に基づく，観察可能な振る舞いと心的状態の「機能的」で指標的なつながり。

勢をとり，頭を前に向け，尾をぴんと立て，毛を逆立て，耳を前に向け，じっと睨みつけるといった視覚的信号を「敵対的な心的状態」に際して呈示するが，この視覚的記号はそれらが見るからに「犬の攻撃しようという意図に従って」いるために理解可能なのだという。これらの振る舞いは攻撃的な構えと機能的に結びついており，それゆえ直接的な指標関係によってそうした攻撃性を指し示すのである。

　これは記号論的システムを確立するための第一歩にすぎない。図 11.1 は観察可能な振る舞いと心的状態の間の正の連想という，比較的単純な関係を示している。ここからダーウィンは，**反立**（Antithesis）という，信号を送る第二の原理を主張する。図に示したようなすでに確立されている記号論的関係を活用し，「身にまとった全体をひっくり返すことで」，つまり攻撃的であるときとは反対のことをすることで，犬は攻撃とは**反対**（opposite）のことを表現することができる。つまり，自分の主人に「親愛の」態度で近づくとき，犬は身体を下げ，「身体をかがめた動き」をし，頭を上げ，尾を下げてゆらゆらさせ，毛を寝かせ，耳をだらんと下げ，口角をだらりと下げ，目をリラックスさせるといった，目に見える振る舞いをとる。ダーウィンによると「これらの動きは，はっきりと親愛の情を示す動きではないが，この動物にとってこの動きは直接的な役目を担っている。私が見る限り，これらの振る舞いは，犬が戦おうとしているときにとるであろうと考えられそして結果的に怒りを表すものとなっている態度や動きと正反対であるということによってのみ説明がつくものである」[3]。

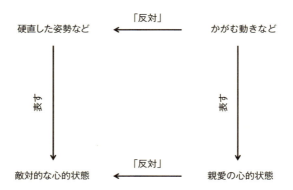

図 11.2　観察可能な振る舞いと心的状態の間の二次的な指標的つながり（右側）。ある限られた範囲に存在する可能な身体的振る舞いと心的状態についての解釈者の知識を仮定すると、図 11.1（そしてこの図の左側）に示されているように、すでに確立されている関係とのつながりによってのみ意味が導き出される。

　図 11.2 に示したように、反立は二次的な関係である。ダーウィンが指摘したように、それは解釈者がすでに確立している特定の機能的関係の認識に依存している。だがそれだけではなく、さらにそれは、記号論的システムという考え方にとって決定的に重要なものに依存してもいる。この決定的に重要なものは「反対」という用語に付随している。ある振る舞いを、単に他の振る舞いとは異なるものとして認識するのではなく、その反対と認識するためには、人はある限られた集合内での代替可能な選択肢を考えることができなければならない。犬がとりうる限られた範囲の姿勢について知っているか予測することができる場合のみ、犬のかがむ動きは、攻撃的であることを示す振る舞いの反対であると認識することができる。そしてこれが図に示したように働くためには、一方の端に攻撃的であることがありもう一方の端に親愛の情を抱くことがあるといった、犬が持ちうるある限られた範囲の心的状態が関与している、ということも人は必ず理解できなければならない。ダーウィンの反立の原理から導き出される記号論的システムのタイプは「関係間の関係」というものである[4]。これは解釈者が姿勢や感情状態といった他のシステムにアクセスするという前提に基づいており、さらに、た

---

3) Darwin (1872: 15–16)。
4) Kockelman (2013)。

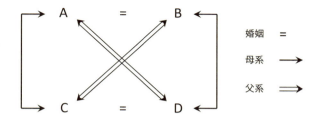

図11.3 オーストラリア北部におけるセクション。Radcliffe-Brown（1931）を参考にしたMcConvell（1985: 35）に基づく。

とえば親愛の情を抱いていれば必然的に攻撃的ではないとか，身体を硬くしているなら同時にかがんだ姿勢はとれないといったような，他のシステムの構成要素が持つ何らかの意味とその構成要素間にある論理的・因果的関係が関わっている。

こうした関係は，文化と言語といった，構造化されたシステムを規定する，有意味な対立による複合的なシステムを組み立てる要素となる。たとえばオーストラリア・アボリジニのセクション（section）と下位セクション（subsection）によるシステムを考えてみよう[5]。このシステムでは，コミュニティのすべての人々は4つのユニットに分けられている。それぞれのユニットには現地語の名前が当てられている（オーストラリア中部のアリャワラ（Alyawarre）語では *Kngwarriya, Upurla, Pitjarra, Kimarra*）。便宜上，ここではA，B，C，Dというラベルで表そう（図11.3）。パトリック・マコンヴェルが示したように[6]，こうした4分類セクション・システムにおいて，「Aに属する男性はBに属する女性と結婚することが好ましく，そのとき2人の子どもはDに属することになる。Bに属する男性はAに属する女性と結婚し，その子どもはCに属する。CとDも同様に互いに結婚し，その子どもは母親がCであった場合はAに属し，母親がDであった場合はBに属する」。そしてこの2世代後の人は父親の父親あるいは母親の母親と同じセクションに属することになる〔Aに属する男性とBに属する女性の間に産まれた子どもはDに属し，それが男性である場合，Cに属する女性と結婚するとその子どもはAに属することになるため〕。

マコンヴェルはまたこれが二重に複合した下位セクション・システムについても記述している。このシステムでは上述のセクション・システムがさらに分割さ

---

5) Radcliffe-Brown (1931, 1952)。
6) McConvell (1985: 2)。

れる[7]。これには構造的な結果が付随する。たとえばセクション・システムにおいては交叉イトコ[自分から見て、父親の姉妹の子ども、ないし母親の兄弟の子どものこと。すなわち一世代上のきょうだい関係が異性であるイトコのこと]を妻とすることが可能であるが、下位セクション・システムではそうはならない。

こうした文化システムが社会的相互行為における解釈枠組みとして用いられるのは、文化システムが互いの関係性を表面化させるような社会的地位を決定するからである(第5章)。このシステムはここに関わっている文化や社会のメンバーによって暗に知られており、その構成要素は時折明らかになるにすぎない。またシステムが明らかとなるにしても、その全体が言及されることはめったになく、一度に言及されるのはその断片のみである。たとえばモーニントン島のラルディル(Lardil)語話者の下位セクションシステムにおいては、*Ngarrijbalangi* という下位セクションの男性は自分の交叉イトコに関し「おまえは彼女とは結婚できない、彼女は *Kangal* だ!」と言われるかもしれない。

本章でこれから提示する事例は、こうした点を、あらゆる人間が暮らしている工夫の凝らされた住居との関わりを通して示してくれる[8]。私たちにとって文化的に身近であろうとなかろうと、家屋の構成部分は、ここまでで定義した意味において、構造化されたシステムの要素である。家屋の各部分は他の部分との関係において意味を持っているとともに、文化システムの他の側面との関わりにおいても意味を持っている。本章では、モノという観点においてだけではなく、人々が住宅という構造化されたコンテクストの要素を記号として受け取るときにその人々が生み出す解釈項を組織化しまたそれによって組織化される社会的地位という観点から、どのようにして住居のシステムが人間の社会関係におけるコンテクストとなっているかを見ていく。

11.2 社会関係におけるシステム的なコンテクストとしてのクリの家屋

家屋の中にいるとき、それがだれの家であろうと、クリの人は家の中のどこにでもいてよいというわけにはいかない。食事をとったり、仕事をしたり、眠ったり、座ったり、煙草をふかしたり、おしゃべりをしたりといった日常的な活動をする際、クリ語話者が家屋の中で占める空間はその人の「地位」(第5章)、とり

---

7) 図表と議論の詳細については同書(McConvell 1985)を参照。
8) Carsten and Hugh-Jones (1995: 2)。Bourdieu (1990: 271ff.); Lévi-Strauss (1963: Ch.8); Lévi-Strauss (1987); Frake (1975); Duranti (1981: Ch.4); Waterson (1990) なども参照。

第 11 章 文化　225

図 11.4（a, b）　家にいるクリの家族。この家の男性（主人）が囲炉裏の手前側上座の角に座っており，その妻は奥側上座の角に座っている（どちらの事例でも男性は他の人よりわずかに上座側にいる）

わけその家の家族との親族関係や年齢，階級に応じて決まっている。このことを図 11.4a と図 11.4b から簡単に見てみよう。この 2 つの図はクリの家族が家屋内部の中央に置かれた囲炉裏のそばに座ってくつろいでいる場面である。

　彼らが座っている位置取りはランダムではなく，クリの規範に適切に則っている。この家の主人である男性は手前側上座（outer-upper）に位置する角に座っている［ここで言う手前側とは，家屋入口から見て手前側ということ］。その妻は奥側上座（inner-upper）に座っている。撮影者は客として適切な，家の入口に対して手前側の壁に近い，彼らからなるべく離れた位置に腰かけている。

　この章で私は，クリ家屋の間取り（floor plan）［ここでは「間取り」という用語を部屋の配置のみならず，部屋の内部における人間や物の配置を指す用語として用いていることに注意されたい］における文化的論理について，手前・奥，上座・下座という 2 つの次元から記述するとともに，この論理に従って展開されるクリの社会的な振る舞いについていくつか記述する。本書で展開させてきた枠組みから，モノとしての家屋が複合的な記号であること，そしてどこに行ってどこに行かないかとか，家の中のそれぞれの空間をどう話題に出すかを含め，空間を指向する人々の振る舞いがその複合的な記号の解釈項となっているということを見ていきたい。この解釈項が意味をなすのは，彼らのコミュニティで歴史的に発展してきた民族誌的システムと個々人の生活史から規定されている社会関係においてである。家屋の中やその周囲において行われる彼らの空間的な振る舞いを通じて，人々はそこに存在する社会的な関係性と，そして彼らの暮らしている，歴史的に発展してきた社会的／文化的システムのことを指向することとなる。また本書の中心的テーマに則って，これらの解釈項がどのように自然的因果ではなく規範によって組織化されているのかにも焦点を当てる。

　社会的な相互行為とモノとしての家屋とのつながり，そしてそれらと社会的な関係性の間のつながりを理解するために，儀礼（ritual）という概念を用いていくことにしよう。

11.3　コミュニケーションにおける儀礼

　結婚や通過儀礼のようなフォーマルな儀礼であれ，握手やテーブルマナーのしきたりといった日常的な儀礼であれ，人間の儀礼的なコミュニケーションにはいくつかの一般的な定義的特徴がある[9]。フォーマルな儀礼と日常的な儀礼は，広く認められているように，別種のものではなく連続的につながったものの異なる

領域を占めるだけである。**儀礼**という用語は人類学の文献において少なくとも以下の3種類の現象に対して用いられている。(1) 言語やその他の人間によるあらゆる象徴的な振る舞いを含んだ，動物行動学的意味での儀礼的コミュニケーション行動。(2) フォーマルな儀礼や「聖なるものに関わる象徴的な行為」[10]。つまり結婚式や通過儀礼，宣誓就任式やその他の通過儀礼といった，社会的に有標なイベント。(3) 日常的儀礼。「社会的な状況をコントロールしたり秩序立てるという効果を持つ，コミュニケーション上のものではあるが恣意的」[11]で，かなりカジュアルではあるがなおフォーマルな手続き。たとえば挨拶（「おはよう」）やポライトネスに関わる決まり文句（「ありがとう」）[12]。研究者によっては，日常的儀礼というカテゴリーは，こういった〔いかにも儀礼的なものとして〕わかりやすいちょっとしたやりとり以外にも広がっていると考えている。たとえばアーヴィング・ゴフマンは，私たちが社会的な相互行為において行うまさにあらゆるムーブが持つ儀礼的な性質を指摘している[13]。儀礼研究者たちが，結婚式の式典とその後の披露宴における親族同士のおしゃべりの両方を儀礼的コミュニケーションに含めたいと思うかどうかにかかわらず，本書においては，現在までに「儀礼」とされてきたものの間に見られる類似性と差異を特徴付け，それらを用語上区別しておくほうがよいはずである。

　フォーマルな儀礼と日常的儀礼は多くの定義的特徴を共有している。第一に，フォーマルな儀礼も日常的儀礼も共に，もっぱら社会的な世界において影響を行使するために，公に行う振る舞いである。こうした振る舞いは，他者による解釈項の産出のために生み出された記号である。こうした記号は他者の精神状態や地位に影響を及ぼすことによって望ましい効果を生み出す。このため，こういった振る舞いはどれもそれ以前と全く同じ形では生み出されえない。記号として，これらの振る舞いの形式ややり方（manner）は，その意味が他者にとって認識可能でなければならないという要件によって制約を受けている（第4章）。この認識可能性はあらゆる社会的な振る舞いに必須の一般的な要件であるが[14]，儀礼に

---

9) Fortes (1966); Bloch (1989); Tambiah (1985); Leach (1966); Goffman (1967); Rappaport (1999); Stasch (2011)。
10) Firth (1972: 3)。
11) Firth (1972: 3)。
12) Huxley (1966); Leach (1966: 404); Watts (1999); Firth (1972: 3)。
13) Goffman (1959, 1967)。
14) 儀礼的振る舞いという言葉の最も広義の解釈については Huxley (1966) を参照。

おいては行為の**やり方**それ自体がもう1つの記号となる。儀礼的振る舞いの形式的な構成要素がどの程度主題化されるかによって，つまり儀礼的行為のやり方自体がどの程度注意の焦点となり行為の特徴として意識的に前景化されるかによって，儀礼の種類は分けられる。第二に，それと関連することとして，儀礼のフォーマルな振る舞いは参与者の地位について公に道徳的な査定をする機会を提供する（第5章）。私がどの程度オーストラリアの中流階級生まれの人間として好ましいかどうかは，私が夕食のときにテーブルに肘を乗せずにいるかどうかにある程度依存している。また，ラオの男としての私の地位は，若い頃に出家したかどうか，したとすればどれほどの期間か，ということにある程度依存している。周りにいる他の人々はこうした振る舞いをもとにして，私が自らの地位にどれほどかなっているかを（道徳的に）査定する。同様に私は，査定の規範的なパターンをうまく利用し，戦略的にこうした振る舞いを見せつけることによって，他者から見た自分の印象をうまく管理することができる（第2章）[15]。

11.3.1　やり方：認識可能性と評価のための形式的制約

　形式化をほどこすことによって，儀礼的振る舞いは世界において行為する手段となる（第8章，第9章）[16]。エドムンド・リーチが指摘するように，「合理的で技術的」な振る舞いは，即物的な，あるいは自然的因果による目的－手段関係を持つ（例：木を切り倒すこと）。これに対し，コミュニケーション上の振る舞い（例：英国紳士が握手をすること）や呪術的な振る舞い（例：誓いを行うこと）は，これらが効果を持つという社会的な合意に依存している。多くの研究者たちがコミュニケーション上の儀礼と呪術的儀礼を厳格に区別しようとしたが（たとえば，日常的なやりとりとフォーマルなやりとりの対比のように），リーチはそうした区別を「まやかしであるか些末なもの」であるとし，**儀礼**という語が両方のカテゴリーを包含するべきであると主張した。自然法則に従って作動しているのではなく，そう動くべきだという社会的な合意に基づいて作動しているという点で両者は類似している[17]。こうした例の1つが貨幣である。「私は今この手に5ドル持っている，と言えるのは貨幣制度のおかげである。もしこの制度が取り払われてしまえば，私が持っているこれは灰色や緑でさまざまにマークが付けら

---

15) Goffman (1967)。Krebs and Dawkins (1984); Owings and Morton (1998) も参照。
16) Huxley (1966: 258); Leach (1966: 403)。
17) Watts (1999)。

れた紙切れにすぎない」[18]。こうした効果が可能となるためには，私たちがコミュニケーションをとるための行為が十分に形式化され，他者たちが私たちの振る舞いの意味を認識できることが保証されなければならない。認識可能性のみがそうした振る舞いをうまく作動するようにさせるのだ。これは動物行動学において研究されている，人間以外の儀礼的振る舞いにも当てはまる。その一例がホンソメワケベラ〔スズキ目ベラ科の海水魚〕の行動だ。この熱帯魚は他の魚の体から寄生虫を取り除く。魚たちはホンソメワケベラに自分の体についた寄生虫を食べてもらう前に，このベラを誘うディスプレイ行動を行う。そしてホンソメワケベラもまたしばしばそうした誘いを促すダンスを行うのである[19]。他の魚をつついて（寄生虫を）食べることは物理的因果関係のプロセスによってそれそのものの効果（つまりこのベラが食べ物を腹に収めること）をもたらす。これに対し，このベラが行うダンスや他の魚の誘いのジェスチャーが効果を持つかどうかは，これらの行為がそこに関わる生物にとってそれと認識可能かどうか（つまり，ウィックラーが記述しているように，掃除するのではなく攻撃してくる魚がホンワケベラの振る舞いを擬態できる可能性）に依存している。言語のあらゆる部分もその他の象徴的資源と同様，規範に支配された意味（あるいは行為や意図。第4章と第8章参照）の認識可能性によって基礎付けられている。

儀礼的振る舞いは形式的に認識可能でないといけないという本質的要件は，文化的実践一般が保守的な力を持つための鍵となっている[20]。これに対し，物質的世界に効率的な変容をもたらすためには，単に効率的な手段を追求するだけでよい。言い換えれば，もし何かを壊したいなら，どのような繊細さでもってハンマーの振り方を調整するかはさほど問題にはならない。しかし儀礼的行為がコミュニケーション上の効果を持つかどうかは，意図された機能を果たすための手段として他者がそれを認識可能であるかどうかにかかっている。この形式に対する制約は，通過儀礼や結婚式，政治的パレードといったフォーマルな儀礼において主題化され，より誇張される。こうした儀礼が社会的状況を変えるうえで適切な効果を持つためには，その儀礼をそれとして決定付ける行為が厳格に正しい形で行われる必要がある[21]。その結果，社会文化的規範は行為のやり方を，純粋に道具

---

18) Searle (1995 : 27)。Searle (1969 : 51) も参照。
19) Wickler (1966 : 473)。
20) Sacks (1992)。
21) Austin (1962 : 14ff.)。

的な目的のための振る舞いに求められるよりずっと狭く定めることとなる。依頼したり，苦情を言ったり，情報を伝えたりするといった社会的な行為はある特定のやり方で行われるし，行われるべきであるとされている。これはたとえ，この特定のやり方がその機能を達成するうえで論理的必然性がなくてもそうなのだ。かくして日々のほとんどの行為が文化的に正しくなるよう微調整される。私たちはしばしば，歩き方や座り方，タバコの吸い方からでも，その人が地元の人かどうかを識別できる。このことはしばしば意識に上らないが，私たちが社会的な振る舞いを適合させていくときに地域ごとの保守性が存在することによって，日々の社会的行為が儀礼的な意味合いを強く帯びることとなるのだ[22]。

11.3.2　作法：儀礼・協力・道徳的秩序

儀礼的振る舞いは，人間の進化と私たちの種を定義付けるうえで難題となる，次の2つを必要とする。それは，協力（cooperation）と道徳的秩序である[23]。人間集団は，儀礼の意味を維持するうえで必要となる集合的幻想を持続させるために協力する[24]。

> 人間は呪術的・宗教的儀礼に集団で参加するが，それはまさにフィクションである「別世界」への信念を染みわたらせるためにそうするのである。こうしたフィクションにおける表象は単なる副次的な現象ではない。それらは人間の社会集団が協力するための無形の社会契約的なものに対して，認識的に忠誠を誓うことを保証するうえで中心的な役割を果たす。こうした幻想を生み出すようデザインされた儀礼が，その特徴として集合的・協力的性質を持っていることを考えるならば，儀礼が創発する「虚偽（deception）」はデュルケムの古典的概念である「集合表象」に倣って「集合虚偽」と名付けることができるかもしれない。

ナイトらは宗教的な信念やそれに関連した儀礼に伴う幻想について言及している（たとえば肉体のない魂や魂を持った物，「反事実的・反直感的で，超自然的

---

22) Goffman (1959, 1967)。
23) Axelrod (1984); Knight, Power, and Watts (1995); Key and Aiello (1999); Boyd and Richerson (2006a, b); Danielson (1998); Joyce (2006) など。
24) Knight, Dunbar, and Power (1999: 6)。Knight, Power, and Watts (1995) も参照。ここで引用した Knight et al. (1999) の用いた「虚偽」という言葉が含意する行為主体性を避けるため，ここでは「幻想」という用語を用いる。

な実態による世界」の実在性を信じること)[25]。しかし呪術的でもなく宗教的でもない，象徴的に意味付けられたあらゆる形式のような，日常的に用いる制度的な事柄も同じぐらい集合的幻想に依っている。灰色と緑のマークがついた紙切れ〔＝紙幣〕が，生きるうえで不可欠な食料や薬と等価でありうるという考えもそうした幻想の1つである。また音声学的には［kʰæt］と表記される音が猫の特質と本質的に結びついているという考え方も同様だ。そして義理の息子がその義理の父親の家の上座手前側の角に近づくことができないというクリの考えも同じことである。こうした信念の対象は内在的・自然的な真実ではないが（どんな物理的な力も文字通りには義理の息子の動きを妨げていない），それを人々が集合的・公的に真実として扱うことによって実際に真実となっている[26]。

　このようにして，儀礼的振る舞いに関与することで人は自分の属するグループの仲間たちと協力し，単なる社会的な事実であるにすぎないものを自然的な事実であるかのように扱う。これは外部に基盤のある関係性を定義する際の基本的な方法である（第1章）。このような局所的慣習の受け入れは，振る舞いの形式における制約に従うこと，そうした制約を支えるうえで要求される集合的幻想（そしてそれに付随する一群の道徳秩序）のなかで具現化される。私たちは最もカジュアルで日常的な状況においても行為の自由を制限されるようになる。このことへの認識は，デュルケムの「行為，思考および感覚の諸作法からなっていて，個人に対しては外在し，かつ個人のうえにいやおうなく影響を及ぼすことのできる一種の強制力を持っている」[27]という社会的事実（social facts）の定義にも見て取ることができる。ナイトが言うように，儀礼というのは本質的に不当なものである[28]。もし私がヌアー（Nuer）の少年なら，成人の男となる儀礼において額を骨に達するほど深く切られる[29]ときに，なぜ自分は女の子に生まれなかったのかと思うかもしれない〔ヌアーは，主にスーダン南部に住む牧畜民で，ナイル・サハラ語族に属する言語，ヌアー語を話す。成年式の儀礼では，額に深い傷を付けて，その瘢痕を成人の刻印とする〕。このことは，なぜ儀礼が政治的な問題であるとともに道徳的な問題でもありうるのかということを示している。儀礼は私たち個々人の行為主体性を減少させ，集団的圧力によって制度的事実に従わせるという点で政治的である。そして

---

25) Atran (2002: 4)。Boyer (1994, 2004); Bloom (2004) も参照。
26) 学習された嫌悪（たとえばある特定の食材）は制度的なものが即物的なものに，社会的なものが自然的なものに，認知的なものが行動的なものに置き換えられる好例である。
27) Durkheim (1982/1895: 52)。〔訳文はデュルケム（宮島喬訳）(1978: 56) より一部改変〕
28) Knight (1999: 234)。
29) Evans-Pritchard (1940: 249)。

また，儀礼はそれがたとえ正当なものでなくとも，行うべきときに服従しなかった者に説明責任が負わされしばしば制裁を受けることになるという点で道徳的なのだ。そして，この道徳的制裁を受けることは大きな損失を伴う。すなわち，「道徳的に罰を与える人が多くいて，罰されることがその制裁を受ける振る舞いをすることよりも高く付くとき，道徳的懲罰は，ネクタイを着用したり，動物にやさしくしたり，死んだ親族の脳を食べたり……といったあらゆる恣意的な振る舞いを安定させることができる」のだ[30]。これらすべての恣意的な振る舞いは，リーチやハクスレーの述べたより一般的な意味において儀礼化されている[31]。それが正当であろうとなかろうと，私がヌアーの少年なら額を骨に達するほど深く切られねばならないし，クリの義理の息子なら義理の父親の家では奥側の隅で小さくなっていなくてはならない。それは正しいことなのだ。正しいことをしようとしているのであれば，私は「不信感を持たず，単純に規定されたとおりの実践に従わ」[32]なくてはならない。だがこれはフォーマルな儀礼に特有のものではない。これは「*Please* とか *Thank you* と言うのは良いことだ」とか「義理の父の家のローン（*ròòng*）に近づくのは良くないことだ」〔ローンについては後述〕といったちょっとしたことを含む，あらゆる集合的幻想にも当てはまる。また道徳的価値観の概念的な核にある「良い」とか「悪い」といった考えそれ自体も本質的に制度的なものである（すなわち，ある文化において，かくかくしかじかの「あれ」は良いとか悪いと考えることは，原則的にそうでないことも可能であるのだから，必然的に恣意的で制度的で集合的な幻想なのだ）。

　以上のような，コミュニティのレベルにおいて外部に基盤のある関係性を強固にするメカニズムとしての，疑うことのない集団的受容の事例は，人間の社会性に独特な従順さのあり方を描き出していると言えよう[33]。近年の研究では，これを，文化進化と文化の学習において鍵となるメカニズムとして持ち出し，「社会的学習における人間の心理は，周囲の多数派の考え方に従う傾向性を強く持つように作用するようだ」と述べている[34]。私たちが，（a）なぜそれを行うのか，（b）なぜその方法で行うのか，といった疑問をいちいち抱かずに自分の仲間だと

---

30) Boyd and Richerson (2006a: 461)。
31) Leach (1966); Huxley (1966)。
32) Tambiah (1985: 131)。
33) Simon (1990)。
34) Boyd and Richerson (2005: 122)。Gergely and Csibra (2006) も参照。

考える人々の実践を採用するのは，適応的 (adaptive)〔ある環境における生存繁栄に有利であること〕かつ経済的であるように見える。ある文化的実践は，非適応的 (maladaptive) かもしれないし，実際，文化的実践のなかには非適応的なものもあるのだが，たまたまそれが生き残り継承されれば，それは非適応的ではないということになるし，時には非常に適応的にすらなるということもある。少なくとも，ただちに害が及ぶものでなければそれは受け入れられて実施されやすくなる。肘をディナーテーブルから離しておくことから額を骨まで切られる間じっと横たわっていることに至るまで，これによって不都合を強いられる人はその不便さに対して一定の心構えを持ってどれも受け入れているように思われる。

　フォーマルな儀礼は日常的儀礼よりも本質的に強制的であるようにみなされやすい[35]。しかし日常的儀礼も同じぐらい強制的である。デュルケムが社会的「潮流 (current)」（いかなる明確な社会組織の形態をとることもなく与えられる社会的事実）〔ここでは集団的な感情的熱狂のこと〕について書いたとき，彼は「私が何の抵抗もなく社会的潮流に身をまかせるならば，それが私のうえに及ぼす圧力を圧力として感じないでも済む。ただ，いったんそれに抵抗しようとするや否や，この圧力は顕在化するのだ」と述べている[36]。これが暗黙の予期 (subprehension) の不可視性である（第 12 章も参照）。私たちはふだん呼吸している空気を意識せずにいるのと同様，暗黙の規範の強圧を感じることはない。デュルケムは言う。「ちょうどそれは，人が空気の重さを感じないにもかかわらず，依然として空気が重さを持つことをやめないようなものである」[37]。もし私たちがその重さを感じたら，それは啓蒙的なことかもしれないが[38]，とても息などできなくなるかもしれない。ゴフマンが生々しく記述しているように，標準から外れたり，社会的な行動の期待されるパターンから外れた人々は，しばしばスティグマ〔ゴフマンの用語で，それを保持することで他者から負の存在とみなされるような属性のこと〕と周縁化というひどい代償を払わされる[39]。フォーマルな儀礼と同じように，日常的儀礼は「『感情の自由な発露』などではなく，『正しい態度』の訓練された再演 (disciplined rehearsal) なのだ」[40]。

---

35) Bloch (1989)。
36) Durkheim (1982/1895: 53)〔訳文はデュルケム（宮島喬訳）(1978: 56) より一部改変〕。Wittgenstein (1953: §1.129) も参照。
37) Durkheim (1982/1895: 53)。〔訳文はデュルケム（宮島喬訳）(1978: 57)〕
38) Whorf (1956: 209)。
39) Goffman (1963b)。Garfinkel (1967) も参照。
40) Tambiah (1985: 134)。Langer (1951); Geertz (1966) も参照。

かくして、クリの家屋で適切な場所に座ることは、規律に従っていること、その人のコミュニティにおいて共通の基盤となっている社会的な関係性にコミットしていることを呈示することとなる。ただ、フォーマルな儀礼とは異なり、こうした日常的儀礼の実践はそれが呈示している形式的な規律を主題化させることはない。その種のメッセージは伝えられるというより漏れ出るものなのである[41]。儀礼の実践は、集合的規範へのコミットと、周囲が評価可能な形で、要求された自己統制を進んで行う意思を指標する方法の1つである。〔成人儀礼における〕尿道割礼（subincision）〔尿道をペニスに沿って割礼する行為で、オーストラリア原住民の文化で広く見られる〕や瘢痕文身（scarification）〔皮膚を切開したり焼いたりすることで模様を残す身体装飾のこと〕に見られるように、儀礼がもたらす不都合はフォーマルな儀礼のほうがはるかに顕著だが、日常的儀礼にも不都合はある。このことは私たちを他の動物と比較するとよくわかる。たとえば治療の間歯医者の椅子に座っているとか、地下鉄でお腹が空いているときに他の人の食べ物に手を伸ばして摑まないよう我慢する、といったことをできる程度に自らの衝動を抑えることができるのは、私たち人間だけである。以後の節で見るように、しつけは協力し合って規範的実践を守ることによって組織化される。

11.3.3 まとめ：日常的儀礼はやり方と作法が出会う場所である

　この議論から私が引き出したい主要な考え方は次のようなものである。あらゆる社会的なコミュニケーションにおいて、ある行為が行われるやり方は、その行為が持つ意味が周りの他者に認識されなければならない、という要請によって形式的な制約を受ける（第8章）。「儀礼的」なコミュニケーションにはフォーマルなものから日常的なものまで多様であるが、そこにおける行為のやり方というものは、単に行為の意味を公に認識させるための手段であるだけではなく、それ自体が、行為者が社会的慣習の課す制約に従順であるかどうかを示す印として評価されうるものである。記号論の用語を使って言えば、人の振る舞いは自身の地位に対する解釈項として受け取られ、それゆえに他者たちがその人の地位について推論するための記号ともなりうる（第4・5章参照）。しかし社会的な相互行為における大半の時間において、人々は相手の地位を推論する必要などない。それらは相互行為に参与する人々の間ですでに知られているのみならず、公に知られているのであり、共通基盤のなかにしっかりと埋め込まれているのである。もしあ

---

41) Goffman (1959:2)。Bourdieu (1984) も参照。

なたと私が，同じ村の住人同士という間柄であるといった十分に確立した関係にあるのなら，私はすでにあなたの地位が何かについてよくわかっているので，あなたの地位が何であるのかを推論する必要がない。むしろ，表には見せなくても，私があなたの地位から期待したり予期する通りの振る舞いをあなたがするかどうか，どれほどうまく振る舞うかを見守っていたりする。振る舞いとは地位をテストしているようなものである。あなたは他の人々がそうだと思っているような人として存在しているだろうか。儀礼においては，ローカルな道徳的秩序が呈示され，用いられ，そしてときには競われる。フォーマルな儀礼では評価対象となる行為のやり方に注意が集まりやすいが，日常的儀礼ではそうならない傾向がある。だがその制約が破られたとき，日常的儀礼の持つ強制的で統率的（regimenting）な性質が表面に表れてくるのだ。

11.4 クリの住宅

クリはラオスのカムムアン県ナーカーイ郡東端の熱帯雨林自然保護区［ナーカーイ・ナムトゥン国立自然生物保護区］にあるニュロン（Ñrong）谷上流地域に住む人口250人ほどの民族集団である。彼らはベトナムのハティン省との境から徒歩で1日ほどのところに暮らしている。クリ語はオーストロアジア語族のベト語群に属する[42]。

この節ではクリの家屋とそれがクリの日常生活において持つ意味について記述していく。特に，人々がどのようにして，日常的儀礼の道徳的制約によって統制されながら，家屋が持つ意味の実践的な解釈に携わるのかを記述する。

11.4.1 クリ家屋の間取り

どこの家でも同じであるが，クリ家屋の空間的レイアウトは社会的意味を負わされている。人類学者のカーステンとヒュー＝ジョーンズは，家屋について「それは物理的構造や装飾，社会慣習，そして家屋の心的イメージを露わにし呈示するいっぽうで同時にそれらを隠し守りもする。そしてこれらの要素は家屋の境界内で展開される活動や考えを可能にし，型にはめ，活気を与えるとともに拘束を加える」と述べている[43]。

---

42) Enfield and Difloth (2009)。
43) Carsten and Hugh-Jones (1995: 2)。Bourdieu (1990: 271ff.); Lévi-Strauss (1963: Ch.8); Lévi-Strauss (1987); Frake (1975); Duranti (1981: Ch.4); Waterson (1990) なども参照。

クリ語で家屋は *krnooq* と呼ばれる。この語は *kooq*「暮らす，残る，どこかにいる」という語に名詞化する接中辞 *-rn-* が挿入された派生語である。あらゆるクリの家屋は標準化されたモジュール式の設計［標準規格の単位寸法（日本の建築で言えば「尺」や「間」など）を用いた設計のこと］に従っている。こうした家はすべて山刀を用いて手作りされる。他に用いられる道具はない。素材も村の周囲の森から調達されたもののみである。主要な構造を作るさまざまな規格の材木，床を葺いたり壁を作ったりその他軽い構造物を作るさまざまな種類の竹，こうした構造物を結えるさまざまな種類の籐（釘は使われない），そして屋根を葺くために使われる傘のような大きさのウチワヤシ（現地語で *culoo*，学名 *Licuala grandis*）がすべてである[44]。家々の大きさは個々人の必要性や望みによって異なる。大きな家屋を持つことに関心がある人もいるかもしれない。また何らかの付加的なもの，たとえば屋根のないベランダに加えて屋根付きのものやその他の何らかの形をしたベランダを付けたいと思うこともあるだろう。これらは希望に応じて付けられるものである。内部にある仕切られた部屋の数や大きさもさまざまであるが，基本的なレイアウトは常に同じである。クリ家屋内側のフロア設計は基本的に四角形で，この四角形の各次元は親族関係（手前側か奥側か）と社会的階級（上座か下座か）に対応してマッピングされている。また別の視点から考えると，クリ家屋は上座側，下座側，奥側，手前側の4つの辺からなっているとも言える。

　図11.5は筆者が2005年と2006年に行ったフィールド調査で滞在した家の縮小図である。この家は屋根付きのベランダと屋根のないベランダを備えていて，クリの規準から見てほぼ完全な間取りになっている。

　奥側－手前側の軸と上座－下座の軸の交差に基づくシンプルな組織化の原理に従って，社会的な意味付けがフロアの空間にマッピングされている。この2本の軸は親族関係が内か外かという区別，そして年齢やその他の地位に関する指標によって定められた階級の高低の区別によっておおざっぱに配置される（後述）。家屋の下座側は人々が出入りする側である。他に出入りする通り道はない。英語で言うならば，この下座の辺というのは家の「正面（front）」と呼んでもいいかもしれない。上座側は入り口から最も遠い側である。これは英語で言うところの家屋の「裏手（back）」に相当する。この家屋に走る上下の軸は典型的にはローカルな物理的空間における上下の軸，つまり近くを流れる川の上流から下流へと，

---

[44] これは2009年までの話である。近年の観察では家を建てる際に釘の使用が見られた。

第 11 章 文化   237

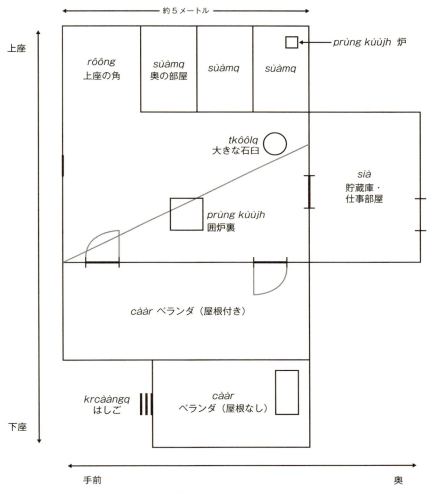

図 11.5　典型的なクリ家屋の間取り図

あるいは家の建てられている土地の山側から谷側へと走る軸（もちろんこの2つはしばしば同じ向きであるのでその場合は両方の軸）に沿って配置される。

　家屋に入って左から右に走る軸に沿って言うと，奥側というのは，家の中で（図 11.5 に示した大きな石臼（$tkôôlq$）で）米を粉に挽いたり，トウモロコシの皮を剥いだり，食事の準備や貯蔵をするといった家庭の活動を行う側である。こ

の手前側-奥側の軸には固定的もしくは絶対的な左右の配置はない。左手側に奥がある家もあれば（例：図11.4a、図11.4b）、右手側にあることもある（例：図11.13）。家屋の手前側に上がるはしごが左寄りについている図11.8aに対して、図11.8bは右寄りについている。貯蔵庫と仕事部屋は *sià*（あるいは *khraa*）と呼ばれ、家屋の母屋の奥側に付属している（図11.5）。

　手前側は血縁でない人間がいるべき場所である。いくつかの記号が、どちらが手前側であるかを公に明らかにしている。家屋に上がるはしごはこの側についているし、家屋に入れば他の手がかりもある。たとえばローン（*ròòng*）と呼ばれる開いた空間が手前側の上座の角にあるし、大きな梁が、入り口手前の下手側にある、家屋下手（正面）側の壁につながっている屋根に沿って対角線上に渡されている（図11.5）。

　そして、高いところと低いところという垂直方向に第三の次元がある。図11.6にあるとおり、クリの家屋は文字通り地面から上に持ち上がっている。

　家屋における空間関係について述べるうえで使われるクリ語の空間語彙は以下の通りである。

上・上流：　　*tòòl*「高いところ、上の、上流の場所」
　　　　　　　lêêh「（高いところの、上流にある）そこ」
　　　　　　　saaw「上がる」

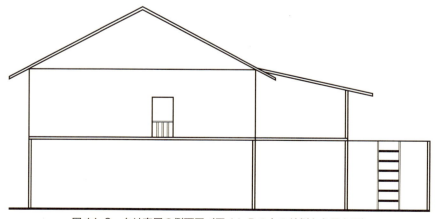

図11.6　クリ家屋の側面図（図11.5の左の外側から見た図）

第 11 章 文化　239

下・下流：　　*tirk*「低いところ，下の，下流の場所」
　　　　　　　côôh「（低いところの，下流の）そこ」
　　　　　　　cìih「下がる」
間（内－外）：*seeh*「そこ（反対側にわたる）」

　これらの用語が家屋の位置について話すうえでどのように使われているのかについては，次の事例から考えるとよい（図 11.7）。

　図 11.7 では，写真の右端にいる女性プア（*Phừa*）が所有している家屋の正面にある屋根付きの「ベランダ（*càar*）」のところに，女性たちが座っている。撮影は，家屋の最も手前側かつ最も下手側の位置にある，屋根付きベランダの端からなされた。若い女性のヌアンター（*Nừàntaa*）（写真の左から 2 人目にいる，家屋の手前側玄関にいて口に手をやっている人物）が煙草の葉をいくつか求めると，プアはヌアンターに葉がある場所を教える。プアはここで，対話の相手が現

図 11.7　正面のベランダに座って会話中のクリ語話者（ムルカヌア（*Mrka Neua*）村で撮影したビデオのスクリーンショットより）

在座っている場所から見て，非常に特定的な空間表現をする。

(37)
1 Nùàntaa:　　*piin sulaaq*
　　　　　　　　　渡す　葉

　　ヌアンター：葉を（何枚か私に）渡してくれない？

2 Phừa:　　*sulaaq quu kuloong lêêh,　　sulaaq, quu khraa seeh*
　　　　　　　葉　所格　内側　指定詞.上方　葉　　所格　貯める　指示詞.向こう

　　プア：　　葉は中の上手のところ，葉はあっちの貯蔵庫にあるよ。

　ここで用いられている *lêêh*「上のほう」や *seeh*「向こうのほう」といった語は，単純な文法パラダイム（第12章を参照）から選ばれたものであり，解釈者が家屋の空間配置を暗黙のうちに予期できていれば，この場面にいる人々のその時点での位置との関係に基づいて容易に理解される。なお，ここでいう家屋の空間配置は，図 11.5 に描かれたレイアウトとおおむね一致しており，上－下－間の軸による意味付けも同様に備えている。

11.4.2　クリ家屋の社会的側面

　家屋はクリの社会生活において中心的な役割を果たしている。たとえばそこは社交的なやりとりの大部分が起きるところであり，そこでは食事が共有され，ゴシップがやりとりされ，立場の張り合いが生じ，絆が築かれたり維持されたり損なわれたりする。これに加え家屋は親族組織において特別な地位を持っている。クリの親族関係は *kmuuc krnooq*「家屋の精霊たち」というものと結びつけられている。この精霊は家屋の持ち主である男性に属すとされる。あらゆる人がある特定の家屋の精霊たちに属すとされているが，それはその人が生まれた家の精霊をだれが保持しているかによって決まる。その男性というのは父親であることもあれば祖父であることもある。年に数回この精霊たちのためにフォーマルな儀礼が執り行われるのだが，この儀礼は家屋内部の最も奥側の最も上座の角にある小さな儀式用の炉の周囲で行われる（図 11.5 参照）。

　ある男性にとっての家屋の精霊は，必ずしも彼の住まいの中に物理的にいるとは限らない。たとえば，若い男性は核家族の成員が成長するにつれて，自分の家屋を建ててそちらに自分の妻子と住むことがある。こうしたことはその男性の父

第11章　文化　241

図11.8（a, b）　ラオス中部高地にあるムルカタイ（*Mrka Tai*）村にある2軒の家屋。（a）の家屋に住む家族の長は（b）の家屋に住む家族の長の父親である。

図11.9　tuup「小屋」という言葉でふだん指示されるもの

親が存命中でもそれぞれの家屋の制約上必然的に起こりうる。そのとき，もちろん息子である男性は自身の家屋の精霊たちを持っていないので，彼の家屋はたとえ構造上は家屋であっても本当の krnooq「家屋」ではなく tuup「小屋」であると考えられている。

　図11.8a の構造物はれっきとした krnooq「家屋」であるとみなされており，自身の精霊たちを持っている。それゆえ，その最も奥の部屋（sùàmq）（図11.5参照）には小さな炉がある。図11.8b の建物は図11.8a を建てた男性の息子のものである。クリの人々の主張によると，後者は本当の krnooq「家屋」ではなく tuup「小屋」である。なお，この語は田んぼに建てた単純な構造の小さな小屋に対して使われる言葉である（図11.9）。したがって，図11.8b の家屋は機能的には十全であるが，奥の神聖な場所に小さな炉がない。息子が（その家族と共に）彼の親族の精霊たちに対してフォーマルな儀礼を行うときは，父親の家屋（図11.8a）において行う。

　tuup「小屋」（図11.9）という言葉が図11.8b の家に対して使われるのは，儀礼的あるいはその他の象徴的行動を規定する日常的な集合的幻想の一例である[45]。図11.8b のような家屋を小屋と呼ぶのは，通常の言葉の使い方を儀礼的な目的

のために取りやめることである。これは，人がキツネ狩りにおいてキツネの顔のことを「マスク」と呼んだり，最近亡くなった人の名前に似た音の言葉を言うのを避けたり，会話を分析する際に心理状態の記述となる言葉を使うのを避ける[第7章参照]といった，さまざまな回避行動と同様のものである[46]。

11.5 クリ住宅の実践的解釈：規範に従うということ

クリの人々が家屋の周りで行う日常的な振る舞いは，日常的儀礼の領域を構成している。日常的儀礼とは，コミュニティのメンバーが道徳的制裁を含む社会規範を遵守することによって他の人々と協力していることを示す場である。これらの制約をかたくなに守ることは，一方ではこうした規範がその振る舞いを引き起こしているという意味で規範の生産物である。また他方では，これらの制約をかたくなに守ることが規範を生み出したり強化する手段となっている。なぜなら規範を守ることは規範に従った振る舞いがいかなるものかを例示することになり，さらにそれによってそうした規範が適用される対象を公に示すことになるからである。規範への違反が公の制裁的な振る舞いを結果として引き起こせば，それは必然的に規範的実践とその意味を主題化し明示的に強調することになるため，規範はさらに強化されることになる。

物理的な世界における人々の意味理解の証拠となる限りにおいて，人々の振る舞いは実践的解釈（practical interpretation）[実践（practice）によって解釈を示すこと]であると考えることができる（第4章）[47]。もし私が鍵を取り出してそれで鍵のかかった扉を開けたとすれば，そのような行為は，これらの道具が何のためのものか（つまり，設計者は何を思ってこれらを設計したか），そしてこれらを使うことで何が達成されうるかを私が知っているということを，この行為を見た人みなに証拠として呈示する，力動的解釈項となる。同様に，もし私が竹ひごで歯を掃除したら，私はこの記号内容の実践的解釈を呈示していることになる[ラオスでは竹ひごを爪楊枝代わりにして歯を掃除することがよく行われる]。私は竹ひごのアフォーダンスの1つを，あるいは竹ひごがその目的で作られているならその機能を，認識したということを呈示するのだ。私たちが物事や出来事をどう指向するかが，私たちのその事物に対する理解（の証拠）となる。

---

45) Knight, Dunbar, and Power (1999)。
46) Dixon (1971) 参照。
47) Kockelman (2006b)。

このことは，アフォーダンスや道具や行為が存在する物理的な世界において，あるいはまた言語や文化（役割やアイデンティティ），社会的相互行為が存在する文化的な世界においては自明なことかもしれない[48]。家屋の空間的レイアウトはこの点から見て意味を持つ。特定のやり方で家屋に対して差し向けられた（指向して行われた）振る舞いは家屋の解釈項なのであり，それゆえ家屋の意味を統制し，またそれによって統制される実践的解釈であるのだ。

アフォーダンスや機能というものは本質的に記号論的であり[49]，それらを通じて私たちは人々が自らの住む世界を解釈するさまを観察することができる。クリ家屋に組み込まれているアフォーダンスについてはさらに多くのことを述べることもできるだろう。1つだけ例を挙げてみよう。割った竹で張った床はさまざまな振る舞いを可能にする（たとえば好きなときに床の隙間からつばやゴミを落とすことができる）。krnooq「すみか」と呼ばれる複合的な道具に組み込まれたアフォーダンスを記述するには，クリの住居についてのより網羅的な民族誌が必要となるだろうが，本書にはそこまで書くスペースがない。

身体的な振る舞いは家屋が何を意味しているかについての解釈を明らかにするだけではない。より重要なのは，身体的な振る舞いが，そうした意味付けのなかに含意される社会関係的な地位に対して個々人がどのようにコミットし，どのように自己を位置付けているかということを表すということである。私が義理の息子として義理の父の家屋で奥側の角で縮こまるとき，私は単に義理の息子であるというだけではなく，義理の息子であるということを「する」のである[50]。私は義理の息子がすることだと他の人々がおそらく認識するようなことをし，それによって私が（立派な）義理の息子であるということを呈示する。私は他者が見てわかるような形で義理の息子らしく振る舞うことで，自分自身を義理の息子としてカテゴライズするのである。ここで注目すべきは，こうした因果関係は両方向に働くということである。私は義理の息子だからこのように行為する。また逆に，このように行為するから私は義理の息子である（とカテゴライズされる）のだ。

ゴフマンは「社会は人々をカテゴリーに分類する手段と，それぞれのカテゴリーのメンバーにとって普通で自然であると感じられるような属性の一切を画定している」ということを観察した[51]。そして，私たちは matààm「義理の息子」や

---

48) Kockelman(2006b); Sacks(1992)。
49) Kockelman(2006b)。Gibson(1979); Norman(1991)も参照。
50) Sacks(1992: 215ff.)参照。

第 11 章　文化　　245

Kri「クリ」などの地位を持っている[52]。ゴフマンによると「私たちは〔私たちが普通持っている〕このような想定に依存し，ついでその想定を，規範に基づく期待や，当然正当であるものとして呈示された要求に変える」[53]。翻って，日常的な規範や儀礼が持つ，通常は暗黙のままに置かれ主題化されないという性質について，ゴフマンは「概して私たちは自分たちのそうした要求が満たされるかどうかという問題が実際に起きるまで，自分がこうした要求をしてきていることにも，何を要求しているかについても気がつかない」[54]と述べている。何が普通なのかということは，ふつうは暗黙のうちに予期されているものであり，それ以上のものとなることはめったにない。スティグマはふだんのありかたが欠落していることに気づくときに立ち現れてくる。あるコミュニティにおいてそうした規範的な暗黙の予期を構成するものが何かを規定するのは，（地位のタイプや地位によって含意されている関係性のタイプについては）民族誌家の仕事であり，（個々人や個々人の間の関係性については）伝記作家の仕事である。

　ではここでクリの人々が従う日常的儀礼による制約をいくつか見ていくことにしよう。最初に取り上げるのは特定の人々が，特定の場面において，ある特定の家屋に上がることが全く禁止（kèèl「タブー」）されるという現象である。たとえば，女性は生理中であるとき，どんな家屋に上がることも許されず，kooq qùù tìvk còòh「下にいる」あるいは kooq qùù qatak còòh「地面の上にいる」（図 11.10 参照）ことが義務付けられる。

　他の穢れの形式も人々を地面の上にとどめることがある。たとえば図 11.11 の男性は，数日前に出産を手伝ったため，穢れている。彼はフォーマルな儀礼によって穢れが解かれる（qapìvrh）まで，自分の家屋を除いて村にあるどの家屋にも上がることが許されない（すなわち他人の家屋に上がることは彼にとって kèèl「タブー」である）。

　これらは人々が不都合を甘受してしぶしぶ従う制約の例であるが，こうしたことは彼らの社会関係上の地位を守り呈示するために行われる。そしてその地位を規定する基盤となっているのが，何が起こりえて何が起こりえないか，そしてそ

---

51) Goffman (1963b: 2)。〔訳文はゴフマン（石黒毅訳）(2001: 14) を参照した〕
52) Kockelman (2006b)。
53) Goffman (1963b: 2)。〔訳文はゴフマン（石黒毅訳）(2001: 14-15) を参照し訳を補った〕
54) Goffman (1963b: 2-3)。〔ゴフマン（石黒毅訳）(2001: 15) を参考にしたが，訳文はかなり変えている〕

図11.10（a, b） 写真（a）で家の下に立っている女性は生理中のため家屋に上がることが許されていない。彼女の祖母がベランダで彼女に水や赤子のための食料などを渡している。(a) の後ろ側と左側に生理中にいる小屋が見える。(b) はその小屋を近くで撮影したもの。女性が中にいて，外で立っている彼女の夫と話をしているところ。

第 11 章　文化　　247

図 11.11　この男性は数日前に出産を手伝ったために穢れている。穢れが儀礼的に解かれる（qapùrh）まで彼は他人の家屋に上がることができない。

の結果として何が起こりうるかについての集合的幻想である。図 11.10 と図 11.11 において遵守される規則の本質は幻想である。なぜならこれらの人々を家に入らせず，地面の上にとどめる物理的な制約はないからだ。その影響は不都合を引き起こすものであり，またそれは不当である。その影響を被る人は不運であるとしか言いようがないのだ。しかし，協力的に実行される社会的・道徳的規範が，幻想を現実に変え，効果をもたらすものにする。ボイドとリチャーソンが指摘するように，道徳的強制があるため，その根拠のない〔が規範的な〕振る舞いと異なる振る舞いをすることは，その〔恣意的に受容された〕振る舞いがもたらす不都合そのものよりも高く付く[55]。ただ，もっとポジティブに捉えれば，そうした根拠はない〔が規範的な〕振る舞いを行う結果というのは，クリの人間あるいは義理の息子などの地位に照らして立派な人物であると判断される機会になる。

---

55) Boyd and Richarson (2006a: 461)。

さて，さきに紹介したクリ家屋における間取りが規範に基づいてどのような実践的解釈を受けるのかを見てみよう。奥側は家族のメンバーがいて，米の籾殻を吹き分けたり米を挽いたりするといった家事労働をし，食事をしたり家屋から出入りする場所だったことを思い出してほしい。手前側は奥側と比べて親族以外の客のためという性質がより強い場所である。女性は奥側に座りがちであり，男性は手前側に座りがちである。上座－下座の軸については，社会的に地位が高い人物が上座側に，低い人物は下座側に座る傾向がある。こうした規準から，それぞれ個々人がどこにいるべきかはたいてい明らかである。たとえば家族のメンバーではない高位の客は手前側の上座側角寄りの位置に座るであろう。義理の息子は奥側の下座側角寄りの位置に座るだろう。家の主人は男性でありかつ地位が高いため，女性の家族よりも上座かつ手前側に陣取りがちになる（図 11.4 参照），等々。

これらの原理を描き出すうえで関わってくるのが，食事用の *kamàang*「ちゃぶ台」をどこに置くかという問題である（図 11.12）。

フィールドワークの間，ふだん私が食事をする（いつも家主たちとは別々にしていた）ちゃぶ台は家屋の手前側の床に置かれ，いっぽう家族のちゃぶ台は奥側に置かれていた。また私のちゃぶ台は基本的にいつもわずかながら高い場所（つまり，わずかながら上座寄り）に置かれていた。この配置は，親族（手前側）ではなく敬意を表される客（上座側）であるという私の地位と一致している。

この手前側－奥側という軸の客－身内への割り当てを尊重するという原理の例証となることが，他の訪問客もいる家屋を私が訪れたときに起こった。食事が出されたが，そこでは4つのちゃぶ台が家屋の手前側－奥側の軸に沿って置かれたのである（図 11.13）。その4つはそれぞれ（1）民族誌家（A）とそれに付いてきたラオス政府の役人（B）の席，（2）家の男性主人（C）とその息子（E）とベトナム人の行商人（D）の席，（3）家の主人の妻（G）とその娘と姪（F, H）の席，そして（4）義理の息子（J）とその妻（I）の席である。最後の2人は居間の外にある空間であるシア（*sìa*）の中に座っていた。

図 11.13 に示された場面は純粋にインフォーマルなものであった。コンテクストが異なれば，家屋における物の配列も異なる。図 11.14 は私が観察した別の場面であるが，ここでも4つのちゃぶ台が一列に並べられている。ただしこれは *qjàk sii*「手首（にひも）を結ぶこと」と呼ばれるフォーマルな儀礼（ラオの *basii*「バーシー」と呼ばれる儀礼に類する）の場面である[56]。この儀礼において鍵と

第 11 章 文化　249

図 11.12　kamàang「ちゃぶ台」（ここでは家屋の奥側に置かれている）の周囲で食事をするクリ語話者

なるイベントは，集団のメンバーの 1 人もしくは数人の手首に木綿の糸を結ぶことである。この儀礼は別れや病気からの快癒，あるいは親族の死などさまざまな状況において即興的に行われる。この儀礼の対象は 1 人ないし数人であり，この儀礼に参列する多くの人々によって彼らひとりひとりの手首にひもが結ばれる。これらのひもを主賓に結ぶ儀礼上の目的はその幸せを祈るためであり，ひもを結ぶ人は子どもから大人まで，親族からよそ者までだれでもよい。この儀礼では，ひもを結ぶ部分の他に，飲食の場が設けられる。これはフォーマルな儀礼なので食事は儀式的なものである。つまり，全員先に家で夕食をとった後に行うものであって，（図 11.13 に描かれた場面とは異なり）空腹を満たすことが目的なのではない。食事を出される人々は名誉を与えられ敬われる客であり，そのため彼らは家屋の手前側半分に座るべきということになる。図 11.13 の日常的な食事にお

56）Tambiah (1970)。

250

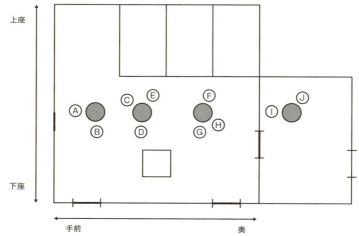

図11.13 家屋内の4つのちゃぶ台の配置。写真は筆者（A）が手前側（図の左側）から奥側に向かって撮影した。この場にいる人間は（A）民族誌家，（B）民族誌家の政府からの付き添い（腕と膝が写真の右端に見えている），（C）家の男性主人（写真内の一番左側），（D）通りすがりのベトナム人行商人（彼のラジオの隣），（E）Cの息子，（F）Cの娘，（G）Cの妻，（H）Cの姪，（I）Cの長女，そして（J）Iの夫でCの義理の息子（写真の背景遠くに写っている）である。

第 11 章　文化　　*251*

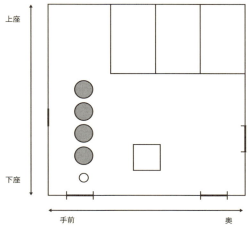

図 11.14（a, b）　*qjàk sii*「手首（にひも）を結ぶ」イベントの間儀礼的な食事のため家屋の手前側に一列に並べられたちゃぶ台（写真は上座 - 手前側の角から「見下ろして」撮影された）。

ける4つのちゃぶ台の配列とは対照的に，図11.14では4つのちゃぶ台が家屋の手前から奥側に向かって並べられるのではなく，上座－下座の軸に沿って家の手前側に並べられているのがわかる。

これはこの儀礼では客にのみ食事が提供されるということと合致する。それゆえすべてのちゃぶ台は家屋の手前側に置かれ，それぞれのちゃぶ台に座る客たちの席は下座－上座の軸に沿って下位から上位に並べられるのだ。当然のこととして，主賓（この場合民族誌家と政府側の付き添い）が4つのちゃぶ台のうち最も上座側に座っている。

陶器製の壺――クリ語で *boomq* と呼ばれるもので，図11.14aでは並んだ4つのちゃぶ台の遠いほうの端に置かれており，長い竹のストローが刺さっている――は醸造酒で満たされており，客が食事を終えた後に飲むことになっている。上座手前側の角に入ることを禁じられている可能性がある義理の息子を含めたすべての人が飲酒の活動に加わることを鑑みれば，この壺を家屋の下座側に置くというのは良い妥協案である。この儀礼は必ずあらゆる地位・階級の男性と数人の女性を巻き込む長い宴会へと発展していく[57]。上座手前側のほう，すなわちローン（*ròòng*）は，客たちがくつろぐために空けられる。

11.6 空間配置と図式的類像性

クリの世界に暮らす人々が家屋内の空間的配置を秩序だてるパターンは，クリの社会的組織の規範を支える概念構造を外在的・物理的に表象している。このような意味で，クリの家屋は，1つの図式（diagram）であり，認知的なアーティファクトである[58]。図式としてのクリの家屋が，人々の空間における振る舞いから彼らの地位の読み取りを可能にしているのだ。間取りの実践的解釈という習わしを通じて歴史的にその意味が刻み込まれている，タイプとして認可された空間配置のうえに，人々がトークンである自らの地位を物理的に重ね合わせていくさまを，私たちは見ることができる。ひとたび参与者たちが自らを適切に位置付ければ，社会的な関係性のローカルなシステムが文字通り身体化され，空間上に可

---

57) 酒を飲むための容器が1つしかないため，飲酒はある特定の順で行われなくてはならない。食後のお茶を出す場合，この順序は階級に厳密に従って，非常に重要なこととして決定されている。

58) Norman (1991)。

視化される。家屋に位置を占める身体は彼ら自身の地位，すなわち彼らの社会的な関係性の実寸大の図式における結節点となるのだ[59]。

11.7 規範による制裁：暗黙のものを明示化する

　ここまで描いてきたように，人々の行為は周囲の世界を人々がどのように解釈しているかの証拠となる。当然ながら，彼らの言葉も同様である。生活があるべきままに進んでいるようなほとんどの場合において，日常的な儀礼的振る舞いのパターンが疑問に付されることはない。規範そのものや人々が身体化している振る舞いの形式的な側面は単に暗黙のうちに期待されるだけであり，それゆえに注意の焦点からは外されたままになる。しかし違反が起きると規範は主題化され，明示化され，明確化され，特徴付けられ，そして論証される（第12章も参照）。日常的儀礼の背後にある規範が表面化するのは，物事が計画から外れるときなのだ。これとは対照的に，フォーマルな儀礼においては，通常，参与者たちはイベントの特殊性や，ある程度はその社会的な意味に対して意識的である。

　クリ語話者たちの協力のもと行った最初の長期フィールド調査を始めた頃，私は脳天気にもクリ家屋の意味に気がついていなかった。あるとき私は（特に何も考えずに）下座奥側の一角にある家屋下手正面側の壁を背にして座った。すると私のホストが vòòk nik tôô matààm「ニックじいちゃんは義理の息子だ！」と冗談を飛ばしたのだ。これはあらゆる姑ジョーク［義理の親子関係のステレオタイプを使ったジョークのこと］がそうであるように大笑いを引き起こした。ここで私は初めてクリの家屋における間取りの社会的な重要性にはっきりと気がついた。通常は暗黙のものとされていることが明確にされたのだ。それ以来，私は多くのクリ語話者たちに家屋の空間的レイアウトの社会的意味について説明してくれるよう尋ねてまわった。彼らの説明は多かれ少なかれ同じような内容だった。家族は奥側におり，客は手前側，高い地位の人は上座側で低い地位の人は下座になる。またこれらが絶対破られない規則ではなく，一般的な傾向であるということも一致していた。

　私が家屋の間違った場所に座ったことをジョークにしたクリ語話者は私の過ちを無害なものとして（しかしそれでも言及するには値するものとして）扱った。

---

59) 図式については Enfield(2009: Ch.6)を参照。また図式的な類像性については Peirce (1965/1932)も参照。

無知な民族誌家であった当時の私が，〔家屋の配置について〕それ以上よくわかっているはずもなかったのだ。これとは対照的に，これらの村々に定期的に泊まっていて規範をよりよく知っているべきであるはずの部外者が規範を犯して制裁を受けた，という話も聞いたことがある。それはこの地域で細々とした交易に従事するベトナム人行商人たちである。一度，こうした男たちの一部はクリ家屋の間取りが持つ意味に従わないのだと，女性たちが非難口調で私に説明したことがある。来客の何人かは，家屋の中を好き勝手に歩き回った。たとえばナイフやボウルなどを探して奥側を横切ってシア（*sià*）（仕事や貯蔵のための部屋）に入った，と。よそ者がこれをすることが禁じられているというわけではない。しかしもし規範を犯す必要があるときは——客が奥側を横切るときも家族が外側を横切るときも——その人はこうした些細な違反が問題であるという指向性を明示的に呈示するべきなのである。その場合，家屋の不適切な部分に行く必要があることをその場にいる人々に示し（あたかも許可を事前に求めてあったかのように，承認の合図をもらって），頭と上体を低くし前に向かってお辞儀をしながら家屋の問題のある領域に入っていくのが適切なやり方である。こうした有標なやり方での行為——歩くというより這うような——は，礼儀作法がなっていること，その土地のローカルな道徳的秩序に進んで協力していることを呈示し，それゆえまた，人がコミュニティの仲間のメンバーと共有している，外部に基盤のある関係性に従いまたそれを更新することを呈示する日常的儀礼である。これに失敗することは道徳的な非難を招く。作法がなっていない行商人の客が適切なやり方で社会的接触の持つ「リスクを儀礼的に組織化する」[60]のに失敗したことに対して道徳的な審判を下すなかで，クリの女性たちは付け加えて，こうした振る舞いが客に対する恐れの感情を引き起こしたと言った。これは儀礼が社会統制の手段であるという見方を支持するものである[61]。要求されている振る舞い上の制約を遵守できていない人々は，周囲から予測がつかない存在になり，どのような地位を持つのか不明瞭になり，それゆえ脅威となるのである（『時計じかけのオレンジ』[62]のギャングのような社会を脅かすグループを思い浮かべるとよい）。維持されることが必要な道徳的秩序という文脈からみれば，彼らは，端的に，悪である。こうした非難を表明することで，文化的価値観が明らかとなる。この種の明示的な発言は，

---

60) Goffman (1976)。
61) Bloch (1989)。
62) Burgess (1962)。

第 11 章　文化　255

図 11.15（a, b）　qjàk sii「手首（にひも）を結ぶこと」の儀礼的な儀式におけるローン（rɔ̀ɔ̀ng）（上座手前側の角）からの眺め。どちらの写真においても女性が手前側（写真左あるいは後方）にいることに注意。(a) では黒と白のジャケットを着ているこの家族の義理の息子が後ろに見える。(b) では儀礼的に飾り付けられたちゃぶ台から垂れているひもが 1 本 1 本主賓の手首に巻かれようとしている。

暗黙のうちに抱かれる実践的な指向性よりもずっと幅広い範囲にある，個人を文化の構成員へと変化させるさまざまなメカニズムのなかの一部である。このようなメカニズムの集合は，人類学者ピエール・ブルデューの用語では「ハビトゥス」として知られている[63]。ただし，ブルデューの実践理論はしばしば文化を「明確化することなく」伝えるものとして理解されているが，人々が自らの文化的世界をどのように語るかは明らかに大きな問題である[64]。

　制裁の例は子どもの振る舞いにも見られた。来客がいるとき，子どもたちは年長者たちから，家屋の手前側を横切らないよう，とりわけ横切ってローン (rôòng)（上座手前側の角）に近づかないように言われている。この忠告は，特に振る舞いのやり方が前景化されるフォーマルな儀礼の場面においてなされがちである。ある場面で，私は qjàk sii「手首（にひも）を結ぶこと」の儀式の客であった。通例通り，私は家屋の上座手前側の角に座ることになった（図 11.15 参照）。

　私を主賓とする儀式のなかで，ひもを結ぶイベントが行われているときに，その時点で prùng kùùjh「囲炉裏」を挟んで私の反対側に座っていた 3 人の少女たちのグループが，ひもを私の手首に結ぶために私のいるところに来ようとした。彼女たちが使える通り道は 2 つあった。1 つは囲炉裏の上座側を通る，より直行的な通り道と，もう 1 つは下手側を回る通り道である（図 11.16 参照）。

　彼女たちが囲炉裏の上手側を通ろうとしたとき，家屋の男性主人（図 11.16 のノン (Non)）に止められ，厳しく注意された。彼は彼女たちに下座側を通るよう命じた（図の実線）。最も直行的なルートをとろうとした少女たちの振る舞いは，家屋の儀礼的な機能よりもそのアフォーダンスに差し向けられている，空間的環境の解釈項であった。このために，彼女たちの地位に照らして彼女たちはとどめられ説明責任を問われたのである。注意しなくてはならないのは，このエンクロニー的な連鎖において，ある段階において解釈項である振る舞い（そのルートが空いているという事実に対して差し向けられた振る舞いである，最短ルートをとろうとする行動）が，次の段階における記号となる，ということである。ノンの，少女たちを注意し向きを変えさせるという行動は，彼が彼女たちの振る舞いを，住居環境の実践的な解釈において明らかに問題がある〔という記号〕とみ

---

63) Bourdieu (1977)。
64) Bourdieu (1977, 1990); Goddard (2002: 69); Hanks (2005b)。

第 11 章 文化　257

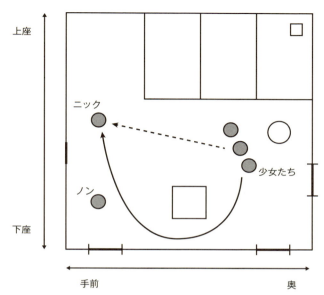

図 11.16　儀礼的な儀式の間に起こった制裁の例。3 人の少女は家屋を横切ってニックの手首にひもを巻きにいく必要がある。彼女たちが最も直行的なルートをとろうとすると（点線矢印），家の男性主人（ノン）に正しく下座側のルート（実線矢印）をとるよう注意される。

なしたということを示す解釈項である。こうしたことはフォーマルな儀礼という文脈以外ではあまり起こらなかった——たとえば，私がいつものように上座手前側の角に座って夕食を食べているときに，この女の子たちの 1 人が単に私にスプーンを渡そうとするときのようなときは。しかしながら，フォーマルな儀礼の定義的特徴である，「文化的実践をする」ということが主題化されているコンテクストにおいては，物事が正しいやり方でなされ，またなされているように〔周囲の人間から〕見られるということが〔日常的場面に比べて〕より重要なのだ。

　クリのフォーマルな儀礼のなかで，人々が正しいやり方をするよう文句を言ったり，彼ら自身もどうするのが適切なのかを知らないと言うことで自らにある種の制裁を加えるのを私は観察してきた。これは，*qjàk sii*「手首（にひも）を結ぶ」儀礼において短い決まり文句を歌うよう要求されたときに若い人々からとりわけよく聞かれた。決まり文句を正確に覚えている者はほとんどいなかったようである。だからといって，フォーマルでない文脈においては規範が欠如している

というわけではない。単に規範が相対的にゆるかったり，相対的に主題化されていないだけである。しかしこれはあくまで相対的なものだ。振る舞いや家屋の意味のなかには，いつも厳しく遵守される側面もある。たとえば，義理の息子や義理の娘に対する，家屋の手前側，とりわけ上座手前側の角に座るという制約は強力で，違反した場合は感情的な反応を引き起こすものである。婿や嫁が家屋の中の義理の両親の場所に足を踏み入れることはどうしてもできない，と人々は言うのだ。

　上述のように，儀礼において行為のやり方はそれ自体が記号となり，ローカルな制約にどれほどうまく従っているかという点から見定められ評価されうる。このようなフォーマルな儀礼の場面において，行為のやり方が注意の焦点となるとき，疑いなくノンの〔少女たちを〕咎める振る舞いそれ自体が他の村人たちに対する社会的な関係性を誇示する機会になっており，また部外者の客に対しては，物事が正しくなされることを要求することによって彼が立派なクリの男性であることを示している。3人の少女たちへの彼の忠告は，複数のレベルにおいて社会的な行為である。なかでも，(1) 女の子たちに対する，他のルートを通るようにという指示，(2) この場に関わる道徳的規範をあらためて表明することで，この状況において上座側のルートをとるのはよくないということを示す記号，そして，(3) このことに気がつく彼は立派なクリの男性であるということを示す記号，である。最短ルートをとろうとして注意されるというのが，少女たちにとって避けようと思えば避けられた事柄であるとしたら，これは彼女たちの行為主体性が低いものであったということである（第9章参照）。彼女たちは記号の表現形式を自ら制御していた［どのようなルートをとるかを自分たちで決めた］が，明らかにノンがその後に生み出す解釈項を予期していなかった［その行為がノンによってどう解釈されるかがわかっていなかった］——つまり，彼女たちは予想するのに失敗したのだ。

　家屋空間の持つ意味にまつわる規範に関して，より細かい点の説明として，最もくだけた状況において私——民族誌家であり客——は上座手前側の角に座るようにと人々が日常的に主張することがあげられる。私が扉のそばのあまりに下座寄りすぎる位置に座ると，彼らは（saaw「上がる」という動詞を使って）私に奥に入るよう促す。これには現実的な問題がからんでいる。私がどこに座ろうとも，他の人々は私の「上」に座ろうとはしないため，私が家屋のあまりにも下座寄りの端に座ってしまうと，家屋空間の空いた領域が他の人々には使えなくなってしまうのである。これもまた，(1) 規範そのものの内容と，(2) 規範が守られ

第11章 文化　259

ているかについて人々がどの程度気を配っていたり気を配っていると見られたいか，の双方を示しており，したがって彼らがその場にいる人々との社会的な関係性を儀礼的に呈示しあらためて伝えているのである。

　制裁の事例それぞれにおいて，私たちは規範の組織化に関与している。人々は家屋が引き起こす身体的な振る舞いに対して適切に指向するよう道徳的に義務付けられている。彼らが適切に指向することに失敗し，その責任が公になるとき，制裁を課す側は社会的関係における道徳的な非対称性を引き合いに出す。つまり，私はルールに従っているが，おまえは従っていない，と。これは翻って制裁を課された側の人々の行為主体性が縮小されたものであることを公のものにする。なぜなら，彼らは制裁を避けることができたかもしれず，それゆえに彼らはそれを予想していなかった，と見られうるからである（第7-10章参照）。規範に沿った解釈項を生み出す必要があるということが，私たちの行為主体性を制約し，認識されうる次のムーブを実際に可能なものにする。これらの事例のどれもが次のような意味で規範の大部分を構成している。つまり，(1) 諸実践は人々によって遵守され，彼らが諸規範に従うものであるという証拠となる，(2) 彼らがそうしているとみなされないとき，この状況は驚かれ制裁を受ける，そして (3) 諸実践が遵守**されている**ときには，そうした驚きや制裁は表明されない（もしくは，より正確に言えば，驚きや制裁による諸規範の遵守に対する指向性をだれかが示すようなことがあれば［たとえば「そんなことをしたら叱られちゃうよ」などと口にすることがあれば］，そのこと自体が驚きや制裁を呼ぶだろう）。

11.8　日常的儀礼と社会関係

　なぜクリの義理の息子は義理の父親の家屋の中で自身を下座奥側の角に閉じ込めるのだろうか。なぜ賓客は上座手前側の角へと案内されるのだろうか。なぜ，クリの男性とその妻が田畑での長い一日を終え，家で座って煙草を吸うとき，男性は囲炉裏の手前側の角に座ってその妻はその奥側に座るのだろうか。こうした日常の儀礼的振る舞いは，その人の地位を公にし，加えて**いかにうまく**その人が自身の地位にいるのかをわかるように示す方法となっている。こうした実践的な解釈は，ローカルな諸規範についての個人の理解の産物であると同時に，それゆえ個人の行為主体性の指標であり，これらの諸規範の指標（それはそのシステムの学習者であろうが熟達者であろうが，それを見た人物が理解しているというこ

との証拠となる）であり，そしてそれら諸規範を協力的で道徳に裏付けられた規則とするための統制力である。住居の記号論を実践的に解釈していくことで，クリのコミュニティのメンバーはその場に関係している諸規範への彼らのコミットメントを比較的手軽に示すことができる。これには，規範を実行しようとする道徳的秩序や情動的な知性がきっかけとなるのだが，それにより人々は自ら調和しようとするとともに，調和を強制するように駆り立てられる。ゴフマンに倣って言えば，こうした規範的なやり方で家屋の空間上の意味を解釈することで，クリ語話者たちは共在（co-presence）がもたらすリスクや好機を儀礼的に組織化し，コミュニティ全体に課された基準を強化するのだ。

　こうした日常的儀礼の諸実践は，ただの事実のように見えるものの奥底にある社会的な真相を実体化し永続させる。どんな自然的で因果的な法則も，義理の父親の家屋で義理の息子が上座手前側の角に座ることを妨げないが，彼にとっては本当に，外在的な制約に物理的に従っているようなものなのである[65]。お金はただの紙であり，私たちがそれを価値あるものだと社会的に合意する限りにおいてのみ価値がある，というサールの主張に，理屈としては私たちも同意する[66]。しかし私たちが直接経験していることは，クリの家屋の間取りに刻み込まれた社会的図式と同じことである。どんなに理屈を重ねても，お金の価値を認めて集合投資を行おうとする感覚や，義理の息子をいるべき場所にいさせる圧力と縁を切ることはできない。儀礼に備わる力はこのようにしてもたらされるのである。ゴフマンが強調したように，最もありきたりな社会的接触でさえも，個人間の共同的コミットメントを伴うものである。やりとりの性質がいかなるものであれ，人は他者に注意を払い彼らと関わるよう義務付けられており，また逆に他者に対して自分に注意を払い自分と関わるよう義務付けている。ジュリアン・ハクスレーによる儀礼的コミュニケーションの定義は，さまざまな社会関係において「ダメージを縮減すること」と「つながりを促進すること」という一対の目標によって特徴付けられている[67]。これらの目標は調和というより政治に関わるものであり[68]，そして日常的な政治はデリケートなものである。これは第2章で導入したコミュニケーションの査定‐管理のメカニズムと合致するものである[69]。個人が持つ，

---

65) Durkheim (1982 /1895: 59); Lévi-Strauss (1966: 221)。
66) Searle (1969, 1995)。
67) Huxley (1966: 258)。
68) Bloch (1989)。

第11章　文化　　*261*

必ずしも社会的相互行為のためにのみ使われるわけではない査定の力は，望むような形に世界を変えるためにコミュニケーション行動を形成するうえで，前提とされ利用される。人がすることは，他者がその反応としてするだろうとその人が期待することによって形づくられるのだ。

＊　＊　＊

　人間は禁制やそれに関わる道徳性を備えているため，どんなに極端なマキャベリ主義者であったとしても，ヒヒがやるように相手の頭を殴りつけて自分の意志を実現させるようなことは決してしない[70]。人間の社会的な相互行為は，フォーマルな儀礼の場合と同様にその制約をしっかりと守ろうとするものであり，日常的儀礼にいくばくかの注意を払わないで済ませることは，滅多にあるものではない。日常的儀礼とフォーマルなたぐいの儀礼の間にある差異は，振る舞いのやり方すなわち実行の形式が参与者の注意の焦点となるかどうかにある。どちらの場合でも，この行為のやり方は道徳的評価の対象となり，その行為者に対して，制裁を課されるとかそのために行為主体性を縮減しなければならないといったリスクをもたらす。こうして，儀礼的振る舞いは，相互行為における人間の関係性の管理の特徴である，人々の共在における政治的・倫理的デリカシーを扱ううえでの武器とも楯ともなる。

　本章では，社会的関係やコミュニケーションのやりとりが，社会生活のコンテクストを形成する文化的システムによっていかに組織化されているかについての事例を提供してきた。社会生活のコンテクストとは，やりとりが行われる環境の物理的構造とそのうえにマッピングされた規範に基づく記号論的構造である。共通の文化的背景を持つ個々人は，外部に基盤のある社会的関係，および彼らが共に属すコミュニティにおけるメンバーシップへの共同的なコミットメントを呈示し表現する機会を常に与えられている。その際に関連する物理的・記号論的構造は，コンテクストにおける要素や関係のより高次のシステム，つまり私たちが文化と呼ぶものの例なのだ。そうしたシステムの事例として次に取り上げるものはかなり違う種類のもの，すなわち言語の文法である。

---

69) Krebs and Dawkins (1984); Owings and Morton (1998); そして本書第2章も参照。
70) Silk (2002)。

第 12 章
文法

　私たちの社会的関係の最も豊かな構造は，その複雑なパターンに気がつかないことが多い構造でもある。前章はこのことを，通常は当然とみなされて気にとめられないものである住環境が持つ社会関係的な意味との関連で論じた。この章では，住環境と同様に常に私たちのそばにあり，私たちの社会的関係の構築に非常に重要な意味を持ちながらも，しかし日常生活の流れのなかではほとんど特別な注意を受けないもう1つの領域のことを考える。その領域とは，言語の文法構造である。この章は指示の実践の一種[1]，つまり人物を指示する際の言語システムを扱う。

12.1　システムとしての言語

　前章で記述した社会的・人為的な文化システムと同じように，言語は社会的振る舞いを創造する際および解釈する際のコンテクストとなる枠組みを形成している。子どもはそれを身につける必要があり，大人はエンクロニーのモードにあるとき，言語を予期的スタンスと共に用いる——すなわち，ある目標を目指して言語システムの柔軟性を利用するが，その言語システムを背景とした説明責任を暗黙のうちに予期するのである［妥当でない用法を用いてしまうと，後になぜそれを用いてしまったのかを問われることになりかねない］。
　言語はシステム的特性を持つ。それはつまり，言語の諸要素——語，構文，イディオム，規則——がすべて一緒になって一貫性のある構造を作っているということである。言語学者のパトリシア・ドネガンとデイヴィッド・スタンペは，古

---

1) Hanks (1990)。

典的なサピア派およびソシュール派の主張に同調して,「生きている言語は単なる自律的部品の寄せ集めではない」と言った[2]。彼らによると,言語とは,「調和した自己充足的な全体であり,外部からもたらされる変化に対して耐性があり,謎めいた,しかし間違いようもなく実在する,内部のプランに従って進化する」ものである[3]。言語には2つの大きな次元においてシステム性がある。1つは,連辞的(syntagmatic)な次元であり,ここに私たちは言語の諸要素がいかにしてシステマティックに結合され,より複合的な構造ができあがるのか——いかに形容詞が名詞を修飾し,ある特定の動詞がどのような種類の目的語をとりうるのか,など——を見ることができる。連辞的な次元は範列的(paradigmatic)な次元と結びつくものである。範例的な次元では,1つの類の言語要素は同じ連辞的スロットに現れうるという意味で同等であり,そのスロットでの使用に関して代替的または競合的であるということが見られる——たとえば,英語の *the, a, some, any* などの限定詞はどれも名詞の前のスロットに現れるため同じパラダイムに属す。またフランス語の代名詞 *tu* と *vous* は二人称の指示をするという目的において互いに代替的であるので1つのパラダイムを作る。この章は主に,ある言語パラダイムから他のものではなくある1つの選択肢を選ぶことによる社会関係上の効果を例証する。ラオ語の人物指示のシステムは,*tu/vous* パラダイムのうちどちらを選ぶかという問題に近いが,しかしそれよりももっと複雑なものである。まずは,相互行為における文法の連辞的な次元の重要性から始めよう。

12.2　連辞関係:ターンのための文法

第6章で概観したように,ターン交替のメカニズムの一部はターンの組み立てに関わる構成部分(turn-constructional component)[4]である。これは,言語的要素をターンの最小のまとまりへと組み上げるための,各言語に固有の規則からなる。それぞれの言語において,ターンの組み立てに関わる構成部分に何が含まれるかを決めることは,本質的にはその言語の形態統語的規則を記述するということである。一般的な言語学での形態統語論と異なるのは,文ではなくターン構成単位,すなわち,会話におけるターンを作るための最小のまとまりがその単位であると

---

2) Donegan and Stampe (1983: 1)。
3) Donegan and Stampe (1983: 1)。
4) この節は Enfield and Sidnell (2014) に基づいている。

いうことである[5]。

　統語的構造を社会的相互行為における機能と分布というコンテクストのなかで考えようとするとき，現象は違った形を持って見えてくる。この20年くらいの間，機能主義的な言語学者は会話分析の知見，特にターン交替と会話の連鎖を伝統的な言語学の対象のなかに取り入れることで新しい発見をもたらしてきた。たとえば，シシリア・フォードは英語の後置副詞節を研究し，その構造と分布が相互行為的に生まれていることを示した[6]。次の例で，話者Sは質問をするが，聞き手Rが反応しないので，Sは累積的付加要素（increment）を加え，Rからの反応を引き出している。この反応により，2人の間で理解が成り立っていることをSは知ることになる。

(38)
1　S: Y'know when it-(.) came from the:: I think (a) air conditioning system, it
　　　drips on the front of the ca:rs?
　　　ね，あれがあのーたぶんエアコンだと思うんだけど，車の前にポタポタ垂れてきたとき？
2　　(0.1)
3　S: if you park in a certain place?
　　　車を停めた場所によってはさ？
4　R: mm-hm
　　　うん。

　3行目の累積的付加要素は1行目で言われたことと文法的につながる形だが，しかし明らかに1行目と3行目は *It drips on the front of the cars if you park in a certain place?* のような1つのユニットとして産出されたのではない。実際のやりとりにおいては，2行目ではRから何らかの理解の確認がなされるべきであったが，その代わりに沈黙があった。そこでSは，3行目で累積的付加要素を発することであたかもターンはまだ終わっていなかったかのように続け，理解の確認を引き出す機会を新たに得ることとなり，実際に4行目でRは理解の確認を行っている[7]。このような研究は，文法構造に関する伝統的な言語学の研究を補完するも

---

5) Sacks, Schegloff, and Jefferson (1974); Ford (1993); Schegloff (1996b); Ford and Thompson (1996); Sidnell (2010) およびこれらで挙げられている多くの参考文献を参照。
6) Ford (1993: 108 ほか)。

のである。なぜなら，このような研究はスピーチイベントのエンクロニー的・社会的コンテクストのなかで文法構造が持つ機能がどのようなものであるのかを教えてくれるものであり，伝統的な言語学は出来事を語ったり記述したりする際の指示的ないし表象的関係を扱うからである。ここで起きている概念的な変化は，文法的な文をムーブと累積的付加要素の組み合わせから作られるものとして見るということであり，その逆ではない。

　会話のコンテクストを離れては観察することが難しい文法領域には，他にも，会話を管理するための手続き的言語資源が挙げられる[8]。どんな言語にも，フィードバック標識または継続子（mm, uh-huh），談話標識（oh, so, well など），トラブル標識（um, uh），編集表現（I mean など），修復開始表現（what? huh?）などが存在する。これらの表現は普遍的に見られるものであり，相互行為の流れを制御するために重要な働きをするものであるにもかかわらず，言語の指示的機能［ヤコブソンの言語機能の分類に由来する用語で，命題内容の伝達に関わる機能のこと］に注目しがちな類型論アプローチや認知科学的アプローチではあまり研究されていない。会話のデータを調べると，これらの表現は言語使用の形式的パターンと相関したはっきりとした分布の特徴を示す。たとえば，英語のいわゆるニュース標識（Really? など）に関して，ゲール・ジェファーソンは次のような複数ターンからなる連鎖が繰り返し起こっており定義可能であることを示した。（ムーブ1）話者Aによる新情報の告知（例：彼女は全然タバコを吸わなかったということ），（ムーブ2）話者B「本当に？（Oh really?）」，（ムーブ3）Aによる再確認，最後に（ムーブ4）Bによる「評価」（例：いいね（Very good））[9]。この種のパターンは標準的な言語学では構文（construction）としてみなされるものではないが，これらの手続き的言語要素に関わる相互行為的文法を明らかにするものである。しかし研究によっては，この種の要素は言語的なものとみなされさえしない。心理言語学者のウィレム・レフェルトは er を非流暢性の標識（um や uh などと似たもの）とみなした。er に特有のものとして認定できる機能――「トラブルが検知された瞬間に，そのトラブル源がまだ存在するものであるか，または非常に近い過去のものである」ことをシグナルする――があることを示しながらも，レフェルトはこれは兆候であり，記号ではないと結論付けた[10]。これとは対照的に，ジェファーソンは，uh はおそらく「英

---

7) Sidnell（2012a）も参照。
8) Blakemore（1987, 2002）; Schiffrin（1988）; H. H. Clark（1996）参照。
9) Heritage（1984 : 340）で言及されている。

語という言語のなかで語としての地位を持つ」[11]と論じており，ハーバート・クラークとジーン・フォックス＝ツリーも同様に英語の *um* と *uh* は異なる機能的分布を持つことをコーパス研究によって示している[12]。加えて，異なる言語を少し観察するだけでも，そのような要素が実際にどんな形をしているのかはローカルに慣習化されたものであることがわかる。英語で *um* を使うところでラオ語では *un*（*unfold* の *un-* のように発音する）を使う[13]。このような手続き的要素は言語学者が重視するような指示的機能を持たないが，だからといって言語的要素ではないということにはならないのである。

　今概観したようなアプローチでは，研究者は馴染みのある文法的構造を会話の連鎖という新たな視点から研究しているか，よく知られてはいるが会話データなしには研究することがほとんどできず周辺的なものとされている要素を研究しているかのどちらかである。そのため，言語学の研究対象から全く外されている構造の領域があるのである。これらの，おそらく普遍的で，包括的であるかもしれない相互行為のインフラストラクチャーを支える要素は，たとえば第6章で議論したターン交替も含め，部分的には独立し，半自律的な領域もしくはシステムを構成するものである[14]。文法はターン交替と明らかな形で互いに関わるが，ここに私たちはエンクロニーと文法の関係を見ることができる。エンクロニーのなかでムーブを構築するためのターン構成要素は言語的資源からできており，このため私たちは形態統語的知識のすべてに注意を向ける必要がある。しかし私たちは形態統語論とターン交替のインターフェースが真にどのようなものであるのかをまだ理解しておらず，そのためには統語論に関する既存の共時的および微視発生的アプローチに加えてエンクロニー的アプローチをとる必要がある。ターン構成単位を分析の単位とすることで，私たちの知る形態統語論的な類型論に変化をもたらすことはあるだろうか？　または，本質的にエンクロニー的なターン交替のメカニズムは，よく知られた語彙や形態統語論のシステムにそのまま導入できるのだろうか？　もしそうだとしたら，インターフェースのあるシステムとしての文法を扱う分析をより豊かにすることができるはずである。そのような分析の一

---

10) Levelt (1989: 484)。
11) Jefferson (1974: 184)。
12) Clark and Fox Tree (2002)。
13) Enfield (2007: 314)。
14) Schegloff (2006)。

例としては，言語学者のレイ・ジャッケンドフが推し進めた研究が挙げられる[15]。

では，どのようにしてエンクロニー的視点は私たちの文法観を変えるのだろうか？　まず重要な点は，聞き手が取り組む課題に注目できるということである。聞き手は，単語認識や統語解析のような微視発生的なプロセス〔認知的処理のプロセスのこと。3.2参照〕を通じて何を言われたのかを理解しようとするだけでなく，タイミングよく，そのため適切かつ効果的なやり方で自分を次話者として選択しうるような，ターンが完結可能になる時点を予測しようとする。ターンの間の移行は平均して約0.2秒の幅がある[16]。これは実際には沈黙であるが，会話に参加している人にはこれは間が空きすぎ発話の重なりもない移行として感じられる。ターン交替を組織化するシステムの仮説は，次の話者が正しくターンの終わりを予測していれば発話の重なりは起こらないということを示唆するが，実際には会話において発話の重なりはよく観察される。そのようなケースは，ターン交替規則の例外となるというよりも，規則を支持する証拠となるものである（第6章の議論を参照）。なぜそうであるのか考えてみよう。

人が自分を次話者として自己選択するとき，前の話者のターンが完結する可能性があり，新しい話者への移行が妥当であるような時点で話し始めなければならないことがシステムによって示されている。事例（39）を考えてみよう[17]。

(39)

1	Tourist:	Has the park cha:nged much,
	旅行者：	この公園もずいぶん変わりましたか。
2	Parky:	*Oh::* ye:s,
	公園管理人：	ああ，そうなんです。
3		(1.0)
4	Old man:	Th'*Fun*fair changed it'n ［ahful lot ［didn'it.
	老人：	遊園地のせいで変わったんだ。しかも，かなり，ね。
5	Parky:	［Th-　　［That-
	公園管理人：	そ　　　その—

---

15) Jackendoff(2002)。
16) Stivers et al.(2009)。
17) Sacks, Schegloff, and Jefferson(1974: 721)からの例。〔この事例の日本語訳は，サックス・シェグロフ・ジェファソン(西阪仰訳)『会話分析基本論集』p. 87における同じ事例の日本語訳から一部変更したもの〕

6 　Parky： 　　　That changed it,
　　公園管理人：そのせいで変わったんだ。

　4行目と5行目で起きていることに注目したい。老人が *The funfair changed it*（遊園地のせいで変わったんだ）と言った直後は、英語の統語的規則からここが彼の発話の完結可能点（point of possible completion）であると決められ、新しい話者への移行が妥当になる点である。公園管理人は二度、彼のターン *That changed it*（そのせいで変わったんだ）を始めようとするが、どちらも（6行目でついに完全な形でそのターンを産出する前には）発話が重なってしまっている（5行目）。公園管理人が話し始めようとするほんの一瞬のタイミングが、まさに老人が産出中のターンの完結可能（しかし見ての通り、実際に完結したわけではない）点であることに注意しよう。明らかに、まさにこれらの時点で、公園管理人は老人がターンの完結可能点に到達すると予測していたに違いないのである。
　ここで私が目指したのは、相互行為のなかで行為を組み立てるために言語が供給する連辞的な資源に目を向け、その重要性を認めることである。言語の連辞的な側面とそのエンクロニーおよび行為主体性との関係についてはここではこれ以上議論しない。次に、言語の範列的な側面に目を向けよう。何かを言うときに、他の言い方もあるなかで特定の言い方をする際、言葉の選択が発話の機能に影響を及ぼす。聞き手にとっては、なぜこの人はそのような形で言うのか、という問題である。話し手にとっては、そのような形で言う理由は何であると聞き手が考えるかを予測するまたは暗黙のうちに予期するという問題であり、望ましい解釈項が得られるように、ムーブを言語的に形づくるという問題である。

12.3　諸言語の文法にみられる範列関係

　第11章の図11.2に示した基本的な関係と関係の間にある構造は、いかなる自然言語においてもその文法構造を特徴付ける記号論的システムの要となるものである[18]。たとえば、あらゆる言語は類（class）を作るシステムを持っているが、これによりその言語を話すために必要な何千もの語や他の意味を担う要素が相互に関連する分布として分類できる。すなわち、ラオ語の名詞や動詞のような内容

18） Dixon（2010）; Kockelman（2013）。

語が作る開いた類 (open class) もあれば，英語の前置詞のような機能語やフィンランド語の格標識のような接辞などの閉じた類 (closed class) もある。そして結合規則から規定される構文システムの存在がある（前節参照）。例として，ラオ語の移動事象を描写するためのシステムを考えてみよう[19]。これは複数動詞構文 (multiverb construction) における3つの並列的スロットによって構成され，各スロットにはそれぞれ1つずつ動詞が入る。1つ目の動詞は移動の様態を示すものであり（これは開いた集合である），2つ目は移動の経路を示すものであり（これは10の動詞という閉じた集合のなかから選択する），3つ目は直示の中心 (deictic center) から相対的に決まる動作の方向を示すものである（これは3つの動詞という閉じた集合のなかから選択する）。

このシステムにより，ラオ語話者は下のような発話を生成することができる。

(40) *khaan2 qòòk5 paj3*
這う　出る　行く
這って出て行った

(41) *doot5 long2 maa2*
飛ぶ　降りる　来る
ここに飛び降りてきた

(42) *lòòj2 phaan1 mùa2*
浮く　過ぎる　戻る
通り抜けて浮いて戻ってきた

この言語的サブシステムは連辞の軸と範列の軸の交差を示す古典的な例となりうる。動詞の3つのセットのどれにおいても，そのセットのなかの要素は，そのスロットを他の動詞が占める可能性があるため，他の動詞と範列関係をなす。たとえばスロット2に *khùn5*「上る」を選ぶならば，そのセットの他の形式を選ばないということであるが，これは犬が硬直した姿勢をとるならば，かがむ姿勢をとることをしていない，というのと同じようなことである（第11章参照）。そのスロットに起こりうるものを「選択しないという選択をする」のは必ずしも意識的である必要はないが，当該のシステムは，他の選択肢も潜在的には妥当である

---

19) Enfield (2007: 388)。

スロット1	スロット2	スロット3
様態動詞	**経路動詞**	**方向動詞**
開いたクラス	閉じたクラス (10)	閉じたクラス (3)
lèèn1 走る	khùn5 上る	paj3 行く
ñaang1 歩く	long2 下りる	mùa2 戻る
king4 転がる	khaw5 入る	maa2 来る
lùan1 滑る	qòòk5 出る	
tên4 跳ぶ	khaam5 渡る	
lòòj2 浮かぶ	lòòt4 くぐる	
khii1 乗る	taam3 ついていく	
khaan2 這う	phaan1 通過する	
taj1 這う (虫など)	liap4 端に沿っていく	
com1 沈む	qòòm4 廻っていく	
doot はねる		
ほか		

図12.1 ラオ語における様態−経路−方向の複数動詞構文のシステム

ことを決めている（たとえば，なぜほかでもないその選択をしたのかについて説明責任が生じることもある——もしあなたがジンを使ってマティーニを作るなら，私はあなたがなぜウォッカを使わないのかを聞くことはできるだろうが，しかしなぜミルクを使わないのかは聞かないだろう）。記号論的システムは「潜在的には関連性のある」他の選択肢を決定する。そしてそれらは他の潜在的に妥当でなく，暗黙のうちに予期されてもいない，無限に存在しうる選択肢の小さなサブセットを作る。この限定された選択肢のセットにおける対立のシステムは動詞そのものが本質的に持つ固有の意味の上にさらなる意味を加える[20]。

言語のサブシステムは相互に作用し合い，上位システムと依存関係を結び，その要素となる。このシステムは究極的には言語の包括的な文法とでも言いうるものによって定義される巨大で複雑なシステムに至る。言語学者のR. M. W. ディクソンとアレクサンドラ・アイケンヴァルドは，文法システムがどのように依存

---

20) Saussure (1959)。

関係を持つのかを記述した[21]。たとえば，世界の言語において，極性のシステム（述語や節における肯定・否定の二値的選択）は文法の他のシステムに制約を与える。エストニア語は動詞の形態的な標識によって人称と数の区別がなされるシステムを持っているが，この区別は肯定極性においてのみ実現し，否定ではこの区別が失われる。

(43) エストニア語における動詞「ある／存在する」

肯定	否定
olen(1SG), *oleme*(1PL)	
oled(2SG), *olete*(2PL)	*ei ole* (1/2/3SG/PL)
on(3SG/PL)	

ディクソンとアイケンヴァルドはこのような依存関係を記述し，通言語的に適用可能な階層関係を提示した。パラダイムと結合規則におけるこのような相互関連性は，言語の高次レベルのシステム的特性を示すものである。小さなシステムが結合し，相互に関連してより大きなシステムを形成し，究極的には全体として巨大な言語システムをなす。

相互行為のエンクロニー的コンテクストにおいて文法的パラダイムがいかにして社会的行為を解釈し，また構築するのかを詳しく見るため，限定されたサブシステムに焦点を当ててみる。この章ではラオ語における本質的に社会関係的な指示の領域の形式に見られるシステム，人物指示を扱う。

12.4 有標性：システム内部の特別な選択とその効果

社会的行為のいかなる領域においても，普通であったり普通に振る舞うということは――当然のことながら――あり方や振る舞い方が特別の注意を引かないということである。人々の暗黙の予期に沿う形で物事が進むならば，彼らは何にも気づかないであろう。たとえばジョンが配管工だったとしよう。仕事のときにオーバーオールを着ることで，彼はデフォルトの状態，すなわち無標の行為を選んでいることになる。それは単に実用的であるだけではなく，期待されている行為

---

21) Aikhenvald and Dixon(1998)。

である。そうすることについてジョンは説明を要求されることもなければ，そもそも何かコメントされることもないだろう（彼がドレスを着たとしたらこうはいかない）。このようにデフォルトの行為をするならば，ある意味私たちは何も特別なことをしていないということになる。しかし，それでも私たちは何かをしているのである。ハーヴィー・サックスや他の社会学者が論じたように[22]，ありきたりに見えるようにすることにも労力はいる。規範に近いため行動が何の注意も引かないような場合であっても，そのような行動を選ぶことで私たちは何かをしているのである。私たちは，他者が自分の行動について暗黙のうちに予期するということ（subprehension）を予測（anticipate）している。このようにして，私たちの行動の多くの側面は他人の注意を引くものとはならないが，それでもまだ意味を持っているのである。ラオ語の人物指示システムから採った例で考えてみよう。私の見解では，デフォルトのやり方で人物指示を行う際も，単に人を指示する以上のことをしている。すなわち，指示の実践は，その人物に関する文化固有の観点が目に見える形で表れるものであり，またそれを安定化させているものなのである。しかしまさにその特性上，暗黙の予期や通常状態というベールによって隠されてしまうため，これらの実践の意味は見えにくいものとなる。

　言語の使用と解釈において，鍵となるメカニズムは普通と例外の区別にある。これは，発話におけるデフォルト形式と有標形式の区別である。指示形式のデフォルトは，指示対象（例：人間，場所，物）に対し，最もスタンダードな，何も特別な含意のない言い方で呼ぶことである。たとえば，ニューヨーク vs ビッグ・アップル，ジョン vs 陛下，犬 vs ハウンド（猟犬）などでは前者がデフォルトである。用語が示唆するように，デフォルトの形式は指示形式の産出と理解のどちらにおいても認知的負荷が一番軽い。「デフォルト」という用語は，他の考えられる可能な形式を使って指示をする特別な理由が何もなく[23]，話し手にとってその形式が実質的に自動的なものであるということを示唆する。言いたいことを言うために何も気にすることがないときの形式なのだ。何かを言うためには，おそらく無数の可能な方法があるだろう。デフォルトの形式があるということは，1つの形式を選ぶ労力を最小にするということである。

　これとは対照的に，有標の（すなわち語用論的に有標の）[24]指示の形式は，デ

---

22) Garfinkel (1967); Sacks (1992)。
23) プラーグ学派の用語 "automatization" (Havránek 1964/1932: 9) 以来，有標性とはこのような意味で使われている。

フォルトから離れた表現と定義される。たとえば、ふだんは「ジョン」という表現で指す相手を、「陛下」という表現で指したとしたら、それは珍しいものとして際立つだろう。このような、前景化されるという性質が、聞き手の注意を喚起するものとして働くのである[25]。普通ではないやり方で言うことにより、話し手は特別な労力を示し、その形式をある理由があって選んでいるということを示唆する。そのことにより、聞き手はそれがなぜであるかを考え、拡充された（enriched）解釈にたどり着くのである[26]。

サックスとシェグロフは、指示におけるデフォルトのやり方と有標のやり方にはこのように情報として違いがあるというロジックを用いて英語の会話における人物指示を分析した[27]。デフォルトの方法でなされた指示は特別の注意を引いたり拡充された解釈がなされることはないため、個人を指示するということの他には何も相互行為上の貢献はないと彼らは主張した。対照的に、有標の形式では、単にコミュニケーションにおける情報上の要請のためだけでなく、「指示に加えて何か他のことがなされている」と述べる[28]。たとえば、「陛下」という表現を使うことで、ジョンを指示するだけでなく彼について冗談を言っていたり文句を言っていたりするかもしれない[29]。ここで私は、デフォルトの形式はコミュニケーション上何も特別だったり前景化していたり重要な働きをしていたりしないかもしれないが、単に指示を達成するということ以上のことをシステマティックに行っているかもしれないということを主張したい。その証拠はラオ語の人物指示システムにある。

12.5　ラオ語の人物指示システム

会話においてある人物のことを指示するとき、ラオ語話者はたくさんの代替可

---

24) ハスペルマートは、「有標」という用語には、これまでの研究であまりに多くの意味と用法があり、非常に異なる用語と概念によって扱われているため、「有標」という用語を使わないほうがよいとしている（Haspelmath 2006）。私はここでは用語に一貫性を持たせて使おうと努めている。デフォルトと有標性に関するさらに踏みこんだ議論はStivers, Enfield, and Levinson (2007) および Enfield (2012) を参照。
25) Havránek (1964/1932: 10)。
26) Grice (1975, 1989); Levinson (2000)。
27) Sacks and Schegloff (1979, 2007)。Schegloff (1996b) も参照。
28) Schegloff (1996b: 439)。
29) Stivers (2007) 参照。

能な形式から言葉を選ぶことになる。代替可能な形式がどれだけあるかは，構造化された社会システムにおいて人々が互いに相対的にどこへ位置付けられるかを決定するような親族関係や他の要因によって規定される，社会的ヒエラルキーにおける区別が関わっている。

　まず，本章で焦点としている社会的領域について明確にしておこう。ラオ語話者が置かれる社会的状況は非常に多様であり，そしてこの不均一な社会的・相互行為的な光景は現代社会において急速に進化している[30]。個々人は文脈に応じて，コミュニケーションにおけるさまざまな慣習を当てはめ，またそれをめぐって交渉しなければならない。こうした複雑さは重要であるが本章の射程を超えている。私は分析を村落という状況における最もインフォーマルな会話に限る。日常会話は社会化の初期段階において典型的な状況であり，そのため他の種類の社会的・相互行為的コンテクストが拠って立つ基盤になっている。これはジョージ・ハーバート・ミードの用語を使えば，「一般化された他者」を私たちが暗黙のうちに予期するための基礎である[31]。よりフォーマルな，もしくは何らかの制約が課された状況では，慣習的な人物指示のやり方といった基本的で基礎的な相互行為の規範が，特別な効果を得るために別のやり方でなされることもありうる。教育やグローバルな文化的潮流と関わる，社会の流動性や現代化の諸パターンのおかげで，ラオ語における，多様な社会的・ヒエラルキー的な区別を表現する諸側面は社会言語学的に見てダイナミックに揺れ動いている。こうした現代ラオ社会における多様性の豊富なパターンと伝統的な儀礼生活のフォーマルに制約されたレジスターは，ラオ語の人物指示を研究するうえで重要なトピックであり続けているのだが，これについてここでは置いておくこととする。

12.5.1　ラオの社会組織におけるヒエラルキー意識

　ラオ語における人物指示の突飛さは，ラオの社会文化的組織のタテ社会性や権威の階層性[32]の強さに即したものである。このヒエラルキー的システムの核心にあるのは，キョウダイ間の年齢の区別や，そこから立ち上がってくる，相互に基盤となる社会的な関係性（第1章参照）に人々が特別に注意を払っているということである。キョウダイの序列の差異は，言語的にもまた他の形でも，社会的実

---

30) ラオス社会の状況については G. Evans (1999, 2002); Rehbein (2004) などを参照。
31) Mead (1934)。
32) Fiske (1992)。

践においてさまざまに反映される。これを説明するため，図12.2に示された2人のキョウダイを取り上げて，生まれた順の違いが言語や文化の面でどのような違いを2人の関係性にもたらすのかについて考えてみよう。

A. この2人の姉妹は彼女たちの関係性を述べる際，相手について異なる言葉を使う。ラオ語には *sister* に相当する語がない。使用可能な親族名称は義務的に年齢の違いを標識する。カニタはプナの *nòòng4*「若いキョウダイ」であり，プナはカニタの *qùaj4*「姉」である[33]。

B. 年上のキョウダイと年下のキョウダイはふつう互いに異なる代名詞を使う。年上はそのままの「非尊敬」の形式である *kuu3*「あたし」や *mùng2*「あんた」を使い，年下は丁寧な形式である *khòòj5*「わたし」や *caw4*「あなた」を使う[34]。

C. 年上のキョウダイと年下のキョウダイは，相手を名前で呼んだり指示したりするためには，Bで示した代名詞の選択肢に示された敬意のレベルに応じて社会的・ヒエラルキー的な肩書きを付け加えて，異なる形式を用いる。年上は年下の名前の前に女性の非尊敬を示す肩書きの形式である *qii1-* を付けるのに対し，年下は年上の名前の前に「姉」を示す形式である *qùaj4-* を付ける（詳細は下記の通り）。

D. 年上のキョウダイと年下のキョウダイが家庭生活において持つ権利と義務は異なる。年上のキョウダイはしばしば年下のキョウダイの世話に対して直接の責任を持っている。特に相手が幼い（たとえば1歳から4歳）ときにはそうである。同時に，年下のキョウダイが使えるようになるやいなや，年上のキョウダイは年下に対して自由に雑用をさせることができる。

E. この2人の女の子のうち年下が年上のほうより先に結婚した場合，年下は贖罪の儀礼をするよう要求されるが，これは明らかに年上を行き遅れにしてしまうためである。

F. キョウダイの順序によって決められた結婚の制約が存在する[35]。姉が結婚

---

33) このキョウダイの年齢の区別がどのようにラオ語の親族に関する用語法に反映されているかについてのより詳しい説明については，Enfield (2009: Ch.6) を参照。
34) 12.5.2節およびEnfield (2007: Ch.5) を参照。また，年齢順が隣接するキョウダイは必ずしもこのやり方には従っておらず，互いに非尊敬の代名詞の形態を用いることもあることを注記しておく。
35) 詳細はEnfield (2009: Ch.6) を参照。

図 12.2 キョウダイ：カニタ（左）はプナの妹である。互いに基盤となる社会的な関係性の一例。

　する場合，妹は姉の夫の兄弟と結婚するとしてもそれは姉の夫の弟である場合に限られ，兄と結婚することは許されない。この姉妹の子や孫が（いとこ同士や，はとこ同士として）結婚したい場合，それはそのカップルの男性側が姉の家系であるときのみ許される——つまり男性は絶対的な年齢にかかわらず「上位の」家系にあるべきである。

G. 最初に生まれた子どもは，両親がその子どもの名前を使って呼ばれることになるというテクノニミー[36]の習慣によって，特別目立つ立場になる。

H. 最後に生まれた子どもは伝統的に家族の家と土地の多くを相続し，両親が年老いたら一緒に住むことが期待されている。

---

36) Lévi-Strauss（1969: 349）。本章 12.5.3 節も参照。

キョウダイ間の長幼の単純な区別と結びついた，このいくつかの慣習の概略は，親族関係に由来するヒエラルキー的秩序を重んじる感覚につながっているはずである。それでは，こうした習慣によって含意された言語実践についての考察により詳しく見ていこう。まず人物を指示するうえでの2つの基本的な手段，つまり代名詞と名前についてあらましを述べる。

12.5.2　代名詞

　ラオ語における真の代名詞は4段階のポライトネスの違いをコード化しており，それぞれ一人称・二人称・三人称の単数形を持つ（図12.3参照）[37]。このシステムは東南アジア大陸部において典型的なものである[38]。

　複数形での区別は単数形より少ない。どの形式も指示対象の性別はコード化しない。より丁寧な二人称形式を使えばそれだけ聞き手の地位を高め，より丁寧な一人称形式を使えばそれだけ話し手の地位を低くすることになる[39]。このことはたとえば，丁寧形である *khòòj5*「私」（「奴隷」という意味もある）や *caw4*「あなた」（あるいは「君主」）に見られる意味派生に反映されている。

　職業や親族名称のようなある種の名詞は代名詞として機能し，談話において何度も同じ人物について言及するとき，二度目以降に使われる。このような名詞は話し手が変わっても指示対象が変わらないという点で代名詞とは異なっている。次の例では，話者が（その場にいる）第三者のことを指示している。ここでの指示対象は話者の実際のオジではない。

(44)（女性が年配の男性について話している）

khòòj5　siø　mùa2 nam2 phòo-luung2
一単.丁寧　非現実　行く　～と　年上のオジ

私丁寧は彼年上のオジと行くつもりだ

　次の事例は代名詞が期待されうる位置に親族名称が使われているが，これも代名詞とは異なり，この親族名称は別の話者が使っても指示対象が変わらない。恋愛中の若者たちの間では，話し手が男の子本人でも女の子でも，男の子は *qaaj4*「兄」である（同様に，女の子は *nòòng4*「年下のキョウダイ」である）[40]。この事

---

37) Enfield (2007: Ch.5)。
38) Cooke (1968)。
39) P. Brown and Levinson (1987)。

		一人称	二人称	三人称
単数	非尊敬	kuu3	mùng2	man2
	くだけた	haw2	too3	laaw2
	丁寧	khòòj5	caw4	phen1
	形式張った	khaa5-phacaw4	thaan1	thaan1
複数	無標		suu3	khaw3
	丁寧	cu-haw2（包括形） cu-khòòj5（除外形）	cu-caw4	khacaw4

図 12.3　一般に使われるラオ語代名詞の一部
　注：これらは最もよくある代名詞である。より多くの代名詞やこの表の代名詞の特別な用法についてはここでの議論の範囲を超える。さらなる情報については Enfield（2007: 77ff.）を参照。

例では，qaaj4 を使うことで A の発話においては暗黙のうちに相手を参照基準とした親族名称による自己言及（「あなたの兄として類別されうる私」）が行われており，続く B の発話においては，同じ親族名称を用いて，自分を参照基準とした聞き手への言及（「私の兄として類別しうるあなた」）が行われている。

(45) 2 人の若者が愛を語っている

　A: *qaaj4 hak1 nòòng4*
　　　兄　　愛する　年下のキョウダイ
　　私兄はあなた妹が好きだ。（若い男性が若い女性に話している）

　B: *nòòng4　　　hak1 qaaj4 khùù2-kan3*
　　　年下のキョウダイ　愛する　兄　　～も
　　私妹もあなた兄が好きだ。（若い女性が若い男性に話している）

親族名称のこうした用法がある一定の長さのやりとりを通じて維持されることは普通であり，そこでは qaaj4「兄」といった親族名称が二度目以降の指示形式として継続的に使われ，英語の談話における代名詞と同等の機能を果たすことに

---

40) 恋人同士におけるこのような親族名称の使用パターンはかなり古めかしいもので，今日の若者の間では時代遅れである（あるいは冗談でのみ使われる）。

280

なる[41]。

12.5.3 ラオ語の名前と名前につく接頭辞

　ラオのフルネームは典型的には2つの部分からなっている。たとえばカイソーン・ポムヴィハーンやプーミー・ヴォンヴィチット，カムタイ・シーパンドンのように，名前の後に名字が続く。名字は父親から受け継ぐ。これらのフルネームはおおむねインド系言語のパーリ語やサンスクリット語に由来している。それらはインフォーマルな会話で人を指す用途ではめったに使用されず，通常は代わりにニックネームが使われる。ニックネームはたとえば *thongsavaat5*「トンサワート」の代わりに *vaat5*「ワート」，*thipphacan3*「ティッパチャン」の代わりに *thip1*「ティップ」のように，その人のフルネームを短くしたものであることもある。あるいはまた，幼少の頃や子ども時代に〔名前とは〕独立に与えられることもある。こうしたニックネームはたとえば *tuj4*「ふとっちょ」や *còòj1*「やせっぽち」，*lèè5*「色黒」，*nòòj4*「チビ」のように，典型的には生まれつきの身体的特徴に基づいている。たとえば *kèèw4*「ケーウ」や *kuq2*「クッ」，*mòòn1*「モーン」のように，フルネームが単音節であるため日常的に使ううえで短く省略する必要がないものも少数ながらある。ほとんどの名前は男性にも女性にも使われる。

　テクノニミーはラオスではありふれている。これは「人が自分の名前の代わりに自身の子孫のだれかの父や母，祖父母などとして呼ばれる」という習慣である[42]。最初の子どもが生まれると，ラオ語話者の両親は多くの場合「Xの父親／母親」（Xには生まれた子どもの名前が入る）と呼ばれるようになる。これは最初の子どもが名付けられたときに自分たちも新しい名前を手に入れることになる，ということを意味する。

　ラオ語話者が村の中の平常のインフォーマルな状況下で個人名を使って人物指示を行うとき，彼らはその人の名前に肩書を示すタイプの接頭辞を付加する。そうした接頭辞は（他にもさまざまなタイプの関係のしかたがあるなかで）（類別上の）親族関係を明示的にコード化しており，また話し手が参照基準であることが含意されている。そのため，「兄」は通常「私の兄」を意味するものとして受け取られる（もっとも，ある男性が息子にとっての祖父を意味しながら，自分の

---

41) Fox (1987)。
42) Lévi-Strauss (1969: 349)。

息子に「おじいちゃんはどこだ？」と尋ねるといったように，指示対象が遷移することも可能である）。もし指示対象が「目上でない」人であった場合は——つまり，話し手より（類別上の）年上でないときには——非尊敬の接頭辞が使われる。そうした接頭辞は2つあり，指示対象の性別によって使い分けられる。非尊敬の女性の名前に対する接頭辞は *qii1* であり，男性に対しては *bak2* が用いられる。これらは社会的に下向きの方向性だと見なすことができる。文法用語では，これらは名詞類別（nominal classification）システムの一種である[43]。これらは名詞句の冒頭に現れ，単独では現れない。またこれらは指示詞・形容詞・関係節・名前といったさまざまな修飾語をとる。

非尊敬の接頭辞は年下のキョウダイや甥，姪，子どもや孫といった，目下として考えられる限りの多様な関係に対して広く使えるが，話し手よりも目上の指示対象は日常的な親族語彙から選ばれた名前の接頭辞を受けることになる。それぞれの形式は単独で親族名称としても使用することができる（図 12.4）。

さらに，名前につく接頭辞には，たとえば僧院における教育によって決定されるといったように，指示対象の（話し手に対して相対的ではない）絶対的な社会的階級を示すものもいくつかある（図 12.5）。

だから，話し手が，ある 30 歳の男性であるペット（*Phêt1*）のことを指示したいとき，そこで選ばれる接頭辞は，ほかでもなく，話し手に対するその男性の相対的な社会的ポジション（互いに基盤となる関係（46a-c））か，その男性の絶対的な地位（外部に基盤がある関係（46d））によって決定されることになる。

	女性	男性
姉・兄	*qùaj4-*	*qaaj4-*
親の姉・兄	*paa4-*	*luung2-*
母親の妹・弟	*saaw3-*	*baaw1-*
父親の妹・弟	*qaa3-*	*qaaw3-*
親の親	*phòø-tuu4-*	*mèø-tuu4-*

図 12.4　親族に関する（目上に対する）名前の接頭辞

---

43) Enfield (2007: Ch.7)。

元修行僧	*siang2-*
元僧侶	*thit1-*
元座主	*caan3-*
僧侶・教師	*qacaan3-*

図 12.5 階級／役割を示す名前の接頭辞

(46) (a) *bak2-phêt1*「私の目上ではない男性であるペット」
    (b) *qaaj4-phêt1*「（私にとって）兄であるペット」
    (c) *luung2-phêt1*「（私にとって）オジであるペット」
    (d) *caan3-phêt1*「かつて座主であったペット」

明らかに，このような形式によって指示できる対象は互いに排他的ではなく，そのためそれぞれ異なる効果を持つような，可能な選択肢のなかから選べる場合も多い（以下を参照）。

12.6 ラオ語におけるデフォルトの人物指示形式

顔見知りのラオ語話者同士が村で会話する場合，人物指示を最初に行う際のやり方としては，その人のよく使われる名前に，話者に対するその相手の社会的ポジションを適切に示す接頭辞を付けた形式を使うのがデフォルトである（たとえば (46a-c) のように）。適切な社会的レベルの接頭辞である限り，接頭辞＋名前という形式はデフォルトの選択肢として有効である。それゆえ，この形式は暗黙のうちに予期されたフォーマットであって，使われた場合には特別な注意を引くことなくやり過ごされることになる。

例 (47) はドーン・イアン (*Doune Ian*) 村におけるコウ (*Kou*) とサイ (*Xai*) という 2 人の男性の間で交わされた会話である。この村はラオスの首都ヴィエンチャンから北東に 35 km ほどの場所に位置しており，500 人ほどが暮らしている。録画した時点ではコウは約 60 歳，サイは約 40 歳であった。コウはサイの父親の仲間で，名詞類別上では *luung2*「伯父」（正確には「父親の兄」）にあたる。サイはコウの最年長の子どもよりわずかに年上である。この例ではサイが彼自身の弟について最初の言及をし（1 行目），それに続いてコウがサイと同い年ぐらい

の別の男性について最初の言及を行っている（2行目）。どちらの男性も自身の「目下の男」を指示するにあたって，非尊敬の男性への接頭辞 bak2 を指示対象の名前に付けている。

(47)（サイとコウは後日に計画しているドライブでとりうるルートについて議論している）

1　Xai:　*sum1 **bak2-tia4**　ñang2 lat1 paj3 han5 nòq1*
　　　　〜たち　男性.非尊敬-ティア　まだ　切る　行く　あそこ　極性疑問
　　サイ：**ティア**非尊敬たちはあの近道をまだ使ってるんだね？

2　Kou:　*paj3 haa3 baan4 **bak2-laa2**　hanø*
　　　　行く　探す　村　男性.非尊敬-ラー　題目
　　コウ：（その道は）**ラー**非尊敬の村のほうに続いているよ。

　この会話のなかで，これらの「非尊敬」の明示的な標示がコミュニケーションの本筋において前景化されているというようなことを示すものは何もない。
　次の例は中年の夫婦であるケート（*Kêêt*）とカープ（*Kaap*）が年上の夫婦であるドゥアンとタワンの家を訪れたときに行われた会話からのものである。この家はヴィエンチャンから 50 km ほど離れたいくぶん遠い村にある（このやりとりとその文脈についての詳細は第1章参照）。タワンは数日前に自分の家屋の前についている階段から落ちたときにした怪我から回復する途上にある。ケートとカープはヴィエンチャンの街中，タワンとドゥアンの息子モーン（*Mòòn*）の近所に暮らしている。この事例では，ケートがタワンの息子モーンからタワンの事故の知らせを聞いたことをタワンとドゥアンに報告している。ケートが最初にモーンのことを名前で指示する際の形式は，男性の非尊敬の形式 *bak2-* を頭に付けたものである（1行目）。2行目でケートは同一人物についてもう一度指示を行うが，そこでは利用可能なもののうち社会的に最も低い身分であることを表す（図12.3参照）三人称単数の代名詞が使われている。これは接頭辞 *bak2-* が現れるレジスターとして適切である。ここに，談話の連鎖における言語形式と状況の一致がラオ語においてどのような形をとるのかを見ることができる[44]。すなわち，最初に指示が行われる機会（1行目）では最初の指示に適した形式（完全名詞句（full noun phrase））が使われ，後続指示が行われる機会（2行目）では後続指示

---

44) Schegloff(1996b)。Stivers, Enfield, and Levinson(2007); Fox(1987) も参照。

に適した形式（代名詞）が用いられている。

(48) （話し手はモーンの両親に街でモーンから知らせを聞いたことを報告する）

1　*daj4-ñin2* **bak2-mòòn3**
　　聞く　　　男性.非尊敬-モーン

　　モーン非尊敬に聞きました。

2　**man2**　　*mùa2 qaw3 ngen2 nam2 khòòj5*
　　三単.非尊敬　戻る　取る　お金　〜と　一単.丁寧

　　彼非尊敬は私丁寧からお金をもらいに来ました。

太字で示したモーンへの明示的な指示のしかたは彼と話し手の間にある社会的な関係性と相関している。

ここまでの例は，非尊敬の接頭辞を用いた明示的な名前への標識という特徴を持っていた。次の例は上向きの人物指示標識の例である。ここではある女性が，ある人物の家がどこにあるかを尋ねられている。返事のなかで彼女はそれをテン（*Teng*）と呼ばれている年長の女性の家の近くにあると説明している。テンという名前は *paa4*「伯母[父または母の姉]」という接辞が頭に付けられている（指示対象は話し手の類別におけるオバであって実際のオバではないが）。

(49) （話し手が別の村の場所を説明している）

　　pèq2 baan4 **paa4-teng1**
　　隣　　村　　年上のオバ-テン

　　テン年上のオバの村の隣だよ。

12.6.1　会話におけるヒエラルキー意識の維持

私たちはここまで，ラオ語において人物指示を行うときにはタテ方向のヒエラルキーに沿った社会関係の明示的な標識を含めることが標準的であることを見てきた。言及されている人物の社会的地位が2人の対話者の地位の**間**にあることも，しばしば起きる。その結果として起こるのは，最初の言及だけでなく，その後に続く言及においても会話全体にわたって，2人の話し手が同一人物のことを異なる形で指示することになる，ということである。

次の例の指示対象はカムラー（*Khamlaa*）という名前の男性である。彼への言

及はアシの敷物を編む仕事の休憩時間におしゃべりをしている 6 人ほどの女性のグループにおける会話で起きている。彼への最初の言及はヨット (*Jot*) によってなされるが，彼女はカムラーより若い。そのため，ヨットはカムラーの名前の前に *qaaj4*「兄」を付けて指示を行っている（1 行目）。2 行目では，ヨットと話しているうちの 1 人でモーン（*Mòòn*）という名前の年配の女性がヨットの発話を部分的に繰り返している（2 行目）。モーンは指示対象であるカムラーよりも年上であり，そのため特徴的なことに，2 行目でヨットの発話を部分的に繰り返す際，兄を意味する接頭辞を，非尊敬の男性への接頭辞 *bak2-* に置き換えている。これは一見すると，ある話し手が別の話し手が先行して言語化したことの一部を置き換えたもの，すなわち埋め込まれた訂正（embedded correction）[45]であるかのように見える。しかし明らかにこの置き換えは訂正ではない。この人物指示における異なった方法での言語化は，この連鎖において後続する複数の指示の機会でも維持される。4 行目と 9 行目でモーンは非尊敬の（最も地位の低い）三人称代名詞 *man2*（例 (48) を参照）を使ってカムラーのことを指示している。いっぽう 7 行目でヨットは親しいレベルの三人称単数の形式である *laaw2* を使って彼のことを指示する。これらは 2 人の話し手それぞれの最初の言及における接頭辞の選択と対応している。

(50) （話し手たちは編み物仕事の休憩を取っておしゃべりをしている。彼女らはちょうど車が村を通り抜けていったことに気づいたばかりである）[次ページ]

これらの選択のいずれに対しても，参与者たちは何ら驚きを表明していない。これらはこの場にいる全員によって暗黙のうちに予期されている規範であり，語用論的に無標である。ただ，これらの形式的・意味的な標識によって，それぞれの話し手と指示対象との間にある社会的な身分の高さの非対等な関係が正確に配慮されている。指示形式の差異が維持されることで，そこに関与する話し手たちの間で非協調的な関係（disaffiliation）が作られてしまうのではないかと予想されるかもしれない。つまり，もし私が一貫して彼をジョニーと呼びあなたがジョンと呼び続けたら，戸惑いが起きるかもしれない——彼をどう呼ぶかについて共通の方法を見つける努力をしようという意思に欠けると受け取られることによって。これは私たちのうちの 1 人が〔言い方を〕変えてもう 1 人に合わせることによっ

---

45) Jefferson (1987)。

(50)

1 J: *song1* **qaaj4-kham2laa5** ← 　　　話者Jは指示対象カムラーに対し「上向きの」標識を使い続ける
　　　　　送る　　兄-カムラー
　　　　（彼らは）**カムラー**兄を送っていくよ。
　　　　（沈黙0.5秒，1行省略，沈黙1.0秒）

2 M: *qee5 paj3 song1* **bak2-kham2laa5** ←------
　　　　ああ　行く　送る　　男性.非尊敬-カムラー
　　　　ああそう，**カムラー**非尊敬を送るのね。

3 　　　*phii1-nòòng4 maa2 tèè1　　taang1-pathêêt4 nòq1*
　　　　親戚　　　　来る　〜から　　外国　　　　　　極性疑問
　　　　親戚が外国から来てるからね。

4 　　　*qaaj4* **man2** *maa2 tèè1　　taang1-pathêêt4* ←------
　　　　兄　　三単.非尊敬　来る　〜から　外国
　　　　彼非尊敬のお兄さんが外国から来てる。

5 Q: *khaw3　　paj3　sùù4　baan3　patuu3*
　　　　三単.非尊敬　行く　買う　額縁　食器棚
　　　　pa[tii3 pòòng1-qiam4]　pòòng1-qeem4=
　　　　重複.表出　窓　　　　　　重複.表出
　　　　彼非尊敬は額縁とか，食器棚とか，窓とかそういうものを買いに行った。

6 T: 　　　[*kham2laa5 saj3*　]
　　　　　　カムラー　　どこの
　　　　どのカムラー？

7 J: =*nòòng4　　saaj2* **laaw2** ←
　　　　年下のキョウダイ　男性　三単.親しい
　　　　彼親しいの弟。

8 V: *kham2laa5 phêt1*
　　　　カムラー　ペット
　　　　ペットのカムラー。

9 M: *qee5　nòòng4　　saaj2* **man2** ←------　話者Mは指示対象カムラーに対し「下向きの」標識を使い続ける
　　　　間投　年下のキョウダイ　男性　三単.非尊敬
　　　　そう，**彼**非尊敬の弟。

て避けることができるかもしれない。ラオ語の文脈では，そうした戸惑いは起こらない。ラオ語のケースから導きうる結論は，正しい社会的位置付けを行うことが，表現形式の不一致によって起こるような非協調的な関係という問題よりも優先される，ということである。

12.7　語用論的に有標な最初の言及

前節ではデフォルトで語用論的に無標の指示形式について説明した。では，デフォルトの形式が単に人物指示を行う以上に何を伝えているのかという疑問に戻る前に，こうした規範からいくぶん外れるものについて考察しよう。話し手たちが最初の言及から語用論的に有標な指示形式を使う事例について考察し，それによって何らかの相互行為上の目的のために行う定式化の手法そのものに注意を向ける[46]。

12.7.1　語用論的に有標な接頭辞

人物指示におけるラオ語の規範から離れる方法の1つは，接頭辞＋名前というフォーマットを守りつつ，社会関係とは一致しない接頭辞を選ぶことである。次の事例はケートとカープがタワンとドゥアンを訪ねている場面である（第1章で紹介）。

(51)（指示対象は話し手の妹であり，通常なら非尊敬の接頭辞 *qii1-* を使うはずである）

mùø-khùun2 phen1　　kaø　　thoo2　　maa2, saaw3-daaw3 hanø
昨夜　　　　三単.丁寧　題目繋辞　電話する　来る，母の妹-ダオ　　題目

昨日の夜，**あの人**丁寧が電話してきたの，**ダオ**母方の叔母が。

この事例では，ケートが自身の妹ダオへの最初の言及を行っている。年上と年下という，キョウダイ間の互いに基盤となる関係性でいえば年下にあたるため，ケートがダオのことを指示する場合は，通常なら非尊敬の女性接頭辞 *qii1-* によって標識されるはずである。つまり，ダオは *qii1-daaw3* という形で指示されるはずである。しかしこの例は特別な標識を使っている。ケートが最初にダオに言

---

46) Schegloff (2007a); Stivers (2007)。

及したこの発話の目的は，ケートによるタワンとドゥアンの訪問の本題に入ることである。この本題が，タワンとドゥアンの村にある寺院の改築のためになされる，外国に暮らすダオの寄付についてであることを思い出そう。タワンとドゥアンはダオの義理の両親である。ケートがダオのことを指示する際，期待される非尊敬の接頭辞 qii1- ではなく，saaw3「母方の叔母」という正確には母親の妹を指す目上に対する親族名称が頭に付けられている。同じ文のなかで三人称代名詞 phen1 が接頭辞＋名前による指示（saaw3 daaw3）より前に来ているが，これは尊敬の形式である（図 12.3 参照）。目上に対する人物指示のやり方を使うのは，この話し手と指示対象である人物の組み合わせからすれば語用論的に有標である。ケートは通常，ダオのことを指示する場合はゼロ形か非尊敬の三人称単数代名詞 man2 を使う。

〔ケートにとっては〕妹であり〔タワンとドゥアンにとっては〕義理の娘であるダオを指示する言葉として，ここで選ばれた形式は語用論的に有標である。それは話し手がこの発話で単にこの人物のことを指示するという以上の何かをしていることを示している。この有標な形が与えられたものが持つコード化された内容は，この特別な行為が何なのかを明らかにするために必要な情報を与えてくれる[47]。自分の妹であるダオを「母方の叔母」として言及することで，ケートは自身を通常よりも低いポジションに落とし（つまり姪として扱い），指示対象を通常よりも高いポジションに置いている（つまり叔母として扱っている）。これが，単純にダオが前日の夜に電話してきたということを伝える行為にある種のデリケートさ，つまりこの場における社会的な両義性に対処するうえで適切なデリカシーを与えている。その両義性とはつまり，ケートは他の２人に対して親族関係上は目下であるいっぽう，分配されようとしているお金と資源に対する管理においては彼女が最も力を持っている，ということである。語用論的に無標の指示はそこで指示されている関係を**前提としている**のに対して，この事例のような有標の用法は**創造的な**指標性を持ち[48]，その使われる場面に応じて指示対象との新しいタイプの関係性を導入するものである。

もう１つの事例では，サイがサーイ（Saaj）という名前の男性のことを，「兄」という意味の接頭辞を付けて指示している（4 行目）。もう１人の話し手である

---

47) Stivers (2007)。
48) Silverstein (1976); Kockelman (2005)。

コウはサーイの兄であり，そのためコウはサーイに対して非尊敬の接頭辞を付けて指示している（6行目）。しかしながら，コウはサイの「伯父」であるため，コウの弟サーイは少なくともサイに対しては「叔父」であり，サイにとって「兄」と呼ぶにはあまりにも目上である。4行目でサイはこの人物の指示を，自身の階級を上げ，そのポジションを引き上げる手段としてわざと行っている。このムーブは彼が現在人生において地位を上げつつあることに完全に沿ったものである（彼は約40歳であり，小規模の企業家として成功していて，現村長の長男である）。

(52)（指示対象はコウの弟である。コウはサイの類別上の父方伯父であり，それゆえサイの類別上の兄とするにはあまりに目上である。サイは社会階層を登りつつある）

1 Kou: *dêk2-nòòj4 maa2 tèè1 paak5san2 phunø*
   子ども　　来る　〜から　パクサン　　指示詞

2 *qiik5 sòòng3 khon2*
   もう　2　　　人

コウ：あっちのパクサンから来た子どもがもう2人いるよ。

3 (2.2)

4 Xai: *luuk4 **qajø-saaj3***
   子　　兄-サーイ

サイ：**サーイ兄**の子ども。

5 (1.0)

6 Kou: *luuk4 **bak2-saaj3** phuu5 nùng1*
   子　　非尊敬-サーイ　人　　1

コウ：1人は**サーイ非尊敬**の子ども。

　この節で議論された有標の形式において，話し手たちはシステムを創造的に用いて彼ら自身や他の人たちの社会的ヒエラルキーにおける位置付けを描き出している。ある例ではそれはポライトネスのためであり（事例 (51)），ある例ではマキャベリ的目的のためである（事例 (52)）[49]。そうした例もラオ語の会話において典型的なものである。

12.7.2　接頭辞の省略

　ラオ語の人物指示におけるもう1つの逸脱のタイプは，デフォルトの接頭辞＋名前という定式化を完全に避けて，代わりに人の名前のみを用いるやり方である。次の事例でコウは，外国人で客でありこの場面にいる（ビデオカメラを構えている）ニック（著者）のことを指示している。接頭辞の省略は丁寧さを伝えるものであるが，その効果は推論に由来している（すなわち，期待されている「非尊敬」形式による明示的な標識の省略は，敬意を伝えようとする意図があるということを含意している）。ここで唯一適切な接頭辞は非尊敬の接頭辞 *bak2-* であり，これは年齢の違い——話し手は指示対象より年上である——によって決定される[50]。しかし話し手はそれを使うことを控えた。このように，使用可能な唯一の接頭辞が指示対象の高い地位と衝突するとき（すなわち，目の前にいる客の地位が年齢相応より高いとき），安全策なのは接頭辞を落とすことなのである。

(53)（コウ（男性，65歳）が未婚の若い女性をからかっている。指示対象のニックは同席している）

nik1　vaa1 siø　　qaw3 phua3 haj5
ニック　言う 非現実　取る　夫　　あげる

ニックは（おまえの）夫を連れてくると言ってるぞ。

　ニックが声の届かない場所にいるとき，コウは通常彼を非尊敬の接頭辞を使って *bak2-nik1* と呼んでいると思われる。事例(53)における，期待される目下を示す接頭辞を省略することで推測される敬意は，村におけるインフォーマルなやりとりにおいてデフォルトと思われる方法とは対照的である。事例(54)では，事例(53)と同じく自分もその場にいながら第三者として言及されるという状況で，ある現地民が非尊敬の接頭辞で言及されている。

(54)（メック・コウ・サイとニックが待合いで立っている。メックはコウとニックが旅行に行こうとしていることを知っている。彼はコウに向けて話しかけている。メックはこのグループで最年長である。指示対象であるサイはこ

---

[49] 親族に関する用語法の「戦術的」使用という概念については Bloch (1971) を参照。
[50] もう1つの可能性は，コウが〔接頭辞を〕置き換え，彼の対話相手の観点に仮に立って，対話相手が使ったかもしれない接頭辞を選び *qaai4-nik1*「ニック兄さん」と言う，ということである。

の場にいる）

1 Mek: *mèèn1 phaj3　dèè1　siø　paj3 niø*
　　　　　　～だ　　不定代名詞　いったい　非現実　行く　題目
　メック：だれが出かけるところなんだい？

2 Kou: *sòòng3 khon2 saam3 khon2*
　　　　　　2　　人　　3　　人
　コウ：（私たち）2人だよ，（私たち）3人だよ。((その場にいるサイを指さしながら))

3 Mek: *bak2-saj2 kaø　siø　paj3*
　　　　　非尊敬-サイ　題目繋辞　非現実　行く
　メック：**サイ**非尊敬も行くところなんだね。

　いくつかの状況では「ゼロ接頭辞」という解決策がデフォルトになっている。そうした状況の1つは新婚の夫婦同士，すなわちもはや「兄」や「妹」の接頭辞（事例（45））を使うことができず，そして子どもがまだいないのでテクノニミーも使えない場合である。これは，望ましくない選択肢の回避というロジックによって作動するものであり，そしておそらくは新婚という境界的な存在の2人から一切のデフォルトの選択肢を取り上げてしまうことによって——つまりあらゆる指示が語用論的に有標になることによって——作用するものである。名前に付く肩書きの接頭辞の省略が働くのは，指示対象を話し手に対する社会的ポジションのどこにも明示的に位置付けないことによる。そのように指示を省略することは語用論的に有標であるため，そうした省略が及ぼす影響として，自身に対する指示対象の社会的ポジションを特定することを明示的に避けるものとして受け取られるだろう。

12.7.3 まとめ

　ラオ語の人物指示システムは，村という状況において，標準的には人びとの間の社会的関係性を決める相対的「高さ」に明示的に注意を払うことを要求する。ラオ語において，人物指示の語用論的に有標な形式は最初の言及における接頭辞＋名前のフォーマットというデフォルト値を活用するが，そのフォーマットにおいて接頭辞は指示対象を，話し手に対する彼らの社会的関係性（少なくとも目上に対する言及では親族関係によって計算される）に基づいて位置付ける。語用論

的に有標な〔接頭辞の〕使用は，期待されていないレベルの接頭辞を選択したり（創造的に用いて指示対象を持ち上げたり下げたりし，それによってみずからを下げたり上げたりすることを含意する），あるいはいかなる接頭辞も省略し話し手に対する指示対象の社会的ポジションについて言明することを差し控えることによって，その効果を生み出している。

　ラオ語のシステムにおいて，人物指示のために行われる定式化のデフォルトのやり方は当然のことながら語用論的に無標な表現を生み出すものの，これらの表現は形式的にも意味論的にもはっきりと有標である。では，ここで人物指示の一般理論にとって，そして相互行為において象徴的コードを使うことで構成される社会的行為と社会的関係という関連する諸問題にとって，こうした現象が持つ意味合いについて考えよう。

12.8　文法はひそかに社会関係を表す

　会話において，絶え間ない協同的行為の流れは個人の認知的処理に大きな負荷となる。可能であれば，その負荷が最小化されるのは合理的である[51]。解決法の1つは，デフォルトを設定することにより——産出と解釈のどちらにおいても——処理を自動化することである。発達心理学と進化心理学の近年の研究は，原則として私たちにはローカルに身につけたデフォルトを適用しようとする認知的性質があることを示している[52]。慣習を疑うことなく適用するということは，多少信頼性に欠けるところはあるが容易であり，統計的にはかなり道理にかなっている[53]。文化とは，コミュニケーション行動のやり方や背景にデフォルトの慣習を供給するものである。したがって，私たちはコミュニケーションに際し，暗黙のうちに予期されている内容を大量に動員しながら行っている。つまり，相互行為のなかで知覚可能な形で言われたりなされたりしていることに対し，どの解釈ストラテジーを適用するかについて共通した暗黙の基盤を持っているのである。

　何を言おうとする場合でも，話し手はある特定の言い方を選ばなくてはならない。発話を聞くたびに「なぜこの人はこの言い方で言っているんだろう？」と自

---

51) Zipf(1949); Gigerenzer, Todd, and ABC Research Group(1999); Gigerenzer(2007); Gigerenzer, Hertwig, and Pachur(2011)。
52) Simon(1990); Boyd and Richerson(2005); Gergely and Csibra(2006)。
53) Gigerenzer, Todd, and ABC Research Group(1999); Richerson and Boyd(2005)。

第12章　文法　　293

問しなければならないとしたら，推論と解釈の処理における負荷が不必要に——そして疑いようもなく耐えられないほどに——高くなってしまうだろう。典型的に人はどのように物事をなし，表現するのかということに関して，他の人々と共有されている，共通のデフォルト的想定があることにより，発話の解釈に要する認知的労力は最低限に抑えられる。デフォルトとは，発話において用いられる形式に対する注意を日常的に抑圧することのできる装置であり，またデフォルトがあるからこそ，普通とは異なる形で何かが行われたときにそれが普通ではないと気づくことができる（そして，なぜそのような形で行われたのかを自問することができる）。あるコミュニケーション行為がデフォルトの形でなされたとき，その行為の形そのものは，そのコミュニケーション行為でなされていることを解釈するというタスクにとってある程度までは無関係なものとして認識されるはずである。デフォルトでない場合においてのみ，その逸脱を認識することができるのであり，そういう場合にしか「なぜそれを今？（*Why that now?*）」という理由付けを能動的に行おうとはしないのである[54]。さらに，何がなされているのかを計算するためには，「なぜそれを？」というだけではなく，「なぜ普通ではない形で？」ということも考えなければならない[55]。すなわち，コミュニケーションにおいて表現を組み立てるときに暗黙のうちに予期されるデフォルトが果たす特別な役割とは，人が何かを言うのを聞く際に，なぜ彼らは他の言い方ではなくそのように言っているのかを常に考えなくても済むようにするということである。このように発話の形式に対して注意を向けないということは，デフォルトは社会的相互行為において行為としての効果を持たず，また定義上持てないというシェグロフの主張の基盤となるものである。なぜなら，彼は〔会話分析の〕方法論的な必須条件として，相互行為において意味を持つものは会話（または他の行動）において利用可能であり，参与者から指向されているものに限るとしているからである[56]。人物指示の場合，シェグロフによるとデフォルトの形式は参与者から明

---

[54] Grice (1989); Schegloff (1996a, 1996c)。幼児の早期の合理性のサインについてのGergely, Bekkering, and Király (2002) の発見と比較されたい。この種の理由付けは私たちの認知の基礎となるものであり，言語や他の複雑な相互行為的スキルよりも先に獲得されると考えられるだろう（Gergely and Csibra (2006)。Sperber and Wilson (1995) も参照）。
[55] Stivers, Enfield, and Levinson (2007); Stivers (2007); Enfield (2012) 参照。
[56] Schegloff (1996a, 1996b: 172)。このような解釈に関する結論および認識される社会的行為は「会話の中で利用可能でなくてはならない」(Atkinson and Heritage 1984: 8–9)。Schegloff (2009) も参照。記号論的に言えば，会話分析者は知覚可能な解釈項，すなわち記号に対するしかるべき応答にこだわるのである。それは，その記号の表す意味に対す

示的に指向されないため，指示以外の何もしない。この見方では，発話の中身——人物指示の特定のやり方の定式化——が利用可能になるだけでは不十分なのである。

ラオ語の人物指示システムでは，親族関係や社会的階層関係の明示的な特定は無標であり語用論的にデフォルトであるが，形式的および意味的に明示的に標識される。こういった標識は，社会的ネットワークにおける他者との間の相対的な上下関係を明示するものであり，そのような他者との上下関係は，ラオ語話者が社会関係，人としてのステータス，そして社会に関して，文化的に理解するうえで重要な原理である。もしもシェグロフの言うようにデフォルトの形式が定義上「注意を向けられない」ものであるなら，ラオ語の人物指示形式が持つ社会関係的な意味はラオ語話者の相互行為において何の社会関係上の重要性も持たないということになるのだろうか？

シリア・キッチンガーは英語の会話における性的な関係性に対する言語的指示の研究においてそのような可能性に疑問を投げかけた[57]。ゲイおよびレズビアンの話し手は会話においてその同性パートナーをシンプルな形で指示することができず（たとえば，名前や代名詞などにおいて性が明らかになってしまうため），性的指向を話し手自ら話題にしたり，聞き手が話題にせざるをえないという事態がしばしば起こる。レズビアンであるジャニスと車両保険の営業担当との電話会話において[58]，ジャニスは *I'm wanting insurance for um two named drivers self and spouse*（私と配偶者が運転手として保険に入りたいのだけど）と言うと，数ターンののち，セールスマンは *you said you'd like to insure your husband to drive the car*（ご主人が運転する際の保険が必要とおっしゃいましたね）と確認される。ここで，*spouse*「配偶者」は「夫」を意味するものとして解釈されている。このためジャニスは会話の進行を止め，*It's not my husband, it's my wife*（主人じゃないの，妻よ）と訂正しなければならなかった。そしてその後すぐに本来の用件に戻った。少しの間を置いて，コンピューターシステムからの応答を待つ間，営業担当はジ

る応答としても理解できるものであり，そのような意味の証拠となるものである（Kockelman 2005; Peirce 1965/1932 参照）。意味論学者はパース的意味での対象，すなわち認知的または抽象的な意味を探す（第4章参照）。記号（たとえば同定可能な語）がそこにある限り，意味論学者は進んで解釈項を供給したり，記号とその解釈項を一緒にしようとするものなのだ。

57) Kitzinger(2005)。Land and Kitzinger(2005) も参照。
58) Land and Kitzinger(2005: 396-398)。

ャニスの同性婚を話題にし，spouse「配偶者」が「夫」を意味するという異性愛者的な思い込み（暗黙の予期）について謝罪した。これとは対照的に，異性愛者は全く同じようにシンプルな形（たとえば名前や代名詞の性，「妻」などの言葉）で異性愛者であることを会話の相手に伝えたとしても，その性的指向が話題に上ることはほとんどない。彼らが異性愛者であるということは，「社会的なやりとりにおいてありきたりで当然の特徴」[59]として会話のついでに明らかになるだけである。したがって，ある女性が My husband isn't very well.（夫の調子があまりよくないんです）と病院への電話で言ったとしても[60]，彼女の性的指向が明示的に利用可能になっているにもかかわらず，それが話題に上ることはまずないだろう。

　代名詞の性，名前における性の特定可能性，husband「夫」や wife「妻」などの関係を示す用語などとの関連において，英語の人物指示では話し手が異性愛者であると暗黙のうちに予期していることが表面的には見えにくいということと，ラオ語の人物指示における親族呼称が社会的階層を表面上は見えにくくしているということの間には，明らかな並行性がある。何か物事があまりに問題にされず，そのために明示的な印がほとんど意識されないようになるには，相互行為において暗黙のうちであれどうあれ，それがデフォルトであると予期したり想定したりするような世界に住んでいる必要がある。そして人が実際にどのような想定を持つか（たとえば「人は異性愛者である」）が問題なのではなく，一般的に何が他の人々によって想定されていると想定するかということが問題なのである。これは集団的予期（collective subprehension）の問題である[61]。一般化された他者がとるであろう態度をとるということが，個人を社会の中に，そして文化の中に位置付けるものなのだ[62]。ミクロレベルではこれは単にコミュニケーションの語用論のための合意の原理として働くだけである。解釈における慣習が社会の歴史のなかでどのように生まれるのかを考えるとき，なぜ他のものではなくそれがデフォルトであるのかを考えることになるだろう。

　ラオ語の親族接辞の場合，そこにコード化された意味は人物指示を行う際の慣習的な方法を反映するものである。「カムラー」に「兄」の標識を付けるかそれ

---

59) Kitzinger(2005: 259)。
60) Land and Kitzinger(2005: 388)。Drew(2006)を引用している。
61) Enfield(2002b: 16-17)。
62) Mead(1934)。

とも「弟」の標識を付けるかの選択としてコード化された社会的区別は（事例(50)参照），女性が「私の夫」という言葉を使うことで指標される異性愛者性と同じくらい見えにくく気づかれにくいものである[63]。この章で記述したように，ラオ語の話者がそのような関係を人物指示において明示的にコード化するとき，その話者は社会的関係を話題にしようとしているわけでも，その発話の用件として注意を引こうとしているわけでもないだろう。だがそれでもこの話者はそれを明示的にコード化しているのである。これは，コード化された社会的関係が社会的なコミュニケーション上の目的に寄与していると考えるのに十分な理由である。コード化された社会的関係は，社会的関係の鍵となる特徴を日常的に公にしようとするという態度を示し，それによってこれらの中心的な文化的問題を再現し，反復し，再生産するのである。会話における階層的な社会的関係性の正確な表象に対する，このような絶え間ない，しかし自動化された注意は，すべてのラオ語話者が個人個人としてラオ語圏の文化的価値観を安定させることに貢献するのである。

　何が「利用可能だけれど注意を向けられていない」可能性を持つのか，より慣れ親しんだ英語の人物指示体系のなかで考えてみよう。ラオ語のデータに基づいた議論は，文化的価値が非対称的な親族関係に基づいた階層的人物指示として明示的に現れていたので理解しやすかったかもしれない。逆に考えると，ラオ語の人物指示体系は，英語の体系においてはデフォルトとして利用可能で自動化されたものが何かということに私たちの注意を向けさせるものである。ラオ語話者が親族接辞を付けた名前を使うことで人物指示をするとき，彼らはその人物を他者から区別する社会的ポジションを明示的にコード化し，そのような表現を使うたびに特定の文化的価値——私たちはそれぞれが非対等な階層のなかで異なるポジ

---

[63] この点に関するいかなる文化差も，世界のあり方に関する想定の違いではない。つまり，ラオスにおいても英国においても，相互行為の参与者たちには必ず年齢の上下関係がある。文化間の違いは，会話において習慣的に明示されるものが何かということにある。英語話者は年齢や立場の違いを言語のうえでシステマティックには明らかにしない。ラオ語から見ると，英語のようなやり方は年齢や立場の違いを言語上に表すことを故意に避けているかのように見える。おそらくそれはレズビアンがある種の関係を露わにする指示表現の使用を避けているように思われるのと同様である（Kitzinger 2005: 258）。ラオ語の人物指示に遍在する社会的階層性に気づくためには，他の文化の成員である必要がある（Whorf 1956）。そのような社会・階的想定が問題となるようなラオ語話者のサブカルチャーが存在するのかどうか私は知らないが，そのようなものもあるのかもしれない。

ションを占める存在である——を公的に再生産する。外からみればこれは，階層に対する強迫観念に見えるかもしれない。同様に，英語話者が名前に何も付けず人物指示を行うとき，彼らは人を指示しているだけではなく（たとえば聞き手に，だれについて話しているのかを伝える），その人物が区別されうる立場には**ない**ということを利用可能な形で実質的に主張しており，アングロ文化の特定の価値——私たちはみな同じレベルであり，平等である——を公的に再生産しているのである。外からみれば，ジョン・ヘリテッジの言葉を使うならこれは平等主義や非序列的構造（flatarchy）への執着と見ることもできるだろうし，もしかすると親族関係に基づいた権利と義務に注意を向けないことを示していると見ることもできるだろう。これは英語を話すことに関する社会的な利益と不利益に関する民族誌的観察でも確認されている。外部の者にとっては，二人称代名詞が1つしかないということは，フォーマル／疎の形式とインフォーマル／親の形式のどちらかを選ばねばならないという状況よりもいくばくか気楽であるが，しかし目上の人間をファースト・ネームで呼んだり，目下の人間にファースト・ネームで呼ばれたりすることにいくばくかの当惑を覚えるかもしれない[64]。そして英語における名前を用いたデフォルトの人物指示は単純な問題ではない。ファースト・ネームのなかにも複数の選択肢があり，それぞれ意味を持っている。たとえば，特定の話し手と聞き手と指示対象の関係において，*Jerrod, Jerry, Jer* のどれがデフォルト，すなわち語用論的に無標の形式であるのか，前もって知ることはできない[65]。さらに，名前がそのタイプによってクラスに分けられ，それぞれの暗示的意味（connotative meaning）が異なると捉えられるかもしれない[66]。ラオ語のパターンは，人物指示における語用論的に無標なやり方として，相対的な社会的地位を明示的に特定する。これに対し，英語にはそのような明示的な標識はない。英語の人物指示体系において，人間関係に関する社会的な言明は，コンテクストとしては利用可能であるが，言語形式としては利用可能ではない。つまり，指標的に示されてはいるが象徴記号としてコード化されてはいない。それにもかかわらず，英語のシステムは人間関係の社会的な関わりに関する文化的な価値観を実現しているのだ。

---

64) R. Brown and Gilman (1960); Wierzbicka (1992) 参照。
65) ただし，たとえば，英語では Jer は有標であるが，Jerrold と Jerry はそうではないということを知ることはできる (Wierzbicka 1992: 225ff., 303)。
66) Stivers, Enfield, and Levinson (2007) 参照。

シェグロフが論じたような，デフォルトの人物指示は文字通り「指示以外の何もしない」という主張[67]に私は反論しているが，そのような主張に潜む重要な洞察については認める。語用論的に無標の形式が会話においては注意を引かないということは確かに重要である。意識に上らないような区別によって行われる社会関係に関する働きがあるなどとどうして主張できるのだろうか？　その答えは，人の振る舞いはあまりに普通（ordinary）に見えるため，文字通り〔言及できないほど〕平凡である（unremarkable）というハーヴィー・サックスの観察にある。暗黙のうちに予期されるものは見られることがない。サピア，ウォーフ，および他の言語・思考・文化が持つ関係を研究した研究者らが行った重要な観察は，言語の多くが私たちの意識の外にあるということだ[68]。これがウォーフがアングロ＝サクソン系学者にとってなじみのない言語を研究する動機付けとなった。言語の規則に関してネイティブ・スピーカーがそれを意識できるかという問題について，ウォーフは「私たちはそれとは対照的なものを経験し，その規則性が妨害されるような事態に直面するほど視野が押し広げられ，参照知識が拡張されてはじめて，それを取り出して規則として立てることができる」[69]と述べた。あるグループの人間が青しか見えないならば，「自分たちは青だけ見たという規則を立てることはほぼ不可能だろう」とウォーフは論じる。彼らが青しか見えないという規則を立てるには，「他の色を見るという例外的な瞬間を必要とするだろう」[70]。ウォーフの洞察の１つは，私たちは自分の言語が背景的特徴として持つ区別と「歩調をそろえる」ということである。「私たちの心理的な資質はあまりに広く行きわたりすぎていて私たちの日々の暮らしと必要性にとって無関係となるようなすべての領域の現象を無視するように調節されている」[71]。ここでいう「無視」は会話分析者たちの言う「指向性の不在（lack of orientation）」，実践理論家の「非明示的ハビトゥス」，あるいは本書で紹介した暗黙の予期という概念の要素と同義である。もしやりとりの参与者が，たとえばラオ語の人物指示形式にコード化された意味のような，利用可能なメッセージに注意を払っていないとしたら，それはそのメッセージが分析者にとっても無視されるべきであるということを意味する

---

67) Schegloff(1996b)。
68) Jakobson(1980)。
69) Whorf(1956:209)。
70) Whorf(1956)。
71) Whorf(1956:210)。

であろうか？　ウォーフは，語用論的に有標な形式が「背景から取り出され」るとすぐに，その今まで無視されていた背景が視界に入り意識されると指摘した。ジョン・ルーシーの言葉で言うと，「私たちは自分自身の言語のカテゴリーを他の言語のカテゴリーと対照させることにより脱‐自動化を行う」のである[72]。対照することによって，私たちは日常的な現象を習慣的に見落としているということに気づく。意味のあることはデータに利用可能な形で現れているのかもしれないが，それに気がつくには注意が必要なのである。デフォルトから一瞬でも違った形で考えるとき——たとえば，階層的な社会で平等主義者であったり，異性愛者がノーマルな社会でレズビアンであったりするとき——デフォルトが有標なものとなる。社会的グループの成員はふだん通りのやりとりのなかで日常的に利用可能なものについてあからさまに注意を向けないかもしれないが，しかしなぜ分析者はそれを無視できようか？　ラオ語のケースを考えてみよう。ラオ語話者の社会全体において，ほとんどすべての発話で社会関係の構造の基本的な原理を言葉に表すことが認められるが，しかしそのような言葉づかいをすることが注意に値するものとは考えない。このことそのものが研究者にとっては特別な関心を払う価値のあることである。

　どのような社会においても，個人は社会関係という構造化された集まりのなかでいくつかの位置を占めるものである。そしていかなる社会もその集まりの性質と形式に関して慣習的なイデオロギーを持つ。したがっていかなる社会の成員も，そのようなイデオロギーを表現し，公にそれに逆らわないということを示すことで，その社会独特のやり方に従うのである。ラオ語の話者は，複雑な文法体系を身につけるなかで，会話において人物指示を行うための独特のやり方を学ぶ。文法体系にはごく普通にあることだが，そこには語用論的に無標でデフォルトな方策がある。このデフォルトの方策とは，社会関係の階層的なシステムのなかで，人物の名前に言及する際はその人物のポジションを明示的に述べるという，〔語用論的に無標だが〕形式的および意味的に有標な形式を使うということである。この人物指示の語用論的に無標な形式は，単に人物指示を達成する以上のことを明示的に行っているが，ここでの「行う（doing）」はこの用語がしばしば含意するような「前景化された社会的行為を今」行うということを必ずしも意味しない。それは集合的な暗黙の予期に黙って従うことによって人が行うことの１つであり，

---

72) Lucy(1992:37)。

従う際の形は結局のところ，完全に恣意的というわけではないのである。ラオ語における人物指示の実践は，基本的に人を指示するという働きをする。しかしそれに加え，指示対象の個人と話者の社会的関係性の一側面を明らかにする。つまり，上か下か，そしてもし相手が上であれば，話者とのどのような分類に当てはまる関係であるのか，すなわち，キョウダイであるのか，おじやおばであるのか，祖父母であるのかを明らかにする。それは文法的に自動化されており，またそのコード化する規範的価値は暗黙のうちに予期されるものであるため，私たちはその内容に注意を払わない。しかし，だからといってその内容がなくなるというわけではないのである。

　この論法でいくと，英語の話者もまた，彼らがアングロ文化の規範によって利用可能になる人物指示のリソースを使う際に，社会的関係に対するスタンスを表明することは避けられないということになる。この問題から逃れられる言語ははたしてあるのだろうか？　社会的関係へのスタンスをコード化したり，含意したりすることなしに人物指示を行うことは，いかなるコンテクストにおいても不可能だろう。社会関係へのスタンスは，当該の文化，もしくは少なくとも暗黙のうちに予期された参与者の共通基盤において広く当てはまるものなのだから。実際，これこそが文化的に一般化された社会的関係の地位を永続化させるものであるのだ。いかなる言語体系においても人物指示の形式はその形式について特別の扱いを受けることなく使われるが，しかし常に人物指示の達成以上のことをする。人物指示の形式は，人間とその社会的関係に関する文化的価値観を公にし，それによって具現化し，安定させるのである。

* * *

　ラオ語では，人物指示のデフォルトの形式は，話し手と話題となっている人々，および（ある程度は）彼らが話している人々の間の親族関係および他の階層的社会関係を明示的にコード化する。他の多くの言語と同様，この人物指示のデフォルト形式はそれが使われるたびに文化的価値観とその価値観への人々のコミットメントを公のものとする（第11章も参照）。相対的な社会的ポジションに関する情報を出すことで，この習慣的な人物指示の形式は話し手の社会的に一般化された価値観を表し，そうすることで話し手はその価値観を再生産し，維持し，安定させる。私たちは，言語の詳細と対面のやりとりにおけるその使用に注意することで，社会構造を論じるうえで中心的ないくつかの重要な問題に取り組むことが

できるということを見てきた。社会生活における一瞬一瞬の流れのなかで，コミュニケーションはさまざまなレベルにおける社会的行為を構築するが，それは前景化した注意のなかだけではなく，文化において実践される規範という背景化された手続きの暗黙の予期のなかでも起きるのである。

　この章はエンクロニーと行為主体性の関係において文法システムが持つ地位について考えた。特に，文化固有のパラダイム関係というコンテクストのなかで起きる行為への効果について注目して考察した。パラダイム関係は，コミュニケーションにおいて話し手が何かをしようとするときに，機能的には等価な目的に対してそのための手段が複数の言語形式から選択可能な場合に生まれるものである。ラオ語の人物指示のケースは，高次の，意識に上らない文法システムが，やりとりのエンクロニー的な流れにおいてムーブを作る際に私たちが行う選択の助けとなることを示すものであった。このようにして，高次の文法システムは話し手たちのお互いが暗黙のうちに予期するコンテクストとして働くのである。このシステムがすべて可視的になることはない。むしろそれは，言語を用いた発話を通じて社会的行為を形にする際にそこから選ばれる要素にどのようなものがあるのかということによってそれとなく示される。これは文化および文法の構造にあてはまるだけではなく，次章で見るように，共有知識が流動的な様相を呈しながら人々の間の共通基盤を構成する様についてもあてはまるのである。

第 13 章
知識

　この章でも引き続き，やりとりのコンテクストを形成する背景的な構造についての記述を行っていく。これより前の2つの章では，物質的な文化的システムと，言語的な文化的システムを見たが，ここではさらに展開し，人間の知識の社会的な経済性としての側面［やりとりを効率的に行うような側面］について述べる。ここでは知識と情報が社会的な関係性に影響を与えるやり方を検討し，特に知識と情報の相対的な共有の度合いに焦点を当てる。

　コミュニケーションと社会的行為において基本となるのは情報の交換であり，その交換による効果である。人々が相互知識および共有された暗黙の予期（shared subprehension）を追求し利用することは，指示に関わる情報［たとえば「九大」という表現が「九州大学」を指示するという知識］の相互運営に役立つだけでなく，社会的・対人的な協調関係（affiliation）の領域において重要な影響を持つ。知識が持つこの情報に関する機能と社会的な協調関係に関する機能は緊密に関連し合っている。本章では，コミュニケーションにおける情報の管理が，社会的関係性への影響を持たないということはありえないということ，したがってコミュニケーションにおける実践の細部の特徴の多くは，社会的協調関係をうまく管理できるようにできていることを述べたい。

13.1　共通基盤

　共通基盤（common ground）は，絶えず積み立てられる共有知識の集合を構成している[1]。この共通基盤からなる共有知識の集合は，意図の帰属をはじめとする社会的知性の重要な要素に突き動かされることで，コミュニケーションにおけ

る拡張的推論を促進する。第2章で論じたように，社会的なやりとりに従事する人々には常に2つの要請（imperative）が課されているため，共通基盤の増大はその人々の間でその後に行われるやりとりに必ず影響を及ぼす。まず，情報に関する要請によって，やりとりの相手と協力し合って，やりとりが進行するたびに微調整を行いながら指示に関する共通理解を保つことが人々に課されている，ということを思い出そう。そこでは，共通基盤が表現の経済性をもたらしている。共通基盤が大きければ大きいほど，情報に関する要請を満たすための労力は少なくて済む。次に，協調関係に関する要請によって，やはりやりとりが進行するたびに微調整を行いながら，その場の関係性にとって適切であるように対人的な協調関係——信頼・コミットメント・親密さ——を適度なものに保つことが人々に課されている。この後者の側面において，共通基盤がもたらす表現の経済性は社会的関係性における親密さを公に示すこととなり，やりとりに参与しているペアないしグループの間でどの程度の基盤が共有されているのかの確かな指標となる［ある情報を伝えるのに簡潔な表現で済むということは当人たちの間の共通基盤の大きさを示しており，それはその人々の間の親密さを示すことになるということ］。このように，情報の経済性と協調関係における親密さという2つの目的を達成しようとする際，共通基盤を増大させることは，のちのち利子と共に引き出される資源に投資することとなるのだ。

13.2　共通基盤の源

　共通基盤をもたらす標準的な源は，共同注意（joint attention），つまり知覚と推論的認知を融合させる，人間固有の営みである（第2章参照）[2]。共同注意とは，2人以上の人がある外的な刺激に同時に注意を向け，かつその経験が互いに共有されていることを各個人が意識している状態のことである。図13.1は典型的かつ日常的な共同注意の一場面を示している。

　この例において，洗濯機が2人の女性の前に据えてあるという事実は，2人の

---

[1] 共通基盤に関しては，H. H. Clark(1996); Lewis(1969); Smith(1982)を参照。また，Schiffer(1972); Sperber and Wilson(1995); D'Andrade(1987: 113); Searle(1995: 23-26); Schegloff(1996b: 459); Barr and Keysar(2004)も参照。人が共通基盤を構築し，利用しながら相互行為を行っているということで合意はなされているが，どの程度共通基盤が働いているのかに関しては意見が分かれる(Barr and Keysar 2004; Grice 1989; Levinson 1995, 2000, 2006)。

[2] Moore and Dunham(1995); Tomasello(1999, 2006)など。

第13章 知識 305

図 13.1 洗濯機の操作パネルへの共同注意

視野の中において物理的に目立つ位置にあることと，共同注意的な手のジェスチャーが操作パネルに向けられていることによって，共通基盤のなかにあることが明確である[3]。しかし共通基盤はそれが合図されたり直接的に明示されたりしていない場合にも存在する。個人レベルでは，人々の共有経験は，それが共有されていることをやりとりの参与者が知っている（そして覚えている）限りにおいて，共通基盤のなかにあると言える。文化のレベルでは，民族的なアイデンティティを示す記号やその種の記号が伝える共通の文化的背景によって共通基盤が示されるだろう。その1つが方言である。方言は，たとえば訛りによって伝達され，自分と相手が長期にわたる社会的・文化的な共通経験を持っていることを気づかせ，そのことを確信させる指標として働く[4]。たとえば私が同年代の見知らぬ人と会

---

3) Kita (2003); Liszkowski (2006); Enfield (2009)。
4) Nettle and Dunbar (1997); Nettle (1999); E. Cohen (2012)。

話を始めて，その人が私と同じくオーストラリア英語の母語話者だったとする。私たちは生まれが同じであるということを互いの話し方から認識し，それによって2人が，少なくとも言語的・文化的な社会化（socialization）の中心時期（つまり方言を獲得した子どものころ）に関してかなりの規模の文化的な共通基盤を共有しているはずだという確信を得ることができるだろう。たとえば私とその会話相手は，*fair dinkum*［「本当の」の意味］のような言語表現，Barry Crocker［オーストラリアの俳優・歌手］やMister Squiggle［オーストラリアで有名な子ども向けテレビ番組］のような人物名，それにひょっとしたらDapto Dogs［ニューサウスウェールズ州ダプトにあるドッグレース会場］のようなスポーツ施設などについて，お互いに相手も認識できるはずだと考えるだろう。

13.3　共通基盤によって促進される拡張的推論

　共通基盤は，語用論的推論を導き，生じさせるのに人々が用いる資源である。共通基盤によって聞き手にメッセージのかなりの割合を推論させ，発話産出にかかる労力を抑えることができるのである。スティーヴン・レヴィンソンが指摘するように，調音器官の特性上，コード化された情報を発話音声が伝達する速度は遅い[5]。いっぽう，心的処理はそれよりはるかに速い。このボトルネック的問題は，語用論的推論における拡張的な特性によって解決されている[6]。コード化されたメッセージを拡張して解釈できるのは，共通基盤の蓄えによって可能になっているのである。そのような共通基盤の蓄えとしては，語彙や形態統語論などの意味をコード化するさまざまな言語的カテゴリーや，コミュニティに存在する文化的実践や規範の集合[7]，そして人々の間で共有されている個人的経験などが挙げられる。ここには「同じ言語の話者」，「同じ文化の成員」，それにさまざまなタイプの「個人的な関係者」など，共通基盤の量および種類によって部分的に規定されるような数多くの社会的関係性のカテゴリーも関わってくる（第5章および本章を参照）。このコミュニケーション上の経済性という論理——つまり共通基盤に支えられた推論を通じて意図の帰属が行われること——は，社会的な調整をめぐる諸問題を単純化するための慣習を用いることにより補完される（第12章を参照）[8]。私たちは共通基盤や意図の帰属を実現できるほど強力な高次推論

---

5) Levinson（2000）。
6) Levinson（2000）。Grice（1975）も参照。
7) Levinson（1995: 240）; Enfield（2002a: 234-236）。

図13.2　ビンロウのかごから後退するケート

にアクセスすることはいつでもできるが，可能ならば〔事態が〕デフォルトであると想定することで認知に費やす労力を節約するものである[9]。よってたとえば明日が（正午，Joe's という店で会う）毎週の約束の日だったとしたら，いつ，どこで会うかについて話し合う必要はない。Joe's で正午に会うという仮説はこれまでに検証され，確証されている[10]。そして，この慣習に沿って行動する，つ

---

8) H. H. Clark (1996); Lewis (1969); Schelling (1960)。
9) Gigerenzer, Todd, and ABC Research Group (1999); Sperber and Wilson (1995)。Barr and Keysar (2004) も参照。本書の第12章も参照。
10)「仮説」と呼ぶことで，決して以下のことを意味しているわけではない。つまり私たちは，明日仕事する時に同僚が服を着ているかどうか，日が昇るか，飲料を飲んだ後で喉の渇きが収まるかどうかに関する説明の候補を意識的に抱いている必要もなく，それが確証されたときに「おお，私が思っていた通りだ」と驚くという意味で用いていない（Wittgenstein 1953: §572ff. 参照）。しかしそうであっても私たちは周囲がどうあるのかについてのモデルを持っており，そのモデルは常にアクセス可能で，状況が期待と異なる方向に動いた場合にそのモデルが可視化される（Whorf 1956; 本書の第5章，第12章

図 13.3 (a, b)　かごに向かって動くドゥアン

図 13.4 「噛むでしょ?」と行ってドゥアンにかごを渡すケート

まり，正午 Joe's に行って，そこでお互いの姿を見つけることで，この慣習はさらに強化される。

　自然と文化の両方に由来する共通基盤が推論形成においてある役割を果たしている例を見てみよう。図 13.2 は第 1 章で説明した録画データのなかの一場面である。データのこの部分に関しては，第 2 章および第 4 章で連鎖構造における記号論の観点から議論した。本章では，ここに見られる推論プロセスに着目して検討していく。この画像では，ケートという女性が，画像の下前方のかごにあるさまざまな材料と道具の用意をはじめとする，ビンロウを噛むための複雑な準備工程を終えたところである。この〔画像の〕フレームのなかでケートは，かごの作業を終えてそれを彼女の左脇に置いた後，ビンロウを口にほおばりながら後ろに下がっているところである。

　この直後，画像の一番右の奥にいるドゥアンという名前の女性が前に出て，かごの方向に手を伸ばしている様子が図 13.3a, b に示されている。ドゥアンが前に手を伸ばす行為によって，ケートはドゥアンがかごを欲しがっていると推論する[11]。ケートがこの推論を行ったことは，彼女が産出した力動的解釈項（energetic interpretant）からわかる。図 13.4 に示されるように，彼女はかごを取ってドゥアンに渡しているのだ。さらに，ドゥアンの振る舞いに対するケートの表象的解釈項（representational interpretant）――ドゥアンの振る舞いの直後，すなわち (56) の 1 行目でケートが言ったこと――からも，ドゥアンがビンロウを噛みたそうにしていると推論したことがわかる（第 4 章の図 4.12 にも示している）。

(56)　1　Kêet:　　*caw4　khiaw4 vaa3*
　　　　　　　　　二単.丁寧　噛む　　　極性疑問

　　　　ケート：　噛むでしょ？

　　　2　Deuan:　*mm5*
　　　　　　　　　間投

　も参照）。そのような想定の集合は，少なくとも暗黙のうちに予期されている想定でなければいけない。私たちの期待を説明するような心的な，もしくは身体化されたある種の表象が蓄積されていなければならない。

11) スティーヴ・レヴィンソンは，ドゥアンとかごがかなり離れていることが関係しているのではないかと指摘している。ケートがドゥアンの行動を見て推論を行った時，ドゥアンはかごには全く届いていなかった。ドゥアンの手の仰々しい伸ばし方は，自分の意図を認識させるようにデザインされることによって周囲の者に対するコミュニケーション行動として作用し，ケートにかごを渡させるという発語媒介効果が実質的には依頼として働く結果となったのかもしれない。

ドゥアン：んん（英語の *Yep* のようなニュアンス）

　図13.3に示されている，ドゥアンが前に手を伸ばす行為から，ケートは複数のことを推論している。ここでドゥアンがかごを取りたがっていると受け取られることは，決してこの文化に特有の〔珍しい〕ことではない。しかし，それでもなお，推論や予測の作用は存在している。というのも，ドゥアンはかごのある場所についていた埃の固まりを拭き取ろうとしていたのかもしれないからだ。ここでの文化的状況に関わる共通基盤に特有なのは，ドゥアンがかごに手を伸ばしたことは，彼女はビンロウを嚙みたいという推論の基盤となるのであって，かごの中身を整理したい，中身を出したい，かごをしまいたい，中に唾を吐きたい，という推論の基盤となるのではないという点である。「ドゥアンはビンロウを嚙みたがっている」という推論が行われたことは，1 行目の「あなたが嚙む」という命題に明示的に表れている。加えて，*vaa3* という証拠性に関わる疑問小辞の文末への付与は，今述べていることが〔確定された事実ではなく〕推論であるということを示す[12]。この *vaa3* という小辞は，今推論が行われ，そしてこの推論が正しいという承認を求めている，という概念をコード化している。つまり X *vaa3* という語の連続があったとすると，*vaa3* の意味は「X は真であると何かが私に考えさせている。あなたはこれを承認するために何か言わなければならない」とパラフレーズできる。実際，ドゥアンは 2 行目において最小の発話による承認でもって適切に応答を行っている。

　この例で見られる 2 つの推論——第一に，ドゥアンが前進することは彼女が自分の前にある何かを取りたがっているということを示しているということ，第二に，彼女はビンロウを嚙むためにかごを取りたがっているということ——は，異なるタイプの知識から生まれるものである（いずれも，行為主体の志向的状態に関する意味付与を通じた意図の帰属に基づいて行われている点で共通しているが）[13]。第一のタイプは，自然世界の特性や生物学的な特性に基づいて暗黙のうちに形成した類型化（typification）〔事物や出来事を類型（type）に当てはめ，個別性を捨象して捉えること〕による一般的知識のストックである。これには，素朴物理学，運動能力の解析[14]，陸生であることに起因する経験の解釈フレーム[15]などが関わっている。推論を支える知識の第

---

12) Enfield (2007: 45)。
13) Mead (1934)。Kockelman (2005) も参照。
14) Byrne (2006)。

二のタイプは，さまざまな〔社会的〕カテゴリーに関するもので，これは文化のなかで学習される。ここでは，ラオ語を話すコミュニティに生まれて，ラオス農村部で年配女性がビンロウを噛むことについてのフレーム・スクリプト・シナリオ〔いずれも認知科学および人工知能の用語で，構造化された知識の集合のこと〕を獲得することから生じるものなどがある[16]。たとえば，ビンロウを噛むために用いる一式が，このような場面では中高年の女性ならだれでも手を伸ばすことが許される「無料品」であるということは学習する必要がある。もし1人の少年が同じような手を伸ばす行為をしたとしても，ビンロウを噛む活動に参与するとは捉えられなかっただろう。これらいずれのタイプの知識も，情報が公に共有されているという意味で，対話者同士の共通基盤のなかにあるのである。

13.4　推論するための基盤化

共同注意・共通基盤・語用論的推論の間の結びつきを考えると，**推論するための基盤化**（grounding for inferring）というプロセスの存在が示唆される[17]。社会性を実現するために，私たちは推論のための基盤化を通じて，他者との将来的な交流において利用される可能性のある共通基盤のさまざまな側面について——他者との現在の交流の最中に——気を配るのだ。このような定式化は，基盤化（すなわち共通基盤を確保すること）と推論することの間のつながりに見られる時間性（temporality）の側面を強調する言い方となっている。基盤化とは〔無時間的なプロセスではなく〕，共同注意によって可能になる，エンクロニー的なプロセスなのである。共通基盤に基づいた推論が行われることによって，そのような共通基盤がそれ以前の時点で確立されていたのだということが前提として伝えられたり，指標されたりする（あるいは，そのような共通基盤が，個人としてのアイデンティティや特定の文化ないし特定の文化のなかの特定の一派に属することを示す印といった，何らかの手がかりから推定されたことが指標される）。

---

15) Levinson (1997: 28)。
16) Schank and Abelson (1977)。
17) この言い回しは，スロービンによる「話すための思考 (thinking-for-speaking)」という考えを応用している。「発話する際に，私たちは言語によって，文法カテゴリーの中に込められた経験の諸相に注意を向けるような方向に導かれるのである」(Slobin 1996: 71)。

推論するための基盤化は，さまざまなレベルの時間的粒度において発生する。つまり，基盤化する時点とその基盤化を用いた推論は多様な時間間隔において発生するのだ。局所的な時間間隔では，談話における指示の営みの構造において，推論するための基盤化の現象が観察される[18]。標準的には，ある指示対象が最初に言及される際には，名前〔たとえば「ニック・エンフィールド」〕や記述的指示表現〔たとえば「『やりとりの言語学』の原著を書いた人」〕など，完全名詞句（full noun phrase）を用いて行われ，それ以降は人称代名詞などきわめて縮約された形式を用いて言及される[19]。

(57)　A: Did they get rid of **Kuhleznik** yet?
　　　　もう**コレズニック**はクビになった？
　　　B: No in fact I know somebody who has **her** now.
　　　　いやいや，**彼女**の授業とってる人がいるのよ。
　　　〔AとBはもともと同じ大学に通っていた友人同士。その大学を離れて久しいAが，まだ在籍を続けているBに対して，その大学の教員の名前（コレズニック）を挙げて話題を振っている〕

ここに見られる *her* のような形式はその指示対象を同定も記述もしない。こういった形式による指示は，推論ないし他の指標的手段を用いて復元されなければならない。(57)のように，先行詞である完全名詞句が直前に現れている場合，この復元は単純明快である。しかしもし聞き手が最初に指示があってそれを聞き逃したような場合，*her* が指示するはずのものを推論するために必要な共通基盤を欠いているため，その聞き手は *her* が何を指しているのかわからなくなってしまうかもしれない。ジェスチャーで伝えられる情報や何らかのコンテクスト上の手がかりの恩恵に預からない限り，その指示についての推論を実現するために，話の流れを遮って基盤化を求めなければならないだろう。

基盤化とそれに基づく推論実行との間にもう少し時間間隔があるものとしては，会話のやりとりにおける後方指向の準備のケースが見られる[20]。たとえば，話し手の語りが進む方向について聞き手に注意を喚起することなどはその一例である。もし私が「彼女の弟，すごく奇妙なやつなんだよ。先週彼がしたことについて話させてくれ」と言ったとしたら，それは彼女の弟の奇妙ぶりがこれからわかりや

---

18) Fox(1987)。
19) Fox(1987: 20)からの例。ただし書き起こしは単純化してある。
20) Jefferson(1978); Sacks(1974)。グッドウィンの「後方への指標(prospective indexicals)」も参照(C. Goodwin 1996: 384)。

すぐ示されると約束されたということであり，聞き手であるあなたは，その約束が果たされたと言えるほどに奇妙な何か，すなわち話のオチが語られるのをモニターする必要がある。この場合，彼女の弟の奇妙さと言える要素は，「受け手はまだわからないが，やりとりが進むに従って後に発見されるはずの何か」である[21]。もし，話のオチであると思われるようなものを聞いたとき，あなたはこの話がそこで完結したと推測するだろう。あなたの応答は，後方指向の表現が持つ2つ目の機能，すなわち，その語りに対する応答や受け取り発話としてどのような種類の評価が適切なものとして期待されているか，事前に注意を促す機能によって形作られる。したがって，「彼女の弟，かなり奇妙なんだよ。先週彼がしたことについて話させてくれ」という発話は，「うわー，変わってるね！」など，予測された評価に適合するような応答を引き出す。この種の語りの準備表現（setup expression）は，推論するための基盤化の例であり，次の2つの機能を果たしている。まず，構造的・情報伝達的な側面に関して，当該の話し手が一定の長さと特定の方向性を持った語り——たとえばどれだけ彼女の弟が奇妙であるかについての話——の活動に従事していることを公にするという機能がある。そして社会的・協調関係的な側面に関しては，語られる出来事について当該の話し手がどのようなスタンスを持っているか公にするという機能がある。この機能は，〔話し手に対して〕協調的な，あるいは少なくとも適合した応答の産出を〔聞き手に〕促す。これらの機能は2つとも，聞き手の解釈が，談話レベルでそのやりとりにとって適切なものになるように制約を与えるように働く。基盤化とそれに基づく推論実行の間の時間間隔が最も大きいものとしては，そのやりとりに関与している人々の将来のやりとりに向けて，共通基盤を構築するというケースがある。

　個人レベルで言えば，共通基盤を維持・構築する努力は，継続して維持できている社会的関係性の種別，つまり親しい関係か疎遠な関係かの区分に重大な影響を与える（13.6節を参照）。文化のレベルで言えば，子どもの社会化のプロセスにおいて，私たちは子どもに対して「世の中の人々はどんなことをするのか」「世の中の人々はどんなことを言うのか」そして「世の中の物事はどうなっているのか」について説明したりやってみせたりするのに多くの時間を割く。これによって文化的な共通基盤や集団レベルでの暗黙の予期が構築され，個々人の社会生活における瞬間瞬間の展開を効率的にくぐり抜けられるようになるのである。

---

21) C. Goodwin (1996 : 384)。

13.5 聞き手に配慮したデザイン

　高次の推論能力，対話相手をはじめとする相互行為のコンテクストのあらゆる要素，そして共通基盤の蓄えを備えることにより，話者は対話相手に向けて発話をデザインすることになる[22]。コミュニケーション上の意図を正確に認識してもらえる可能性を最適化しようとするのであれば，聞き手が正しく推論できるよう導くことを試みる際は必ず，当該の話し手－聞き手の間を規定する共通基盤を考慮に入れなければならない。日常会話においてメッセージを組み立てるモードには，だれが相手でも当てはまる一般的なものは存在しない。自分のコミュニケーション上の意図を認識してもらうには，そのような意図こそが，話し手が聞き手に押し付ける，発話をいかに解釈すべきかという問題に対する最も目につく解決法となるように，できることをすべきである。共通基盤のなかに存在するものによって，これを達成するために適切な方法はその大部分が決まるだろう。そして，これは当然，「だれによって話しかけられているか」が与えられた場合の「だれが話しかけられているか」の関数によって決まる。グライス流の推意（implicature）は本質的に聞き手によってもたらされるものであり，発話の定式化のしかたは聞き手がどう受け取ると考えるかに応じて調整されているので，聞き手に配慮したデザイン（audience design）を行うことは，単なる意図の帰属よりも高次レベルの操作である。したがって，そのなかには，**他者による**意図の帰属に関する先進的モデル化が含まれている[23]。

　非常に局所的な共通基盤を作動させる例を見てみよう。図13.5は2人の男性がラオの村の家の中に座り，外の炊事場で昼食ができるのを待っているところである。

　この画像の時点で，ある女性の次のような声が聞こえた（その声は，カメラの後ろ，画像の左側にある，縁側の炊事場から聞こえている）。

---

22) H. H. Clark (1996); Sacks (1992); Sacks and Schegloff (1979, 2007); Schegloff (1997b); Enfield and Stivers (2007); Lerner and Kitzinger (2007)。

23) 聞き手に配慮したデザインをどの程度行っているのか，もしくは他者がそれを行っていることをどの程度想定しているのかについては幾分意見の不一致が存在する。認知を倹約することを主張する立場においては，聞き手に配慮したデザインは最小化されて考えられている (Barr and Keysar 2004)。しかしどのような立場をとるにしても，必要であれば強力な推論が働かなくてはならないという点では一致している (C. Goodwin 2006; Hutchins 2006; Danziger 2006 参照)。

図 13.5　昼食を待っている 2 人の男性

(58)　mòòt4 nam4 haj5 nèè1
　　　止める　水　もらう　命令
　　　水を止めてもらえない？

　この依頼をする際，話者は明示的にだれか 1 人を受け手として選択しているわけではない。声の届いている範囲にいるだれもが潜在的な受け手である。1 秒か 2 秒後に，このカメラフレームの左側の男性が立ち上がり，家の内壁のほうに行って，スイッチを押して水を止める。

　(58) での発話がこの男性による依頼への応諾を引き起こしたしくみを考えてみよう。(58) で女性はある特定の個人に対して明示的に呼びかけているわけではないが，それは少なくとも，その声が聞こえている範囲にいて，(58) での依頼に応じることに何が伴うのかを知っている人に向けられたものである。相対的な社会階層が聞き手のなかのだれがその依頼に応えるか範囲を絞るのに寄与する

第13章　知識　317

可能性はあるが，(58)での発話は，ある共通基盤を有していない人，つまり「水を止める」ということが実際には何をすることかを知らない人に向けて行われることはない。外の水汲みポンプを制御するスイッチは，家の中で1つしかないコンセントのところにあり，それは縁側の炊事場から離れた，家の内側にあるのである。(58)の発話に適切に応答するためには，受け手は水を止めるということに何が関わるかという身内だけの知識を持っている必要がある。そのような知識なしでは，(58)の発話が向けられている相手は，家の中にいる（任意の）人であるということにすら気づけないかもしれない。だが，この対話の当事者たちの間においては，共通基盤のなかにこの知識が存在していた。彼らはこの家庭の近所の人々であり，日常的にこの家を訪れていた。縁側にいる女性は，家の中にいる人たちが中のスイッチで水汲みポンプのオン・オフが操作できるという手順を知っていることを知っている（そして，彼らがそのような手順を知っていることが彼女に知られているということを知っている）。これによって，(58)の発話と図13.6にある力動的解釈項からなる無駄のないエンクロニー的やりとりが成功するのである。

　図13.6の行為主体によって多くのことが推論されており，(58)の音声メッセージにコード化されている内容以上のものが，上で述べたような意味で拡張的に推論されている。

　加えて，この例には共通基盤の情報に関する重要な特徴が現れている。つまり人は共通基盤を持っていることを説得力を持って否定することはできないのである[24]。図13.5において左に座っている男性——別の男性と比べてスイッチの近

---

[24] これは，共通基盤を持っていない場合に持っているふりをするのが不可能であるということから必然的に導かれる。このようなフィクションを想像してみるとよい。ある登場人物が他の登場人物のアイデンティティを身につけてそれに扮し，そのような成りすましを検知するような近親者や近しい友人のいない生活を送ることはあまりに不自然であろう（たとえば1997年公開の映画『フェイス／オフ(Face/Off)』においてショーン・アーチャーとその宿敵キャスター・トロイが互いの顔を移植する時など）。第5章と第10章における「主張(claiming)」と「例証(demonstrating)」の区別も参照されたい。また否定をもっともらしく行うことが可能な場合もある。たとえばあなたの両親はあなたがやっていることを知っていて，かつあなたも両親が知っていることを知っている状況であれば，あなたは自分が麻薬を吸っていることを否定することができる。これが可能なのは，あなたが麻薬を吸っているという事実は厳密には共通基盤の上に存在していないからである。つまり，ハーバート・H・クラークが基盤化(grounding)と呼ぶようなタイプの地位的機能の宣言によって，相互の知識を公的に承認し合っていないためにそのような事態が可能になっているのである。

図 13.6（a, b） 要求された通りに，スイッチを押しに行く男性

くにいる——は、立ち上がることを面倒に思っているかもしれない。しかしそれでも、(58)の話し手がしてほしいことがわからないといって、動かないことの言い訳にすることはできない（女性はスイッチのことを発話内で全く明示していないにもかかわらず）のである。

聞き手に配慮したデザインの原則は、共通基盤とうまく調和する関係にある。これは両者とも対話者間の社会的な関係性によって規定されるからである。上で概説したように、聞き手に配慮したデザインにおける一般的な要請は、2つのより具体的な要請によって示される。1つ目として述べた「情報に関する要請」は、やりとりが進むひとつひとつのステップにおいて微調整し合いながら、指示に関する共通理解を維持していく協調的な努力のことを言う[25]。この要請は、言語の選択であったり、語、構文、ジェスチャー、そしてやりとりのエンクロニー的枠組みのなかで足並みを揃える際における「システム上の要件」をかなえるさまざまな装置（ターンの組織化、受け手性（recipiency）を継続的に示す合図、そしてエラーなどの問題の訂正のためのメカニズムなど）の選択によって満たされる[26]。また、それに比べるとあまり理解されていないが、ゴフマンが言うように、〔発話をデザインする際には〕修復的フェイスワークのような「儀礼的要件」を果たす必要があるし、「行為者の性質に関する含意［当人が「どういう人間か」が伝わるということ］、聞き手に対する行為者からの評価に関する含意、そして行為者と聞き手の関係性をどう考えているかに関する含意」に対処する必要もある[27]。

13.6 協調関係と情報

第1章で、やりとりにおける特定の実践を通じて関係性や関係性のタイプを私たちがいかに具現化しているかを議論したことを思い出そう。ここでは、社会的な関係性を指向した、さまざまなタイプの実践の事例を見ながら、実践を通じた関係性の具現化についてより詳細に述べていきたい。特に、本章のテーマをふまえて、情報的な対価や社会的・協調関係的な対価を伴う、共通基盤の管理ないし前提に関わる実践に焦点を絞って検討する。

最初の例は、アングロ・アメリカの電話通話（少なくとも掛け手の情報が通知

---

25) H. H. Clark(1996); Schegloff(1992)。
26) Goffman(1981:14); Schegloff(2006)。
27) Goffman(1981:21)。Goffman(1967, 1971)も参照。

されるシステムが用いられるよりも前の時代の通話）という文化的コンテクストに見られるものである[28]。そこでは，近しい社会関係にある人たち同士であれば電話の声だけで互いがだれであるかが認識できるはずだ，という前提に依拠してやりとりが行われている。以下がその例である。

(59) 1 ((呼び出し音))
　　2 Clala： Hello
　　　クララ： もしもし。
　　3 Agnes： Hi
　　　アグネス：もしもし。
　　4 Clara： Oh hi, how are you Agnes
　　　クララ： あっこんにちは。元気？　アグネス。

これは典型的な事例で，非常に洗練された効率的なやりとりが行われることによって対話者同士の関係が親密であることが対話者たち自身に対して示されている。このようなことは最小の情報によってお互いのことがわかるはずだという相互の前提によって可能になっている。1行目でクララは電話の呼び出し音を聞く。2行目でクララが電話に出る際，自分の名を名乗ってはいない。ここでは一般的な定型句 *hello* を通じて声のサンプルを提供している。もしこの電話の掛け手が，電話の相手であるクララと十分社会的に近しい人であれば，電話に出たのがクララであると声から判断できるだろう（自分が掛けている相手がだれなのかはふつう知っているという前提により，期待に基づく判断のバイアスはもちろんかかっている）。シェグロフの説明によれば，これを聞いてから3行目で *Hi* と最小の挨拶の応答を返すことによって，電話の掛け手は「自分が掛けようと意図した人物が電話に出たと認識したことを主張する」。もしそうならなかったとしたら——すなわちここで掛け手が電話に出た人物を特定できなかったとしたら——その掛け手は相手がだれであるかを尋ねたり，あるいは少なくとも確認を求めたり（たとえば *Clara?*（クララ？）と言うなど）しなくてはならなくなるだろう。それと同時に，掛け手は3行目において「それを聞けば掛け手がだれであるかを受け手が認識できると提案・要求することになるような，声のサンプルを受け手に対して」届けることで，この最小の同定メカニズムの方向を逆転させている。こ

---

28) Schegloff(2007a)より。

第13章　知識　　*321*

の切れ目ない電光石火のやりとりにおいて，対話者同士はこれ以上なく簡潔で最小の情報から自分を認識させるように挑み合っている。そしてそのやりとりの展開のなかで，お互いが相手を認識できたことを主張している。さらに，クララはそのような主張に加えて，きちんと認識できたことを4行目でアグネスの名前に言及することで例証している。もしも *hi* のような小さな音声サンプル——その声質さえ聞けば社会的に近しい間柄の人ならだれの声か十分特定できるという前提のもとで産出されたのだが——だけではだれが電話してきたのかわからないようなことがあったら，それは期待された対人距離への背信および親密さの欠落を意味することとなり，そのような形で非協調的態度（disaffiliation）をとったことに対しては，*You don't recognize me?*（私のことわからないの？）と言われるなどの社会的代償を支払うことになるだろう[29]。

やりとりの参与者たちが人物を同定する実践に関して，第二の例を検討しよう。英語では，くだけた会話のなかでその場にいない人物を指示する際，ファーストネームのみ（ジョン）を用いるか，それともフルネーム（ジョン・スミス）や記述（「私の弁護士」「ビルの兄」「あそこにいる男」など。第12章参照）を用いるかを選択する[30]。この選択はジョンがだれであるかということが話し手・受け手の共通基盤に存在するかどうか，そして彼がこの話し手・聞き手のペアにジョンという名でもって知られているかどうかによって決定される。指示表現の選択は，一般に，話し手・聞き手・指示対象の間における社会的関係性の親密度と強さを反映しており，これはより直接的には話し手と聞き手の共通基盤の問題といえる。図13.7の例では，コウ（写真の左側）は30kmほど離れた市街地から小型トラックに揺られて，村の自宅に戻ってきたところである。コウは多くの乗客を連れて帰ってきたが，その多くは子どもで，この写真の時点ではコウの屋敷の敷地に散らばって遊んでいる。コウの隣人であるサイはちょうどここにやってきたところである。

サイはコウの車で到着した人は何人いたのかを尋ね，直後に続けて「ドゥワン（*Duang*）たち」（1行目）と答えの候補を挙げている［このドゥワン（*Duang*）と本書の他の事例に登場するドゥアン（*Deuan*）は紛らわしいが別人である］。そこで名指しされた人物すなわちドゥワンはコウの3番目の娘である[31]。コウは自分と一緒に乗って来た人をリストして応答する。まず

---

29) Schegloff（2007a）参照。
30) Sacks and Schegloff（1979, 2007）; Enfield and Stivers（2007）。
31) リストアップしている他の名前と同様，ドゥワンは社会的にこの対話者らに比べて地

自身の娘4人の名前を挙げ（2–3行目），続けてさらに2人の子どもに言及している（4行目）。

(60) 1 Xai : maa2 cak2　khon2 niø— sum1 qii1-duang3　　kaø　　maa
　　　　　　　来る　どれだけ　人　題目　～たち　女性.非尊敬-ドゥワン　題目繋辞　来る

　　　　サイ：何人来た？　ドゥワンたちが来た？

　　2 Kou : qii1-duang3 — qii1-daa3,　qii1-phòòn2
　　　　　　　女性.非尊敬-ドゥワン　女性.非尊敬-ダー　女性.非尊敬-ポーン

　　　　コウ：ドゥワン―　それにダーとポーン

　　3 Xai : maa2 bet2　lèq5, qii1-khòòn2van3
　　　　　　　来る　みんな　完了　女性.非尊敬-コーンワン

　　　　サイ：みんな来たよ。コーンワン（も）。

　　4 Kou : dêk2-nòòj4 maa2 tèè1　paak5san2 phunø　qiik5 sòòng3 khon2
　　　　　　　子ども-小さい　来る　～から　パクサン　遠称指示詞　もう　2　　人

　　　　コウ：あっちのパクサンから来た子どもがもう2人いるよ。

　コウの4人の子どもとそれぞれのファーストネームは，コウとサイの共通基盤のなかにある。そのためコウは，2–3行目で子どもたちの個人名を用いて4人のことをサイに伝えることができている。4行目でコウは名前のリストを続け，一緒にやってきた他の2人の子どもに言及する。この2人はコウ自身の子どもでも，この村の子どもでもないため，サイが名前を知らないと想定している。2人はコウの兄の子どもと姉の子どもであり，コウの母親のいる少し離れた村パクサンに住んでいる。コウはこの2人を「パクサンから来た子ども」という表現で指示している。コウが名前を用いて2人を指示しないのは，そう呼んだとしても聞き手にはわからないだろうと考えたからである。2人を一意に指示する手段としての2人の名前は，コウとサイの共通基盤のなかにないのである。ただ，サイはこの2人の名前はわからないものの，彼らが来た村の名前はわかる（さらにそこはコウの出生地であること，コウの兄や姉が住んでいることもわかる）。そのため，4行目において，この2人に対する指示をどのように組み立てるかという問

　　位が低い。したがって彼女の名前は女性・非尊敬の接頭辞 *qii1* が付加されている。第12章参照。

第 13 章　知識　　*323*

図 13.7　コウとサイ

　題に対してコウが選んだ解は，2 人を共通基盤のなかに確実にあるもの，すなわちコウの親族が数多く住んでいることがよく知られている村の名前と結びつけることだった。

　しかし 4 行目でコウが選んだ解は，サイにとっては共通基盤が過小評価されたと受け取られてしまったように見える。サイはそのパクサンの子どもたちの名前を知らなかったかもしれないが，パクサンに住むコウの兄や姉数人の名前は知っていたのである。この共通の知識は，4 行目でなされたやり方よりもきめ細かく子どもたちのアイデンティティを特徴付けるための基礎になりうるだろう。コウが 4 行目で出身の村に言及して 2 人の子どもを漠然と指示したその直後，サイは，より特定的な指示表現の候補を差し出した。サイは，コウの兄や姉の名前を用いて指示を再度組み立てる表現の候補を差し出し（(61) の 5 行目），それによってこの 2 人の子どもたちをコウの兄や姉に明示的に結びつけている。この推測は完全に正しいわけではないとその後わかるのだが，その子どもたちのアイデンティ

ティについてよりきめ細かい特徴付けをコウから引き出すことに成功している（6行目）。この新たな特徴付けはコウが4行目で初めに試みたものより多くの共通基盤を前提にしているが，依然として2-3行目でコウが自分の子どもたちをファーストネームで指示したときに含意されていたほどの社会的な距離の近さはない。

(61) （60の続き）
    5 Xai: *luuk4 qajø-saaj3*
                子   兄-サーイ

       サイ：サーイの子ども？

    6 Kou: *luuk4 bak2-saaj3*   *phuu5 nùng1, luuk4—*
                子   男性.非尊敬-サーイ   人   1   子

             qii1-vaat4sanaa3   *phuu5 nùng1*
             男性.非尊敬-ワートサナー 人   1

       コウ：1人はサーイの子ども，1人はワートサナーの子ども。

以上のような，人物への指示を組み立てる3つの方法——1-3行目におけるファーストネームを用いる方法，4行目における出身地を用いる方法，5-6行目における親の名前を用いる方法——は，異なる種類の共通基盤に訴えている。これらは社会的な親密さと近接性の違いを反映するものであり，またそれらを構成するものでもある。(60)-(61)の事例は，こういった親密さの違いの表れというものが，社会的相互行為のなかにおいてなされるべき用務の1つとして，表立って交渉されうるものであるということを示してくれている。4行目でコウがパクサン出身の2人のことを指示したやり方は，2-3行目で彼が自身の子どもたちのことを指示した際とは異なった形で行われた。しかし，サイは5行目でその〔4行目で行われた〕指示の試みを改訂することを効果的に迫り，実際に改訂を引き出した。その結果〔サイは〕，両者の間にある，その一瞬前の時点で前提とされていたよりも大きな共通基盤を〔コウに〕公に示させることができた[32]。

第3の例として，関係性に距離がある者同士のやりとりを取り上げる。これは図13.2～13.4bで写真左側に写っている2人の男性の間で交わされた対話であ

---

[32] マニー・シェグロフとターニャ・スタイヴァースの指摘によりこの例に対する理解を深めることができた。深く感謝申し上げたい。

る。タワンは画像の手前に位置する男性で，カープは後ろに座っている男性である。2人はお互いのことをほとんど知らないが，年齢的には同じくらいである。カープの妻の妹はタワンの息子と結婚している（この例に関する詳しい背景情報については第1章を参照）。タワンとカープはふだん会うことはめったになく，血縁的に離れており，地元とする地域——その人がよく知っているものと当然期待される地域——も部分的にしか重なっていない。2人のそれぞれの村は，一方から他方へ行くのに丸一日かかるほどの距離がある。これは互いの地域での滞在経験がほぼないと考えるに十分な距離であるが，一度もそうしたことがないと考えられるほど隔たってもいない。以上のような背景もあり，この事例では土地についての知識に関する共通基盤が問題になっている。

　この会話はタワンの村において行われている。そのためこの会話のなかでは，カープが，自分の地元では直接経験できないような事柄について情報を集めようとしている。タワンはカープの地元に対して知識があるところを見せたがっているように見える。この会話で興味深いのは，カープの村に近いのだがタワンも明らかによく知っている，とある場所についてさまざまな形式で指示が行われていく点である。2人が薬草について話しているとき，カープはある薬草が生えている場所に言及した。その場所を初めて指示するとき，カープは「ワン・ペーン（*Vang Phêêng*）」という名前を用いている。ラオ語で「ワン（*vang2*）」は川の淵，つまり水深が深く流れがよどんでいるように見える部分で，通常はうっそうとした木々がその頭上を覆っており，不気味な雰囲気がただよっているところである。その不気味さのせいもあって，川の淵は精霊が支配していると信じられており，そこを通過する際は必ず精霊を鎮めなければならない[33]。同じ場所は「ファーイ・ワン・ペーン（*Faaj Vang Phêêng*）」とも呼ばれている（「ファーイ（*faaj3*）」は堰を意味しており，水深が深く流れがないワン・ペーンが貯水用の堰となっていることに由来する）。人物を指示する場合（(60) - (61) の例を参照せよ）と同様，この場所に最初に言及する際に〔説明的な要素を付け加えることなく〕簡潔に名詞のみを用いるということは，聞き手が対象を認識できるということや同定できるということを前提としている[34]。この例で指示対象となっている場所が同定可能であるということは，タワンによる「そう，そこは（その薬草が）なくなるな

---

33) Enfield (2008) 参照。
34) Schegloff (1972); Enfield (2012)。

んてことはない」という返事によってすぐに承認される。それから1分以上にわたってその薬草についての話が続き，次の連鎖が始まる[35]。

(62) 1　Kaap:　　*haak4 phang2-khii5 kaø　　bòø qùt2　　juu1* [*thèèw3-*
　　　　　　　　　根　　パン・キー　　　　　題目繋辞 否定 なくなる　～で　　あたり
　　　　　　　カープ：ハーク・パン・キー（薬効のある根の一種）はたくさん生
　　　　　　　えている。場所で言うと—

　　　2　Tavan:　　　　　　　　　　　　　　　　　　　　　　[*qee5*
　　　　　　　　　　　　　　　　　　　　　　　　　　　　　　そう
　　　　　　　タワン：　　　　　　　　　　　　　　　　　　そう。

　　　3　　　　　　*kaø　　cang1 vaa1 faaj3 vang2-phêêng2 faaj3 ñang3　qooj4*
　　　　　　　　　題目繋辞 そう 言う　堰　　ワン・ペーン　　　　堰　　不定代名詞　間投
　　　　　　　私が言ったように，ワン・ペーン堰だったかなんとかいう
　　　　　　　堰で。あっ。

　　　4　Kaap:　　*m5*
　　　　　　　　　うん
　　　　　　　カープ：うん

　　　5　Tavan:　　*bòø qùt2　　lèq5, faaj3 qanø-nan4　　naø*
　　　　　　　　　否定 なくなる　完了　堰　　無生物—指示詞　　小辞
　　　　　　　タワン：（薬草や薬根が）なくなるなんてことはない，あの堰では。

　　　6　　　　　　*tè-kii4 haak5 vang2-phêêng2 nanø　　tèø-kii4*
　　　　　　　　　以前　　　小辞　ワン・ペーン　　　無生物-指示詞　以前
　　　　　　　khaw3　　paj3 tèq2-tòòng4
　　　　　　　三複.非尊敬　行く　触れる
　　　　　　　以前ワン・ペーンは，以前は人が行って手を出すのは，

　　　7　　　　　　*bòø daj4, paa1-dong3* **man2**　　*lèwø dêj2*
　　　　　　　　　否定 できる　森　　　三単.非尊敬　小辞　現実相
　　　　　　　無理だったよね，それ非尊敬の森では。

---

35) 垂直に配列した角括弧は発話の重なりを示す。

1行目で，カープはある薬草に言及し，それがたくさん生えていると述べる。彼は，「～で」とグロスのついた場所標識の使用によって投射しているように，それがたくさん生えている場所について言及しようとしている。タワンはこれを予測すると同時に，カープが述べようとしているのが**どの**場所であるか，つまりワン・ペーン堰（3行目）のことまで予測している（図13.2-4bで見た，よりシンプルな例における予測と〔相手のやろうとしていることを先取りしているという意味で〕類似したやり方の予測である）[36]。この予測は，4行目におけるカープの *mm* という受け取り標識によって承認を受けている。ここでもまた，そのときの話し手が言わんとすることを予測することによって2人の間にある共通基盤を示すエンクロニー的なやりとりが起きている。タワンは続けて6-7行目で，かつてはそこで薬草を採ることはできなかったことを述べている。

　ここで特に興味深いのは，7行目で太字体にしている代名詞 *man2*「それ」である。この代名詞はこのやりとりの先行文脈のなかには先行詞が存在しないのだ。タワンは，やりとりのなかで当該の対象を最初に指示する位置（locally initial position）において，やりとりのなかで2回目以降の指示に適した形式（locally subsequent form）を用いており[37]，指示対象を認識してもらえないリスクを負っている。聞き手は，タワンが話していることについてどのようにしてわかるのだろうか。ここで，カープがタワンの話に付いて行っていることを〔例証しているとまでは言えないが〕少なくとも主張しているとわかる証拠がある。映像を見ると，ちょうどタワンが7行目の発話を行ったとき，カープはタワンに向けて，頷きにも似た，情報の受け取りを伝えるような上向きの首振りを行っているのだ。それから数行の発話（ここでは紙幅の都合上省略）が続いた後，タワンは，その場所で薬草を採ることはかつては不可能だったともう一度繰り返す。そこに，ケート（カープの妻）が会話に参入してくる。

(63)　　8　Kêêt:　　*khuam2 **phen1**　　haaj4 niø naø*
　　　　　　　　　　理由　　三単単数.丁寧　怒る　　題目 迂言的題目
　　　ケート：**その方**丁寧が怒っているせいで？

---

36) 共同的なターンの完了については Lerner (1996) を参照。
37) Fox (1987); Schegloff (1996b)。

9 Tavan: qee5—bòo1 mèèn2 lin5 lin5 dêj2, phii3 vang2-phêêng2 niø
             そう 否定 〜だ 遊ぶ 遊ぶ 現実相 精霊 ワン・ペーン 小辞

   タワン：そう――それは遊び回ってないよね。ワン・ペーンの精霊は。

　ケートによる8行目の発話は，タワンが何を言っているのか，そして特にタワンが7行目の三人称単数代名詞 man2 で何を指示していたのかということについて，ケートがどう分析したかを一部明らかにしている（第12章を参照）。ケートも三人称単数形の代名詞を用いているが，彼女は phen1 という尊敬形を選択している（それによって話に出ている精霊に対してある種の敬意を表している。これはおそらくその精霊が持つ邪悪な性質への恐れから来ているものと考えられる）。彼女が言うには，かつて薬草を摘むのが難しかったのは，「それの怒り」のせいである。しかるべき文化的共通基盤を持っていなかったら，「それ」の指示対象がワン・ペーンを支配する精霊であるとはわからないだろう。この対応関係が初めてはっきりと言葉にされるのは，タワンが何について話しているかをその場にいる人全員がすでにわかっていると言えそうな段階が訪れてから，すなわち9行目における締めくくりの発言の段階になってからである。

　この事例は，相互行為の参与者同士が共通基盤をかなり共有している場合には，きわめて短い指示形式を用いて非常に特定的な指示について認識させるということも大いにありうる，ということを示してくれている。この事例の参与者たちは，偽ることはほぼ不可能な形で，特定の共通基盤を共有していることをお互いに示し合っている。(62) の3行目において，タワンはカープが言おうとしていることを予測し，彼の代わりにそれを言っている。また7行目では，タワンは，知識の共有ときちんと認識してもらえるという期待にすっかり頼り，ほぼ内容的に空である代名詞を用いて談話上の新出情報のことを指示している[38]。そして8行目では，ケートは，このときまではほのめかされていただけにすぎない，指示対象に関する情報を明示的に口にすることによって，7行目でタワンによって導入された指示対象を自分が認識できたことを公に示している。このようなやりとりに

---

[38] これと同様の現象は，2003年12月にサダム・フセインが拘束されたことをポール・ブレマー［米国の外交官で，イラクを統治していた連合国暫定当局の当時の代表］が発表した際の him の使用法にも見られる。バグダッドで行われた記者会見で，ブレマーは発表内容がきわめてはっきりと予測されているなか, Ladies and gentlemen: We got him.（お知らせいたします。彼を拘束しました）という言葉で会見を始めたのだった。

おける表現の経済性や簡潔さによって，参与者たちは互いに——そして観察者である私たちに——彼らが多くの共通知識を共有しているということを示している。そのような共通知識には，その地域に関する共通知識や，そこからわかるその地域への長年にわたる関与，その地域の文化の成員としての地位などが含まれる。やりとりが生じるのは姻戚関係があるからにすぎない，そんな2人の男性の間における対人関係についての交渉において，このような実践はきわめて役に立つだろう。会話を行うなかで，彼らは互いに共通基盤を検査し，示し合う。そして，会話の軌道を進展させるのに貢献し合っていくなかで，明言されていないことでも何について話をしているかを理解できるという，偽装困難な自分たちの能力を例証していくのである。

13.7 情報から社会関係へ

やりとりのなかで共通基盤を管理したり利用したりするのに用いられるさまざまな実践から，人が関係性や共同体に対してどのように個人的なコミットメントをしているか，そして人間の社会性において実践や方略の面で必要とされていることにいかに注意深い態度でいるかということが例証される。共通基盤，すなわち特定の人々の間で公的に共有されている知識を操作することは，相互行為上の効能にも，社会的な協調関係にも寄与する。その定義から言って，共通基盤とは社会関係的なものであり，人々の間の関係性を決定していくものである。情報に関わる次元では，共通基盤は，特定の話し手が特定の受け手に送る信号をデザインすることを助け，それと同時に，特定の話し手からの信号を特定の受け手が適切に解釈することを助ける。共通基盤が豊かであればあるほど，コミュニケーション上の経済性は高まる。というのも，豊かな共通基盤は淡白にコード化された信号からの大規模な拡張的推論を可能にするからである。社会的・協調関係的な次元では，効率的で省略要素の多いやりとりが共通基盤のおかげで生じ，社会関係を基礎的なレベルで管理するなかでそのようなやりとりが認識され利用されている。こういった共通基盤の指標の数々は，必要な共通基盤が実際に共有されていること，そして共通基盤の程度や種類の違いによって決められる互いの関係性が実際に存在するということを，相互行為の参与者にも観察者にも公的に示すことができる手段なのである。

* * *

　共通基盤は情報的資源であると同時に社会的・協調関係的な資源でもある。共通基盤の中核的特徴は，指示の営みや談話における一貫性といった領域に影響をもたらすものとしばしば考えられている。他方，情報が共有されるかどうかは，本質的に社会的な問題である。情報共有が社会的な問題であるからこそ，私の昇進が決まったら，妻に会い次第すぐにそのことを伝えなければならない（電話を掛けてだれよりも最初に伝えられればもっと良い）し，他の人（たとえばビリヤード仲間）にはまたいつか伝えればよく，さらに別の人（たとえばかかりつけの歯医者）には伝える必要すらないということになる。コミュニケーションの民族誌の研究分野では当然のこととして知られているいっぽうで，言語学や認知科学においてはいまだに馴染みがない重要な点なのだが，私たちはコミュニケーションの社会的な帰結から逃れることはできないのだ。

終章

　前章までで，私たちの社会的な関係性が作り出され，維持され，変形される舞台となるような，認知・エンクロニー・歴史のそれぞれのレベルで展開するコンテクストを理解するための枠組みを描き終えた。本書を締めくくるにあたり，一周して元のところに戻り，本書の出発点となったデータを再び検討したい。社会的な関係性を説明する枠組みならば必ず扱うことができなければならない，そんな日常的やりとりの例として私たちが最初に示したのは，ラオスの農村における訪問のなかのやりとりの短い断片であった（第1章）。以降の章で私たちは，社会的な関係性の性質について考察し，そのような関係性が現れるコンテクスト，そして関係性のダイナミクスの根底にある因果的メカニズムについて理解するための一連の概念的な道具立てを発展させてきた。ここでその最初の断片に戻り，これまでに導入した道具立てを用いてこの示唆的な事例をより深く理解していこう。第1章で示した事例をここに改めて示す。

(1)　図1.1にいる4人の人物による会話が始まってから8分後，会話の進行が途切れそうになったときに。

  1 Tavan: *qoo4 veej5*
       間投　現実相
   タワン：　ああ，そう…。((ため息))

  2   (1.5)

  3 Kêêt: *mùø-khùun2 phen1　kaø　thoo2　maa2, saaw3 daaw3 hanø*
      昨夜　　　　三単,丁寧 題目繋辞 電話する　来る，母の妹　ダオ　　題目
   ケート：　で，昨日の夜，彼女が電話してきたの，ダオおばさんが。

図 C.1　低地ラオス（ヴィエンチャン県）におけるとある訪問場面のビデオ画像。タンクトップを着た左端の男性がタワン。後方の女性がドゥアン，前方の女性がケート，中央の男性がカープ。

4　Tavan:　　*mbòq5*
　　　　　　　間投
　　タワン：　ほんとかい？

5　Kêêt:　　*mm5*
　　ケート：　ええ。

6　Deuan:　　*phen1　vaa1　ñang3*
　　　　　　　三単.丁寧　言う　何
　　ドゥアン：あの人はなんて言ったの？

　ドゥアンの6行目の質問はケートに向けられたものであり，ケートはダオの言ったことに関する長い語りを始め，この日の用事についての議論をしてから建物の

建築の進み具合を見に寺へと歩いて行った。

関係性思考の観点から見ると，事例（1）に登場する個々人は単に話をしているというだけではなく，状況に埋め込まれたミクロな政治的やりとりに関与している。彼らは単に記号を用いる実践に従事しているだけではなく，方略的に，聞き手の解釈のために記号を用いる（signifying-for-interpreting）という実践に従事しており〔スロービンの提唱する，話すための思考（think-ing-for-speaking）という捉え方を念頭に置いている〕，その場における社会的な関係性を自分のために利用し，またそれと同時にそのような関係性に対して従順に振る舞うことによって，関係性を維持し，微調整し，増強している。彼らはそのためにさまざまなツールを用いている。すなわち，意味を生み出す自然原理を活用し，慣習的な記号を運用し，当人たちが何者であるかを示し定義付ける社会的な地位や役割を暗黙のうちに予期したり体現してみせたりする。また観察可能な振る舞いから合理的な推論を導き出し，そういった推論から生成される〔やりとりの〕連鎖を構築する。この事例のようなやりとりの参与者たちは，その社会環境のなかで他者のことを管理し，査定するうえでできることをやっており，また逆に他者から管理され，査定されているのだ（第2章を参照）。この場面は現実世界のなかにある。ここに登場する人々は互いを知っており，互いに対して期待を抱いており，また互いに義務を負っている。今彼らが言うことは，彼らが将来においてどのように互いに関わるかに影響を与えるであろう。そして，ここにいない他の人々に対する彼らの関係性にも影響を与えるだろう。たとえば，この場面で起きたことや言われたことが人々からの評判に影響を与えるという点で。

事例（1）に登場する人々がいかに他者との関わりに重きを置いているかということは，彼らの身体に現れる指向性を見ればわかる。彼らは互いに向き合うような体勢をとることで，相互を指向し合う陣形を創発的に作り上げている[1]。このような，互いに指向し合う身体の構えは，彼らがこのコンテクストにおいてどう振る舞うよう選択したかという要因だけから生じているのではない。彼らを取り囲む物質的な環境のデザインそれ自体が，この身体の配列を導いたのだ。彼らが座るこの部屋——ラオスの家屋におけるリビングのようなもので，社交するための空間としてデザインされた，家の中ではどちらかといえば公共的な場所——は複雑な記号であり，人々はこの部屋という記号に対し，こういった部屋を作る

---

[1] アダム・ケンドンはこうした陣形をF陣形と呼んでいる（Kendon 1990; C. Goodwin 2000; Enfield 2003b; Streeck 2010）。

背後に普通に存在するさまざまな意図を指し示す解釈項を，自分たちの身体的振る舞いを通じて生み出し続けている（第 11 章）。この物理的空間は，人々の地位をその場にいる他者との関係においてはっきりさせることによって，彼らの振る舞いに対する規範的な統制の源となっている。事例 (1) に現れる権利・義務・傾向性（disposition）は，この人々が長い時間をかけて互いに築きあげてきた社会的関係性によって決定されている部分もあるが，それだけではなく，家での社交生活のためにデザインされた環境に彼らが身を置いているという事実や，この家がタワンとドゥアンによって所有されているという事実によって決定されている部分もある。ラオスの村の他の家と同様，彼らが今腰を下ろしているその家は，まさにこうした社会的な相互行為が行われることを予期した人々によって，計画され建築されたものなのだ。

そして他の社会的な相互行為の場面と同じく，事例 (1) には，多様な枠組みにおいて因果のプロセスと関係的な構造が折り重なっていることを見て取ることができる（第 3 章および Enfield 2014a 参照）。系統発生の枠組みで言えば，ホモサピエンスに固有の自然選択のプロセスが，この場にいる各個人の生物学的特徴を決定しているのみならず，そのことを通じて，この〔タワンとドゥアンの家という〕建築物のデザイン（たとえばサイズや形）のなかに人間の身体のタイプを考慮して組み込まれたアフォーダンスをも決定している。通時的な枠組みで言えば，家屋のデザインおよび建築に関する原理やこの場の人々が用いている言語的な構造は，個体群（population）レベルの文化的進化〔人間というひとまとまりの集団全体として文化を進化させてきたこと〕において，膨大だが有限回のプロセスを経て歴史的に発達してきたものである。個体発生の枠組みで言えば，ここにいる人々は，自身の話す言語を操る技能や，慣れ親しんだ家々における自分の振る舞いを操る技能，そしてこの事例のような社会的・相互行為的なコンテクストで暗黙の予期（subprehension）を行うための基礎としての，文化および対人関係に関わる共通基盤の蓄えを獲得してきた。共時的な枠組みで言えば，たとえば彼らが今いる居住空間の図や，彼らの言語知識の中身の近似である辞書や文法書に端的に示されているように，ここで論じた人工物や技能，知識体系は互いに定義可能（definable）な関係にある。微視発生的な枠組みで言えば，この場のどの人もアフォーダンスを知覚し，情報を処理し，ヒューリスティクスを用い，感情を経験するが，それはみなリアルタイムで行われる。そしてエンクロニー的な枠組みで言えば，相互行為はムーブからムーブへと，連鎖の形をとって展開していく（詳細は後述）。

この場の人々が互いに持つ関係性は長期的なものであるため（第1章参照），参与者たちは方略的に振る舞うほかに選択肢がない。彼らがこの場面で言ったりやったりすることは以前に行われたやりとりと首尾一貫したものである必要があり，またその後のやりとりの性質に影響を与える可能性がある。彼らは周りの人々と共有している（あるいは共有していると信じている）相互知識および暗黙の予期によって，できることが広がることもあれば制約を受けることもあるということをわかっている。彼らの社会的な関係性は，やりとりのなかで当人たちがどのような地位にあるか，すなわちどのような権利・義務・傾向性の束を身にまとっているかという観点から記述できる（第5章参照）。地位は，参与者同士の相対的な関係として規定され，外から観察される振る舞いを形作ったりそれに形作られたりしている。このことはどの時間のスケールについて考えたとしても当てはまる。たとえば6行目の時点で，ケートは，「ドゥアンの義理の娘の姉」という比較的安定した地位にあって，ある一定の権利や義務や傾向性をドゥアンに対して持つだけではなく，比較的うつろいやすい「ドゥアンに質問された人」という地位も持っており，そのような一時的な地位はまた別の権利や義務や傾向性を伴う。

　この場にいる人々は，この会話断片の始まりにおいて初めて表面化した公式の用事を進めているだけではない。この場面に先行して，彼らは霊長類の毛づくろいにもなぞらえられる交感的言語使用［挨拶など，情報伝達ではなく社交的な目的のための言語使用のこと］にかなりの時間を割いている。用事に先立つこの準備的やりとりは，お互いが目の前の社会的関係性に対してコミットし合っていることを偽りなく呈示するものであり，そのことは他の人間ではなくこの相手と共に過ごそうとする時間の長さによって例証される。こうした作業の多くは情報の受け渡しを通じて行われる。たとえば，この時点［断片の1行目］までの会話における主要なトピックはタワンの健康状態である。この情報交換がすぐさま何かの役に立つということはないが，長期的な見返りはある。ここでの情報交換は，社会的な関係性を規定する共通基盤に対する投資として行われているのであり（第1章および第13章参照），これは後々の機会において利用されまた追求されるのだ。ここで交わされているその他の情報は，たとえば寺院建設のための送金についての知らせであったり，建築活動の進捗状況に関する知らせだったりといった，より短期的で実際的な重要性を持っている。

　この短い断片のなかには，いくつものムーブが鎖状に連なっており（第6章参照），その連なりにおけるムーブのひとつひとつはそれぞれが直前のムーブに対

して妥当な応答となっている。各ムーブ——1・3・4・5・6行目——は，物理的行為の基本レベルの姿を示すような，ひとかたまりの行動の具体例となっているが，ここではこれらの物理的行為が同時に社会的な《行為》となっている。つまり，これらのムーブの効力は，自然的な因果論だけでは説明できないということである（第8章参照）。あらゆるエンクロニー的な発話の連なりと同様，この連鎖は一般的な記号過程の具体的な現れである（第4章参照）。振る舞いのひとつひとつはそれぞれ直前の振る舞いに対する解釈項として枠付けられ，そして今度はそれ自身が記号となって次なる解釈項を生み出していく。これらのムーブは，文法をはじめとする言語システムの範列的および連辞的な資源を用いて産出されており，ほぼ完全にこの場面にいる人々の経験の外側で生じ，最終的には彼らの現在の文化的な共通基盤に含まれる内容と構造を構築してきた，膨大な歴史的プロセスの結果を活用している（第11・12章参照）。これらのムーブは言語的・文法的資源を用いて産出されているため［会話において音声信号を発するのは1人ずつという規範があるため］，これらはムーブであるのみならずターンでもある（第6・12章参照）。そしてこれらのムーブは言語的ターンであるということに加え，ひとつひとつがコンテクストのなかに置かれた社会的な《行為》としての効力を持つ（第8章参照）。

　エンクロニー的な視点（第3章参照）から見れば，事例（1）では記号−解釈項関係が鎖状に連なっている。そのなかで，ひとつひとつの記号にはそれぞれ識別可能な，記号が表す対象がある。たとえば言葉の意味や，話者の意図・信念・欲求・目的などである（第7章参照）。この事例の分析を，そこで行われている社会的な《行為》の観点から行うとすれば，直前のムーブが何をしようとしているのかに指向している限りにおいて，そのムーブは直前のムーブに対する解釈項であると言える。この点をはっきり説明するために，もう一度ここで事例（1）の3行目に焦点を当ててみよう。

3　Kêet：　mùø-khùùn2 phen1　　kaø　　thoo2　maa2, saaw3 daaw3 hanø
　　　　　　昨夜　　　　　三単.丁寧　題目繋辞　電話する　来る，　母の妹　　ダオ　題目
　　　ケート：で，昨日の夜，彼女が電話してきたの，ダオおばさんが。

　まず，この3行目に現れるムーブは記号である。なぜならこれは人々の感覚に届く行動によって構成されるからであり，そしてそこで言われたりされたりしたことに対して，単なる反応（reaction）ではなく合理的な応答（response）とみなされるような解釈項を生じさせるからである（第4章参照）。私たちは適切な解

釈項を生み出すことができる限りにおいて，3行目の行動に対して《行為》あるいは機能として意味を付与する（ascribe）ことができる。ここでいう適切な解釈項とは，構造の点で，そしてこの連鎖中の位置において可能な，規範に基づく暗黙の予期と矛盾しないという点で，適切であるような解釈項のことである（第9・11・12章参照）。この連鎖のなかの当該のムーブは，この文脈において驚きを呼ぶようなものでも，制裁を受けるようなものでもないようである。

　《行為》に関して言えば，この3行目は告知（announcement）であると言えるかもしれないし，事実の主張（assertion）であるとも言えるかもしれない。第8章で議論したように，問題はこの《行為》を何と呼ぶかという点にあるのではない。というのも，この場の人々はだれも，3行目の《行為》にラベル付けしたりそれが何か記述したりしてカテゴリー分けするというような課題は与えられていないし，ゴミ箱のような《行為》カテゴリーに放り込むことで記述したことにしてしまうような〔一部の研究者がやりがちな〕課題すら課せられていないのだ。もしこの〔やりとりの現場にいる〕人々が互いのムーブを何らかの《行為》にカテゴリー分けしているとすれば，それはそのムーブを特定のやり方で取り扱うことによって示されるのである。これを第4章で定義された言葉を使って述べるなら，もし人々が他者の《行為》をカテゴリー分けしているとすれば，それは他者のムーブに対する解釈項を生み出すことによってなされるのであり，そのような解釈項は《行為》のカテゴリーに差し向けられた記号として（たとえば私たち分析者によって）受け取られる可能性があるものである。

　3行目が告知だとすれば，これは次にさらに何かが来ることを期待させるという意味で，何か新しいことを始めるものである。告知に対する応答として人々が行うことの1つは，ニュースの受け取りあるいはニュースマーカーと呼ばれるものを発することである[2]。これは人がその告知を聞いて理解したということを伝達し，話し始めた人に対して話を先に進めるよう促すものだ。英語の場合，これを実行する1つの方法は，たとえば *Is that so?*（そうなの？）など，修復の開始〔相手の言葉を聞き返すなどして，聞き取りや理解のトラブルを解消するための手続きを始めること〕のような発話を産出することである。質問形式をとることで，こうした修復の開始は，告知された内容の真理値に問いを投げかける形となり，それへの答として，告知を行った人が次に話すように義務付けるという機能を果たす。これはまさに4行目で起きていることである。ラオ語

---

2) Schegloff(2007b)。Jefferson(1981)も参照。

における慣用表現である*mbòq5*は文字通り*Is it so?*（そうなの？）を意味する*mèen1 bòò3*の短縮形である。この4行目でタワンはケートが3行目で本当のことを話したかどうか疑っているわけではない。むしろ，彼は3行目でケートがそこでの発話以上の情報を提供するような新しいことを始めたことを認識し，*mbòq5*と言うことでその認識を示しつつ，これから続くであろう複数のターンの連鎖において受け手の地位に着くことへのコミットメントを効果的に示している（第5・9・10章参照）[3]。こうした互いに連結された行為によって，タワン・ケート・ドゥアンは，行為主体性（agency）の単位が緻密に融合・分離することも含めて，ムーブごとに生じる地位の変容に対処していく（第1・9章参照）。

かくして，4行目は3行目の解釈項であり，その意味で3行目が表象している（stand for）と受け取られる事柄に対して差し向けられていると言える。3行目の発話が持つ識別可能な記号内容［3行目の発話が表しうること］のなかには，この発話にはある特定の真理値がある，ということが含まれている。この3行目の発話は事実の主張なのである（第10章参照）。どうしてそのように受け取られると言えるのだろうか？　それは，4行目が表面的には3行目の真理値について疑問を投げかける解釈項だからである。3行目のもう1つの記号内容は，彼女の目下のプロジェクトにとって，この3行目の発話は話し手が伝えたいことのほんの一部にすぎないということである。3行目はケートがダオからの電話とその帰結について情報を伝えるという，より大きなプロジェクトを開始するものになっている。これは，*Really?*（ほんとに？）に相当する，*mbòq5*という表現が持つ慣習化された意味からわかる。この表現はつまり，「私はあなたが今言ったことを聞いて理解しました。このことについてさらに述べられることがあるということもわかっています。さあ発言を続けてください」といったものと同じことを伝えている。これは別に，当該の参与者たちが意識的であれ無意識的であれこの瞬間に実際に考えていることを記述したというわけでは決してない（第7章参照）。むしろ，参与者たちがこの場で共有されている慣習的な暗黙の予期や規範に基づく説明責任のもろもろのパターンをふまえたうえで何に対して公にコミットしているかを記述するものである。

4行目が発話された時点で，その発話がどんな行為を遂行するのかを述べることはまだできない。なぜならそれは，当該のムーブがどのように取り上げられ，

---

[3] Rossano（2012）参照。

(止められたりせず，そのまま先に進めるとして)後に続いて解釈項となるムーブによってどう完遂されるのかによって決定される部分があるからだ。4 行目の行為としての性質はそれが引き起こす応答との関係によって明らかになり，またそれによって構成されるだろう。だから 4 行目の発話が産出されたばかりの段階では，この 4 行目が何で**ありうるか**ということしか言うことができない。4 行目の発話は 3 行目で述べられたことが本当かどうかを確認するものでありうるし，この発話は——確認でないのか，はたまた確認であることに加えてなのかはともかく——3 行目の話者にもっと詳しく話すよう促すシグナルを出しているのかもしれない，と言うこともできるだろう。ここでは，ケートはその 4 行目の発話を前者にのみ当てはまるものとして扱っている。そのことは 5 行目に起こったことから推測することができる。4 行目に対するケートの解釈項は mm5 であるが，これはラオ語で承認を表明する間投詞で，英語の yes（はい）や uh-huh（うん）に相当する。この表現を，この連鎖においてタワンの mbòq5「ほんとかい」のすぐ次の位置のムーブとして産出することで，ケートはタワンによる 4 行目の発話を他でもない確認の要求として扱っている。これはラオスにおいてこうした場合にふつう見られるものとは異なっている。一般的な連鎖は次のようなものである。A が告知を行うと B は mbòq5 と言って応答し，A の告知を受け取ったことを示すとともに続きを促す。すると A は (1) 承認，それに続いて (2) A が告知の続きを言ったり詳細を述べたりする，という 2 つの構成要素からなるムーブを続ける。(64) は同じやりとりの前の部分であるが，ここではその通常のパターンを見ることができる。

(64) 1 Tavan: khùn5 daj4 khan5(.) khan sòòng3 laø
　　　　　　　　登る　達成相　段　　段　2　　完了
　　　　タワン：（私ははしごの）2 段目に上がったんだ。

　　 2　　　　　(0.2)

　　 3　　　　　khaw5 leej2　sanø　　naa3
　　　　　　　　入る　さっと　そうして　現実相
　　　　　　　（そして私の足が）こう入った。　← A：主張

　　 4　kêêt:　 mbòq5
　　　　ケート：そうなの？　　　　　　　　　← B：ニュースの受け取り

5   (0.2)

6   Tavan: *qee5 ñang2 vaa1 khùan4 juu1 qèèw3 niø*
              間投　まだ　言う　ひねる　〜で　腰　　題目
              ああ，そんな感じで腰をひねったんだ。← A：承認，継続

　この事例の 6 行目で，ニュースの受け取りの標識である *mbòq5* に対し，タワンは 2 つの働きを備えた（double-barreled）ムーブを用いて受け取っている。すなわち，*qee5*「ああ」が承認を示し，それと間隙なく緊密に結びついている後続部分が〔3 行目までの〕タワンの語りの続きを展開している。それとは対照的に，事例（1）においてケートは *mm5*「ええ」という承認のみを発しており（5 行目），通常期待される後続部分を続けていない。この〔5 行目の〕ケートの応答は 4 行目をさらに述べることの要求としては取り扱わなかったため，これは詳細を述べるように先を促すという〔タワンの〕行為が——もしそれがタワンが 4 行目でやろうとしていたことだとして——完遂されなかったということを意味している。次のムーブは，6 行目にタワンの妻であるドゥアンが発したものだが，これはまさにこの問題を扱っている。タワンは 4 行目で比較的遠回しな言い方によってさらなる情報を求めたのだが，明らかにこのやり方では十分でなかった。ドゥアンはこの状況に対し，ある人が電話をしてきたという告知の後に追加されるものとして明らかに最も妥当であるような情報をはっきり尋ねること，つまり「あの人はなんて言ったの？」と尋ねることで対処している。事例（1）の断片の後に続くやりとりにおいて繰り広げられたのは，実際にそうした，電話をしてきた人が何を言ってきたか，2 人がどんな会話をしたのか，そしてそれがどのようにこの場でのやりとりの用事と関係するかについての詳細な説明であった（このデータ断片の背景についてのさらなる議論は第 1 章参照）。

　ここまで私たちは，3 行目の発話がひとまとまりのムーブとして，どのように複数のムーブからなる連鎖のなかでの位置を占めているかを見てきた。そしてエンクロニー的枠組みにおいて，私たちはこうしたムーブがどのようにしてより高次の連鎖構造を作り上げる構成要素になるのかを見てきた。では，ここで視点を変えてみよう。このムーブの中身に分け入り，その内部構造を精査するのだ（第 6 章参照）。便宜上ここでまた 3 行目を繰り返して示す。

3　Kêêt:　　mùø-khùun2 phen1　　kaø　　thoo2　　maa2, saaw3 daaw3 hanø
　　　　　　昨夜　　　三単.丁寧 題目繋辞 電話する 来る, 母の妹 ダオ 題目
　　ケート：で，昨日の夜，彼女が電話してきたの，ダオおばさんが。

　3行目を組み立てるにあたって，ケートはさまざまな問題を同時に解決している。このムーブを組み立てるうえで彼女が従っている要請のうちの最も顕著なものは，指示に関する見解の一致を達成するというものである。ここでは，だれについての話をしているのかということに関して，ケートの発話の受け手がケートと同じ理解に達しているべきである，という情報上の要請がある[4]。第13章で議論したように，もし情報上の合致だけが問題なのであれば，たとえ必要以上に明確に言いすぎてしまうという危険を冒すことになるとしても，話し手たちは可能な限り明確な指示表現を使うことになると予測できるだろう。だがもし私が物事をあまりにもはっきりと言葉にしてしまったら，私たちの共通基盤からすれば不要なほどはっきり言う必要が私にはあったのだ，とほのめかし，それによって私たちの間に社会的な距離をつくることになりうる。第13章では，指示が成功する限り，省略的に話せば話すほど，共通基盤を共有している度合いがより高いことを指標することができるということを見た[5]。事例（1）の3行目の産出を計画するにあたって，話者のケートはこの課題に直面している。彼女が利用できる主な資源は，ラオ語の文法によって規定される，ターンの組み立てに関わる構成部分（turn-constructional component）〔ターン交替システムを構成する2つの構成部分のうちの1つ。第6章参照〕である。ケートはどのようにちょうど良いバランスを達成しているのだろうか？

　3行目においてケートはダオのことを指示しているが，これはこの集まりの場面全体のなかで初めてダオのことに明示的に言及したものである。この最初の言及の機能は，この場にいる人々の共同注意の中心にダオのことを持ち込むことである。これは，この後に続く談話の構造化した連鎖のなかでダオについてさまざまな話ができるように，ダオのことを主題化するものである。通常，こういった初回の言及では〔代名詞や省略ではなく〕完全名詞句（full nominal expression）を使用してもよい。それまでの文脈で明示的に言及されていない事柄は，参与者の意識の前景には現れていないという意味で，認知的に不活性である傾向がある〔た

---

[4] Enfield and Stivers (2007) 参照。
[5] Garde (2002); Dixon (1971); Haviland (1979) など参照。本書第13章では詳細な具体的事例分析を示している。

めに代名詞や省略では理解に問題が生じやすい〕のだ[6]。しかしながら，今回の指示対象は，3行目の時点において不活性ではない[7]。なぜなら第一に，ダオこそが姻族という社会的関係性によってこの場面にいる人々をつないでいる人物だからである。第二に，ケートがこの家を訪問した理由はまさにダオのための用事をすることにあるからだ。だから，ここで起こる指示上の問題は，ダオという話題が完全に新しいわけでもなく，さりとてしっかりと確立されているわけでもないということにある。3行目では，ケートが，対話相手に見込まれる査定の能力を利用することによってその理解を管理し，解決策を生み出すさまを見て取ることができる（第2・7章参照）。彼女の解決策とは，2つの異なる指示表現——丁寧体の三人称単数代名詞 *phen1* と，身分＋名前という表現である *saaw3-daaw3*——を単一の言語的ターンのなかで両方用いることである。これら2つの指示表現を節の内部において統語的に分散させることは，協調関係に関する要請に応えられる程度には明示的な言い方を避けつつも（この要請のため，明示的であればあるほど〔なぜわざわざそのような言い方をしたのかという〕説明責任が生じやすい。第9章を参照），情報に関する要請に応えられる程度にははっきりと言わなければならないという，困難なトレードオフに対する最適の解決法となっている。

　3行目の内部構造について次に気がつくのは，主節が，それに後続して現れる付け足しのような要素との間で，韻律的に区切られているという点だ[8]。これは3行目の書き起こしにおいてカンマで示されている。3行目でカンマに続く部分は，カンマの前の部分よりピッチや音量がはっきり落ちており，主節に対する一種の追加物として示されている。カンマの前に来ている部分は完結した節であり，次に示すように，それ自体で発話として完了しうるものだ。

(65)　　*mùø-khùùn2 phen1　kaø　thoo2　maa2*
　　　　　昨夜　　　三単.丁寧　題目繋辞　電話する　来る
　　　　昨日の夜，彼女が電話してきたの。

　この集まりの場面全体のなかでこれが当該の指示対象に初めて言及する箇所なのだが，用いられている指示表現は代名詞，つまり三人称単数の丁寧体である

---

6) Chafe (1980); Fox (1987, 1996); Lambrecht (1994); Enfield and Stivers (2007)。
7) 話者と聴き手の意識において指示対象がどの程度「活性 (active)」と言えるかについては Chafe (1994) と Lambrecht (1994) を参照。
8) Enfield (2007: 4)。

phen1 になっている。この形式は，指示対象がすでにその談話世界のなかに確立されていて容易にアクセス可能であることを前提として用いられるものである[9]。このこと自体が構造的に特異である。なぜなら，すでに論じたように，初回の指示で代名詞を使うことは通常，必要な情報を与えるべしという要請に対して不十分であり，だれのことを指しているのか理解されないというリスクを冒すことになるからだ。ここで使われた代名詞は社会的属性をマークする代名詞のパラダイム（第12章参照）から選ばれており，指示の範囲を狭めることを助けるような意味論的情報を伝えているため，このリスクを軽減する助けとなりうる。しかしながら，ケートは指示を問題なく行ううえでこの代名詞のみに頼っているわけではない。彼女はカンマの後に親族名称＋名前という完全名詞句からなる付け足しを行い，このターンのカンマより前の部分で発した代名詞 phen1 と同じ人物を指示している。3行目の完全名詞句を用いたダオへの指示は，カンマで示された統語的完了可能点［統語的な観点から見て，ターンが完了してもおかしくないと判断される箇所のこと］の直後に来ているため，他のだれかの発言と重なってかき消されてしまう可能性がある。なぜなら第6章および第12章で論じたように，統語的な完了点は他の会話参与者が話し始めても問題がない位置だからである[10]。3行目の主節に後続する要素がピッチと音量を落として発音されていることが，さらにその可能性を高めている。もし他の話し手がカンマの後に話し始めていたら，この付け足しは発話が重なるなかで立ち消えになってしまっていただろう。ケートが主節において代名詞によって指示対象を示していることから，自分の対話相手たちがこの最小限のコードによってだれのことを言っているのかわかるはずだ，と彼女が想定していることがわかる。また，それにもかかわらずケートは曖昧性のない指示表現（その人物の名前）を補うこともしているが，それは他の人の声にかき消されてしまう可能性をはらんだ形で行われており，このことは，対話相手たちにとってこの追加情報は不要だろうとケートが考えていることを伝えている。

　このムーブとその文脈についてさらに述べることもできるが，ここでの目的を鑑みればこれで十分である。この相互行為の断片について深く見てきたのは，人間の社会的な関係性が相互行為の流れのなかでどのように展開されているのかを理解するうえで，関係性思考の枠組みとその諸要素がどのように適用されるのか

---

9) Chafe (1980, 1994); Fox (1987)。
10) Sacks, Schegloff, and Jefferson (1974)。

を示したかったからである。これを示すなかで明らかになったことの1つは，細部こそが重要だということだ。これは私たちが細部に対して〔手を抜かずに〕公正な取り扱いをしたいからという理由もあるが，それだけではなく，細部の分析によって一般的な記号過程の原理の数々が明らかになるからである（第4章図4.4参照）。物理的なコンテクストに含まれる特定のさまざまな要素，参与者たちの身体の動きや身体に現れる指向性，参与者たちの来歴，彼らが受け継いできた文化の歴史，そして語や言い回しや話し方の選択といったこれらすべては，社会的なゴールを達成するための手段として使われる際，この記号過程を利用している。これらの記号論的資源は，暗黙の予期によって形作られた解釈をもたらす道具である。この事例でひと通り見たすべての要素は，同時に利用可能であるものの，それぞれ別々の因果的・時間的枠組みのなかで立ち現れてある瞬間にかみ合い，結果としてできあがる社会的な関係性を明らかにしたり作り出したりするのだ。

結び

本書において私は，社会的行為および人間の関係性へのさまざまな研究アプローチの要素を結びつけてきた。記述言語学・記号論・民族誌学・社会言語学・会話分析・認知科学・動物行動学・認識人類学・言語人類学などである。これらの研究はそれぞれ重要な成果を生み出してきたが，1つだけそれらすべてに共通する欠点があるとすれば，これらの研究が互いの考え方や方法，知見をあまり取り入れてこなかったことにある。この傾向が続くべきであるという理由はない。

本書で私が強調してきたのは，いかなる一貫した研究においても全く欠かすことができない2つの必須事項を，バランスよく結びつけようとすることであった。第一の必須事項は，ジョン・サールが言うように「問題を概念的に把握し，科学的な問題として扱えるような形にする」ことである[11]。それゆえ私は，エンクロニー的な枠組みのなかでの社会的関係性や社会的行為を研究するための概念的な枠組みについて詳細に説明するよう注意を払ってきた。第二の必須事項は，その枠組みを経験的に基礎付け，研究の最初の段階からデータに寄り添い続けることである。これら2つの必須事項を両方同時に満たしながら研究を進める必要があ

---

11) Searle (2007: 169)。

る。その理由は単純で,理論的背景のない観察は存在せず,観察に拠らない理論もないからである。データと呼ぶことのできる何らかの断片を手にしたとき,私たちはその時点ですでに,私たちが知りたいのは何か,そして私たち〔の分析〕に関連があると私たちが想定するのは何か,という基準に基づいて現実を取り上げ,フィルターにかけている。このようなことをしていては,そうやってフィルターにかけたり観察の焦点を絞ったりするのに用いられる概念的枠組みの姿を歪めてしまう。もし自分の研究における理論的枠組みや動機付けを明確にしないなら,話の半分を隠したまま済まそうとすることになってしまうだろう。

　私はここまで,私が提案する事柄が人間という種一般に通じるものとして,人間の相互行為を記号論的に解剖してきた。これが妥当かどうかはわからない。本書で私たちが焦点を当ててきたエンクロニー的なパターンや構造が,人間においてどれほど多様であるかについてはあまりにも知られていないからだ。なぜこれらのパターンや構造がさまざまな文化や言語を通じて共有されているだろうと考えてしまうのだろうか？　可能性の1つとして考えられるのは,相互行為におけるさまざまな実践が持つ意味〔たとえば有標の形式で人物指示を行うことが特定の相互行為上の働きを持つこと〕は,通時的枠組みでの文化的進化からの因果作用とは異なる因果作用によって——通時的枠組みのなかで進化する,象徴記号の語彙的・文法的な慣習〔いわゆる言語のこと〕がきわめて多様性を見せるのとは対照的に——形作られており,それはむしろ学習(個体発生レベルで生じる儀礼化)および推論(微視発生的レベルで生じる解釈)の過程を通じた,類像‐指標関係からの創発であると考えられる,ということである。解釈者はたとえば「理由なく合理的な効率性から外れるな」といった[12],グライスの提示したたぐいの合理的ヒューリスティクスを働かせることで,形式が持つ機能を学習したり推論したりすることができる。ペネロペ・ブラウンとスティーヴン・レヴィンソンはこのロジックを応用して,なぜある特定の記号が,言語ないし文化の違いにかかわらずある特定の対象を意味するということがあるのかを説明した。彼らはさまざまな文化において丁寧に振る舞う際の音声的特徴を観察した結果,高いピッチの声が敬意を伝える信号として働き,きしんだ声(creaky voice)が権威を伝える信号として働く,といった対応関係が繰り返し現れることに気がついた。彼らは「特定の特徴がある特定の状況において使われるということには,合理的な理由がある」と述べている。敬意を表すとは自分を謙遜して見せることだ。

---

12) P. Brown and Levinson (1987: 7)。

謙遜する1つのやり方は，自分を小さく見せることである。そしてたとえば子どものように，小さいものは高い声を出す。権威を示すとは自分を自信たっぷりで落ち着いているように見せることである。落ち着きはエネルギーの低さを意味する。そして低いエネルギーで発声すると，きしんだ声になる[13]。ブラウンとレヴィンソンはこれに基づいて，「どんな文化であれこの連関が逆転することはない」と予測している。エンクロニー的な枠組みのなかに私たちが観察できる多くの現象にも同様の議論をぴったり組み込むことができる。一例として挙げられるのは，質問に対して求められている情報とは異なる内容によって応答するときのように，社会的に選好されない応答に関する現象だ（第6章および第9章）。選好されない応答は言いよどみや遅延を伴って行われる傾向がある。言いよどみや遅延は，発話を行う際の処理にトラブルが生じていることと因果的な関係があるものとして関連付けられており，それゆえその機能にうまく合致していると言える[14]。エンクロニーの領域において，文化によらない〔普遍的な〕原因に動機付けられている形式と意味の対応関係にはどのようなものがありどう働くのかという問題については，今後の幅広い研究が待たれる。

　エンクロニー的な構造やパターンに普遍性があるのではないかと考えられる第二の理由は，そういった構造やパターンを生み出す要因となる認知のさまざまな側面は明らかに普遍的なものであるだろう，というところに求められそうだ。そうした認知の有望な候補として挙げられるのが，私たちが人間の社会性という名のもとでまとめて扱ってきた一群の能力である（第2章参照）。たとえば，高次認知における意図帰属について考えてみよう。人間には，目的や動機を他者に帰属させるだけでなく，他者が私たち自身の行為に目的や動機を帰属させるだろうと予測する特別な認知能力がある。この社会的認知という高次の認知は，どういった言葉を選ぶかとか，どういった構文を使うかとか，手で何をするかなどの，相互行為におけるムーブの形を調整する際に中心的な役割を果たしている。またこの能力は，自分の行動に対する他者の応答を基準にして，他者がどのように自分の行動を解釈したかを査定する能力の基盤となっている。そして最後に，エンクロニー的パターンを形成するうえで因果的に強力な働きをみせる，人間の社会性におけるもう1つの側面，社会における説明責任を考えてみよう。社会におけ

---

13) P. Brown and Levinson (1987: 268); Ohala (1984); Gussenhoven (2004)。
14) 9.1節以降を参照。またStivers et al. (2009) における議論やそこで参照されている文献も参照。

る説明責任には，振る舞いに関して共有されている規範の束に対して，私たちがみなで暗黙のうちに予期すること，そして進んでその監視と強化を行うことが必然的に関わってくる。私たちは自分たちの行為が社会的な諸条件に敏感であるという感覚を明確に持っており，社会的な地位を特徴付ける権利・義務・傾向性について，そしてそのような地位をおおもとで統制している説明責任について，深く注意を払っているのだ。

　私たちは，社会的な関係性を営む手段であるエンクロニー的な行動のパターンについて，その因果を説明しうるいくつかの要素について考え始めたばかりにすぎない。自然的意味と社会的認知による因果作用は非常に重要な役割を担うものであるだろう。そしてこれらが普遍的であるならば，それは，相互行為におけるさまざまな実践が言語における意味論的・文法的な諸構造よりも文化間での共通性が高いように思われるのはなぜかという問題についての良い説明となるだろう。ただ，このことについて語るのは時期尚早である。数世紀にわたる，世界中の諸言語についての共時的枠組みからの研究によって蓄積されてきた，利用可能な資源——経験的な資源も概念的な資源も——に対して，エンクロニー的パターンの文化的多様性に関する私たちの知識はまだ遠く及ばない。社会的相互行為の研究にとって最も喫緊の課題は，可能な限りさまざまな言語・文化・コンテクストについて経験的な研究を行うことによって，この領域における人間の多様性を見極めることである。

＊　＊　＊

　本書は社会的行為と社会的関係性の問題に焦点を当ててきた。これらは何からできているのか？　私たちはこれらをどう理解するのか？　それらは言語・文化・認知とどのような関係にあるのか？　これらの問いを探るために，私たちは日常を生きる人々の実際の社会的相互行為から得たデータから手を付けた。本書のアプローチは，いかにこういったデータがさまざまな関係性について理解するうえで助けになるか，そしてまた逆に，関係性の観点から考えることが，言語学的・民族誌的にきわめて詳細なところまでを含め，いかにデータを理解する助けになるかを明らかにしようとするものであった。シンプルだが強力な新パース派的記号過程が私たちの考え方の礎となっており，本書における議論のあらゆる要素——行為主体性，エンクロニー，地位，説明責任，言語，そして人間の社会性に関わる他のすべての事柄——はこの考え方を基盤としてすべてつながっている。

その結果が関係性思考という枠組みであり，これによって社会における行為主体性の分散や，そうした行為主体性のまとまりが離合集散する相互行為，そして人間の社会生活を織りなす人と人との関係性がくっきりと浮かび上がるのだ。

参考文献

Agha, Asif. 2007. *Language and Social Relations*. Cambridge: Cambridge University Press.
Aikhenvald, Alexandra Y. 2004. *Evidentiality*. Oxford: Oxford University Press.
Aikhenvald, Alexandra Y., and R. M. W. Dixon. 1998. "Evidentials and Areal Typology: A Case Study from Amazonia." *Language Sciences* 20 (3): 241–257.
Anscombe, Gertrude Elizabeth Margaret. 1957. *Intention*. Cambridge, MA: Harvard University Press. 〔アンスコム『インテンション：実践知の考察』菅豊彦訳, 産業図書, 1984〕
Apte, Mahadev L. 1974. "'Thank You' and South Asian Languages: A Comparative Sociolinguistic Study." *International Journal of the Sociology of Language* 3: 67–89.
Arundale, R. B. 2006. "Face as Relational and Interactional: A Communication Framework for Research on Face, Facework, and Politeness." *Journal of Politeness Research. Language, Behaviour, Culture* 2 (2): 193–216.
Arundale, R. B. 2010. "Constituting Face in Conversation: Face, Facework, and Interactional Achievement." *Journal of Pragmatics* 42 (8): 2078–2105.
Astington, Janet W. 2006. "The Developmental Interdependence of Theory of Mind and Language." In *Roots of Human Sociality: Culture, Cognition, and Interaction*, ed. N. J. Enfield and Stephen C. Levinson, 179–206. Oxford: Berg.
Atkinson, J. Maxwell, and John Heritage. 1984. *Structures of Social Action: Studies in Conversation Analysis*. Cambridge: Cambridge University Press.
Atlas, Jay D. 2005. *Logic, Meaning, and Conversation: Semantical Underdeterminacy, Implicature, and Their Interface*. Oxford: Oxford University Press.
Atran, S. 2002. *In Gods We Trust: The Evolutionary Landscape of Religion*. New York: Oxford University Press.
Aureli, F., C. M. Schaffner, C. Boesch, S. K. Bearder, J. Call, C. A. Chapman, R. Connor, A. Di Fiore, R. I. M. Dunbar, and S. P. Henzi. 2008. "Fission-Fusion Dynamics." *Current Anthropology* 49 (4): 627–654.
Austin, J. L. 1962. *How to Do Things with Words*. Cambridge, MA: Harvard University Press. 〔オースティン『言語と行為』坂本百大訳, 大修館書店, 1978〕
Axelrod, Robert. 1984. *The Evolution of Cooperation*. New York: Basic Books. 〔アクセルロッド『つきあい方の科学：バクテリアから国際関係まで』松田裕之訳, ミネルヴァ書房, 1998〕
Bakhtin, Mikhail M. 1981. *The Dialogic Imagination*. Austin/London: University of Texas Press.
Barkow, Jerome H. 1992. "Beneath New Culture Is Old Psychology: Gossip and Social Stratification." In *The Adapted Mind: Evolutionary Psychology and the Generation of Culture*, ed. Jerome H. Barkow, Leda Cosmides, and John Tooby, 627–637. New York: Oxford University Press.
Baron-Cohen, S. 1995. *Mindblindness: An Essay on Autism and Theory of Mind*.

Cambridge, MA, and London: MIT Press.〔バロン゠コーエン『自閉症とマインド・ブラインドネス』長野敬・長畑正道・今野義孝翻訳，青土社，1997／新装版，2002〕
Barr, Dale J., and Boaz Keysar. 2004. "Making Sense of How We Make Sense: The Paradox of Egocentrism in Language Use." In *Figurative Language Processing: Social and Cultural Influences*, ed. H. Colston and A. Katz, 21–41. Mahwah, NJ: Erlbaum.
Bateson, Gregory. 1972. *Steps to an Ecology of Mind*. New York: Ballantine.〔ベイトソン『精神の生態学』改訂第2版，佐藤良明訳，新思索社，2000〕
Beattie, Geoffrey. 2003. *Visible Thought: The New Psychology of Body Language*. London and New York: Routledge.
Bedny, G. Z., and D. Meister. 1997. *The Russian Activity Theory: Current Applications to Design and Learning*. Mahwah, NJ: Erlbaum.
Blakemore, Diane. 1987. *Semantic Constraints on Relevance*. Oxford: Blackwell.
Blakemore, Diane. 2002. *Relevance and Linguistic Meaning*. Cambridge: Cambridge University Press.
Bloch, Maurice. 1971. "The Moral and Tactical Meaning of Kinship Terms." *Man (New Series)* 6 (1): 79–87.
Bloch, Maurice. 1989. *Ritual, History and Power: Selected Papers in Anthropology*. London and Atlantic Highlands: Athlone Press.
Bloom, Paul 2002. *How Children Learn the Meanings of Words*. Cambridge, MA: MIT Press.
Bloom, Paul. 2004. *Descartes' Baby: How the Science of Child Development Explains What Makes Us Human*. New York: Basic Books.〔ブルーム『赤ちゃんはどこまで人間なのか：心の理解の起源』春日井晶子訳，ランダムハウス講談社，2006〕
Bod, R., J. Hay, and S. Jannedy. 2003. *Probabilistic Linguistics*. Cambridge, MA: MIT Press.
Boesch, Christophe. 2007. "What Makes Us Human (Homo Sapiens)? The Challenge of Cognitive Cross-Species Comparison." *Journal of Comparative Psychology* 121 (3): 227–240.
Bohannan, P. 1957. *Judgement and Justice Among the Tiv*. New York: Oxford University Press.
Bourdieu, Pierre. 1977. *Outline of a Theory of Practice*. Cambridge: Cambridge University Press.
Bourdieu, Pierre. 1984. *Distinction: A Social Critique of the Judgement of Taste*. Cambridge, MA: Harvard University Press.〔ブルデュー『ディスタンクシオン：社会的判断力批判1, 2』石井洋二郎訳，藤原書店，1990〕
Bourdieu, Pierre. 1990. *The Logic of Practice*. Stanford: Stanford University Press.〔ブルデュ『実践感覚1, 2』今村仁司・港道隆訳，みすず書房，1988／新装版，2001〕
Bowerman, Melissa. 1982. "Reorganizational Processes in Lexical and Syntactic Development." In *Language Acquisition: The State of the Art*, ed. E. Wanner and L. R. Gleitman, 319–346. Cambridge: Cambridge University Press.
Boyd, Robert, and Peter J. Richerson. 1985. *Culture and the Evolutionary Process*. Chicago: University of Chicago Press.
Boyd, Robert, and Peter J. Richerson. 2005. *The Origin and Evolution of Cultures*. New

York: Oxford University Press.
Boyd, Robert, and Peter J. Richerson. 2006a. "Culture and the Evolution of the Human Social Instincts." In *Roots of Human Sociality: Culture, Cognition, and Interaction*, ed. N. J. Enfield and Stephen C. Levinson, 453–477. London: Berg.
Boyd, Robert, and Peter J. Richerson. 2006b. "Solving the Puzzle of Human Cooperation." In *Evolution and Culture*, 105–132. Stephen C. Levinson and P. Jaisson. Cambridge, MA: MIT Press.
Boyer, Pascal. 1994. *The Naturalness of Religious Ideas: A Cognitive Theory of Religion*. Berkeley: University of California Press.
Brandom, Robert B. 2000. *Articulating Reasons: An Introduction to Inferentialism*. Cambridge, MA, and London: Harvard University Press.
Bratman, Michael E. 1987. *Intention, Plans, and Practical Reason*. Cambridge, MA: Harvard University Press. 〔ブラットマン『意図と行為：合理性，計画，実践的推論』門脇俊介・高橋久一郎訳，産業図書，1994〕
Bratman, Michael E. 1999. *Faces of Intention: Selected Essays on Intention and Agency*. Cambridge: Cambridge University Press.
Bratman, Michael E. 2007. *Structures of Agency: Essays*. New York: Oxford University Press.
Brentano, Franz. 1995. *Psychology from an Empirical Standpoint*. (Originally published 1874.) London: Routledge.
Brown, Penelope, and Stephen C. Levinson. 1987. *Politeness: Some Universals in Language Usage*. Cambridge: Cambridge University Press. 〔ブラウン・レヴィンソン『ポライトネス：言語使用における，ある普遍現象』田中典子・斉藤早智子・津留崎毅・鶴田庸子・日野壽憲・山下早代子訳，研究社，2011〕
Brown, Roger. 1958. "How Shall a Thing Be Called?" *Psychological Review* 65: 14–21.
Brown, Roger, and A. Gilman. 1960. "The Pronouns of Power and Solidarity." In *Style in Language*, ed. Thomas A. Sebeok, 253–276. Cambridge, MA: MIT Press.
Bühler, Karl. 1982. "The Deictic Field of Language and Deictic Words." In *Speech, Place, and Action*, ed. Robert J. Jarvella and Wolfgang Klein, 9–30. Chichester: Wiley.
Burgess, Anthony. 1962. *A Clockwork Orange*. London: Heinemann. 〔バージェス『時計じかけのオレンジ』乾信一郎訳，早川書房，2008〕
Buys, C. J., and K. L. Larson. 1979. "Human Sympathy Groups." *Psychology Reports* 45: 547–553.
Byrne, R. W. 2006. "Parsing Behaviour: A Mundane Origin for an Extraordinary Ability." In *Roots of Human Sociality*, ed. N. J. Enfield and Stephen C. Levinson, 478–505. Oxford: Berg.
Byrne, Richard W., and Andrew Whiten. 1988. *Machiavellian Intelligence: Social Expertise and the Evolution of Intellect in Monkeys, Apes, and Humans*. Oxford: Clarendon Press. 〔バーン・ホワイトゥン『マキャベリ的知性と心の理論の進化論：ヒトはなぜ賢くなったか』藤田和生・山下博志・友永雅己監訳，ナカニシヤ出版，2004〕
Callon, Michel. 1986. "Some Elements of a Sociology of Translation: Domestication of the Scallops and the Fishermen of St Brieuc Bay." In *Power, Action and Belief: A New Sociology of Knowledge*, ed. John Law. London: Routledge and Kegan Paul.
Carnap, Rudolf. 1947. *Meaning and Necessity: A Study in Semantics and Modal Logic*.

Chicago: University of Chicago Press. 〔カルナップ『意味と必然性：意味論と様相論理学の研究』永井成男他訳, 紀伊国屋書店, 1999〕

Carpendale, Jeremy, and Charlie Lewis. 2006. *How Children Develop Social Understanding*. London: Blackwell.

Carruthers, Peter, and Peter K. Smith. 1996. *Theories of Theories of Mind*. Cambridge: Cambridge University Press.

Carsten, Janet, and Stephen Hugh-Jones. 1995. *About the House: Lévi-Strauss and Beyond*. Cambridge: Cambridge University Press.

Chafe, Wallace. 1980. *The Pear Stories: Cognitive, Cultural, and Linguistic Aspects of Narrative Production*. Norwood, NJ: Ablex.

Chafe, Wallace. 1994. *Discourse, Consciousness, and Time: The Flow and Displacement of Conscious Experience in Speaking and Writing*. Chicago: University of Chicago Press.

Chomsky, Noam A. 1957. *Syntactic Structures*. The Hague: Mouton. 〔チョムスキー『統辞構造論 付『言語理論の論理構造』序論』福井直樹・辻子美保子訳, 岩波書店, 2014〕

Chomsky, Noam A. 1959. "Review of Skinner's Verbal Behavior." *Language* 35 (1): 26–58.

Christiansen, Morten H., and Nick Chater. 2008. "Language as Shaped by the Brain." *Behavioral and Brain Sciences* 31 (5): 489–509.

Clark, A. 2008. *Supersizing the Mind: Embodiment, Action, and Cognitive Extension*. New York: Oxford University Press.

Clark, Herbert H. 1992. *Arenas of Language Use*. Chicago: University of Chicago Press.

Clark, Herbert H. 1996. *Using Language*. Cambridge: Cambridge University Press.

Clark, Herbert H. 2006. "Social Actions, Social Commitments." In *Roots of Human Sociality: Culture, Cognition, and Interaction*, ed. N. J. Enfield and Stephen C. Levinson, 126–152. London: Berg.

Clark, Herbert H., and S. E. Brennan. 1991. "Grounding in Communication." In *Perspectives on Socially Shared Cognition*, eds. L. B. Resnick, and J. M. Levine, 127–149.

Clark, Herbert H., and Jean E. Fox Tree. 2002. "Using Uh and Um in Spontaneous Speaking." *Cognition* 84: 73–111.

Cohen, D. 1999. *Adding Insult to Injury: Practices of Empathy in an Infertility Support Group*. Ph.D. dissertation, Rutgers University.

Cohen, Emma. 2012. "The Evolution of Tag-Based Cooperation in Humans: The Case for Accent." *Current Anthropology* 53 (5): 588–616.

Colapietro, Vincent M. 1989. *Peirce's Approach to the Self: A Semiotic Perspective on Human Subjectivity*. Albany: State University of New York Press.

Cole, M. 2007. "Phylogeny and Cultural History in Ontogeny." *Journal of Physiology-Paris* 101 (4): 236–246.

Comrie, Bernard. 1989. *Language Universals and Linguistic Typology*. Chicago: University of Chicago Press. 〔コムリー『言語普遍性と言語類型論：統語論と形態論』松本克己・山本秀樹訳, ひつじ書房, 1992〕

Connor, Richard C., Randall S. Wells, Janet Mann, and Andrew J. Read. 2000. "The Bottlenose Dolphin: Social Relationships in a Fission-fusion Society." In *Cetacean*

Societies: Field Studies of Dolphins and Whales, ed. Janet Mann, Richard C. Connor, Peter L. Tyack, and Hal Whitehead, 91–126. Chicago: Chicago University Press.

Cooke, Joseph R. 1968. *Pronominal Reference in Thai, Burmese and Vietnamese*. Berkeley: University of California Press.

Cowley, S. J. 2008. "The Codes of Language: Turtles All the Way Up?" In *The Codes of Life: The Rules of Macroevolution*, ed. B. Marcello, 319–345. Berlin: Springer.

Cowley, S. J. 2011. *Distributed Language*. Amsterdam: John Benjamins.

Croft, William. 2000. *Explaining Language Change: An Evolutionary Approach*. Harlow, UK: Longman.

Cruse, D. Alan. 1986. *Lexical Semantics*. Cambridge: Cambridge University Press.

Culpeper, J. 2011. *Impoliteness: Using Language to Cause Offence*. Cambridge: Cambridge University Press.

Culpeper, J., L. Marti, M. Mei, M. Nevala, and G. Schauer. 2010. "Cross-Cultural Variation in the Perception of Impoliteness: A Study of Impoliteness Events Reported by Students in England, China, Finland, Germany and Turkey." *Intercultural Pragmatics* 7 (4): 597–624.

Cutler, Anne. 2012. *Native Listening: Language Experience and the Recognition of Spoken Words*. Cambridge, MA: MIT Press.

D'Andrade, Roy D. 1987. "A Folk Model of the Mind." In *Cultural Models in Language and Thought*, ed. Dorothy Holland and Naomi Quinn, 112–148. Cambridge: Cambridge University Press.

Danielson, Peter. 1998. *Modeling Rationality, Morality, and Evolution*. New York: Oxford University Press.

Danziger, Eve. 2006. "The Thought That Counts: Interactional Consequences of Variation in Cultural Theories of Meaning." In *Roots of Human Sociality: Culture, Cognition and Interaction*, ed. N. J. Enfield and Stephen C. Levinson, 259–278. Oxford: Berg.

Darwin, Charles. 1872. *The Expression of the Emotions in Man and Animals*. London: J. Murray.〔ダーウィン『人及び動物の表情について』浜中浜太郎訳, 岩波書店, 1931〕

Davidson, Donald. 1963. "Actions, Reasons, and Causes." *Journal of Philosophy* 60 (23): 685–700.

Davidson, Donald. 1978. " Intending." In *Philosophy of History and Action*, ed. Yirmiahu Yovel, 41–60. Dordrecht: D. Reidel.

Dawkins, Richard. 1976. *The Selfish Gene*. Oxford: Oxford University Press.〔ドーキンス『利己的な遺伝子』日高敏隆・岸由二・羽田節子・垂水雄二訳, 紀伊國屋書店, 1991〕

Dennett, D. C. 1987. *The Intentional Stance*. Cambridge, MA: MIT Press.〔デネット『「志向姿勢」の哲学：人は人の行動を読めるのか？』若島正・河田学訳, 白揚社, 1996〕

Van Dijk, T. A. 2006. "Discourse, Context and Cognition." *Discourse Studies* 8 (1): 159–177.

Dixon, R. M. W. 1971. "A Method of Semantic Description." In *Semantics: An Interdisciplinary Reader in Philosophy, Linguistics and Psychology*, ed. Danny Steinberg and Leon A. Jakobovits, 436–471. Cambridge: Cambridge University Press.

Dixon, R. M. W. 2010. *Basic Linguistic Theory*. Oxford: Oxford University Press.
Donald, Merlin. 2007. "The Slow Process: A Hypothetical Cognitive Adaptation for Distributed Cognitive Networks." *Journal of Physiology Paris 101* (4-6): 214–222.
Donegan, Patricia, and David Stampe. 1983. "Rhythm and the Holistic Organization of Language Structure." In *Papers from the Parasession on the Interplay of Phonology, Morphology, and Syntax*, ed. John F. Richardson, Mitchell Marks, and Amy Chukerman, 337–353. Chicago: Chicago Linguistic Society.
Dor, Daniel. 2012. *Language as a Communication Technology: A Proposal for a New General Linguistic Theory*. Typescript. Tel Aviv: Tel Aviv University.
Dor, Daniel, Chris Knight, and J. Lewis, eds. 2014. *The Social Origins of Language: Studies in the Evolution of Language*. Oxford: Oxford University Press.
Drew, Paul. 1991. "Asymmetries of Knowledge in Conversational Interactions." In *Asymmetries in Dialogue*, ed. Ivana Marková and Klaus Foppa, 21–48. Hertfordshire: Harvester Wheatsheaf.
Drew, Paul. 2006. "Mis-alignments in 'After-hours' Calls to a British GP's Practice: A Study in Telephone Medicine." In *Communication in Medical Care: Interaction Between Primary Care Physicians and Patients*, ed. John Heritage and D. W. Maynard. Cambridge: Cambridge University Press.
Drew, Paul, and K. Chilton. 2000. "Calling Just to Keep in Touch: Regular and Habitualised Telephone Calls as an Environment for Small Talk." In *Small Talk*, ed. J. Coupland, 137–162. Harlow: Pearson Education.
Du Bois, John W. 2010. "Towards a dialogic syntax." Typescript, University of California, Santa Barbara.
Dunbar, Robin I. M. 1988. *Primate Social Systems*. London and Sydney: Croom Helm.
Dunbar, Robin I. M. 1993. "Coevolution of Neocortical Size, Group Size, and Language in Humans." *Behavioral and Brain Sciences* 16: 681–735.
Dunbar, Robin I. M. 1996. *Grooming, Gossip and the Evolution of Language*. London: Faber and Faber.〔ダンバー『ことばの起源：猿の毛づくろい，人のゴシップ』松浦俊輔・服部清美訳，青土社，1998〕
Dunbar, Robin I.M. 1998. "The Social Brain Hypothesis." *Evolutionary Anthropology* 6: 178–190.
Dunbar, Robin I. M., and M. Spoors. 1995. "Social Networks, Support Cliques, and Kinship." *Human Nature* 6 (3): 273–290.
Duranti, Alessandro. 1981. *The Samoan Fono: A Sociolinguistic Study*. Canberra: Pacific Linguistics.
Duranti, Allesandro. 2004. "Agency in Language." In *A Companion to Linguistic Anthropology*, ed. A. Duranti, 451–473. Malden: Blackwell.
Duranti, Alessandro, and Charles Goodwin. 1992. *Rethinking Context: Language as an Interactive Phenomenon*. Cambridge: Cambridge University Press.
Durham, W. H. 1991. *Coevolution: Genes, Culture, and Human Diversity*. Stanford: Stanford University Press.
Durkheim, Emile. 1982. *The Rules of Sociological Method*. London: Macmillan. (Originally published 1895.)〔デュルケム『社会学的方法の規準』宮島喬訳，岩波書店，1978，ほか〕
Eibl-Eibesfeldt, I. 1989a. *Foundations of Human Behavior*. New York: Aldine de

Gruyter.
Eibl-Eibesfeldt, I. 1989b. *Human Ethology*. New York: Aldine de Gruyter.〔アイブル＝アイベスフェルト『ヒューマン・エソロジー：人間行動の生物学』桃木暁子・日高敏隆訳，ミネルヴァ書房，2001〕
Enfield, N. J. 2002a. *Ethnosyntax: Explorations in Culture and Grammar*. Oxford: Oxford University Press.
Enfield, N. J. 2002b. "Ethnosyntax: Introduction." In *Ethnosyntax: Explorations in Culture and Grammar*, ed. N. J. Enfield, 1–30. Oxford: Oxford University Press.
Enfield, N. J. 2003a. "The Definition of What-d'you-call-it: Semantics and Pragmatics of Recognitional Deixis." *Journal of Pragmatics* 35: 101–117.
Enfield, N. J. 2003b. "Demonstratives in Space and Interaction: Data from Lao Speakers and Implications for Semantic Analysis." *Language* 79 (1): 82–117.
Enfield, N. J. 2003c. *Linguistic Epidemiology: Semantics and Grammar of Language Contact in Mainland Southeast Asia*. London: RoutledgeCurzon.
Enfield, N. J. 2005a. "Areal Linguistics and Mainland Southeast Asia." *Annual Review of Anthropology* 34: 181–206.
Enfield, N. J. 2005b. "The Body as a Cognitive Artifact in Kinship Representations. Hand Gesture Diagrams by Speakers of Lao." *Current Anthropology* 46 (1): 51–81.
Enfield, N. J. 2006. "Social Consequences of Common Ground." In *Roots of Human Sociality: Culture, Cognition, and Interaction*, ed. N. J. Enfield and Stephen C. Levinson, 399–430. London: Berg.
Enfield, N. J. 2007. *A Grammar of Lao*. Berlin: Mouton de Gruyter.
Enfield, N. J. 2008. "Linguistic Categories and Their Utilities: The Case of Lao Landscape Terms." *Language Sciences* 30 (2): 227–255.
Enfield, N. J. 2009. *The Anatomy of Meaning: Speech, Gesture, and Composite Utterances*. Cambridge: Cambridge University Press.
Enfield, N. J. 2010. *Human Sociality at the Heart of Language*. Nijmegen: Radboud Universiteit Nijmegen.
Enfield, N. J. 2012. "Reference in Conversation." In *The Handbook of Conversation Analysis*, ed. Jack Sidnell and Tanya Stivers, 433–454. New York: Wiley.
Enfield, N. J. 2013. "Language, Culture, and Mind: Trends and Standards in the Latest Pendulum Swing." *Journal of the Royal Anthropological Institute* 19 (1): 155–169.
Enfield, N. J. 2014a. "The Item/System Problem." In *Cambridge Handbook of Linguistic Anthropology*, ed. N. J. Enfield, Paul Kockelman, and Jack Sidnell, 48–77. Cambridge: Cambridge University Press.
Enfield, N. J. 2014b. "Causal dynamics of language." In *Cambridge Handbook of Linguistic Anthropology*, ed. N. J. Enfield, Paul Kockelman, and Jack Sidnell, 325–342. Cambridge: Cambridge University Press.
Enfield, N. J. 2014c. "Transmission Biases in the Cultural Evolution of Language: Towards an Explanatory Framework." In *The Social Origins of Language: Studies in the Evolution of Language*, ed. Daniel Dor, Chris Knight, and Jerome Lewis, 325–335. Oxford: Oxford University Press.
Enfield, N. J., and Gérard Diffloth. 2009. "Phonology and Sketch Grammar of Kri, a Vietic Language of Laos." *Cahiers De Linguistique—Asie Orientale* 38 (1): 3–69.

Enfield, N. J., and Stephen C. Levinson. 2006a. "Introduction: Human Sociality as a New Interdisciplinary Field." In *Roots of Human Sociality: Culture, Cognition, and Interaction*, ed. N. J. Enfield and Stephen C. Levinson, 1–38. Oxford: Berg.

Enfield, N. J., and Stephen C. Levinson. 2006b. *Roots of Human Sociality: Culture, Cognition, and Interaction*. London: Berg.

Enfield, N. J., and Jack Sidnell. 2014. "Language Presupposes an Enchronic Infrastructure for Social Interaction." In *The Social Origins of Language: Studies in the Evolution of Language*, ed. Daniel Dor, Chris Knight, and Jerome Lewis, 92–104. Oxford: Oxford University Press.

Enfield, N. J., and Tanya Stivers. 2007. *Person Reference in Interaction: Linguistic, Cultural, and Social Perspectives*. Cambridge: Cambridge University Press.

Enfield, N. J., Tanya Stivers, and Stephen C. Levinson. 2010. "Question-Response Sequences in Conversation Across Ten Languages: An Introduction." *Journal of Pragmatics* 42 (10): 2615–2619.

Engeström, Yrjö, Reijo Miettinen, and Raija-Leena Punamäki. 1999. *Perspectives on Activity Theory*. Cambridge: Cambridge University Press.

Engle, Randi A. 1998. "Not Channels But Composite Signals: Speech, Gesture, Diagrams and Object Demonstrations Are Integrated in Multimodal Explanations." In *Proceedings of the Twentieth Annual Conference of the Cognitive Science Society*, ed. M. A. Gernsbacher and S. J. Derry, 321–327. Mahwah, NJ: Erlbaum.

Evans, Grant. 1990. *Lao Peasants Under Socialism*. New Haven and London: Yale University Press.

Evans, Grant. 1997. *The Politics of Ritual and Remembrance: Laos Since 1975*. Chiang Mai: Silkworm Books.

Evans, Grant. 1999. *Laos: Culture and Society*. Chiang Mai: Silkworm Books.

Evans, Grant. 2002. *A Short History of Laos: The Land in Between*. Chiang Mai: Silkworm Books.

Evans, Nicholas D. 2003. "Context, Culture, and Structuration in the Languages of Australia." *Annual Review of Anthropology* 32: 13–40.

Evans-Pritchard, E. E. 1937. *Witchcraft, Magic and Oracles Among the Azande*. Oxford: Clarendon Press.〔エヴァンズ=プリチャード『アザンデ人の世界：妖術・託宣・呪術』向井元子訳，みすず書房，2001〕

Evans-Pritchard, E. E. 1940. *The Nuer: A Description of the Modes of Livelihood and Political Institutions of a Nilotic People*. Oxford: Clarendon Press.〔エヴァンズ=プリチャード『ヌアー族：ナイル系一民族の生業形態と政治制度の調査記録』向井元子訳，平凡社，1997〕

Evans-Pritchard, E. E. 1954. *The Institutions of Primitive Society*. Oxford: Basil Blackwell.〔エヴァンズ=プリチャード『人類学入門』吉田禎吾訳，弘文堂，1970〕

Everett, Daniel L. 2012. *Language: The Cultural Tool*. London: Profile. Face/Off. 1997. Film. Paramount Pictures.

Firth, Raymond. 1972. "Verbal and Bodily Rituals of Greeting and Parting." In *The Interpretation of Ritual: Essays in Honour of A. I. Richards*, ed. J. S. La Fontaine, 1–38. London: Tavistock.

Fiske, Alan Page. 1992. "The Four Elementary Forms of Sociality: Framework for a

Unified Theory of Social Relations." *Psychological Review* 99 (4): 689–723.
Fodor, Jerry A. 1975. *The Language of Thought*. Cambridge, MA: Harvard University Press.
Fodor, Jerry A. 1987. *Psychosemantics*. Cambridge, MA: MIT Press.
Fodor, Jerry A. 1998. *Concepts: Where Cognitive Science Went Wrong*. Oxford: Oxford University Press.
Foley, William A., and Robert D. Van Valin Jr. 1984. *Functional Syntax and Universal Grammar*. Cambridge: Cambridge University Press.
Ford, Cecilia E. 1993. *Grammar in Interaction: Adverbial Clauses in American English*. Cambridge: Cambridge University Press.
Ford, Cecilia E., Barbara A. Fox, and Sandra A. Thompson. 2002. *The Language of Turn and Sequence*. New York: Oxford University Press.
Ford, Cecilia E., and Sandra A. Thompson. 1996. "Interactional Units in Conversation: Syntactic, Intonational, and Pragmatic Resources for the Management of Turns." *Studies in Interactional Sociolinguistics* 13: 134–184.
Fortes, M. 1966. "Religious Premisses and Logical Technique in Divinatory Ritual." *Philosophical Transactions of the Royal Society of London. Series B, Biological Sciences* 251 (722): 409–422.
Fox, Barbara A. 1987. *Discourse Structure and Anaphora: Written and Conversational English*. Cambridge: Cambridge University Press.
Fox, Barbara A. 1996. *Studies in Anaphora*. Amsterdam and Philadelphia: John Benjamins.
Frake, Charles O. 1975. "How to Enter a Yakan House." In *Sociocultural Dimensions of Language Use*, ed. Mary Sanches and Ben G. Blount, 25–40. New York: Academic Press.
Fujii, Y. 2011. "Differences of Situating Self in the Place/Ba of Interaction Between the Japanese and American English Speakers." *Journal of Pragmatics* 44 (5): 636–662.
Gair, J. W. 1988. "Kinds of Markedness." In *Linguistic Theory in Second Language Acquisition*, ed. Suzanne Flynn and Wayne O'Neil, 225–250. Dordrecht: Kluwer.
Garde, M. 2002. *Social Deixis in Bininj Kun-wok Conservation*. Ph.D. dissertation, University of Queensland.
Garfinkel, Harold. 1967. *Studies in Ethnomethodology*. New Jersey: Prentice-Hall.
Garfinkel, Harold, and Harvey Sacks. 1970. "On Formal Structures of Practical Actions." In *Theoretical Sociology: Perspectives and Developments*, ed. John C. McKinney and Edward A. Tiryakian, 337–366. New York: Meredith.
Geeraerts, Dirk. 1997. *Diachronic Prototype Semantics: A Contribution to Historical Lexicology*. Oxford: Clarendon Press.
Geeraerts, Dirk. 2009. *Theories of Lexical Semantics*. Oxford: Oxford University Press.
Geertz, Clifford. 1966. "Religion as a Cultural System." In *Anthropological Approaches to the Study of Religion*, ed. Michael Bunton, 1–46. London: Tavistock.
Geertz, Clifford. 1973. *The Interpretation of Cultures*. New York: Basic Books.〔ギアーツ『文化の解釈学1, 2』吉田禎吾他訳,岩波書店,1987〕
Gell, A. 1998. *Art and Agency*. Oxford: Clarendon Press.
Gergely, György, Harold Bekkering, and Ildikó Király. 2002. "Developmental Psychology: Rational Imitation in Preverbal Infants." *Nature* 415: 755.

Gergely, György, and Gergely Csibra. 2006. "Sylvia's Recipe: The Role of Imitation and Pedagogy in the Transmission of Cultural Knowledge." In *Roots of Human Sociality: Culture, Cognition, and Interaction*, ed. N. J. Enfield and Stephen C. Levinson, 229–255. London: Berg.

Gibbs, R. W. 1983. "Do People Always Process the Literal Meanings of Indirect Requests?" *Journal of Experimental Psychology: Learning, Memory, and Cognition* 9 (3): 524.

Gibbs, R. W. 1984. "Literal Meaning and Psychological Theory." *Cognitive Science* 8 (3): 275–304.

Gibson, James J. 1979. *The Ecological Approach to Visual Perception*. Boston: Houghton Mifflin. 〔ギブソン『生態学的視覚論：ヒトの知覚世界を探る』古崎敬・古崎愛子・辻敬一郎・村瀬旻訳, サイエンス社, 1985〕

Giddens, Anthony. 1993. *New Rules of Sociological Method*, 2nd Ed. Stanford: Stanford University Press. 〔ギデンズ『社会学の新しい方法規準：理解社会学の共感的批判（第2版）』松尾精文・藤井達也・小幡正敏訳, 而立書房, 2000〕

Gigerenzer, Gerd. 2007. *Gut Feelings: Short Cuts to Better Decision Making*. London: Penguin.

Gigerenzer, Gerd, Ralph Hertwig, and Thorsten Pachur, eds. 2011. Heuristics: *The Foundations of Adaptive Behavior*. New York: Oxford University Press.

Gigerenzer, Gerd, Peter M. Todd, and ABC Research Group. 1999. *Simple Heuristics That Make Us Smart*. Oxford: Oxford University Press.

Gilbert, Margaret. 1992. *On Social Facts*. Princeton: Princeton University Press.

Gipper, Sonja. 2011. *Evidentiality and Intersubjectivity in Yurakaré: An Interactional Account*. Nijmegen: Radboud Universiteit Nijmegen.

Glenn, Phillip. 2003. *Laughter in Interaction*. New York: Cambridge University Press.

Goddard, Cliff. 1997. "Cultural Values and 'Cultural Scripts' of Malay (Bahasa Melayu)." *Journal of Pragmatics* 27: 183–201.

Goddard, Cliff. 2002. "Ethnosyntax, Ethnopragmatics, Sign-Functions, and Culture." In *Ethnosyntax: Explorations in Grammar and Culture*, 52–73. Oxford: Oxford University Press.

Goddard, Cliff. 2006. *Ethnopragmatics: Understanding Discourse in Cultural Context*. Berlin: Mouton de Gruyter.

Goddard, Cliff, and Anna Wierzbicka. 2002. *Meaning and Universal Grammar*. Amsterdam: John Benjamins.

Goffman, Erving. 1959. *The Presentation of Self in Everyday Life*. New York: Anchor Books. 〔ゴッフマン『行為と演技：日常生活における自己呈示』石黒毅訳, 誠信書房, 1974〕

Goffman, Erving. 1963a. *Behaviour in Public Places: Notes on the Social Organization of Gatherings*. New York: Free Press. 〔ゴッフマン『集まりの構造：新しい日常行動論を求めて』丸木恵祐・本名信行訳, 誠信書房, 1980〕

Goffman, Erving. 1963b. *Stigma: Notes on the Management of Spoiled Identity*. Englewood Cliffs, New Jersey: Prentice-Hall. 〔ゴッフマン『スティグマの社会学：烙印を押されたアイデンティティ（改訂版）』石黒毅訳, せりか書房, 2001〕

Goffman, Erving. 1967. *Interaction Ritual*. Harmondsworth: Penguin. 〔ゴッフマン『儀礼としての相互行為：対面行動の社会学』広瀬英彦・安江孝司訳, 法政大学出版局,

1986／新訳版，浅野敏夫訳，2002〕
Goffman, Erving. 1971. *Relations in Public*. New York: Harper & Row.
Goffman, Erving. 1974. *Frame Analysis: An Essay on the Organization of Experience*. Boston: Northeastern University Press.
Goffman, Erving. 1976. "Replies and Responses." *Language in Society* 5 (03): 257-313.
Goffman, Erving. 1981. *Forms of Talk*. Philadelphia: University of Pennsylvania Press.
Goldin-Meadow, Susan. 2003. *Hearing Gesture: How Our Hands Help Us Think*. Cambridge, MA: Harvard University Press.
Goodwin, Charles. 1981. *Interactional Organization: Interaction Between Speakers and Hearers*. New York: Academic Press.
Goodwin, Charles. 1994. "Professional Vision." *American Anthropologist* 96 (3): 606-633.〔グッドウィン「プロフェッショナル・ヴィジョン：専門職に宿るものの見方」北村弥生・北村隆憲訳『共立女子大学文芸学部紀要』56, 2010, pp. 35-80〕
Goodwin, Charles. 1996. "Transparent Vision." In *Interaction and Grammar*, ed. Elinor Ochs, Emanuel A. Schegloff, and Sandra A. Thompson, 370-404. Cambridge: Cambridge University Press.
Goodwin, Charles. 2000. "Action and Embodiment Within Situated Human Interaction." *Journal of Pragmatics* 32: 1489-1522.
Goodwin, Charles. 2006. "Human Sociality as Mutual Orientation in a Rich Interactive Environment: Multimodal Utterances and Pointing in Aphasia." In *Roots of Human Sociality: Culture, Cognition, and Interaction*, ed. N. J. Enfield and Stephen C. Levinson, 97-125. London: Berg.
Goodwin, Charles, and Marjorie Harness Goodwin. 1987. "Concurrent Operations on Talk: Notes on the Interactive Organization of Assessments." *IPrA Papers in Pragmatics* 1 (1): 1-52.
Goodwin, Marjorie Harness. 1990. *He-Said-She-Said: Talk as Social Organization Among Black Children*. Bloomington and Indianapolis: Indiana University Press.
Goodwin, Marjorie Harness. 2006. *The Hidden Life of Girls: Games of Stance, Status, and Exclusion*. Malden: Blackwell.
Goody, Esther N. 1995a. "Introduction: Some Implications of a Social Origin of Intelligence." In *Social Intelligence and Interaction: Expressions and Implications of the Social Bias in Human Intelligence*, ed. Goody, 1-33. Cambridge: Cambridge University Press.
Goody, Esther N. 1995b. *Social Intelligence and Interaction: Expressions and Implications of the Social Bias in Human Intelligence*. Cambridge: Cambridge University Press.
Granovetter, Mark. 1973. "The Strength of Weak Ties." *American Journal of Sociology* 78: 1360-1380.
Granovetter, Mark. 1978. "Threshold Models of Collective Behaviour." *American Journal of Sociology* 83: 1420-1443.
Grice, H. Paul. 1957. "Meaning." *Philosophical Review* 67: 377-388.
Grice, H. Paul. 1975. "Logic and Conversation." In *Speech Acts*, ed. Peter Cole and Jerry L. Morgan, 41-58. New York: Academic Press.
Grice, H. Paul. 1989. *Studies in the Way of Words*. Cambridge, MA: Harvard University Press.〔グライス『論理と会話』清塚邦彦訳，勁草書房，1998〕
Gumperz, John J. 1982. *Discourse Strategies*. Cambridge: Cambridge University Press.

〔ガンパーズ『認知と相互行為の社会言語学：ディスコース・ストラテジー』井上逸兵訳，松柏社，2004〕

Gussenhoven, Carlos. 2004. *The Phonology of Tone and Intonation*. Cambridge: Cambridge University Press.

Halliday, Michael A. K., and Ruqaiya Hasan. 1976. *Cohesion in English*. London: Longman. 〔ハリデイ・ハサン『テクストはどのように構成されるか：言語の結束性』安藤貞雄訳，ひつじ書房，1997〕

Hanks, William F. 1989. "The Indexical Ground of Deictic Reference." *Chicago Linguistics Society* 25 (2): 104–122.

Hanks, William F. 1990. *Referential Practice: Language and Lived Space Among the Maya*. Chicago: University of Chicago Press.

Hanks, William F. 1996a. "Exorcism and the Description of Participant Roles." In *Natural Histories of Discourse*, ed. Michael Silverstein and Greg Urban, 160–200. Chicago: Chicago Linguistic Society.

Hanks, William F. 1996b. *Language and Communicative Practices*. Boulder: Westview Press.

Hanks, William F. 2005a. "Explorations in the Deictic Field." *Current Anthropology* 46 (2): 191–220.

Hanks, William F. 2005b. "Pierre Bourdieu and the Practices of Language." *Annual Review of Anthropology* 34: 67–83.

Hanks, William F. 2006. "Joint Commitment and Common Ground in a Ritual Event." In *Roots of Human Sociality: Culture, Cognition and Interaction*, ed. N. J. Enfield and Stephen C. Levinson. Oxford: Berg.

Hanks, William F. 2010. *Converting Words: Maya in the Age of the Cross*. Berkeley: University of California Press.

Hanks, William F., S. Ide, and Y. Katagiri. 2009. "Towards an Emancipatory Pragmatics." *Journal of Pragmatics* 41 (1): 1–9.

Hart, H. L. A. 1961. *The Concept of Law*. Oxford: Oxford University Press. 〔ハート『法の概念』矢崎光圀監訳，みすず書房，1976〕

Haspelmath, Martin. 2006. "Against Markedness (and What to Replace It With)." *Journal of Linguistics* 42 (1): 25–70.

Haviland, John. 1979. "How to Talk to Your Brother-in-law in Guugu Yimidhirr." In *Languages and Their Speakers*, ed. Timothy Shopen, 160–239. Philadelphia: University of Philadelphia Press.

Havránek, Bohuslav. 1964. "The Functional Differentiation of the Standard Language." In *A Prague School Reader on Esthetics, Literary Structure, and Style*, ed. Paul L. Garvin, 3–16. Washington, DC: Georgetown University Press. (Originally published 1932.)

Hayano, Kaoru. 2011. "Claiming Epistemic Primacy: Yo-marked Assessments in Japanese." In *The Morality of Knowledge in Conversation*, eds. Tanya Stivers, Lorenza Mondada, and Jakob Steensig, 58–81. Cambridge: Cambridge University Press.

Hayano, Kaoru. 2013. *Territories of Knowledge in Japanese Conversation*. Ph.D. dissertation, Max Planck Institute for Psycholinguistics, Nijmegen.

Hayashi, Makoto, Geoffrey Raymond, and Jack Sidnell, eds. 2013. *Conversational Re-*

pair and Human Understanding. Cambridge: Cambridge University Press.
Henrich, Joseph, Robert Boyd, Samuel Bowles, Colin Camerer, Ernst Fehr, and Herbert Gintis. 2004. *Foundations of Human Sociality: Economic Experiments and Ethnographic Evidence from Fifteen Small-scale Societies.* Oxford: Oxford University Press.
Heritage, John. 1984. *Garfinkel and Ethnomethodology.* Cambridge, MA: Polity Press.
Heritage, John. 2002. "Oh-Prefaced Responses to Assessments: A Method of Modifying Agreement/Disagreement." In *The Language of Turn and Sequence*, ed. C. E. Ford, Barbara Fox, and Sandra A. Thompson, 196–224. New York: Oxford University Press.
Heritage, John. 2007. "Intersubjectivity and Progressivity in Person (and Place) Reference." In *Person Reference in Interaction: Linguistic, Cultural, and Social Perspectives*, ed. N. J. Enfield and Tanya Stivers, 255–280. Cambridge: Cambridge University Press.
Heritage, John. 2012a. "The Epistemic Engine: Sequence Organization and Territories of Knowledge." *Research on Language and Social Interaction* 45 (1): 30–52.
Heritage, John. 2012b. "Epistemics in Action: Action Formation and Territories of Knowledge." *Research on Language and Social Interaction* 45 (1): 1–29.
Heritage, John, and Geoffrey Raymond. 2005. "The Terms of Agreement: Indexing Epistemic Authority and Subordination in Talk-in-interaction." *Social Psychology Quarterly* 68 (1): 15–38.
Hill, R. A., and Robin I. M. Dunbar. 2003. "Social Network Size in Humans." *Human Nature* 14: 53–72.
Hinde, Robert A. 1976. "Interactions, Relationships, and Social Structure." *Man (New Series)* 11 (1): 1–17.
Hinde, Robert A. 1982. *Ethology: Its Nature and Relations with Other Sciences.* London: Fontana.〔ハインド『エソロジー:動物行動学の本質と関連領域』木村武二・大川けい子訳, 紀伊國屋書店, 1989〕
Hinde, Robert A. 1991. "A Biologist Looks at Anthropology." *Journal of the Royal Anthropological Institute* 26 (4): 583–608.
Hinde, Robert A. 1997. *Relationships: A Dialectical Perspective.* Hove: Psychology Press.
Hockett, Charles F. 1960. "The Origin of Speech." *Scientific American* 203: 89–96.
Hrdy, Sarah Blaffer. 2009. *Mothers and Others: The Evolutionary Origins of Mutual Understanding.* Cambridge, MA: Harvard University Press.
Humphrey, Nicholas K. 1976. "The Social Function of Intellect." In *Growing Points in Ethology*, ed. P. Bateson and Robert A. Hinde, 303–321. Cambridge: Cambridge University Press.
Hurford, James R. 2003. "The Neural Basis of Predicate-argument Structure." *Behavioral and Brain Sciences* 26 (3): 261–282.
Hurford, James R. 2007. *The Origins of Meaning.* Oxford: Oxford University Press.
Hutchins, Edwin. 1995. *Cognition in the Wild.* Cambridge, MA: MIT Press.
Hutchins, Edwin. 2006. "The Distributed Cognition Perspective on Human Interaction." In *Roots of Human Sociality: Culture, Cognition and Interaction*, ed. N. J. Enfield and Stephen C. Levinson, 375–398. Oxford: Berg.
Hutchins, Edwin, and Brian Hazlehurst. 1995. "How to Invent a Shared Lexicon: The

Emergence of Shared Form-Meaning Mappings in Interaction." In *Social Intelligence and Interaction: Expressions and Implications of the Social Bias in Human Intelligence*, ed. Esther Goody, 53–67. Cambridge: Cambridge University Press.

Hutchins, Edwin, and Leysia Palen. 1993. "Constructing Meaning from Space, Gesture, and Speech." In *Discourse, Tools, and Reasoning: Essays on Situated Cognition*, ed. Lauren B. Resnick, Roger Säljö, Clotilde Pontecorvo, and Barbara Burge, 23–40. Berlin: Springer.

Hutton, Christopher M. 1990. *Abstraction and Instance: The Type-token Relation in Linguistic Theory*. Oxford: Pergamon Press.

Huxley, J. 1966. "A Discussion on Ritualization of Behavior in Animals and Man: Introduction." In *A Discussion on Ritualization of Behavior in Animals and Man*, ed. J. Huxley, Philosophical Transactions of the Royal Society of London. Series B, Biological Sciences 251: 249–272.

Hymes, Dell H. 1964. *Language in Culture and Society: A Reader in Linguistics and Anthropology*. New York: Harper & Row.

Ingold, Tim. 1990. "An Anthropologist Looks at Biology." *Man* 25 (2) (June 1): 208–229.

Ingold, Tim. 2000. *The Perception of the Environment: Essays on Livelihood, Dwelling and Skill*. London and New York: Routledge.

Ireson, Carol J. 1996. *Field, Forest, and Family: Women's Work and Power in Rural Laos*. Boulder: Westview Press.

Irvine, Judith T. 1996. "Shadow Conversations: The Indeterminacy of Participant Roles." In *Natural Histories of Discourse*, ed. Michael Silverstein and Greg Urban, 131–159. Chicago: Chicago University Press.

Jackendoff, Ray. 1983. *Semantics and Cognition*. Cambridge, MA: MIT Press.

Jackendoff, Ray. 1997. *The Architecture of the Language Faculty*. Cambridge, MA: MIT Press.

Jackendoff, Ray. 2002. *Foundations of Language: Brain, Meaning, Grammar, Evolution*. Oxford: Oxford University Press.〔ジャッケンドフ『言語の基盤：脳・意味・文法・進化』郡司隆男訳，岩波書店，2006〕

Jacob, François. 1977. "Evolution and Tinkering." *Science* (196): 1161–1966.

Jakobson, Roman. 1960. "Concluding Statement: Linguistics and Poetics." In *Style in Language*, ed. Thomas A. Sebeok, 350–377. Cambridge, MA: MIT Press.〔ヤーコブソン「言語学と詩学」，『一般言語学』田村すず子・村崎恭子・長嶋善郎・中野直子・川本茂雄訳，みすず書房，1973，第XI章〕

Jakobson, Roman. 1971. "Shifters, Verbal Categories, and the Russian Verb." In *Selected Writings II: Word and Language*, ed. Roman Jakobson, 130–147. The Hague and Paris: Mouton.〔ヤーコブソン「転換子と動詞範疇とロシア語動詞」，『一般言語学』田村すず子・村崎恭子・長嶋善郎・中野直子・川本茂雄訳，みすず書房，1973，第IX章〕

Jakobson, Roman. 1980. *The Framework of Language*. Ann Arbor: University of Michigan Press.

Jefferson, Gail. 1974. "Error Correction as an Interactional Resource." *Language in Society* 2: 181–199.

Jefferson, Gail. 1978. "Sequential Aspects of Storytelling in Conversation." In *Studies in the Organization of Conversational Interaction*, ed. Jim Schenkein, 219–248. New York: Academic Press.

Jefferson, Gail. 1979. "A Technique for Inviting Laughter and Its Subsequent Acceptance/Declination." In *Everyday Language: Studies in Ethnomethodology*, ed. G. Psathas, 79–96.

Jefferson, Gail. 1981. "The Abominable 'ne?' An Exploration of Post-Response Pursuit of Response." In P. Schroeder and H. Steger (eds.), *Dialogforschung*. Pädagogischer Verlag Schwann, Düsseldorf: 53–87.

Jefferson, Gail. 1984. "On the Organization of Laughter in Talk About Troubles." In *Structures of Social Action: Studies in Conversation Analysis*, ed. J. Maxwell Atkinson and John Heritage. Cambridge, UK: Cambridge University Press.

Jefferson, Gail. 1987. "On Embedded and Exposed Correction in Conversation." In *Talk and Social Organization*, ed. Graham Button and John R. E. Lee, 86–100. Clevedon: Multilingual Matters.

Jefferson, Gail. 2015. *Talking About Troubles in Interaction*. New York: Oxford University Press.

Jefferson, Gail, and J. R. E. Lee. 1980. "End of Grant Report to the British SSRC on the Analysis of Conversations in Which 'Troubles' and 'Anxieties' Are Expressed. (Ref. HR 4802.)."

Jolly, Alison. 1966. "Lemur Social Behavior and Primate Intelligence." *Science* 153: 501–506.

Joyce, Richard. 2006. *The Evolution of Morality*. Cambridge, MA: MIT Press.

Keating, Elizabeth. 2006. "Habits and Innovations: Designing Language for New, Technologically Mediated Sociality." In *Roots of Human Sociality: Culture, Cognition, and Interaction*, ed. N. J. Enfield and Stephen C. Levinson, 329–350. London: Berg.

Kendon, Adam. 1972. "Some Relationships Between Body Motion and Speech: An Analysis of an Example." In *Studies in Dyadic Communication*, ed. A. W. Siegman and B. Pope, 177–210. New York: Pergamon Press.

Kendon, Adam. 1978. "Differential Perception and Attentional Frame in Face-to-face Interaction: Two Problems for Investigation." *Semiotica* 24 (3/4): 305–315.

Kendon, Adam. 1980. "Gesticulation and Speech: Two Aspects of the Process of Utterance." In *The Relation Between Verbal and Nonverbal Communication*, New York, NY: Irvington Publishers. ed. M. R. Key, 207–227. The Hague: Mouton.

Kendon, Adam. 1990. *Conducting Interaction: Patterns of Behavior in Focused Encounters*. Cambridge: Cambridge University Press.

Kendon, Adam. 2004. *Gesture: Visible Action as Utterance*. Cambridge: Cambridge University Press.

Kerr, Allen D. 1972. *Lao-English Dictionary*. Washington, DC: Catholic University of America Press.

Key, Catherine A., and Leslie C. Aiello. 1999. "The Evolution of Social Organization." In *The Evolution of Culture: An Interdisciplinary View*, ed. Robin I. M. Dunbar, Chris Knight, and Camilla Power, 15–33. New Brunswick, NJ: Rutgers University Press.

Kita, Sotaro. 2003. *Pointing: Where Language, Cognition, and Culture Meet*. Mahwah,

NJ: Erlbaum.
Kitzinger, Celia. 2005. "Speaking as a Heterosexual: (How) Does Sexuality Matter for Talk-in-interaction." *Research on Language and Social Interaction* 38 (3): 221–265.
Knight, Chris 1999. "Sex and Language as Pretend Play." In *The Evolution of Culture: An Interdisciplinary View*, ed. Robin I. M. Dunbar, Chris Knight, and Camilla Power, 228–247. Edinburgh: Edinburgh University Press.
Knight, Chris, Robin I. M. Dunbar, and Camilla Power. 1999. "An Evolutionary Approach to Human Culture." In *The Evolution of Culture: An Interdisciplinary View*, ed. Robin I. M. Dunbar, Chris Knight, and Camilla Power, 1–11. New Brunswick: Rutgers University Press.
Knight, Chris, Camilla Power, and Ian Watts. 1995. "The Human Symbolic Revolution: A Darwinian Account." *Cambridge Archaeological Journal* 5 (1): 75–114.
Kockelman, Paul. 2005. "The Semiotic Stance." *Semiotica* 157 (1/4): 233–304.
Kockelman, Paul. 2006a. "Representations of the World: Memories, Perceptions, Beliefs, Intentions, and Plans." *Semiotica* 162 (1-4): 73–125.
Kockelman, Paul. 2006b. "Residence in the World: Affordances, Instruments, Actions, Roles, and Identities." *Semiotica* 162 (1–4): 19–71.
Kockelman, Paul. 2007. "Agency: The Relation Between Meaning, Power, and Knowledge." *Current Anthropology* 48 (3): 375–401.
Kockelman, Paul. 2010. *Language, Culture, and Mind: Natural Constructions and Social Kinds*. Cambridge: Cambridge University Press.
Kockelman, Paul. 2011. "Biosemiosis, Technocognition, and Sociogenesis: Selection and Significance in a Multiverse of Sieving and Serendipity." *Current Anthropology* 52 (5): 711–739.
Kockelman, Paul. 2013. *Agent, Person, Subject, Self: A Theory of Ontology, Interaction, and Infrastructure*. New York: Oxford University Press.
Krebs, John R., and Richard Dawkins. 1984. "Animal Signals: Mind-reading and Manipulation." In *Behavioural Ecology: An Evolutionary Approach* (2nd Ed.), ed. John R. Krebs and N. B. Davies, 380–405. London: Blackwell. 〔クレブス・デイビス編『進化からみた行動生態学』山岸哲・巌佐庸監訳, 蒼樹書房, 1994〕
Ladefoged, Peter, and Ian Maddieson. 1996. *The Sounds of the World's Languages*. Oxford: Blackwell.
Lahlou, S. 2011. "Socio-Cognitive Issues in Human-Centered Design for the Real World." In *The Handbook of Human-Machine Interaction: A Human-Centered Design Approach*, ed. Guy A. Boy, 165–189. Farnham: Ashgate.
Laidlaw, James. 2010. "Agency and Responsibility: Perhaps You Can Have Too Much of a Good Thing." In *Ordinary Ethics: Anthropology, Language, and Action*, ed. Michael Lambek, 143–164. New York: Fordham University Press.
Lakoff, George. 1987. *Women, Fire, and Dangerous Things: What Categories Reveal About the Mind*. Chicago: Chicago University Press. 〔レイコフ『認知意味論：言語から見た人間の心』池上嘉彦・河上誓作他訳, 紀伊國屋書店, 1993〕
Lambrecht, Knud. 1994. *Information Structure and Sentence Form: Topic, Focus and the Mental Representations of Discourse Referents*. Cambridge: Cambridge University Press.
Land, Victoria, and Celia Kitzinger. 2005. "Speaking as a Lesbian: Correcting the

Heterosexist Presumption." *Research on Language and Social Interaction* 38 (4): 371-416.
Langacker, Ronald W. 1987. *Foundations of Cognitive Grammar: Vol. I, Theoretical Prerequisites*. Stanford: Stanford University Press.
Langer, Susanne K. 1951. *Philosophy in a New Key*. New York: New American Library.〔ランガー『シンボルの哲学』矢野萬里他訳,岩波書店,1981〕
Larsen-Freeman, D., and D. Cameron. 2008. *Complex Systems and Applied Linguistics*. Oxford: Oxford University Press.
Lass, R. 1984. *Phonology: An Introduction to Basic Concepts*. Cambridge: Cambridge University Press.
Latour, Bruno. 1993. *We Have Never Been Modern*. Cambridge, MA: Harvard University Press.〔ラトゥール『虚構の「近代」:科学人類学は警告する』川村久美子訳・解題,新評論,2008〕
Latour, Bruno. 2005. *Reassembling the Social: An Introduction to Actor-Network-Theory*. Oxford: Oxford University Press.
Law, John, and John Hassard. 1999. *Actor Network Theory and After*. Oxford: Blackwell.
Leach, E. R. 1966. "Ritualization in Man in Relation to Conceptual and Social Development." *Philosophical Transactions of the Royal Society of London. Series B, Biological Sciences* 251 (772): 403-408.
Lemke, J. L. 2000. "Across the Scales of Time: Artifacts, Activities, and Meanings in Ecosocial Systems." *Mind, Culture, and Activity* 7 (4): 273-290.
Lemke, J. L. 2002. "Language Development and Identity: Multiple Timescales in the Social Ecology of Learning." In *Language Acquisition and Language Socialization: Ecological Perspectives*, ed. C. Kramsch: 68-87. London: Continuum.
Leont'ev, A. 1981. *Problems of the Development of Mind*. Moscow (Russian original 1947): Progress Press.
Lerner, Gene H. 1992. "Assisted Storytelling: Deploying Shared Knowledge as a Practical Matter." *Qualitative Sociology* 15: 24-77.
Lerner, Gene H. 1996. "On the 'Semi-Permeable' Character of Grammatical Units in Conversation: Conditional Entry into the Turn Space of Another Speaker." In *Interaction and Grammar*, ed. Elinor Ochs, Emanuel A. Schegloff, and Sandra A. Thompson, 238-276. Cambridge: Cambridge University Press.
Lerner, Gene H. 2002. "Turn-Sharing: The Choral Co-production of Talk-in-Interaction." In *The Language of Turn and Sequence*, ed. C. E. Ford, Barbara Fox, and Sandra Thompson, 225-256. Oxford: Oxford University Press.
Lerner, Gene H., and Celia Kitzinger. 2007. "Introduction: Person-Reference in Conversation Analytic Research." *Discourse Studies* 9 (4): 427-432.
Levelt, Willem J. M. 1989. *Speaking: From Intention to Articulation*. Cambridge, MA: MIT Press.
Levelt, Willem J. M. 2012. *A History of Psycholinguistics: The Pre-Chomskyan Era*. Oxford: Oxford University Press.
Levinson, Stephen C. 1983. *Pragmatics*. Cambridge: Cambridge University Press.〔レヴィンソン『英語語用論』安井稔・奥田夏子訳,研究社出版,1990〕
Levinson, Stephen C. 1988. "Putting Linguistics on a Proper Footing: Explorations in Goffman's Concepts of Participation." In *Erving Goffman: Exploring the Interac-*

tion Order, ed. Paul Drew and Anthony Wootton, 161–227. Cambridge: Polity Press.

Levinson, Stephen C. 1995. "Interactional Biases in Human Thinking." In *Social Intelligence and Interaction: Expressions and Implications of the Social Bias in Human Intelligence*, ed. Goody, 221–260. Cambridge: Cambridge University Press.

Levinson, Stephen C. 1997. "From Outer to Inner Space: Linguistic Categories and Non-Linguistic Thinking." In *Language and Conceptualization*, ed. Jan Nuyts and Eric Pedersen, 13–45. Cambridge: Cambridge University Press.

Levinson, Stephen C. 2000. *Presumptive Meanings: The Theory of Generalized Conversational Implicature*. Cambridge, MA, and London: MIT Press.〔レヴィンソン『意味の推定：新グライス学派の語用論』田中廣明・五十嵐海理訳，研究社，2007〕

Levinson, Stephen C. 2006. "Cognition at the Heart of Human Interaction." *Discourse Studies* 8 (1): 85–93.

Levinson, Stephen C. 2012. "Action Formation and Ascription." In *Handbook of Conversation Analysis*, ed. Tanya Stivers and Jack Sidnell, 103–130. Malden, MA: Wiley-Blackwell.

Lévi-Strauss, Claude. 1953. "Social Structure." In *Anthropology Today: An Encyclopedic Inventory*, ed. A. L. Kroeber, 524–553. Chicago: University of Chicago Press.

Lévi-Strauss, Claude. 1963. *Structural Anthropology*. London: Penguin.〔レヴィ＝ストロース『構造人類学』荒川幾男他訳，みすず書房，1972〕

Lévi-Strauss, Claude. 1966. *The Savage Mind*. Chicago: University of Chicago Press.〔レヴィ＝ストロース『野生の思考』大橋保夫訳，みすず書房，1976〕

Lévi-Strauss, Claude. 1969. *The Elementary Structures of Kinship* (*2nd Ed.*). London: Eyre and Spottiswoode.〔レヴィ＝ストロース『親族の基本構造』福井和美訳，青弓社，2000〕

Lévi-Strauss, Claude. 1987. *Anthropology and Myth: Lectures 1951–1982*. Oxford: Blackwell.

Lewis, David K. 1969. *Convention: A Philosophical Study*. Cambridge, MA: Harvard University Press.

Linton, Ralph. 1936. *The Study of Man: An Introduction*. New York: Appleton-Century-Crofts.

Liszkowski, Ulf. 2006. "Infant Pointing at Twelve Months: Communicative Goals, Motives, and Social-cognitive Abilities." In *Roots of Human Sociality: Culture, Cognition, and Interaction*, ed. N. J. Enfield and Stephen C. Levinson, 153–178. London: Berg.

Locher, M. A., and R. J. Watts. 2005. "Politeness Theory and Relational Work." *Journal of Politeness Research. Language, Behaviour, Culture* 1 (1): 9–33.

Locher, M. A., and R. J. Watts. 2008. "Relational Work and Impoliteness: Negotiating Norms of Linguistic Behaviour." *Language Power and Social Process* 21: 77.

Lorenz, Konrad Z. 1958. *The Evolution of Behavior*. San Francisco: Freeman.

Lucy, John. 1992. *Language Diversity and Thought: A Reformulation of the Linguistic Relativity Hypothesis*. Cambridge: Cambridge University Press.

Lucy, John. 1993. *Reflexive Language: Reported Speech and Metapragmatics*. Cambridge: Cambridge University Press.

Lyons, John. 1977. *Semantics*. Cambridge: Cambridge University Press.

MacNeilage, Peter F. 2008. *The Origin of Speech*. Oxford: Oxford University Press.
MacWhinney, B. 2005. "The Emergence of Linguistic Form in Time." *Connection Science* 17 (3-4): 191-211.
Malinowski, Bronislaw. 1926. "The Problem of Meaning in Primitive Languages." In *The Meaning of Meaning*, ed. C. K. Ogden and I. A. Richards, 296-336. London: Routledge and Kegan Paul.〔オグデン・リチャーズ『意味の意味:言語の思想に及す影響及び象徴学の研究』石橋幸太郎訳,改訳版,刀江書院,1951／新装版『意味の意味』新泉社,2008〕
Mandelbaum, Jenny. 1987. "Couples Sharing Stories." *Communication Quarterly* 352: 144-170.
Marcus, Gary. 2008. *Kluge: The Haphazard Construction of the Human Mind*. London: Faber and Faber.〔マーカス『脳はあり合わせの材料から生まれた:それでもヒトの「アタマ」がうまく機能するわけ』鍛原多惠子訳,早川書房,2009〕
Marx, Karl, and Friedrich Engels. 1947. *The German Ideology*. New York: International.〔マルクス・エンゲルス『ドイツ・イデオロギー』新編輯版,廣松渉編訳,小林昌人補訳,岩波書店,2002ほか〕
Maynard, D. W., and D. Zimmerman. 1984. "Topical Talk, Ritual, and the Social Organization of Relationships." *Social Psychology Quarterly* 47: 301-316.
Mayr, Ernst. 1964. *Introduction to Charles Darwin on the Origin of Species*. Cambridge, MA: Harvard University Press.
Mayr, Ernst. 1970. *Populations, Species, and Evolution*. Cambridge and London: Belknap Press of Harvard University Press.
Mayr, Ernst. 1982. *The Growth of Biological Thought: Diversity, Evolution, and Inheritance*. Cambridge and London: Belknap Press.
McConvell, Patrick. 1985. "The Origin of Subsections in Northern Australia." *Oceania* 56 (1): 1-33.
McNeill, David. 1985. "So You Think Gestures Are Nonverbal?" *Psychological Review* 92 (3): 350-371.
McNeill, David. 1992. *Hand and Mind: What Gestures Reveal About Thought*. Chicago: University of Chicago Press.
McNeill, David. 2005. *Gesture and Thought*. Chicago and London: University of Chicago Press.
Mead, George Herbert. 1934. *Mind, Self, and Society*. Chicago: University of Chicago Press.〔ミード『精神・自我・社会』稲葉三千男・滝沢正樹・中野収訳,青木書店,1973／河村望訳,人間の科学社,1995〕
Merritt, Marilyn. 1976. "On Questions Following Questions in Service Encounters." *Language in Society* 5 (3): 315-357.
Michotte, A. 1963. *The Perception of Causality*. Oxford, England: Basic Books.
Milgram, Stanley. 1974. *Obedience to Authority: An Experimental View*. New York: Harper & Row.〔ミルグラム『服従の心理:アイヒマン実験』岸田秀訳,河出書房新社,1975／『服従の心理』山形浩生訳,河出書房新社,2008〕
Miller, George A. 1951. *Language and Communication*. New York: McGraw-Hill.
Molder, Hedwig te, and Jonathan Potter. 2005. *Conversation and Cognition*. Cambridge: Cambridge University Press.
Moore, C., and P. Dunham. 1995. *Joint Attention: Its Origins and Role in Development*.

Hillsdale, NJ: Erlbaum.
Morrison, J. 1997. *Enacting Involvement: Some Conversational Practices for Being in Relationship*. Ph.D. dissertation, Temple University, Philadelphia.
Nadel, Siegfried F. 1957. *The Theory of Social Structure*. London: Cohen and West; Glencoe, IL: Free Press.〔ネーデル『社会構造の理論：役割理論の展開』斎藤吉雄訳，恒星社厚生閣，1978〕
Nettle, Daniel. 1999. *Linguistic Diversity*. Oxford: Oxford University Press.
Nettle, Daniel, and Robin I. M. Dunbar. 1997. "Social Markers and the Evolution of Reciprocal Exchange." *Current Anthropology* 38 (1): 93-99.
Norman, Donald A. 1988. *The Design of Everyday Things*. New York: Basic Books.〔ノーマン『誰のためのデザイン？：認知科学者のデザイン原論』野島久雄訳，新曜社，1990〕
Norman, Donald A. 1991. "Cognitive Artifacts." In *Designing Interaction: Psychology at the Human-Computer Interface*, ed. John M. Carroll, 17-38. Cambridge: Cambridge University Press.
Noveck, I., and Dan Sperber. 2007. "The Why and How of Experimental Pragmatics: The Case of 'Scalar Inferences'." In *Advances in Pragmatics*, ed. Noel Burton-Roberts, 184-212. Hampshire: Palgrave Macmillan.
Ogden, C. K., and I. A. Richards. 1923. *The Meaning of Meaning: A Study of the Influence of Language upon Thought and of the Science of Symbolism*. London: Routledge and Kegan Paul.〔オグデン・リチャーズ『意味の意味：言語の思想に及す影響及び象徴学の研究』石橋幸太郎訳，改訳版，刀江書院，1951／新装版『意味の意味』新泉社，2008〕
Ohala, John J. 1984. "An Ethological Perspective on Common Cross-language Utilization of F0 of Voice." *Phonetica* 41: 1-16.
Owings, Donald H., and Eugene S. Morton. 1998. *Animal Vocal Communication: A New Approach*. Cambridge: Cambridge University Press.
Parmentier, Richard J. 1994. *Signs in Society: Studies in Semiotic Anthropology*. Bloomington and Indianapolis: Indiana University Press.
Parsons, Talcott. 1937. *The Structure of Social Action*. London: Collier-Macmillan.〔パーソンズ『社会的行為の構造（第1分冊 総論）』稲上毅・厚東洋輔訳，木鐸社，1976〕
Pawley, Andrew, and Frances Syder. 2000. "The One Clause at a Time Hypothesis." In *Perspectives on Fluency*, ed. Heidi Riggenbach, 163-191. Ann Arbor: University of Michigan Press.
Peirce, Charles S. 1955. *Philosophical Writings of Peirce*. New York: Dover.
Peirce, Charles S. 1965. *Collected Papers of Charles Sanders Peirce (Vol. II, Elements of Logic)*. ed. Charles Hartshorne and Paul Weiss. Cambridge, MA: Belknap Press of Harvard University Press. (Originally published 1932.)
Perry, Susan. 2003. "Coalitionary Aggression in White-faced Capuchins." In *Animal Social Complexity: Intelligence, Culture, and Individualized Societies*, 111-114. Cambridge and London: Harvard University Press.
Pomerantz, A. 1980. " 'Telling My Side': Limited Access as a 'Fishing' Device." *Sociological Inquiry* 50 (3-4): 186-198.
Pomerantz, Anita. 1984. "Agreeing and Disagreeing with Assessments: Some Features

of Preferred/Dispreferred Turn Shapes." In *Structures of Social Action*, ed. J. Maxwell Atkinson and John Heritage, 57–101. New York: Cambridge University Press.

Pomerantz, A., and J. Heritage. 2012. "Preference." In *The Handbook of Conversation Analysis*, ed. Jack Sidnell and Tanya Stivers, 210–228. Boston: Wiley-Blackwell.

Pomerantz, Anita, and Jenny Mandelbaum. 2005. "Conversation Analytic Approaches to the Relevance and Uses of Relationship Categories in Interaction." In *Handbook of Language and Social Interaction*, ed. Kristine L. Fitch and Robert E. Sanders, 149–171. Mahwah, NJ: Erlbaum.

Pöppel, Ernst. 1971. "Oscillations as Possible Basis for Time Perception." *Studium Generale* 24: 85–107.

Popper, Karl R. 1972. *Objective Knowledge: An Evolutionary Approach*. Oxford: Clarendon Press. 〔ポパー『客観的知識：進化論的アプローチ』森博訳, 木鐸社, 1974〕

Rączaszek-Leonardi, J. 2010. "Multiple Time-Scales of Language Dynamics: An Example from Psycholinguistics." *Ecological Psychology* 22 (4): 269–285.

Radcliffe-Brown, A. R. 1931. "The Social Organization of Australian Tribes" *Oceania* 1 (4), 426-456.

Radcliffe-Brown, A. R. 1952. *Structure and Function in Primitive Society*. Glencoe, IL: Free Press. 〔ラドクリフ＝ブラウン『未開社会における構造と機能』青柳まちこ訳, 蒲生正男解説, 新泉社, 1975／新版, 2002〕

Rappaport, R. A. 1999. *Ritual and Religion in the Making of Humanity*. New York: Cambridge University Press.

Raymond, Geoffrey. 2003. "Grammar and Social Organization: Yes/no Interrogatives and the Structure of Responding." *American Sociological Review* 68: 939–967.

Raymond, Geoffrey, and John Heritage. 2006. "The Epistemics of Social Relations: Owning Grandchildren." *Language in Society* 35 (5): 677.

Rehbein, B. 2004. *Globalisierung in Laos: Transformation des ökonomischen Feldes* (*Globalization in Laos: Transformation of the Economic Field*). Münster: LIT.

Reisman, Karl. 1974. "Contrapuntal Conversations in an Antiguan Village." In *Explorations in the Ethnography of Speaking*, ed. Richard Bauman and Joel Sherzer, 110–124. Cambridge: Cambridge University Press.

Richerson, Peter J., and Robert Boyd. 2005. *Not by Genes Alone: How Culture Transformed Human Evolution*. Chicago: University of Chicago Press.

Rogers, Everett M. 1995. *Diffusion of Innovations* (4th ed.). New York: Free Press. 〔ロジャーズ『イノベーション普及学』青池愼一・宇野善康監訳, 浜田とも子他訳, 産能大学出版部, 1990／『イノベーションの普及』三藤利雄訳, 翔泳社, 2007〕

Rogoff, Barbara. 1994. *Apprenticeship in Thinking: Cognitive Development in Social Context*. New York: Oxford University Press.

Ross, William David. 1936. *Aristotle's Physics*. London: Methuen.

Rossano, F. 2012. *Gaze Behavior in Face-to-Face Interaction*. Ph.D. dissertation, Max Planck Institute for Psycholinguistics, Nijmegen.

Rossi, Giovanni. 2012. "Bilateral and Unilateral Requests: The Use of Imperatives and Mi X? Interrogatives in Italian." *Discourse Processes* 49 (5): 426–458.

Ruiter, Jan Peter de, Holger Mitterer, and N. J. Enfield. 2006. "Projecting the End of a

Speaker's Turn: A Cognitive Cornerstone of Conversation." *Language* 82 (3): 515–535.

Ruiter, Jan Peter de, Stephane Rossignol, Louis Vuurpijl, Douglas W. Cunningham, and Willem J. M. Levelt. 2003. "SLOT: A Research Platform for Investigating Multimodal Communication." *Behavior Research Methods, Instruments, and Computers* 35 (3): 408–419.

Ryle, Gilbert. 1949. *The Concept of Mind*. London: Hutchinson. 〔ライル『心の概念』坂本百大・宮下治子・服部裕幸訳, みすず書房, 1987〕

Sacks, Harvey. 1972a. "An Initial Investigation of the Usability of Conversational Data for Doing Sociology." In *Studies in Social Interaction*, ed. David N. Sudnow, 31–74. New York: Free Press.〔サックス「会話データの利用法：会話分析事始め」サーサス・ガーフィンケル・サックス・シェグロフ『日常性の解剖学：知と会話』北澤裕・西阪仰訳, マルジュ社, 1989, 93–173〕

Sacks, Harvey. 1972b. "On the Analyzability of Stories by Children." In *Directions in Sociolinguistics: The Ethnography of Communication*, ed. John J. Gumperz and Dell Hymes, 325–345. New York: Holt, Rinehart and Winston.

Sacks, Harvey. 1974. "An Analysis of the Course of a Joke's Telling in Conversation." In *Explorations in the Ethnography of Speaking*, ed. Richard Bauman and Joel Sherzer, 337–353. Cambridge: Cambridge University Press.

Sacks, Harvey. 1992. *Lectures on Conversation*. London: Blackwell.

Sacks, Harvey, and Emanuel A. Schegloff. 1979. "Two Preferences in the Organization of Reference to Persons in Conversation and Their Interaction." In *Everyday Language: Studies in Ethnomethodology*, ed. George Psathas, 15–21. New York: Irvington.

Sacks, Harvey, and Emanuel A. Schegloff. 2007. "Two Preferences in the Organization of Reference to Persons in Conversation and Their Interaction." In *Person Reference in Interaction: Linguistic, Cultural, and Social Perspectives*, ed. N. J. Enfield and Tanya Stivers. Cambridge: Cambridge University Press.

Sacks, Harvey, Emanuel A. Schegloff, and Gail Jefferson. 1974. "A Simplest Systematics for the Organization of Turn-taking for Conversation." *Language* 50 (4): 696–735.〔サックス・シェグロフ・ジェファソン「会話のための順番交替の組織：最も単純な体系的記述」『会話分析基本論集：順番交替と修復の組織』西阪仰訳, 世界思想社, 2010, 5–153〕

Saussure, Ferdinand de. 1959. *Course in General Linguistics*. New York: McGraw-Hill.〔ソシュール『言語学原論』小林英夫訳, 岩波書店, 1972／『ソシュール一般言語学講義：コンスタンタンのノート』影浦峡・田中久美子訳, 東京大学出版会, 2007〕

Schank, Roger C., and Robert P. Abelson. 1977. *Scripts, Plans, Goals, and Understanding: An Inquiry into Human Knowledge Structures*. Hillsdale, NJ: Erlbaum.

Schegloff, Emanuel A. 1968. "Sequencing in Conversational Openings." *American Anthropologist* 70 (6): 1075–1095.

Schegloff, Emanuel A. 1972. "Notes on a Conversational Practice: Formulating Place." In *Studies in Social Interaction*, ed. David Sudnow, 75–119. New York: Free Press.

Schegloff, Emanuel A. 1982. "Discourse as an Interactional Achievement: Some Uses of 'Uh Huh' and Other Things That Come Between Sentences." In *Georgetown*

University Roundtable on Languages and Linguistics 1981; Analyzing Discourse: Text and Talk, ed. Deborah Tannen, 71–93. Washington DC: Georgetown University Press.
Schegloff, Emanuel A 1987. "Recycled Turn Beginnings." In Talk and Social Organization, ed. Graham Button, and John R. E. Lee 70–85. Clevedon, England: Multilingual Matters.
Schegloff, Emanuel A. 1988. "Goffman and the Analysis of Conversation." In Erving Goffman: Exploring the Interaction Order, ed. Paul Drew and Anthony Wootton, 89–135. Cambridge: Polity Press.
Schegloff, Emanuel A. 1992. "Repair After Next Turn: The Last Structurally Provided Defense of Intersubjectivity in Conversation." American Journal of Sociology 97 (5): 1295–1345.
Schegloff, Emanuel A. 1996a. "Confirming Allusions: Toward an Empirical Account of Action." American Journal of Sociology 102 (1): 161–216.
Schegloff, Emanuel A. 1996b. "Some Practices for Referring to Persons in Talk-in-Interaction: A Partial Sketch of a Systematics." In Studies in Anaphora, 437–485. Amsterdam and Philadelphia: John Benjamins.
Schegloff, Emanuel A. 1996c. "Turn Organization: One Intersection of Grammar and Interaction." In Interaction and Grammar, ed. Elinor Ochs, Emanuel A. Schegloff, and Sandra A. Thompson, 52–133. Cambridge: Cambridge University Press.
Schegloff, Emanuel A. 1997a. "Practices and Actions: Boundary Cases of Other-Initiated Repair." Discourse Processes 23 (3): 499–545.
Schegloff, Emanuel A. 1997b. "Third Turn Repair." In Towards a Social Science of Language. Vol. 2: Social Interaction and Discourse Structures, ed. Gregory R. Guy, Crawford Feagin, Deborah Schiffrin, and John Baugh, 31–40. Amsterdam: John Benjamins.
Schegloff, Emanuel A. 2000. "Overlapping Talk and the Organization of Turn-taking for Conversation." Language in Society 29: 1–63.
Schegloff, Emanuel A. 2006. "Interaction: The Infrastructure for Social Institutions, the Natural Ecological Niche for Language, and the Arena in Which Culture Is Enacted." In Roots of Human Sociality: Culture, Cognition, and Interaction, ed. N. J. Enfield and Stephen C. Levinson, 70–96. Oxford: Berg.
Schegloff, Emanuel A. 2007a. "Conveying Who You Are: The Presentation of Self, Strictly Speaking." In Person Reference in Interaction: Linguistic, Cultural and Social Perspectives, ed. N. J. Enfield and Tanya Stivers, 123–148. Cambridge: Cambridge University Press.
Schegloff, Emanuel A. 2007b. Sequence Organization in Interaction: A Primer in Conversation Analysis, Vol. 1. Cambridge: Cambridge University Press.
Schegloff, Emanuel A. 2007c. "A Tutorial on Membership Categorization." Journal of Pragmatics 39: 462–482.
Schegloff, Emanuel A. 2009. "One Perspective on Conversation Analysis: Comparative Perspectives." In Conversation Analysis: Comparative Perspectives, ed. Jack Sidnell. Studies in Interactional Sociolinguistics 27. Cambridge: Cambridge University Press.
Schegloff, Emanuel A., Gail Jefferson, and Harvey Sacks. 1977. "The Preference for

Self-correction in the Organization of Repair in Conversation." *Language* 53 (2): 361–382.〔シェグロフ・ジェファソン・サックス「会話における修復の組織：自己訂正の優先性」『会話分析基本論集：順番交替と修復の組織』西阪仰訳, 世界思想社, 2010, 155–246〕

Schegloff, Emanuel A., Elinor Ochs, and Sandra A. Thompson. 1996. "Introduction." In *Interaction and Grammar*. Cambridge: Cambridge University Press.

Schegloff, Emanuel A., and Harvey Sacks. 1973. "Opening up Closings." *Semiotica* 7: 289–327.〔シェグロフ・サックス「会話はどのように終了されるのか」サーサス・ガーフィンケル・サックス・シェグロフ『日常性の解剖学：知と会話』北澤裕・西阪仰訳, マルジュ社, 1989, 175–241〕

Schelling, Thomas C. 1960. *The Strategy of Conflict*. Cambridge, MA: Harvard University Press.〔シェリング『紛争の戦略：ゲーム理論のエッセンス』河野勝監訳, 勁草書房, 2008〕

Schelling, Thomas C. 1978. *Micromotives and Macrobehaviour*. New York: Norton.

Schiffer, Stephen R. 1972. *Meaning*. Oxford: Clarendon Press.

Schiffrin, Deborah. 1988. *Discourse Markers*. Cambridge: Cambridge University Press.

Schleidt, M., and J. Kien. 1997. "Segmentation in Behavior and What It Can Tell Us About Brain Function." *Human Nature* 8 (1): 77–111.

Schutz, A. 1967. *Phenomenology of the Social World*. Evanston, IL: Northwestern University Press.

Schutz, Alfred. 1970. *On Phenomenology and Social Relations*. Chicago: University of Chicago Press.〔シュッツ『現象学的社会学』森川眞規雄・浜日出夫訳, 紀伊國屋書店, 1980〕

Searle, John R. 1969. *Speech Acts: An Essay in the Philosophy of Language*. Cambridge: Cambridge University Press.〔サール『言語行為：言語哲学への試論』坂本百大・土屋俊訳, 勁草書房, 1986〕

Searle, John R. 1983. *Intentionality: An Essay in the Philosophy of Mind*. Cambridge: Cambridge University Press.〔サール『志向性：心の哲学』坂本百大訳, 誠信書房, 1997〕

Searle, John R. 1995. *The Construction of Social Reality*. New York: Free Press.

Searle, John R. 2007. "Dualism Revisited." *Journal of Physiology-Paris* 101 (4): 169–178.

Searle, John R. 2010. *Making the Social World: The Structure of Human Civilization*. New York: Oxford University Press.

Sherzer, Joel. 1973. "Verbal and Nonverbal Deixis: The Pointed Lip Gesture Among the San Blas Cuna." *Language in Society* 2: 117–131.

Sidnell, Jack. 2001. "Conversational Turn-taking in a Caribbean English Creole." *Journal of Pragmatics* 33 (8): 1263–1290.

Sidnell, Jack. 2007. "Comparative Studies in Conversation Analysis." *Annual Review of Anthropology* 36: 229–244.

Sidnell, Jack. 2009. "Participation." In *Handbook of Pragmatics*, ed. Jef Verschueren and O. Östman. Amsterdam and Philadelphia: John Benjamins.

Sidnell, Jack. 2010. *Conversation Analysis: An Introduction*. Chichester, UK: Wiley-Blackwell.

Sidnell, Jack. 2011. "The Epistemics of Make-Believe." In *Morality of Knowledge in*

Conversation, ed. T. Stivers, L. Mondada, and, J. Steensig, 131–155. Cambridge: Cambridge University Press.
Sidnell, Jack. 2012a. "Turn Continuation by Self and by Other." *Discourse Processes* 49 (3–4): 314–337.
Sidnell, Jack. 2014. "The Architecture of Intersubjectivity Revisited". In *Cambridge Handbook of Linguistic Anthropology*, ed. N. J. Enfield, Paul Kockelman, and Jack Sidnell, 364–399. Cambridge: Cambridge University Press.
Sidnell, Jack, and N. J. Enfield. 2012. "Language Diversity and Social Action." *Current Anthropology* 53 (3) (June): 302–333.
Sidnell, Jack, and Tanya Stivers, eds. 2012. *The Handbook of Conversation Analysis*. Oxford: Wiley-Blackwell.
Silk, Joan B. 2002. "Practice Random Acts of Aggression and Senseless Acts of Intimidation: The Logic of Status Contests in Social Groups." *Evolutionary Anthropology* 11: 221–225.
Silverstein, Michael. 1976. "Shifters, Linguistic Categories, and Cultural Description." In *Meaning in Anthropology*, ed. K. Basso and H. Selby, 11–55. Albuquerque: University of New Mexico Press.〔シルヴァスティン「転換子，言語範疇，そして文化記述」『記号の思想 現代言語人類学の一軌跡：シルヴァスティン論文集』小山亘編，榎本剛士・古山宣洋・小山亘・永井那和訳，三元社，2009, pp. 235–315〕
Simon, Herbert A. 1990. "A Mechanism for Social Selection and Successful Altruism." *Science* 250: 1665–1668.
Slobin, Dan. 1996. "From 'Thought and Language' to 'Thinking to Speaking'." In *Rethinking Linguistic Relativity*, ed. J. J. Gumperz and Stephen C. Levinson, 70–96. Cambridge: Cambridge University Press.
Smith, Neilson Voyne. 1982. *Mutual Knowledge*. London: Academic Press.
Sparkes, Stephen. 2005. *Spirits and Souls: Gender and Cosmology in an Isan Village in Northeast Thailand*. Bangkok: White Lotus.
Spencer-Oatey, H. 2005. "(Im) Politeness, Face and Perceptions of Rapport: Unpackaging Their Bases and Interrelationships." *Journal of Politeness Research. Language, Behaviour, Culture* 1 (1): 95–119.
Spencer-Oatey, H. 2011. "Conceptualising 'the Relational' in Pragmatics: Insights from Metapragmatic Emotion and (Im)Politeness Comments." *Journal of Pragmatics* 43 (14): 3565–3578.
Spencer-Oatey, H., and P. Franklin. 2009. *Intercultural Interaction: A Multidisciplinary Approach to Intercultural Communication*. Basingstoke: Palgrave Macmillan.
Sperber, Dan. 1985. "Anthropology and Psychology: Towards an Epidemiology of Representations." *Man* 20: 73–89.
Sperber, Dan. 2006. "Why a Deep Understanding of Cultural Evolution Is Incompatible with Shallow Psychology." In *Roots of Human Sociality: Culture, Cognition, and Interaction*, ed. N. J. Enfield and Stephen C. Levinson, 431–449. Oxford: Berg.
Sperber, Dan, and D. Wilson. 1987. "Précis of Relevance: Communication and Cognition." *Behavioral and Brain Sciences* 10 (04): 697–710.
Sperber, Dan, and Dierdre Wilson. 1995. *Relevance: Communication and Cognition* (2nd Ed.). Oxford: Blackwell.〔スペルベル・ウイルソン『関連性理論：伝達と認知 第2

版』内田聖二訳，研究社出版，1999〕

Stasch, R. 2011. "Ritual and Oratory Revisited: The Semiotics of Effective Action." *Annual Review of Anthropology* 40: 159–174.

Stivers, Tanya. 2007. "Alternative Recognitionals in Person Reference." In *Person Reference in Interaction: Linguistic, Cultural, and Social Perspectives*, ed. N. J. Enfield and Tanya Stivers, 73–96. Cambridge: Cambridge University Press.

Stivers, Tanya, N. J. Enfield, Penelope Brown, Christina Englert, Makoto Hayashi, Trine Heinemann, Gertie Hoymann, et al. 2009. "Universals and Cultural Variation in Turn-Taking in Conversation." *Proceedings of the National Academy of Sciences of the United States of America* 106 (26): 10587–10592.

Stivers, Tanya, N. J. Enfield, and Stephen C. Levinson. 2007. "Person Reference in Interaction." In *Person Reference in Interaction: Linguistic, Cultural, and Social Perspectives*, ed. N. J. Enfield and Tanya Stivers, 1–20. New York: Cambridge University Press.

Stivers, Tanya, Lorenza Mondada, and Jakob Steensig, eds. 2011. *The Morality of Knowledge in Conversation*. Cambridge: Cambridge University Press.

Stivers, Tanya, and Jeffrey D. Robinson. 2006. "A Preference for Progressivity in Interaction." *Language in Society* 35 (3): 367–392.

Stivers, Tanya, and Federico Rossano. 2010. "Mobilizing Response." *Research on Language and Social Interaction* 43 (1): 49–56.

Streeck, Jürgen. 1993. "Gesture as Communication I: Its Coordination with Gaze and Speech." *Communication Monographs* 60: 275–299.

Streeck, Jürgen. 1994. "Gesture as Communication II: The Audience as Co-author." *Research on Language and Social Interaction* 27 (3): 239–267.

Streeck, Jürgen. 2009. *Gesturecraft: The Manufacture of Meaning*. Amsterdam and Philadelphia: John Benjamins.

Streeck, Jürgen. 2010. Review of "The Anatomy of Meaning: Speech, Gesture, and Composite Utterances." *Pragmatics & Cognition* 18 (2): 457–464.

Streeck, Jürgen, C. Goodwin, and C. LeBaron. 2011. *Embodied Interaction: Language and Body in the Material World*. Cambridge: Cambridge University Press.

Streeck, Jürgen, and Siri Mehus. 2005. "Microethnography: The Study of Practices." In *Handbook of Language and Social Interaction*, ed. Kristine L. Fitch and Robert E. Sanders, 381–406. Mahwah, NJ: Erlbaum.

Stuart-Fox, Martin. 1986. *Laos: Politics, Economics, and Society*. London: Frances Pinter.

Stuart-Fox, Martin. 1997. *A History of Laos*. Cambridge: Cambridge University Press. 〔スチュアート＝フォックス『ラオス史』菊池陽子訳，めこん，2010〕

Suchman, L. A. 1987. *Plans and Situated Actions: The Problem of Human-Machine Communication*. Cambridge: Cambridge University Press. 〔サッチマン『プランと状況的行為：人間―機械コミュニケーションの可能性』上野直樹・水川喜文・鈴木栄幸訳，産業図書，1999〕

Sugawara, K. 1984. "Spatial Proximity and Bodily Contact Among the Central Kalahari San." *African Study Monograph* (supplement) 3: 1–43.

Sugawara, K. 2012. "Interactive Significance of Simultaneous Discourse or Overlap in Everyday Conversations Among |Gui Former Foragers." *Journal of Pragmatics* 44 (5): 577–618.

Sussman, Robert W., and Audrey R. Chapman. 2004. *The Origins and Nature of Sociality*. New York: de Gruyter.
Talmy, Leonard. 2006. "The Representation of Spatial Structure in Spoken and Signed Language." In *Space in Languages: Linguistic Systems and Cognitive Categories*, ed. Maya Hickmann and Robert Stéphane, 207–238. Amsterdam: Benjamins.
Tambiah, Stanley J. 1970. *Buddhism and Spirit Cults of North East Thailand*. Cambridge: Cambridge University Press.
Tambiah, Stanley J. 1985. *Culture, Thought, and Social Action: An Anthropological Perspective*. Cambridge and London: MIT Press.
Tannen, Deborah. 1986. *That's Not What I Meant! How Conversational Style Makes or Breaks Relationships*. New York: Ballantine Books.
Thibault, P. J. 2011a. "Languaging Behaviour as Catalytic Process: Steps Towards a Theory of Living Language, Part 1." *Public Journal of Semiotics*: 2–79.
Thibault, P. J. 2011b. "Languaging Behaviour as Catalytic Process: Steps Towards a Theory of Living Language, Part 2." *Public Journal of Semiotics*: 80–151.
Tiger, Lionel, and Robin Fox. 1966. "The Zoological Perspective in Social Science." *Man* (new Series) 1 (1): 75–81.
Tinbergen, Niko. 1963. "On Aims and Methods in Ethology." *Zeitschrift Für Tierpsychologie* (20): 410–433.
Tomasello, Michael. 1992. *First Verbs: A Case Study of Early Grammatical Development*. Cambridge: Cambridge University Press.
Tomasello, Michael. 1999. *The Cultural Origins of Human Cognition*. Cambridge, MA: Harvard University Press.〔トマセロ『心とことばの起源を探る：文化と認知』大堀壽夫・中澤恒子・西村義樹・本多啓訳，勁草書房，2006〕
Tomasello, Michael. 2003. *Constructing a Language: A Usage-based Theory of Language Acquisition*. Cambridge, MA: Harvard University Press.〔トマセロ『ことばをつくる：言語習得の認知言語学的アプローチ』辻幸夫・野村益寛・出原健一・菅井三実・鍋島弘治朗・森吉直子訳，慶應義塾大学出版会，2008〕
Tomasello, Michael. 2006. "Why Don't Apes Point?" In *Roots of Human Sociality: Culture, Cognition, and Interaction*, ed. N. J. Enfield and Stephen C. Levinson, 506–524. London: Berg.
Tomasello, Michael. 2008. *Origins of Human Communication*. Cambridge, MA: MIT Press.〔トマセロ『コミュニケーションの起源を探る』松井智子・岩田彩志訳，勁草書房，2013〕
Tomasello, Michael. 2009. "Universal Grammar Is Dead." *Behavioral and Brain Sciences* 32 (5): 470–471.
Tomasello, Michael, and Josep Call. 1997. *Primate Cognition*. New York: Oxford University Press.
Tomasello, Michael, Malinda Carpenter, Josep Call, Tanya Behne, and Henrike Moll. 2005. "Understanding and Sharing Intentions: The Origins of Cultural Cognition." *Behavioral and Brain Sciences* 28 (5): 664–670.
Tuomela, Raimo. 2002. *The Philosophy of Social Practices*. New York: Cambridge University Press.
Tuomela, Raimo. 2007. *The Philosophy of Sociality: The Shared Point of View*. New York: Oxford University Press.

Tyack, Peter L. 2003. "Dolphins Communicate About Individual-Specific Social Relationships." In *Animal Social Complexity: Intelligence, Culture, and Individualized Societies*, ed. Frans B. M. de Waal and Peter L. Tyack, 342–361. Cambridge and London: Harvard University Press.

Uryu, Michiko, Sune V. Steffensen, and Claire Kramsch. 2014. "The Ecology of Intercultural Interaction: Timescales, Temporal Ranges and Identity Dynamics." *Language Sciences* 41A, 41–59.

Van Gennep, Arnold. 1960. *The Rites of Passage*. London: Routledge. 〔ファン・ヘネップ『通過儀礼』綾部恒雄・綾部裕子訳, 岩波書店, 2012〕

Van Valin, R. D., and R. J. LaPolla. 1997. *Syntax: Structure, Meaning, and Function*. Cambridge: Cambridge University Press.

Vygotsky, L. S. 1962. *Thought and Language*. Cambridge, MA: MIT Press. 〔ヴィゴツキー『思考と言語 上・下』柴田義松訳, 明治図書出版, 1962／新訳版, 柴田義松訳, 新読書社, 2001〕

Vygotsky, L. S. 1978. *Mind and Society: The Development of Higher Mental Processes*. Cambridge, MA: Harvard University Press.

de Waal, Frans B. M., and Peter L. Tyack. 2003. *Animal Social Complexity: Intelligence, Culture, and Individualized Societies*. Cambridge, MA, and London: Harvard University Press.

Waterson, Roxana. 1990. *The Living House: An Anthropology of Architecture in Southeast Asia*. London: Thames and Hudson.

Watts, Ian. 1999. "The Origin of Symbolic Culture." In *The Evolution of Culture: An Interdisciplinary View*, ed. Robin I. M. Dunbar, Chris Knight, and Camilla Power, 113–146. New Brunswick: Rutgers University Press.

Weber, M. 1961. "Social Action and Its Types." In *Theories of Society*, Vol. 1, ed. Talcott Parsons, Edward Shils, Kaspar D. Naegele, and Jesse R. Pitts, 173–179. New York: Free Press of Glencoe. (Originally published 1947.)

Wells, Randall S. 2003. "Dolphin Social Complexity: Lessons from Long-term Study and Life-history." In *Animal Social Complexity: Intelligence, Culture, and Individualized Societies*, ed. Frans B. M. de Waal and Peter L. Tyack, 32–56. Cambridge and London: Harvard University Press.

Whiten, Andrew. 1996. "When Does Smart Behaviour-Reading Become Mind-Reading?" In *Theories of Theories of Mind*, ed. Peter Carruthers and Peter K. Smith, 277–292. Cambridge: Cambridge University Press.

Whiten, Andrew. 1997. "The Machiavellian Mindreader." In *Machiavellian Intelligence II: Extensions and Evaluations*, ed. Andrew Whiten and Richard W. Byrne, 144–173. Cambridge: Cambridge University Press. 〔ホワイトゥン「マキャベリ的読心者」, ホワイトゥン・バーン編『マキャベリ的知性と心の理論の進化論2：新たなる展開』友永雅己他監訳, ナカニシヤ出版, 2004〕

Whiten, Andrew, and Richard W. Byrne. 1997. *Machiavellian Intelligence II: Extensions and Evaluations*. Cambridge: Cambridge University Press. 〔ホワイトゥン・バーン編『マキャベリ的知性と心の理論の進化論2：新たなる展開』友永雅己他監訳, ナカニシヤ出版, 2004〕

Whorf, Benjamin Lee. 1956. *Language, Thought, and Reality*. Cambridge, MA: MIT Press. 〔ウォーフ『言語・思考・現実』池上嘉彦訳, 講談社, 1993〕

Wickler, Wolfgang. 1966. "Mimicry in Tropical Fishes." *Philosophical Transactions of the Royal Society of London. Series B, Biological Sciences* 251 (772): 473-474.
Wierzbicka, Anna. 1972. *Semantic Primitives*. Frankfurt: Athenäum.
Wierzbicka, Anna. 1980. *Lingua Mentalis*. Sydney: Academic Press.
Wierzbicka, Anna. 1985. *Lexicography and Conceptual Analysis*. Ann Arbor: Karoma.
Wierzbicka, Anna. 1991. *Cross-cultural Pragmatics: The Semantics of Human Interaction*. Berlin and New York: Mouton de Gruyter.
Wierzbicka, Anna. 1992. *Semantics, Culture, and Cognition*. New York: Oxford University Press.
Wierzbicka, Anna. 1994. "'Cultural Scripts': A New Approach to the Study of Cross-cultural Communication." In *Language Contact Language Conflict*, ed. Martin Pütz, 67-87. Amsterdam and Philadelphia: John Benjamins.
Wierzbicka, Anna. 1996. *Semantics: Primes and Universals*. Oxford: Oxford University Press.
Wierzbicka, Anna. 2003. *Cross-Cultural Pragmatics: The Semantics of Human Interaction* (2nd edition). New York: Mouton de Gruyter.
Wierzbicka, Anna. 2006. *English: meaning and culture*. New York: Oxford University Press.
Wilkins, David P. 2003. "Why Pointing with the Index Finger Is Not a Universal (in Socio-cultural and Semiotic Terms)." In *Pointing*, ed. Sotaro Kita, 171-216. Mahwah, NJ: Erlbaum.
Wittgenstein, Ludwig. 1953. *Philosophical Investigations*. Oxford: Basil Blackwell.〔ウィトゲンシュタイン『哲学探究（第2版（1958）の翻訳）』藤本隆志訳，大修館書店，1976／原著（Basil Blackwell, c1953）の翻訳，黒崎宏訳・解説，産業図書，1994-1995／Bibliothek Suhrkamp 版（2003），丘沢静也訳，岩波書店，2013〕
Zeitlyn, David. 1995. "Divination as Dialogue: Negotiation of Meaning with Random Responses." In *Social Intelligence and Interaction: Expressions and Implications of the Social Bias in Human Intelligence*, ed. Esther N. Goody, 189-205. Cambridge: Cambridge University Press.
Zipf, G. K. 1935. *The Psycho-Biology of Language: An Introduction to Dynamic Philology*. New York: Houghton-Mifflin.
Zipf, G. K. 1949. *Human Behaviour and the Principle of Least Effort*. Cambridge, MA: Addison-Wesley.
Zwicky, Arnold M. 1978. "On Markedness in Morphology." *Die Sprache* 24: 129-143.

　本書の内容の一部は，公刊済みの下記の論文に大幅な加筆修正を施したものに基づいている．
N.J. Enfield, "Language and Culture," in *Handbook of Contemporary Applied Linguistics*, edited by Li Wei and Vivian Cook (London: Continuum, 2009)
N. J. Enfield, "Relationship Thinking and Human Pragmatics," in *Journal of Pragmatics* 41, 2009, 60-78
N. J. Enfield, "Elements of Formulation," in *Embodied Interaction*, edited by Charles Goodwin, Curtis LeBaron, and Jurgen Streeck (Cambridge University Press, 2010)

N. J. Enfield, "Sources of Asymmetry in Human Interaction," in Tanya Stivers et al. (eds.), *The Morality of Meaning* (CUP, 2011)

N. J. Enfield, "Everyday Ritual in the Residential World," in *Ritual Communication*, edited by Ellen Basso and Gunter Senft (Oxford: Berg Press, 2009)

N. J. Enfield, "Meanings of the Unmarked," in *Person Reference in Interaction*, edited by N. J. Enfield and Tanya Stivers (CUP, 2007, 97–120)

N. J. Enfield, "The Paradox of Being Ordinary," in *Toegepaste Taalwetenschap in Artikelen* 78, nr. 2 (2007, 9–23);

N. J. Enfield, "Social Consequences of Common Ground," in *Roots of Human Sociality*, edited by N. J. Enfield and Stephen C. Levinson (Oxford: Berg, 2006, 399–430)

N. J. Enfield, "Common Ground as a Resource for Social Affiliation," in *Intention, Common Ground and the Egocentric Speaker-Hearer*, edited by Istvan Kecskes and Jacob L. Mey (Berlin: Mouton de Gruyter, 2008, 223–254)

N. J. Enfield, *The Anatomy of Meaning* (CUP, 2009)（第1章の中の数パラグラフ）

N. J. Enfield and J. Sidnell, "Language Presupposes an Enchronic Infrastructure for Social Interaction," in D. Dor, C. Knight, and J. Lewis (eds.), *The Social Origins of Language: Studies in the Evolution of Language* (Oxford: Oxford University Press, 2014)（論文の中の数セクション）

［訳注で参照された文献］
Sidnell, Jack. 2012b. "Basic Conversation Analytic Methods." In *The Handbook of Conversation Analysis*, ed. Jack Sidnell and Tanya Stivers, 77–99. New York: Wiley.

Gould, Stephen Jay, 1980. *The Panda's Thumb: More Reflections in Natural History*. New York: W. W. Norton & Company.〔グールド『パンダの親指』櫻町翠軒訳, 早川書房, 1986〕

索引

〔あ行〕

アクター・ネットワーク理論　194
アフォーダンス　87-8, 97, 125, 218, 220, 243, 256, 334
アブダクション　74, 136
暗黙のうちに予期（する）　44, 46-7, 65, 97, 108, 133, 136-8, 140, 157-8, 179-82, 184-5, 240, 245, 263, 269, 271, 273, 275, 282, 285, 292-3, 295, 298, 300, 310, 333, 347
暗黙の予期　44, 67-8, 97, 161, 165, 180-1, 190, 193, 233, 245, 272-3, 295, 298-9, 301, 303, 314, 334-5, 337-8, 344
意図（の）帰属／意図を帰属させる　34, 129-30, 133, 137-8, 170, 303, 306, 311, 315, 346
因果的・時間的枠組み　11, 54, 59, 71
エスノメソドロジー　99, 136
エンクロニー的な構え　63, 132
オリゴ　39

〔か行〕

解釈項　40-7, 49, 55-6, 63, 67, 69, 73-85, 87, 89-94, 97-8, 109-10, 114-5, 135-8, 145, 149, 155, 156-7, 162, 165, 167, 172-4, 178-82, 184-5, 224, 226-7, 234, 244, 256-9, 269, 293, 334, 336-9
外部に基盤が[の]ある(関係(性))　21, 197, 220, 231-2, 254, 261, 281
拡張的推論　25, 50, 304, 329
仮説的推論　74, 136
語られるイベント　39, 89, 151, 211-2
型枠　94-6, 111
型枠-内容物のダイナミクス　95, 111

関係性思考　3, 4, 8, 18, 31, 54, 333, 343, 348
記号内容　84, 89, 90, 94, 115, 135-6, 155, 157, 168, 174, 179, 243, 338
規範　7, 21, 28, 34, 44, 46-8, 50, 65, 67-8, 91, 97, 101-2, 121, 134, 165, 171-4, 185, 189, 197, 226, 229, 233-4, 243, 245, 247-8, 252-4, 257-61, 273, 275, 285, 300, 306, 337-8, 347
共在　20, 112, 260-1
共時的　58, 60-1, 65, 79, 94, 117, 132, 267, 334
協調関係に関する要請　53, 304, 342
共通基盤　24-8, 34, 36, 64-5, 98, 100, 130, 218, 220, 234, 300-1, 303-6, 310-2, 314-5, 317, 319, 321-5, 327-30, 334-6, 341
共有志向性　5, 111, 190
儀礼　7, 15, 20, 37, 63, 143, 161, 226-35, 240, 242-3, 245, 248-9, 251-3, 256-61, 275-6
功徳　14-6
クリ(の)家屋　220, 224, 226, 234-8, 240, 244, 248, 252-4, 260
クリ語　224, 235-6, 238-9, 249, 252-3, 260
経験に近い　6, 56, 68, 141
傾向性　6, 21-2, 64, 99, 101, 104, 144, 199, 204, 232, 334-5, 347
系統発生的　7, 58-61, 110
権威　102, 158, 190, 204-5, 207-8, 212, 214, 216, 275, 345
権限　21, 99, 101-4, 182, 184, 189-90, 205, 215

言語学(者)　40, 45, 59, 60, 71, 117, 121, 123-5, 131, 147, 159-60, 197, 264-7, 330, 347
言語行為　147-8, 151-2, 156, 170, 178, 184, 190, 206-7, 210-2, 216
権利と義務／権利・[,]義務　6, 19, 21-3, 64, 99, 100, 116-7, 123, 144, 174, 183, 185, 215, 276, 297, 334-5, 347
《行為》　147-54, 156, 158-76, 190, 336-7
行為主体性の分散　11, 175-6, 193-4, 208, 214, 347
行為主体の統合というヒューリスティック　187-9, 208-11, 213, 216
効果〔「適切さ」と対の場合〕　63, 65, 68, 99, 100, 105, 185, 198, 212, 215
向社会性[的]　7, 20, 33-5, 54, 150, 217
告知　163, 266, 337, 339-40
個体発生的　58-61, 110, 218
コミットメント　44, 46, 146, 178, 190-1, 198, 204, 206-8, 210, 212, 216, 260-1, 300, 304, 329, 338

〔さ行〕

最終的解釈項　40-1, 49, 90, 173
査定　24, 36-40, 50, 52, 54, 98, 125, 131, 140, 173, 182, 184-5, 228, 260, 333, 342, 346
ジェスチャー　9, 13, 71, 87-8, 110-2, 114-6, 125, 161, 229, 305, 313, 319
指向性　78, 81, 191, 254, 256, 259, 298, 333, 344
志向的状態　133-5, 137-40, 151-2, 184, 216, 311
《実践》　160-71
実践的解釈　243-4, 248, 252
社会化　13, 275, 306, 314
社会的知性　4, 33-4, 36, 38, 128, 130, 133, 303
集合的幻想　230-2, 242, 247
柔軟性　76, 81, 122, 153, 176-9, 181-2, 184-7, 193-4, 210, 263
修復(の, を)開始　148, 162, 170, 266, 337
主張(する)(こと)〔「例証する」と対になる場合〕　102-3, 200, 213, 317
情動的解釈項　40-1, 90, 173
情報意図　113, 115, 125, 170
情報源に基づく権威　204-5, 208
情報に関する要請　53, 304, 319, 342
進化　3, 6, 7, 30, 59-61, 152, 210, 217-8, 230
親族関係　23, 26, 105, 226, 236, 240, 275, 278, 280, 288, 291, 294, 296, 300
親族名称　276, 278-9, 288, 343
新パース派　6, 44, 69, 73-4, 185, 347
推意　82, 84, 315
スピーチイベント　39, 89, 151, 165, 211-2, 214, 266
制裁　21, 44, 46-8, 64-5, 67, 100, 102-4, 107, 134, 162, 176, 179, 181-2, 188, 192, 197, 232, 243, 253-4, 256-7, 259, 261, 337
責任主体　177-8, 184, 187, 189, 192, 209-10, 216
接頭辞　6, 57, 280-5, 287-92, 322
説明責任　5, 21, 23-4, 47, 67, 99, 105, 122, 134, 173-8, 181-94, 197, 209-10, 212, 215-6, 220, 232, 256, 263, 271, 338, 342, 346-7
素朴心理学　132-5, 141

〔た行〕

ターン構成単位　95, 110, 116, 264, 267
ターン交替　116-20, 122, 264-5, 267-8, 341
ターンの組み立てに関わる構成部分　117, 264, 341
対象〔記号によって表される〕　38, 40,

42-43, 45, 56, 69, 73-93, 100, 114, 116, 165, 174, 179-81, 183, 185, 198, 294, 336, 345
代名詞　163, 264, 276, 278-9, 283-5, 288, 291, 294-5, 297, 313, 327-8, 341-3
互いに基盤とな（ってい）る（関係（性））　21, 277, 281, 287
地位的機能　190, 317
地位に基づく権威　204-5, 208
直示　39, 89, 211, 215, 270
直示の中心　39, 270
著作者　177-8, 184, 187-8, 192, 216
通時的　58, 60-1, 218, 334, 345
適切さ〔「効果」と対の場合〕　63, 65, 68, 99, 100, 105, 185, 198, 212, 215
テクノニミー　277, 280, 291
手首（にひも）を結ぶ（儀礼）　248, 251, 255-7
伝達意図　113, 144, 170
道徳　34-5, 68, 192, 205, 208, 215, 217-8, 228, 230-2, 235, 243, 247, 254, 258-61
動物行動学　3, 7, 18, 30, 59, 109, 128, 227, 229, 344

〔な行〕
内容物　95-6, 111
認識可能(性)　110, 154, 160-1, 227-9
認識的権威　112, 203

〔は行〕
発声者　177-8, 184, 187-8, 192, 209-13, 216
発声者バイアス　209, 211, 213, 216
ハビトゥス　37, 40, 256, 298
パフォーマンスの集合　101-2, 199, 200
発話の重なり　118-20, 268, 326
反立　221-2
範列（的関係）　264, 269-70, 336
非協調　123, 165, 202, 285, 321

微視発生的　58, 60-1, 80, 132, 185-6, 267-8, 334, 345
非尊敬　276, 281, 283-91, 322, 324, 326
ヒューリスティクス　46, 48-50, 54, 134, 345
ヒューリスティック　4, 132-3, 171, 187-9, 334-5
評価〔社会的行為としての〕　83, 148, 157, 162-4, 207-9, 211-2, 266, 314
表象的解釈項　40, 42, 49, 90, 174, 310
複合体としての発話　112-3, 115-6
プラクション　158, 170-1
分散認知　193
分離・融合　6
ほのめかしの承認　148, 168-9, 171

〔ま行〕
マルチモダリティ　97, 111, 125
ムーブ　57-8, 61-5, 71-2, 87, 90, 92, 95, 108-13, 115-6, 120-2, 124-7, 129, 139-42, 148-50, 153, 158, 163, 165, 173-4, 185, 190, 215, 227, 259, 266-7, 269, 289, 301, 334-41, 343, 346
名詞類別　281-2
命題　89, 116, 129, 163, 198-200, 204, 206-7, 212, 215-7, 266, 311

〔や行〕
有標性　189, 272-4
要請　51, 53, 234, 273, 304-5, 319, 341-3
予期的スタンス　133-5, 137-8, 263

〔ら行〕
ラオ語　11, 13-5, 30, 36, 39, 211, 264, 267, 269-75, 278-80, 283-4, 287, 289, 291-2, 294-301, 312, 325, 337, 339, 341
ラオス　11-2, 14-6, 137, 179, 220, 235, 241, 243, 248, 275-6, 280, 296, 312, 332-4, 339

力動的解釈項　40, 42, 90, 173, 243, 310, 315
離合集散　6, 19, 20, 348
例証する(こと)〔「主張する」と対になる場合〕　102-3, 200, 213, 317
連辞(的関係)　264, 269-70, 336

訳者あとがき

　本書は N. J. Enfield, *Relationship Thinking: Agency, Enchrony, and Human Sociality* (Oxford University Press, 2013) の全訳である。原著は著者 N. J. エンフィールド氏がこれまでの研究成果を一冊にまとめた，記念碑的著作である。邦題は『やりとりの言語学』としたが，その内容は狭い意味での言語学に留まるものではなく，記号論・社会学・人類学・認知科学・哲学・動物行動学など多岐にわたる，きわめて学際的なものである。私たちが本書の翻訳に意義を感じた理由の1つは，この学際性にある。大学院生やプロの研究者であっても，直接の専門ではない分野の文献を原語で読みこなすのは決して容易なことではない。その意味で本書の邦訳出版は，言語・コミュニケーション・認知・社会・文化といった諸問題に関心のあるすべての人々にとって価値を持つものであると私たちは信じている。

　本書の出版企画は，原著が刊行される半年ほど前，その当時，日本学術振興会特別研究員（PD）として名古屋大学に所属していた横森が，受入教員の堀江薫先生から紹介を受ける形で翻訳担当に名乗りをあげたことで始まった。その後，梶丸・木本・遠藤がそれぞれ横森からの誘いに応じて企画に加わった。4人は互いに旧知の間柄だったが，会話分析・人類学・フィールド言語学・認知言語学などそれぞれが異なる専門領域を持っており，互いに知識を補い合うことで原著の学際性に対応することができたように思う。本書クレジットにおける4人の名前の順序は，翻訳作業に加わった順序に従っている。

　翻訳作業は，まず4人が章ごとに分担を決めて第一稿を作成した後，第二稿の作成，第三稿の作成，第三稿の最終チェックという3段階の作業を，その都度担当を入れ替えて行った。検討が必要な点については，メールはもちろん，Dropbox, Facebook, Skype などを活用して逐一全員で議論を行った。したがって，すべての章が全員の共同作業によって行われたものであり，4人が平等に責任を負っている。ただし校正の最終段階における言い回しや体裁などの微調整は横森が行った。

　訳語の選択に際しては，難しい選択を迫られたケースがいくつかあった。まず，エンフィールド氏自身が創造した概念については，定訳がまだ存在していないため，私たちが新たに検討する必要があった。その1つは *enchrony* である。この用

語は *diachrony*（通時性）や *synchrony*（共時性）といった概念に比類するものとされているため，当初の訳語の候補として，相互行為連鎖に関する時間枠という意味で「繋時性」，あるいは局所的な時間枠という意味で「局時性」などが挙がっていた。しかし，いずれも *enchrony* の概念を必ずしもわかりやすく伝えるものではないこと，そして漢字表記にすることで訳文の中に埋もれてしまい，この概念の独自性が際立たなくなってしまうこと等を考慮し，「エンクロニー」というカタカナ表記を採用することとした。他にも，訳語の選択に工夫が求められたケースが数多くある。やはり著者が創造した概念である *subprehend* は，その表す意味に基づき，若干説明的ではあるが「暗黙のうちに予期する」とした。また，*orient to* という表現は，人間が何かに *orient to* する場合は「〜に指向する」，解釈項が対象に *orient to* する場合は「〜に差し向けられる」と訳語を区別した。*assessment* は，《行為》のカテゴリーに言及される場合は「評価」，他の個体の振る舞いに対して判断を下すという，より抽象的な営みを表す場合は「査定」とした。そして，個別の文脈に応じて，*interaction* は「やりとり」の場合と「相互行為」の場合があり，*object* は「記号内容」の場合と「対象」の場合がある。

　翻訳の過程では，さまざまな方々にお世話になった。原著者のエンフィールド氏は，私たちから繰り返し寄せられるメールでの問い合わせに懇切丁寧に対応してくれた。監修者の井出祥子先生には，企画が始まった時からずっと，私たちの翻訳作業を見守っていただき，また，エンフィールド氏の議論と思索を理解するやり方について手引きしていただいた。堀江薫先生にも，著者との間を取り持っていただくなど，さまざまな形でこの翻訳企画にご支援いただいた。また，いくつかの専門的な内容の理解やその日本語への訳し方に関して，平本毅さん（京都大学），野澤俊介さん（東京大学），早野薫さん（日本女子大学）から助言をいただいた。また，京都大学大学院生の川上夏林さん，黒田一平さん，河野亘さん，田丸歩実さん，岡久太郎さん，そして九州大学大学院生の陳力さん，葛欣燕さん，呉青青さんには，それぞれ原稿の一部を読んでもらい訳文における問題点を数多く指摘していただいた。最後になるが，改稿のたびに訳文にきめ細かく目を通していただき，つい作業が遅れがちになる私たちの手綱を巧みに握っていて下さった大修館書店編集部の辻村厚さんに，深い感謝の意を示したい。

2015 年 11 月

横森大輔・梶丸岳・木本幸憲・遠藤智子

[著者紹介]
N. J. エンフィールド（Nicholas James Enfield）
1966年オーストラリア，キャンベラ生まれ。メルボルン大学で言語学 PhD 取得。マックス・プランク心理言語研究所言語と認知部門上級研究員，ラドバウド大学言語研究所民族言語学教授を経て，2015年よりシドニー大学言語学科主任教授。研究分野は意味論，語用論，ジェスチャー，言語接触，記述言語学，統語論，記号論，言語人類学，民族言語学と幅広い。非西欧の言語現象に親和的な relationship thinking, enchrony などの新概念を提唱している。著書に *The Utility of Meaning: What Words Mean and Why*（Oxford University Press, 2015），*Natural Causes of Language: Frames, Biases and Cultural Transmission*（Language Science Press, 2014），共編著に *The Languages of Mainland Southeast Asia: The State of the Art*（De Gruyter Mouton, 2015），*The Cambridge Handbook of Linguistic Anthropology*（Cambridge University Press, 2014）などがある。

[監修者紹介]
井出祥子（いで さちこ）
1939年台湾台北市生まれ。国際基督教大学大学院修士課程修了，日本女子大学名誉教授。国際語用論学会会長（2006-2011），社会言語科学会会長（2000-2003）を務める。西欧の言語学，語用論理論の限界を補完する「解放的語用論」プロジェクトを主宰。著書に『わきまえの語用論』（大修館書店，2006），共編著に『解放的語用論への挑戦―文化・インターアクション・言語』（くろしお出版，2014）などがある。

[訳者紹介]
横森大輔（よこもり だいすけ）
1981年静岡県生まれ。京都大学大学院人間・環境学研究科博士後期課程指導認定退学。博士（人間・環境学）。現在，九州大学大学院言語文化研究院助教。専門は相互行為言語学。論文に「漸進的な文の構築―日本語会話における副詞節後置の相互行為秩序」（日本認知言語学会論文集 vol. 14, 2014）など。

梶丸 岳（かじまる がく）
1980年兵庫県生まれ。京都大学大学院人間・環境学研究科博士後期課程指導認定退学。博士（人間・環境学）。現在，京都市立芸術大学日本伝統音楽研究センター特別研究員。専門は人類学。著書に『山歌の民族誌―歌で詞藻（ことば）を交わす』（京都大学学術出版会，2013）がある。

木本幸憲（きもと ゆきのり）
1986年京都府生まれ。京都大学大学院人間・環境学研究科博士後期課程指導認定退学。現在，京都大学大学院アジア・アフリカ地域研究研究科研究員。専門はフィールド言語学および認知言語学。論文に "A Preliminary Report on the Grammar of Arta"（*KLS 34*, 2014）など。

遠藤智子（えんどう ともこ）
1977年東京都生まれ。カリフォルニア大学ロサンゼルス校博士課程修了。Ph.D（アジア言語文化）。現在，日本学術振興会特別研究員（RPD）（筑波大学人文社会系）。専門は相互行為言語学。論文に "Epistemic stance in Mandarin conversation: The positions and functions of *wo juede* "I think""（Yuling Pan and Daniel Kádár (eds.), *Chinese Discourse and Interaction: Theory and Practice*. Equinox, 2013）など。

やりとりの言語学
──関係性思考がつなぐ記号・認知・文化
© IDE Sachiko, 2015　　　　　　　　　　　　NDC801／xiv, 385p／21cm

初版第1刷──2015年12月20日

著者─────N. J. エンフィールド
監修者────井出祥子
訳者─────横森大輔／梶丸岳／木本幸憲／遠藤智子
発行者────鈴木一行
発行所────株式会社　大修館書店
　　　　　　〒113-8541　東京都文京区湯島 2-1-1
　　　　　　電話 03-3868-2651（販売部）　03-3868-2293（編集部）
　　　　　　振替 00190-7-40504
　　　　　　[出版情報] http://www.taishukan.co.jp

装丁者────下川雅敏
印刷所────精興社
製本所────ブロケード

ISBN978-4-469-21353-9　Printed in Japan

Ⓡ　本書のコピー、スキャン、デジタル化等の無断複製は著作権法上での例外を除き禁じられています。本書を代行業者等の第三者に依頼してスキャンやデジタル化することは、たとえ個人や家庭内での利用であっても著作権法上認められておりません。